2021年教育部哲学社会科学研究重大课题攻关项目“民法典民族性表达与制度供给研究”（项目批准号：21JZD033）之阶段性研究成果

财产上人格利益的私法保护研究

庞琳 著

西南政法大学最高人民法院应用法学研究基地

应用法学文库 | 张光君 主编

Research on Private Law Protection of Personality Interest on Property

法律出版社
LAW PRESS · CHINA
北京

图书在版编目(CIP)数据

财产上人格利益的私法保护研究 / 庞琳著. -- 北京 : 法律出版社, 2022
(应用法学文库 / 张光君主编)
ISBN 978-7-5197-6441-8

Ⅰ. ①财… Ⅱ. ①庞… Ⅲ. ①人格-权益保护-研究-中国 Ⅳ. ①D923.14

中国版本图书馆 CIP 数据核字(2022)第 028124 号

财产上人格利益的私法保护研究
CAICHAN SHANG RENGE LIYI DE SIFA BAOHU YANJIU

庞 琳 著

策划编辑 陈 妮
责任编辑 陈 妮 王 鸿
装帧设计 李 瞻

出版发行 法律出版社
编辑统筹 法治与经济出版分社
责任校对 杨锦华
责任印制 吕亚莉
经 销 新华书店

开本 710 毫米×1000 毫米 1/16
印张 18.5 **字数** 319 千
版本 2022 年 3 月第 1 版
印次 2022 年 3 月第 1 次印刷
印刷 北京建宏印刷有限公司

地址:北京市丰台区莲花池西里 7 号(100073)
网址:www.lawpress.com.cn
投稿邮箱:info@lawpress.com.cn
举报盗版邮箱:jbwq@lawpress.com.cn
销售电话:010-83938349
客服电话:010-83938350
咨询电话:010-63939796

书号:ISBN 978-7-5197-6441-8 **定价**:98.00 元

谨以此书献给我的父母和儿子石头

总　　序

百余年来,风云激荡,国家开启现代化进程,社会迭经变迁。中国法学与民族命运共浮沉,历经数变。改革开放,法学新生,日累寸进,乃有今日之成。国家顺应时代趋势,高瞻远瞩,倡导“建设社会主义法治国家”。及至今日,中国特色社会主义法律体系宣告建成,蔚为壮观。然当今中国,经济体制变革,社会结构变动,利益格局调整,思想观念变化,转型加剧突显结构矛盾,社会向学界提出挑战。社会转型催生法学转型,法学教育亟须“突围”。中国法学教育以解决中国问题为出发点,亦必以之为归宿。盖因中国有中国之问题,中国法学必须有中国意识,必须有能力把握和解决中国的法治问题。

“法者天下之公器也,变者天下之公理也。”法律是公共资源,立法者立法律为据,条贯社会;守法者以法律为凭,指导行为,充当法律请求权基础;执法者执行法律,让法律行于天下;司法者,秉持正义,衡断纠纷,匡正法度。然法律运行于社会,非有学术之研讨、化育与引导,无法建其功。法学本基于实践亦志于实践,是知识之学、智慧之学,更是实践之学,以依法合乎正义地解决社会纠纷为其要务。王泽鉴先生有言:“有实务而无理论,犹如盲目,有理论而不重实务,则近空谈。”中国并非缺乏法学理论,数十年来,主要法治国家之法学理论被大力引入,几成泛滥,又显蔡枢衡所谓的法学“殖民地”风景。中国更不乏法律实务,“为有源头活水来”,三十年改革开放,现代化进程一路高歌猛进,为法学研究所准备之实务资源无限丰富。身处伟大时代,中国当今法治实践为展开法学研究提供了广阔天地,只是“犹在深闺人未识”。而今,从“立法主义”向“应用”转变的社会需求,促动中国法学转型,为中国法学教育锦上添花。挑战与机遇并存,西南政法大学2012年首创“应用法学”学科生逢其时。

“形而上者谓之道,形而下者谓之器。”法学理论界常以追求法学中的“形而上者”自居,带有追求弘法论“道”的自我优越感,鄙视法律实务“低级”;法律实务界则谓法学理论界“玄而又玄”,所研究者为“擒龙之术”,无以应对社会实践。而在法学界内部,理论法学与应用法学的隔膜亦至如此。应用法学研究在法学实务界与法学理论界、教育界遭到了截然不同的命运,实务界如火如荼与理论界、教育界落寞孤寂适成鲜明对照。改革开放以来,大学全面卷入市场经济大潮,斯文扫地,人文精神丧失。与此相应,大学教育之技术导向与职业化蓬勃发展。曾几何时,大学教育之技术导向与职业化成为批评的众矢之的。然天不丧斯文,国学重建及文化软实力战略,助成大学人文精神恢复。唯中国法学教育,实无力承受技术导向与职业化教育指责。若然,中国法学教育以应用为导向当备受诟病。然而,现实所提问题恰恰相反,中国法学教育所培养之法科学生竟然仍需较长时间方能应付法律实务。果如是,则中国法学教育职业化程度还远远不够,无法培养出合格的“法匠”。原因何在?从法学教育角度看,缺乏沟通法学理论与法律实务的“应用法学”,乃是一重要原因。

中国当前法学体系中,本有理论法学与应用法学之分。所谓应用法学者,是旨在直接服务法律实际生活、帮助解决法律实际问题之法学分支学科总称,其代表性学科是各种部门法学。在此意义上,应用法学几成一无所不包之庞然大物。盛名之下,其实难副。究其实质,这种“应用法学”还只是停留在部门法学层次。在这个庞大体系中,每一具体部门法学,皆形成各自独立之理论体系。尽管诸部门法学均以解决法律实际问题相标榜,却处于杂乱状态。各部门法学以研究对象和研究方法为主要标准,于应用法学名义下,纵向上各自确定自己之学科地位。而诸部门法学之间壁垒森严,扞格难通,成各自为政之局面,甚至相互挞伐,基于利益诉求争夺学术地盘。传统应用法学内部“纵向分割”,各部门法学孤军奋战,有碍通盘考量。“一叶障目，不见泰山。”每一种分类，无疑都是一种遮蔽。遮蔽之后需去蔽。综合运用法学理论，有效衔接法律规范与社会事实，非各部门法学单打独斗所能独力完成。欲去现行法学教育之蔽，加强薄弱环节，当形成真正之“应用法学”学科。

此“应用法学”，旨在会通理论与实践，研究对象上一改传统之“纵向”划分，在横向上贯通各部门法学，精研各法律部门于“应用”过程中所生之共同问题与共同规律。“法之理在法外。”应用法学旨在为“法之理”与“法之外”搭建学科桥梁，实现法学内部各学科之间的交叉融合，提升法律人的法律综合应用能力，意欲为“仰望星空”和“脚踏实地”建立中介，打破以部门法为界的划分方法，从横断面切入各个部门法学，突出法学知识的综合运用，实现关注对象从“立法”到“法律实施”的转变，强化法律应用技术，特别是法律方法论研究。总而言之，应用法学要借助法律方法论，把作为权威系统的法、作为社会系统的法和作为价值系统的法有机协调起来，沟通实务与学说，促进法学进步。而应用法学，实有助于法律职业共同体的养成。法官、检察官、律师、公证员等只是法律人从事不同法律职业分化之结果，但在培养法律职业共同体的过程中，仍有赖于法律思维的训练乃至内化。就此言，应用法学的创立，是法律思维和法学教育理念的一场革命。

独立之精神、自由之思想，是现代大学之精髓。《诗经》有云：“周虽旧邦，其命维新。”思想自由与学术创新，亦是现代大学的社会职责。秉持创新理念，担当社会责任，西南政法大学首创“应用法学”学科，举“应用法学院”〔1〕一个学院之力，倾力打造“应用法学”。“应用法学文库”将以关注法律职业人员等特定主体运用法律的具体行为和实际效果为宗旨，概括、提炼

〔1〕 “西南政法大学应用法学院”现已更名为“西南政法大学人工智能法学院（应用法学院）”。西南政法大学人工智能法学院（应用法学院）以“回应国家战略、坚持错位竞争”为发展理念，以“智慧法治研究前沿、法律实务教育高地”为发展目标，力争将学院打造成培养“通识和专才皆备、知识和技能并举”的应用型、复合型、创新型高素质法治人才的摇篮。学院是智能司法研究重庆市2011协同创新中心的牵头单位。学院有“人工智能法学”二级学科，下设“应用法学”方向；设有“人工智能法学”“法律职业伦理与技能”“仲裁学”3个教研室；建有“西部基层卓越法律人才教育培养基地”和“西南政法大学最高人民法院应用法学研究基地”等教学科研平台。其中，西南政法大学最高人民法院应用法学研究基地始建于2013年7月，是最高人民法院研究室、中国应用法学研究所与西南政法大学签署的《关于加强应用法学与审判理论教学科研战略合作框架协议》的内容之一。

法律职业主体在法律实务中应当遵循的技术、方法、规律和原则，期许为法律的正确应用进而制度完善提供实际指引和理论支持。西南政法大学诚欲和海内外有志之士，共谋应用法学发展大业。

“海纳百川，有容乃大。”“应用法学”乃新生事物，初创时期，尚显幼稚；然所针对问题，实具普遍意义，直指中国当前法学教育软肋。“应用法学”欲深入理论，润养于经典；关注实践，立足于现实；阐幽发微，沟通实务与理论两端；回应时代需求，服务现实社会。“应用法学”之发展壮大，端赖法学理论与法律实务携手共进，践行法律，弘扬法治。涓涓细流，汇成大海。应用法学方兴未艾。唯愿法学理论与实务界，持开放心态，扶持发展，协力共进，共同推进中国法治事业。

唯今日为应用法学尽绵薄，希冀他日成蔚蔚大观。

是为序。

西南政法大学校长　付子堂

二〇一二年六月于重庆渝北宝圣湖畔

脱钳与内嵌:财产与人格的思想史与制度史
(代序)

2015年秋,庞琳博士由西南医科大学考入西南政法大学攻读民法学博士学位。入学之初,即确立财产上人格权利保护问题作为博士学位论文选题。对于该选题,本人深表赞同但又心存犹疑。赞同者,该选题至关重要,不仅可梳理近代以来财产与人格二者之法权关联与制度设计,还可从中开发出中国民法典的可能路向,在回应时代性和国际性的同时,探寻民法典的民族性表达空间和路径;犹疑者,该选题虽系法律命题,但广涉旁及宗教学、哲学、史学各大门类,既需博综,亦需精赅,非宿构覃思,难奏其功;更兼财产与人格理念如何在我国进行制度设计,其时学界大道多歧,莫衷一是,稍有不慎或功力不逮,难免刻鹄画虎之讥。

几年来,庞琳博士孜孜矻矻,精勤求学,夙夜不懈。2019年年初,阅读其博士论文初稿,上述犹疑涣然而释。她不仅从制度层面详尽梳理了国外近代以来财产与人格的交互影响路径,也深刻提炼了制度演变后的价值内核。近世以来,无论是大陆法系的"财产即人格",还是英美法系的"财产即自由",都致力于在人—物二元之间发掘人的自我价值、存在意义及其自致空间,财产成为人格与自由的物化手段,亦成为个体价值实现的目标。随着19世纪的裂变,中世纪以后的财产中立、财产神圣理念渐次湮灭于人的尊严和自由的时代话语场。民法典运动不断推动着人格独立在三个维度的扩张与凌越：脱离神学控制，获得精神的自我解放与信仰自由；脱离世俗政权桎梏，获得思想自由与身体自由；脱离家庭束缚，获得自我人格独立和意志自由。人从神的奴仆、王的臣民、家父的财产转换为自在自为的自主性、个体化存在，成为一种可凭借自由意志和社会（政治）契约达成联合的社会性存在。

但人格的神圣化根本不可能全盘消解财产的神圣化命题意蕴和制度惯性，正如个体身份脱域并不意味着断离人伦亲情。作为生物性、社会学存在的个体在追寻人格独立的时代价值的时候，还必须获得财产的保障。换言之，近代个体身份脱域的过程实际上也是家庭财产产权析出和重构的过程。个体通过博弈和契约从家庭获致必要的生存资本和财产权利，最终赢得"鲍曼式自由"，即以"个体意志"（individual volition）去实施"自由意志"（free will）。同时，个体也同步获得了齐格蒙特·鲍曼（Zygmunt Bauman）一再称赞的两种能力：自由行动的能力（the ability to do）和拒绝的能力（the ability to resist）。这两种能力使每一个个体具有了"批判能量"（critical energy），能够在拒绝压制中表达自我。

这就是鲍曼所谓的19世纪从身份天赋到行为自致的世纪转变。人格平等和财产权利赋予每一个个体的自我边界，确证了其自我存在的可能性和行为自由度。正是从这个意义上，鲍曼推定，就人类的价值而论，"个体化是一种平等的交易"，而交易的对象就是产权的确定性与个体自由。质言之，近代个体从身份和财产两方面析出、脱钳家庭，不仅是为了打破传统的身份建构（identity building），让每一个个体成为差异性、独特性（distinctiveness）的存在，还是为了获得自我人格独立、意志自由的资本保证，最终在社会交往中实现个体化的平等。

这种脱钳与互嵌同样存在人本身及其人格衍生物，最终沉淀为本书重点阐释的"人格财产"或"特殊财产"。纵览全书，本书的贡献并不在于从本体论意义上对人的价值进行终极探寻，而是以法权为机轴，从认识论、方法论上将人体基因组织、人的体外胚胎、遗骨遗骸等纳入"特殊财产"范畴，对附着于其上的人格利益进行有效识别并探讨可能的救济路径。如此处理，既可以搁置大而无当的人—物二分理论争议,又能有效回应立法、司法对生命伦理、科技发展的世纪性需求。

庞琳博士的博士论文付梓在即,草此数语,聊充序言。

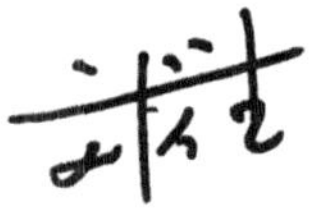

2022 年 1 月 22 日

倚莲半岛 · 排云轩

目录

引　言

潘德克顿法学体系对于私法的体系性构建以及概念分析的重视,使“人格与财产”的二元界分在理论上似乎泾渭分明,在立法中勾勒鲜明。然而,揆诸历史,作为基本民法概念的“财产”,其内涵与外延不断演变,“对物的财产损害与对人的非财产损害”这样看似清晰的划分,却延展出“财产上是否具有人格利益”的问题,这一点无论是在传统的遗体遗骨,还是现代的冷冻胚胎等特殊财产上皆有体现;与此相应,在救济路径上是否应当超越传统物权的保护范畴,甚至合同法的保护范畴,以获得精神损害赔偿的支持亦是多有争论。换句话说,无论逻辑与体系如何清晰划分,皆无法将一种现实的“感同身受”的附着于财产上的人格利益束之高阁、冷漠待之。在传统大陆法私法体系中,对“财产上附着人格利益”这一现象从理论上进行弥合,进而纳入概念与体系解释框架之中,在立法层面进行有效的制度供给,在司法层面作出合理且恰当的解释与裁判,是我们亟待解决的问题。

一、研究现状

(一)我国的立法现状与司法实践

在已有民事理论框架中试图对“财产上附着人格利益”的现象进行定义明确的概念提炼,在逻辑推演上予以周延,并非易事——毕竟传统理论在“人与物”的基本框架中有诸多预设命题;而重构理论不仅力有不逮,且如此的代价也毫无必要。所以,撇开理论上的争论与立法上的忽视或回避,司法实践中通过司法解释的方式对财产上人格利益的保护与救济问题作出了积极回应。[1]《最高人民法院关于确定民事侵权精神损害赔偿责任若干问题的解释》(以下简称《精神损害赔偿司法解释》)第4条成为我们探讨“财产上人格利益”保护的规范基础与司法实践的裁判依据,而这些裁判也成为本书研究的起点与路径。[2] 通过研读分析我国现有关于财产上人格利益纠纷的案例判决书,以人格利益附着的载体形态类型为标准,可将这类特殊财产分为两种类型。

第一种类型为附着于有体物的人格利益。这里的有体物又包含两种类型,第一种类型是受物权法调整的有体物,第二种类型是在物权法调整范围以外的,具有强烈的人格属性、与人身密切相关的“特殊财产”,如人体胚胎、遗骨遗骸、人体组织和人体器官等。就第一种类型而言,人格利益蕴含于有形的财产中,享有人格利益的权利人多为物权人。如具有纪念意义的相册之所有权人、[3]毕业证和学位证的所有权人、[4]获奖证书的所有权人、[5]宠物的饲养人[6]等。该类型案件中人格利益的权利人与物之所有权人大多在范围上发生重合,因此,可以通过物的所有权路径对人格利益进行附带救济的逻辑进路予以解释,援引《精神损害赔偿司法解释》第4条进行裁判并无疑义,司法实践中对该类案件的争议主要集中体现为这类特殊财产上人格利益的识别问题与精神损害赔偿金的酌定裁量问题。

目前,学界尚未就第二种类型——与人身密切相关的“特殊财产”所涉法律保护与救济问题形成共识。但不可否认的是,在这类物质性载体上往往承载了较为重要的人格利益,权利人对该类“特殊财产”享有人格尊严和

---

〔1〕《精神损害赔偿司法解释》第4条规定,具有人格象征意义的特定纪念物品,因侵权行为而永久性灭失或者毁损,物品所有人以侵权为由,向人民法院起诉请求赔偿精神损害的,人民法院应当依法予以受理。

〔2〕以“《最高人民法院关于确定民事侵权精神损害赔偿责任若干问题的解释》第四条”为关键词,通过“中国裁判文书网”收集历年来要求财产上人格利益获得救济的民事案例判决书,最后检索时间为2020年11月2日。循此检索路径,共命中488条结果,最终支持精神损害赔偿诉讼请求的判决书有256份。

〔3〕参见郴州市中级人民法院民事判决书,(2015)郴民三终字第76号。

〔4〕参见郑州市中级人民法院民事判决书,(2014)郑民一终字第1970号。

〔5〕参见秦皇岛市中级人民法院民事判决书,(2015)秦民终字第1036号。

〔6〕参见上海市浦东新区人民法院民事判决书,(2015)浦民一(民)初字第32253号。

基于人身关系而生成的人格利益，导致这类“特殊财产”不能被简单归于传统民事权利谱系中的可支配物。这类财产在传统“人—物”二元划分的理论框架中，无法简单地从逻辑与理论上得出是“人”还是“物”的结论，但在现实中皆有保护的必要。实践中多数判决将人体胚胎、遗骸遗骨等“特殊财产”归入第一种类型，依据《精神损害赔偿司法解释》第 4 条对权利人进行保护与救济，但是权利人对这些财产是否享有物权，裁判中莫衷一是或者避而不答。严格地说，这样的裁判在法律适用上颇有争议，后文会作探讨，此处不再赘述。

第二种类型为基于合同产生的人格利益，如婚庆服务合同、婚纱摄影合同等。比如，在婚庆典礼、拍摄结婚照等以精神利益为主要履行目的的合同中，因违约造成精神损害。我国《民法典》第 186 条[1]规定了违约责任和侵权责任的竞合，在责任竞合的情况下，可以对侵权之诉与违约之诉择其一而行之。从而，如果存在因侵害财产权益而遭受精神损害赔偿之主张，自然指向侵权责任救济的路径，即从立法表达与体系结构上可理解为，阻断了在合同法领域中，合同义务违反时非违约方因此遭受精神损害而可获得赔偿的救济路径。实践中，因违反合同义务造成精神损害赔偿的案件并不少见。个别合同违约案件中，法官从实用主义出发，站在支持精神损害赔偿这一价值判断的立场，通过各种解释进行论证进而得出裁判结果，导致了司法恣意。

针对财产上附着人格利益的事实，最高人民法院站在保护人格尊严的立场对此进行了有效回应。从《精神损害赔偿司法解释》第 4 条的规定可解读出以下内容：第一，不具有绝对权性质的财产，不属于该条法律规范调整的对象；第二，通过“具有人格象征意义”的特定物这一限定，将财产与人身联系起来，体现附着于财产上的人格利益这一权利客体之公示性，但并未明确何谓“具有人格象征意义”的公示性标准；第三，只有在该特定物因侵权行为导致永久性灭失或毁损的情形下，权利主体才可主张损害赔偿请求权。总的来看，就《精神损害赔偿司法解释》第 4 条的规范要件而言，将权利主体

[1] 《民法典》第 186 条规定，因当事人一方的违约行为，损害对方人身权益、财产权益的，受损害方有权选择请求其承担违约责任或者侵权责任。

限定为具有人格象征意义的特定纪念物品之所有权人，似乎对主体与对象的救济范围较窄，在应用中亦出现不少溢出该条规范调整范围的情形。但是，能够突破固有框架有效回应现实问题，从立法到司法进程中起到拾遗补阙作用的做法颇值赞同。

原《侵权责任法》[1]并未将《精神损害赔偿司法解释》第 4 条的内容明确纳入其中，而只在原《侵权责任法》第 22 条（《民法典》第 1183 条第 1 款）[2]规定了精神损害赔偿规则的构成要件：其一，权利主体的人身权益遭受侵害；其二，因人身权益遭受侵害而造成严重精神损害。同时，结合原《侵权责任法》第 19 条（《民法典》第 1184 条）[3]对侵害财产的救济规定，似乎间接否认了侵害财产导致的精神损害赔偿适用第 22 条的可能性。所以，不无疑问的是，是否能以法律层级效力以及“新法优于旧法”的角度，否认《精神损害赔偿司法解释》第 4 条适用之余地？同时，原《侵权责任法》立法之本义是否可以明确推断出立法态度从开放转向保守，否认精神损害赔偿在具有人格利益之财产上的适用？在笔者看来，就第一个问题而言，并非当然，原《侵权责任法》并未作出与司法解释有冲突之规定，故贸然否认原司法解释之效力并不妥当，以“新法优于旧法”为由来论证也属牵强。就第二个问题而言，亦不能明确推出，原《侵权责任法》仅对财产与人身利益之侵害分别规定，故具有人格利益之财产亦可分别适用，获得财产损失赔偿与精神损害赔偿，这样的解释至少在原《侵权责任法》上并无明确禁止。

上述问题在原《侵权责任法》中的不明确，在我国《民法典》的编撰过程中被提了出来。有学者提出在《民法典》“侵权责任法编”中增加对侵害财产的精神损害赔偿问题之规定，主张权利主体应由“所有人”扩大至“持

---

[1] 《民法典》于 2021 年 1 月 1 日施行，同时原《侵权责任法》废止。

[2] 《民法典》第 1183 条第 1 款（原《侵权责任法》第 22 条）规定，侵害自然人人身权益造成严重精神损害的，被侵权人有权请求精神损害赔偿。因故意或者重大过失侵害自然人具有人身意义的特定物造成严重精神损害的，被侵权人有权请求精神损害赔偿。

[3] 《民法典》第 1184 条（原《侵权责任法》第 19 条）规定，侵害他人财产的，财产损失按照损失发生时的市场价格或者其他合理方式计算。

有人”。[1] 2018年8月的《民法典各分编(草案)》(以下简称一审稿)第960条第2款对财产上的人格利益救济进行规定。[2] 该条规范实际上是吸收了《精神损害赔偿司法解释》第4条的内容。一审稿的规则与司法解释相比有以下三点变化:一是强调了请求精神损害赔偿的前提是侵权人具有故意的主观心态;二是将表述修改为“具有人身意义的特定物品”,扩大了原司法解释救济客体的范围;三是将司法解释中“物品所有人”扩大至“被侵权人”。2019年1月发布的《民法典侵权责任编(草案)(二次审议稿)》(以下简称二审稿)第960条第2款在一审稿的基础上进行了部分调整。[3] 该条款在主观要件上增加了“重大过失”的规定,扩大了被侵权人的保护范围。二审稿体现了我国精神损害赔偿的立场从保守逐渐转向开放,但是侵害人格利益的精神损害赔偿的具体情形还需要进一步细化,适用中仍需秉承严格限制的态度。二审稿第960条第2款被纳入我国《民法典》第1183条第2款,[4]值得注意的是,在我国现行法律体系下,对于“遗体、遗骨”是否符合“具有人身意义的特定物”的立法定义,目前尚未达成共识。

对于财产上人格利益的识别、保护和救济问题,我国目前既缺乏民法理论的支持,也没有更高位阶法律的支撑。立法体系中缺乏对法律规范意义上的财产范畴的精确界定与合理系统的规定,使规范性法律文件中关于财产损害的法律规则不能明确表达,损害赔偿范围含混不清,法官在具体案件中认识各异,法律适用不统一。如果说具有人格利益之“物/财产”之精神损害赔偿仅在于解释的类推扩张,那么在“合同”领域是否扩张,则存在

---

[1] 张新宝教授认为,《精神损害赔偿司法解释》对于精神损害赔偿的具体情形进行了规定。这一规定大体上是合理的。笔者认为,可以对于这一司法解释的规定予以吸收。参见张新宝:《民法分则侵权责任编立法研究》,载《中国法学》2017年第3期。同时,在2016年中国法学会中国民法典编纂项目领导小组主办的“中国民法典编纂侵权责任法编立法研讨会”上,张新宝教授提出在原《侵权责任法》第22条中增加关于侵害财产权利造成物品持有人精神损害的规定,即“具有人格象征意义的特定纪念物品,因侵权行为而永久性灭失或者毁损,造成物品持有人遭受严重精神痛苦的,被侵权人可以请求精神损害赔偿”。

[2] 一审稿第960条第2款规定,故意侵害自然人具有人身意义的特定物品造成严重精神损害的,被侵权人有权请求精神损害赔偿。

[3] 二审稿第960条第2款规定,因故意或者重大过失侵害自然人具有人身意义的特定物造成严重精神损害的,被侵权人有权请求精神损害赔偿。

[4] 《民法典》第1183条第2款规定,因故意或者重大过失侵害自然人具有人身意义的特定物造成严重精神损害的,被侵权人有权请求精神损害赔偿。

于上下级法院的根本认知歧向——从司法解释[1]与具有示范意义的典型案件[2]中可以看到最高人民法院的立场,即精神损害赔偿现并不适用于违约责任领域。但是,地方法院却在司法实践中对违约产生精神损害赔偿的问题予以承认。[3] 此外,在损害赔偿范围方面,现有法律规范中,仅有《精神损害赔偿司法解释》第4条对此进行了笼统的规定,而关于损害赔偿数额的确定,更仅设有《精神损害赔偿司法解释》第10条一个条文。虽然秉持保守克制的立场可以减少因概念不明确所导致的司法恣意,但与此同时,如此简单的规定难以满足实践的需求,纷繁复杂的诸多现实问题尚待立法的明确及理论的深入。

(二)理论研究现状

与立法相对应,学界关于"财产上的人格利益"类型化研究和司法裁判、不可替代财产与可替代财产的区分、财产上人格利益的识别,以及财产与人格之关联与互动的基础理论研究有所涉及,但并不多见。当然,已有的论著各有特色,或从不同视角,或以不同方法对这一问题进行了有益的探讨。

1. 财产上人格利益的研究状况

(1)财产上人格利益之概念纷争

将财产上具有人格利益这一现象置于财产权的框架还是人格权的框架

---

[1] 《最高人民法院关于审理旅游纠纷案件适用法律若干问题的规定》第21条规定,旅游者提起违约之诉,主张精神损害赔偿的,人民法院应告知其变更为侵权之诉;旅游者仍坚持提起违约之诉的,对于其精神损害赔偿的主张,人民法院不予支持。

[2] 以郑某峰、陈某青诉江苏省人民医院医疗服务合同纠纷案为例,审理法院在判决书中写道:关于原告要求被告给予精神损害赔偿的诉讼请求,因本案为合同违约之诉,依据原《合同法》第107条、第113条第1款(《民法典》第577条、第583条)的规定,合同当事人未适当履行合同义务的,应当承担赔偿损失等违约责任。损失赔偿的数额应当相当于因违约所造成的损失,包括合同履行后可以获得的利益,但不得超过违反合同一方订立合同时预见到或者应当预见到的因违反合同可能造成的损失,亦不包括精神损害赔偿,故本案对要求被告承担精神损害赔偿不予支持,亦不支持要求被告公开赔礼道歉的请求。参见郑某峰、陈某青诉江苏省人民医院医疗服务合同纠纷,载《最高人民法院公报》2004年第8期。

[3] 程某诉紫薇婚庆服务社婚庆服务不到位应退还部分服务费和赔偿精神损失案中,原告以被告违约致其遭受巨大精神损害为由主张精神损害赔偿请求权,该案审理法院在审理中认为:当事人订立的合同有效,被告的行为构成违约,给原告造成的损失应予赔偿。尽管该案最后系通过调解结案,但从法院认可并最后生效的调解协议来看,被告当庭赔偿了原告所主张的精神损害赔偿金。参见程某诉紫薇婚庆服务社婚庆服务不到位应退还部分服务费和赔偿精神损失纠纷,载最高人民法院中国应用法学研究所编:《人民法院案例选》(总第40辑),人民法院出版社2002年版,第195页。

下进行理解，是我们认知这一概念的关键，也是决定对这类特殊财产规则构建的基础。至今学界对这类特殊财产（附着人格利益的财产）的概念之内涵和外延并无完全准确的把握，在理论研究和司法实务上都还存在较大的探讨空间。

有学者注意到财产上附着人格利益的现象并试图在理论上弥合“人—物”二分的鸿沟。例如，芮沐先生在其著作中提出了“人格物权”的概念。〔1〕徐国栋教授对人格财产与可替代财产进行了区分与分类。〔2〕。易继明教授则从消弭理论冲突的角度，提出了“具有人格利益的财产”这一概念。〔3〕常鹏翱教授在《论物的损坏与精神损害赔偿的关联》一文中将这类特殊的财产定义为“特定意义的物”，认为在“物”具有情感寄托功能和人身象征功能的基础上，民法应当在物的损坏与精神损害赔偿之间建立关联。〔4〕杨彪教授在《不可让与性与人格权的政治经济学：一个新的解释框架》中对“人格财产”进行定义，并指出这类特殊财产有别于传统财产的范畴，既包含狭义的财产利益，也包含有人格利益。〔5〕冷传莉教授在《论民法中的人格物》中创建性地提出了“人格物”的概念，〔6〕在法律逻辑层面与司法实践层面皆引起学界与实务界的关注与探讨。此外，也有学者更倾向于使用“人格财产”的称谓，该学者认为广义的财产概念体现了现代财产权理论新的观念，同时，也认为“人格物”在我国“人—物”二元划分的逻辑上存在问题。〔7〕

国外有学者通过透视财产上附着人格利益的现象探讨其本质——人格与财产的关联，对此问题展开了较为深入的研究。例如，美国学者玛格丽特·简·拉丹（Margaret Jane Radin）在《财产权与人格》（*Property and Per-*

---

〔1〕 参见芮沐：《民法法律行为理论之全部（民总债合编）》，中国政法大学出版社 2003 年版，第 7 页。

〔2〕 参见徐国栋：《现代的新财产分类及其启示》，载《广西大学学报》（哲学社会科学版）2005 年第 6 期。

〔3〕 参见易继明、周琼：《论具有人格利益的财产》，载《法学研究》2008 年第 1 期。

〔4〕 参见常鹏翱：《论物的损坏与精神损害赔偿的关联——一种功能主义的诠释》，载《法律科学》（西北政法学院学报）2005 年第 1 期。

〔5〕 参见杨彪：《不可让与性与人格权的政治经济学：一个新的解释框架》，载《法律科学》（西北政法大学学报）2005 年第 1 期。

〔6〕 参见冷传莉：《论民法中的人格物》，武汉大学民商法专业 2010 年博士学位论文，第 25 页。

〔7〕 参见方乐坤：《精神利益保护与民事责任体系完善研究》，西南政法大学民商法学专业 2012 年博士学位论文，第 151~152 页。

sonhood)一文中,探讨了人格与财产的关系,通过黑格尔的法哲学理论从人格的角度考察了财产的功能,从历史层面追溯了与之混淆的其他财产观点,并尝试提出了财产或多或少包含着人格的哲学概念。[1] 这篇文章发表后,引起了美国学界众多学者的反思和回应。学者们围绕拉丹教授的理论,以或支持或批判的态度,就财产与人格的关联及影响问题展开激烈论争。也有学者认为,"人格财产"理论的产生不是通过法律逻辑的推理,而是依赖于经济分析。该学者站在实用主义的立场,从法律适用范围的角度批判了将财产区分为"个人财产"与"可替代财产"两种形式的理论观点。[2] 更进一步而言,我们可以说拉丹教授进行的划分在理论上和经济学上具有意义,其观察与研究的诸多财产现象甚至社会现象的确逾越现行财产规则的规制范畴;但另一个问题在于,将个人财产与人格关联起来,虽在哲学层面可以究其根源,但如何在制度层面予以设计,显然尚未进一步深入下去。这一点拉丹教授本人在文中也进行了说明,认为《财产与人格》一文就人格与财产相互交织的现象在理论根源上进行了追溯,并未对这类特殊财产综合地进行制度构建,同时,她也抛出尚未解决、还需要深入思考的几个问题。[3]

后来的学者,无论是赞成还是反对拉丹教授提出的理论,都基本按照这一路径进行研究。例如:对这类特殊财产的损失后果、财产获取的模式、所有权作用与限制等问题进行了考察和梳理;[4] 从社会群体的角度审视财产

---

[1] "The opposite of holding an object that has become a part of oneself is holding an object that is perfectly replaceable with other goods of equal market value. One holds such an object for purely instrumental reasons. The archetype of such a good is, of course, money, which is almost always held only to buy other things. A dollar is worth no more than what one chooses to buy with it, and one dollar bill is as good as another. Other examples are the wedding ring in the hands of the jeweler, the automobile in the hands of the dealer, the land in the hands of the developer, or the apartment in the hands of the commercial landlord. I shall call these theoretical opposites property that is bound up with a person and property that is held purely instrumentally - personal property and fungible property respectively." See Margaret Jane Radin, "Property and Personhood", 34 *Stanford Law Review* 959 (1982).

[2] See Stephen J. Schnably, "Property and Pragmatism: A Critique of Radin's Theory of Property and Personhood", 45 *Stanford Law Review* 347 (1993).

[3] See Margaret Jane Radin, "Property and Personhood", 34 *Stanford Law Review* 959 (1982).

[4] See Jeffrey Douglas Jones, "Property and Personhood Revisited", 1 *Wake Forest Journal of Law & Policy* 93 (2011).

概念，认为虽然个人所有权的绝对权利模式是推进财产法的主导模式，但“财产”与一个狭隘的个人所有制模式联系在一起，既不能反映文化财产保护的实质，也不能反映更广泛的财产法领域的重大理论发展。[1] 通过审视财产的功能，反思个人与财产的关系，批判“个人财产”比“可替代财产”权重更大的观点，但该学者对通过财产实现身份认同的哲学观是赞成的。[2]

由此可见，国外学界关于财产与人格的研究主要关注于哲学与法学基础理论层面，对财产上人格利益保护问题的理论拓展具有较大的启发意义。遗憾的是，与之相关的财产上人格利益的识别问题以及损害赔偿问题方面的研究少有涉及，也未能梳理出可供参考的裁判路径。当然，这在某种意义上与当时对于这一现象的关注及其法律诉求有关，特别是与发展这一理论的背景有关，对于传统产权概念的反思使一些敏锐的学者希望通过一种社会文化层面的产权概念超越个体意志支配下的产权概念，这与当时的社会法学运动与流派亦有很大的关系。同时，这一理论背后也涉及对一些非大众的文化存在的思考，如对印第安人的产权概念的反思。但是，毕竟所有这些涉及的探讨还没有体现出社会大众的法律诉求，或者通过其他的制度可以有解释性地予以囊括，特别是在判例法国家，故识别与保护显得并不那么迫切。

（2）财产上人格利益之识别与保护

从某种意义上来说，作为被支配的、外在于主体的物抑或财产，都在某种程度上体现了作为主体的人格，是主体意志外化的表现。但近代以来的主客体思维及其在法律关系中的体现，使物或者财产上的人格性并没有或者无法体现在私权的制度建构与保护体系中。[3] 但是，随着社会的发展，财产上的人格利益保护在司法实践中凸显出来，并进一步反思哪些财产上的何种人格利益可以进入法律的视野，即具有人格利益的财产之类型、识别与救济问题。对此，我国台湾地区曾世雄教授所著的《损害赔偿法原理》

---

〔1〕 See Kristen A. Carpenter, Sonia K. Katyal, Angela R. Riley, “In Defense of Property”, *The Yale Law Journal* (2009).

〔2〕 See Nestor M. Davidson, “Property and Relative Status”, 107 *Michigan Law Review* 757 (2009).

〔3〕 关于财产的祛身份性与祛人格性笔者在后文财产概念历史演进的梳理中会做进一步阐释。

中，对物之毁损能引发非财产上之损害赔偿的情况只限于两种情况，即权利人对物有感情上之利益，以及物为权利人充当器官之一部。〔1〕而常鹏翱教授将这类特殊财产又作了寄托情感与象征人身两种类型的划分。〔2〕有学者在此基础上，将这类特殊财产进一步细分为具有人格象征意义、寄托特定人情感、源于特定人身体以及源于特定人智慧四种类型。〔3〕还有学者认为，作为客体"人格—财产"的二分虽然呈现较为清晰的历史脉络，但实际生活中人格与财产并不能完全界分，存在人格（要素）的财产化与财产的人格化。该学者将附着人格利益的财产划分为来自人格的财产、为了人格的财产、共生的人格财产、遗体财产、负人格财产、不真正人格财产六种类型，分别以不同的标准进行人格利益的识别。〔4〕除此之外，还有学者通过对人格权财产化和财产权人格化现象的理论剖析，提出民事权利的二元性理论，即人格权、物权、债权等民事权利保护的利益兼具精神性利益与财产性利益两方面内容。〔5〕

（3）损害赔偿与构成要件

关于财产上人格利益损害的确定是司法实践中的核心问题，其主要体现为损害赔偿范围及其构成要件。有学者对物之毁损所以造成非财产上之损害可否获得赔偿的问题持否定的立场。〔6〕然而，更多的学者倾向于肯定，只是认为应当对保护的范围作出限缩。常鹏翱教授从功能主义视角，对于物之损毁何以导致精神损害赔偿请求权的产生作出了深刻的阐述，提出在对待物的损坏与人格利益侵害之关联性问题上，要以民法中人与物的关系为出发点，从是否具有共识性的角度，界定精神损害赔偿机制中"物"的范

---

〔1〕参见曾世雄：《损害赔偿法原理》，中国政法大学出版社2001年版，第368~369页。

〔2〕参见常鹏翱：《论物的损坏与精神损害赔偿的关联——一种功能主义的诠释》，载《法律科学》（西北政法学院学报）2005年第1期。

〔3〕参见易继明、周琼：《论具有人格利益的财产》，载《法学研究》2008年第1期。

〔4〕参见陈传法：《人格财产及其法律意义》，载《法商研究》2015年第2期。

〔5〕参见姜福晓：《人格权财产化和财产权人格化理论困境的剖析与破解》，载《法学家》2016年第2期。

〔6〕参见曾世雄：《损害赔偿法原理》，中国政法大学出版社2001年版，第368页。由于该著述完成于20世纪60年代，无法反映关于这一问题的实务发展以及理论研究成果。

围。[1] 朱晓峰博士指出,我国司法实践在判断权利主体因财产侵害而遭受的精神损害是否适用金钱赔偿时,实际上整体性地对相应立法所确立的虽然模糊但适用范围可能极为宽泛的规则采取了严格的限缩解释的方法。我国司法实践对损害赔偿规则所持限缩解释的态度,未能充分顾及对既存法律体系内在逻辑一致性的维护。[2]

就构成要件而言,学界亦有不同认识。例如,易继明教授以主观过错作区分,认为鉴于这类财产的特殊性,侵犯具有人格纪念意义的财产因行为人主观上是否存在故意或者过失而不同——存在故意者,可以直接认定为侵犯人格权,若为过失的,则应认定为侵犯财产。[3] 另外,在归责原则方面,冷传莉教授坚持以严格责任为这类特殊案件侵权之归责原则。当然,还需考虑故意和过失的情形,以及在多大程度上顾及侵权人主观是否知情的情况。[4] 周友军教授认为,就人格物的侵害限定为侵权人故意,这可能过分限制了受害人的权益。尤其是在危险责任(或称严格责任)和替代责任(或称对他人行为责任)中,往往并不要求过错要件,如此限制就使受害人在危险责任和替代责任中原则上无法就其人格物受到侵害主张精神损害赔偿。因此,不宜就侵权人的主观心理状态进行限制。[5]

(4)各国立法态度

各国对财产之情感价值是否在法律上予以认可,所持态度迥异,并未形成统一意见。从我们所熟知的法域来看,立法上呈现三种不同的立场。一是否定立场,即不承认财产中的人格利益,原则上将精神损害赔偿的范围限于人身权受到侵害的情形。以德国、瑞典和瑞士为代表,如德国《民法典》原第 847 条。二是肯定立场,即承认财产上具有人格利益的现象,但是需在一

---

〔1〕 参见常鹏翱:《论物的损坏与精神损害赔偿的关联——一种功能主义的诠释》,载《法律科学》(西北政法学院学报)2005 年第 1 期。

〔2〕 参见朱晓峰:《精神损害赔偿规则在财产侵害中的限制与适用——功能主义视角下的中德法律实践比较》,载《法治研究》2013 年第 3 期。

〔3〕 参见易继明、周琼:《论具有人格利益的财产》,载《法学研究》2008 年第 1 期。

〔4〕 参见冷传莉:《论民法中的人格物》,武汉大学民商法学专业 2010 年博士学位论文,第 165 页。

〔5〕 参见周友军:《〈民法典侵权责任编草案〉一审稿评析》,载中国民商法律网,https://www.civillaw.com.cn/zt/t/?id=34632,最后访问日期:2018 年 9 月 6 日。

定限制条件下予以承认,以奥地利、西班牙和荷兰为代表。例如,奥地利《普通民法典》第1331条承认在财产毁损情形下所有权人存在情感利益,但也仅限于所有权人。同时,也对侵权人的主观心理状态进行限制,即侵权人主观上须为故意或重大过失。三是中立立场,即承认一般意义上遭受财产侵害的权利主体所遭受的精神损害为可赔损害,通过侵权法给予保护,比较典型的立法例有法国、日本、希腊。如日本《民法》第709条规定,行为人因故意或过失侵害他人权利时,对因此而产生的损害负有赔偿责任;同时,依据其第710条的规定,行为人不论是侵害他人身体、自由或名誉,还是侵害他人财产权,依第709条的规定所应负的赔偿责任,也包括对财产以外的其他损害。〔1〕

就赔偿范围而言,奥地利《普通民法典》第1324条对损害赔偿的范围与加害人过错程度的关系进行规定。即加害人主观上仅具有轻微过错的,只需赔偿实际损失,无须赔偿所失利润和非财产损害。奥地利《普通民法典》第1332条对财产损害的完全赔偿原则进行了严格规定。〔2〕需要注意的是,第1324条是一般条款,不仅适用于侵权责任,也适用于合同责任。当财产遭受损害时,只有在加害人故意触犯刑法或者存在主观恶意的情形下,被侵权人才可以主张财产的情感价值。〔3〕

在比利时法律中,对于干涉、毁损有形财产或者有形财产损失赔偿的情形多由判例法予以完善。对于动物或物件的所有人或占有人的悲伤感受,很少准予损害赔偿。〔4〕少数判例法对出事车辆所有人准予了损害赔偿。〔5〕对于违约情形,法官可能会统一准予非金钱损失赔偿。在一则旅行合同中一方

〔1〕 参见于敏:《日本侵权行为法》,法律出版社1998年版,第374页。

〔2〕 奥地利《普通民法典》第1332条规定,损害应以市场价值为标准,采取客观方法评价。只有在受害人有重大过失或故意时,他才赔偿全部损害,甚至包括非财产损害。

〔3〕 参见[德]U.马格努斯主编:《侵权法的统一——损害与损害赔偿》,谢鸿飞译,法律出版社2009年版,第13页。

〔4〕 参见[英]W.V.霍顿·罗杰斯主编:《比较法视野下的非金钱损失赔偿》,许翠霞译,法律出版社2012年版,第69页。

〔5〕 同上。

违约的案例中,对假期被毁所造成的悲伤和沮丧,法院准予了损害赔偿。[1]而在荷兰,干涉、损害或者有形财产损失并没有给予受损害乙方因此而主张任何非金钱损失赔偿的资格。然而,如果侵权人意图造成非金钱损害,例如,在他明知某项财产对受害人具有特殊情感价值的情况下损毁该项财产的情形,那么,受害人可以基于荷兰《民法典》第六编第106条第1款第(a)项的规定提起索赔请求。[2]

在财产上人格利益保护的问题上,虽然各国在立法上呈现出不同的立场表达,但是在司法实践中,持否定立场的德国在一些特殊案件中通过扩大解释的方法对被侵权人的人格利益予以救济。持肯定立场的国家,同样在法律规范的适用上设置了严苛的要件。而中立态度的法国、日本在该类型案件中亦是严格限缩适用相应法律规范,防止轻易打开精神损害赔偿的阀门。因此,我们可以看到,在对财产上人格利益的保护方面各国的立法与司法本质上是殊途同归的。

2. 财产上人格利益的保护所涉相关问题研究

如前所述,目前学界对“财产上人格利益”保护的理论研究较为匮乏,但部分与之相关问题的研究散见于其他有关研究的文献之中,而这对于本书所欲阐述的主题大有裨益,甚至一些相关基础概念与理论的梳理是本书进行研究的前提。

(1)财产概念的反思

近年来,我国众多学者对财产及其概念规范予以关注并展开了有益的

---

〔1〕 例如,被侵权人原本计划在事故发生后几日使用该车与家人外出度假;或者对于被征收房子的前所有权人,因其对被征收之物的喜爱之情而准予损害赔偿。法律学说大多谴责这种判例法,认为它保护过度且感情太过脆弱。然而,一些学者认为只要损害具备确定性、法定性和专属性这三个条件并能予以证明,就没有理由去驳回因财产损失或一只动物的死亡或受伤而产生的无形损害赔偿请求。对于假期被毁造成的无形损害给予赔偿的案例,下列判决书予以了认可:Liege Court of Appeal, 28 March 1995[1997] Jurisprudence de Liege, Mons et Bruxelles(J. L. M. B.), 664 and Gent Judge of the Peace, 13 June 1990,[1990]T. G. R.,124。转引自[英]W. V. 霍顿·罗杰斯主编:《比较法视野下的非金钱损失赔偿》,许翠霞译,法律出版社2012年版,第70页。

〔2〕 参见[英]W. V. 霍顿·罗杰斯主编:《比较法视野下的非金钱损失赔偿》,许翠霞译,法律出版社2012年版,第225页。

探讨。例如,尹田教授提出“无财产即无人格”的广义财产理论。[1] 马俊驹教授从广义财产权角度,比较分析了大陆法系与英美法系两者财产权制度,认为大陆法系狭义的财产权制度难以适应当前日益复杂的社会经济生活,应当将新型财产权利、所有权、债权置于平等地位,同时引入更高层次的财产权概念。[2] 王涌教授认为,财产权概念的外延是广阔的,不应限于有体物财产,而应涵盖无形财产权;不应限于法典中的财产权,而应涵盖被忽略的单行法所创制的隐蔽的财产权;不应限于私法创制的财产,而应涵盖公法创制的财产。[3]

对于财产与人格关系的研究,乃是展开本书研究的基础,当下也有一些学者关注了这一问题。陈传法教授认为,作为客体的“人格—财产”的二分虽然呈现较为清晰的历史脉络,但实际生活中人格与财产并不能完全界分,而是存在人格与财产的双重变奏——人格(要素)的财产化与财产的人格化。[4] 姜福晓博士从民事权利的结构入手进行思考,对人格利益与财产利益相互交融的现象进行理论剖析,提出民事权利的二元性理论,即“人格权、物权、债权等民事权利保护的利益兼具精神性利益与财产性利益两方面内容”。[5] 实际上,从法理的角度来看,财产权既不同于经济学上的“产权”,也不仅仅是“物权”或“所有权”,更不应该是具有金钱价值或经济利益的权利的总称。只有先澄清财产和财产权的基本问题,才能为进一步的研

---

〔1〕“无财产即无人格”,人格不仅是享有民事权利的资格,且其本身即由宪法和法律直接赋予的各种实体权利所构成,包括各种基本的政治性权利和伦理性权利(人格权),故人格权应当是人格的权利表达。与此同时,人格还应当包括财产要素(广义财产),财产(广义)是人格不可或缺的构成要素,无财产即无人格,并由此论证“民法对财产的保护即为对人格的保护”这一根本性的命题。尹田教授的观点继受于法国学者奥布利和罗(Aubry et Rau)所说的广义财产理论。他们认为,广义财产是一个高度抽象的概念,它并不考虑具体财产或者义务的形态、性质或者多寡,唯其如此,其才能成为人格的表征。“无财产即无人格”的观念受到了薛军教授的质疑。参见尹田:《无财产即无人格——法国民法上广义财产理论的现代启示》,载《法学家》2004 年第 2 期;尹田:《再论“无财产即无人格”》,载《法学》2005 年第 2 期;薛军:《“无财产即无人格”质疑》,载《法学》2005 年第 2 期。

〔2〕参见马俊驹、梅夏英:《财产权制度的历史评析和现实思考》,载《中国社会科学》1999 年第 1 期。

〔3〕参见王涌:《财产权谱系、财产权法定主义与民法典〈财产法总则〉》,载《政法论坛》2016 年第 1 期。

〔4〕参见陈传法:《人格财产及其法律意义》,载《法商研究》2015 年第 2 期。

〔5〕姜福晓:《人格权财产化和财产权人格化理论困境的剖析与破解》,载《法学家》2016 年第 2 期。

究奠定基础。

无独有偶,对财产权感到困惑的并不仅仅是中国的法学家。美国法学家托马斯·C.格雷曾发表了一篇名为《论财产权的解体》的论文,引起广泛的争议。格雷认为财产的概念从有体物扩大到"一束权利"和"无体物",财产权概念已变得日益复杂。[1] 萨洛蒙德(John William Salmond)法官认为,应该从内涵和外延的丰盈度上来把握法律规范意义上的财产范畴,从财产适用范围大小的角度,将法律上的财产归纳为四种类型。[2] 众多学者围绕财产和财产权体系,以及现代财产产权与负担二分等具体问题进行了深入的探讨。

(2)特定的具有人格利益的财产研究

很多学者在探讨相应的"新型权利"作为一项人格权益保护时,尽管没有提出明确的人格财产或财产上的人格利益概念,但其论述的"权利"与利益类型(如祭祀权、死者人身遗存之保护、基因权等)在笔者看来,可以统摄于本书研究的主题之下。

首先是"祭祀权"。关于生者对死者的哀悼、追思以及特定利益的保护问题,我国学者已经开始关注。有学者对"祭祀权"的价值内涵及法权构造进行了探讨,认为"祭祀"这一特定人格利益所保护的对象"于私法层面表现为精神性、人格性、身份性权利,但其客体范围却有着物质性特征"。[3] 也有学者认为,"祭祀权"虽有特殊主体身份要求,但因其以另一方主体死亡为前提而并非为身份权,当属具体人格权类型之一,应当从民间规范上升为法

---

[1] 参见[美]托马斯·C.格雷:《论财产权的解体》,高新军译,载《经济社会体制比较》1994年第5期。

[2] 萨洛蒙德(John William Salmond)法官从财产适用范围大小的角度,将法律上的财产归纳为下述几种:第一种是最为广义的概念,涵括一个人在法律上所拥有的一切权利;第二种在第一种的外延上去掉人身权利部分而囊括剩余所有权利;第三种在第二种的基础上进一步限缩外延,它将对人性的权利排除出去,仅包括哪些对物性的权利,如债权等则属于对人的权利,不在财产概念的涵摄范围,而诸如自由保有地产、租赁保存地产以及专利和版权等,则属于这里的财产范畴;第四种则仅指有体财产,包括对有实体的物品的所有权或是该物品本身。See Glanville L. Williams, *Salmond on Jurisprudenceby* 10th edition, Sweet & Maxwell, 1947, pp. 423-424.

[3] 该类物化形态之特定物既承载了死者之遗骸、骨灰,还广泛延及与祭祀权相关之其他物品、财产。按照保护等级,刘云生教授试对附着祭祀权的客体范围进行位阶区分和排列。第一位阶为尸体、骨灰;第二位阶为木主、喜容、灵牌;第三位阶为祭器与明器;第四位阶为骨灰盒、棺椁、墓地。参见刘云生、卢桂:《祭祀权:法权认知与制度再造》,载《求是学刊》2016年第3期。

律权利。〔1〕 有学者对此持相反的意见，认为司法实践中，应对“祭祀权”作为一种身份权的推定权利进行正当性论证。

其次，死者人身遗存〔2〕为人格利益的物质载体之一，并非单纯的“物”化存在，学界对此已无争议。但是，就死者人身遗存保护的主体而言，学界主要有两种不同的观点：第一种观点认为，人死亡后，人格尚未完全灭失，对死者人格利益之保护其实是对死者本人之保护。第二种观点则认为，自然人之人格始于出生终于死亡。即自然人死亡后权利能力灭失，各项权利不再受法律之保护。〔3〕 这两种截然相反的观点衍生出“延伸保护说”“权利保护说”“法益保护说”“近亲属利益保护说”“家庭利益保护说”等学说。〔4〕

就这些损害案件，有诸多问题尚待明确，如哪些可以成为权利主体？哪些可以获得救济？赔偿损失的救济是否具有一定标准？这些都需要通过理论研究的支撑，去解决立法与司法中存在的问题。

再次是“基因权”。我国针对“人类基因上的权利”从法学角度进行研究的文献尚不多见，仅有少数学者对该领域有一定的关注。有学者认为，人类基因本质上是一种人格利益，并提出基因权概念，认为作为权利束的基因权，在权利内容上至少包括基因平等权、基因自主权、基因隐私权和基因公开权等。〔5〕 在“人类基因上的权利”的名称界定方面，见解纷纷。就可以获得的中文资料来看，我国台湾地区学者颜厥安最早提出“基因权”

---

〔1〕 参见张龙：《民法典编纂背景下祭奠权受损的救济路径选择》，载《西安电子科技大学学报》(社会科学版)2016 年第 5 期。

〔2〕 死者的人身遗存包括两部分：一是物质性遗存，即死者的尸体、遗骸和骨灰；二是精神性人身遗存，即死者的姓名、肖像、名誉、隐私等。

〔3〕 参见彭万林主编：《民法学》，中国政法大学出版社 1999 年版，第 85~86 页；马俊驹、余延满：《民法原论》，法律出版社 2005 年版，第 102 页；主张死者人格权归于消灭的，如王利明等编著：《人格权法》，法律出版社 1997 年版，第 134~135 页；杨立新、王海容、孙博：《人身权的延伸法律保护》，载《法学研究》1995 年第 2 期；张新宝：《隐私权的法律保护》，群众出版社 1997 年版，第 262 页；张新宝：《名誉权的法律保护》，中国政法大学出版社 1997 年版，第 36 页；刘云生、卢桂：《祭祀权：法权认知与制度再造》，载《求是学刊》2016 年第 3 期。

〔4〕 具体学说归纳参见杨立新、王海容、孙博：《人身权的延伸法律保护》，载《法学研究》1995 年第 2 期；刘云生、卢桂：《祭祀权：法权认知与制度再造》，载《求是学刊》2016 年第 3 期。

〔5〕 参见王康：《基因权的私法规范》，复旦大学法学院 2012 年博士学位论文，第 93~95 页。

的法律概念。[1] 此外,还有学者提出"基因信息隐私权""基因资讯权"[2]等不同称谓。我国学者对这一权利名称同样表述不一,同时主要是在各自所说的基因权利的属性、主体、类型等方面进行了分析。在这些文献中,有"基因上的权利群""人对其基因的民事权利""人类基因的权利""人体基因权利""基因权利""人类基因提供者的权利"等不同称谓。[3] 其他文献主要从某个侧面或角度提出了更多的概念,如"基因隐私权""基因平等权""基因知情权"等人格性权利,以及"基因信息权""基因财产权""基因资源权""基因标志权""遗传资源利益分享权"等财产性权利。有的观点认为,人体基因上的权利类型在实践中表现为人格权、财产权、知识产权三种形态;[4]有的则鲜明地主张基因权是一种宪法基本权利。[5] 目前既有的研究成果对人类基因组织内嵌的人格利益与财产载体之间关系的本质追问和法理分析相对薄弱,尚待深入。

最后是人的体外胚胎。关于人的体外胚胎法律属性的认定尚存在较大分歧。我国学界目前对体外胚胎法律属性的认识主要有三种观点,即主体说、客体说以及"中间体"说。站在主体说立场的学者认为,体外胚胎具有部

[1] 参见颜厥安:《死去活来——论法律对生命之规范》,载《鼠肝与虫臂的管制——法理学与生命伦理论文集》,台北,元照出版有限公司2004年版,第19~41页。该文最早发表于阳明大学1998年4月主办的"张昭鼎纪念研讨会—基因心理行为演化与教育—谈生物科学教育"。

[2] "基因信息隐私权"称谓,参见李震山:《基因信息利用与信息隐私权之保障》,载法治斌教授纪念论文集编辑委员会编:《法治与现代行政法学——法治斌教授纪念论文集》,台北,元照出版有限公司2004年版,第83~110页。颜厥安提及的"基因权"就包含了"基因资讯权"。参见颜厥安:《死去活来——论法律对生命之规范》,载《鼠肝与虫臂的管制——法理学与生命伦理论文集》,台北,元照出版有限公司2004年版,第37页。

[3] "基因上的权利群"称谓,参见饶明辉:《基因上的权利群论纲》,中南财经政法大学2003年硕士学位论文。就掌握的资料来看,这是国内较早的有关基因权利的宏观研究,但该文并不是专门针对人类基因,而是针对一切基因资源。"人对其基因的民事权利"称谓,参见李燕:《论人对其基因的民事权利》,载《东岳论丛》2008年第4期。"人类基因的权利"称谓,参见邱格屏:《论人类基因的权利主体》,载《中州学刊》2008年第3期;邱格屏:《人类基因权利的冲突与协调》,载《社会科学家》2008年第11期;韩缨:《利益的分配与平衡:人类基因权利问题浅议》,载《青海社会科学》2009年第3期等。"人体基因权利"称谓,参见余光辉:《人体基因上的权利类型探究》,载《学术论坛》2011年第1期。"基因权利"称谓,参见张小罗:《基因权利初论》,载《法学评论》2010年第3期;张小罗、张鹏:《论基因权利——公民的基本权利》,载《政治与法律》2010年第5期等。"人类基因提供者的权利"称谓,参见郑丽娜:《人类基因提供者权利内容的确定》,载《河北理工大学学报》(社会科学版)2009年第4期。

[4] 参见余光辉:《人体基因上的权利类型探究》,载《学术论坛》2011年第1期。

[5] 参见张小罗:《基因权利研究》,武汉大学宪法学与行政法学专业2010年博士学位论文,第6页。

分权利能力,应当将人的体外胚胎视为自然人或有限的自然人。[1] 持客体说观点的学者认为,自然人的权利能力始于出生,否则不能独立享有权利能力,不能独立作用于世界。人的体外胚胎有生长发育成人的可能,但是不能成为具有民事权利能力的主体。[2] 持“中间体”说观点的学者认为,体外胚胎具有成长为人的能力,既不是主体也不是客体,其法律地位摇摆于主体与客体之间。[3] 在“人—物”二分的法学二元论中,人的体外胚胎是否具有人格,是“人”还是“物”?若为“人”,其能享有何种程度的保护?若为“物”,其能否被继承或转让?法律应对其进行何种规制?理论界对上述问题进行激烈的论争,未能梳理出一条可供操作的裁判路径,对解决具体问题意义甚微。

二、理论意义和实践价值

(一)理论回应实践的必然选择

就《精神损害赔偿司法解释》第 4 条的表述来看,其仅适用于物之所有人与权利人重合之情形。遗憾的是,原《侵权责任法》并未将财产上人格利益的损害救济纳入法律层面的救济范畴,导致在对第 4 条的适用上显得并不是那么名正言顺。由于制定法持严格限制态度,在这种背景下,相应司法实践借助于类推规则在合乎既定体系之逻辑规范的前提下,小心翼翼地扩张适用立法所确立的规则。权利主体因具有人格利益的财产被侵害而主张救济的规则适用范围过窄,尚需上升到层次较高、具有普适意义的侵权法规则来加以调整。可喜的是,或许正是意识到立法必须回应现实,给予需要救济的人格利益以请求权基础,在 2018 年 8 月发布的一审稿中,财产上人格利益救济的规定在侵权编第二章“责任承担”部分有所体现。学界、实务界和立法机关对加强人格权及人格利益保护的态度并无分歧,对实践的强烈需求亦作出了回应,“在一定程度上”弥补了缺憾。因此,对相应法律规范的适

---

〔1〕 参见刘召成:《准人格权研究》,法律出版社 2012 年版,第 3 页。

〔2〕 参见王利明:《民法总则研究》,中国人民大学出版社 2003 年版,第 338 页。

〔3〕 参见徐国栋:《人工受孕体在当代意大利立法和判例中的地位》,载《华东政法大学学报》2015 年第 5 期。

用,以及财产上人格利益的分类与识别等问题亟须解决。

(二)在“人—物”与“物—债”二分理论体系下进行相应的制度建构

分析物权与债权的融合和中间状态及其出现这些现象的原因,在运用体系化的方法调整社会关系的过程中,“物—债”二分也出现了不断融合的现象,出现物权和债权中间状态的权利形态是不可避免的,财产权与人格权并非决然分裂的。本书以全面保护人格利益为出发点,反思传统财产权制度的不足,进而引入更高位阶的财产权概念,符合现代社会经济发展的需要,以完善财产权体系并丰富和发展侵权法理论体系。

(三)对“财产上的人格利益”之保护进行体系化研究

从法律现实主义回溯到法律形式主义,在穷尽相关案例检索的基础上,对案件之事实,以及所涉案件之标的(或标的物)进行抽象,找寻这类特殊财产的共性。对附着于财产上的人格利益进行系统的分类研究,提出可获法律保护的人格利益之识别标准,减少司法过程中直觉的偏差,以保证法律的可预期性和稳定性。

(四)回应新兴科学技术,作出合理的理论预设

新兴科学技术的快速发展,必然带来法学理论的相应调整甚至改变,并进一步推动立法。需对生命医学科技产生的人格利益保护与救济问题进行系统、深入的研究,回应司法实践对这类特殊财产规制的合理需求。在丰富民法理论的同时,对新兴医学科学技术产生的问题,从发生学与存在学的意义上构建法律形式主义的理论预设与框架。

三、研究思路与研究方法

(一)研究思路

本书将分以下几个部分进行研究:财产上人格利益的理论概述→财产上人格利益的生成→财产上人格利益的识别与类型重构→财产上人格利益的类型化研究→财产上的人格利益之裁判路径。

其内在的逻辑及所欲解决的问题如下:第一,对财产的反思,即通过从古罗马开始,财产概念历经了祛身份性到祛人格性的演变,至现代开始反思财产与人格之关联性,进而揭示现代财产概念的内涵和外延。第二,从理论

上解释弥合财产上附着人格利益的现象,确定该类财产上附着双重(多个)权利客体。第三,探究财产上何以生成人格利益,追问人格利益保护之本质。第四,通过对域外财产上人格利益识别之立法现状与司法裁判中的解释路径进行比较分析研究得出启示。在此基础上对附着于财产上的人格利益进行类型化研究与识别,即区分哪些财产上附着何种人格利益,哪些人格利益可以被纳入侵权法保护的范畴。第五,根据与主体产生情感距离的不同,以"自我"与"他者"之关联为标准,将附着于财产上的情感分为三类,即源于人自身的情感、人与外界交流的情感、社会传统形成的情感。第六,将损害与规范性的救济联系起来,探讨损害救济的范围,确定可赔偿损害的范围和界限,同时应考虑财产上人格利益的可预见性、侵权人的主观状态等问题。第七,就财产上人格利益损害赔偿的司法裁判进行探讨,分析我国司法裁判在解决该类问题时主要存在的障碍、探求系统解决这类问题的路径以及方案,对财产上人格利益保护与救济的司法实践,提供人格利益识别的相对标准。

(二)研究方法

针对本研究主题的重点以及研究思路,笔者拟采用实证分析法、历史分析法、价值分析法、比较法分析法、社会学法学分析法以及交叉学科知识的运用(如社会学、医学、心理学等),对财产上人格利益的理论障碍与现实困惑进行系统分析。本书拟综合采用上述研究方法针对以下内容展开研究:

首先,通过电子资料案例数据库对财产上人格利益的司法裁判进行全样本搜集与梳理,运用实证分析法与社会学法学分析法,发现司法实践中的问题,由此找寻立法是否存在缺陷。循此路径,归纳提炼出理论与实践中的问题,探究其产生之根源。

其次,利用价值分析法,从个案以及类型化的案件中,抽象出一般的法学命题。对于这些案件所体现价值的普适性与地方性进行探讨,不断检验、反思相应价值对于整体理论、立法与司法实践的借鉴。更重要的是,在个案及类型化的案件中,我们可以从实践出发对价值进行更好的平衡。

最后,运用比较研究法及历史研究的方法,从时间层面与空间层面寻找解决这一问题的思路与经验并得到启示,我们不仅可以发现空间与时间的差异，即不同地方与不同时间段，对于具有人格利益财产在司法实践中认识大有不同，并在上述价值层面的分析论证中提出更为合理的解决问题路径。

四、研究创新

（一）对财产上的人格利益之保护进行系统研究

本书从现代社会人的主体性需求和价值回归出发，对财产上的人格利益之保护进行系统研究，在民法的主体制度、财产制度、契约法与侵权法之间形成了有机联系，对传统精神损害赔偿制度在实现人的整体保护方面的功能缺陷进行批判，并探寻完善的路径。同时，现行民事法律对于财产的理解过于狭隘，使对于具有人格利益的财产保护立法不清，保护不足，标准不一，而本书的研究试图在立法中提出一个相对克制的保守主义，即通过列举加兜底的条款对已有的具有人格利益的财产进行罗列，对于可能的社会科技发展所带来的新问题，通过兜底条款给司法实践留下余地。

（二）研究方法的创新

本书对相关的司法裁判案例进行了全面的搜集与类型化研究，并提出以物与债的区分为标准，将具有人格利益的财产分为两种类型，即附着于物质载体上的人格利益和基于合同产生的人格利益。又以该"物"是否为法律规范上之物为标准，将第一种类型再次分类为物上的人格利益和"特殊财产"上的人格利益，并以此进行了理论反思与制度建构。特别是基于财产概念的追溯与使用，[1]分析财产与人格的关系，进而将人体基因组织、人的体外胚胎、遗骨遗骸等纳入"特殊财产"的范畴，对其上附着的人格利益保护问题进行规制，最终通过侵权法进行救济。如此一来，既搁置了在"人—物"二分理论框架内旷日持久的争论，又可以在立法上对生命伦理、科技发展对法

---

〔1〕 事实上，在我国原《侵权责任法》和《民法典》"侵权责任编"中，财产与物的概念也是混用的，比如，在原《侵权责任法》第19条、第45条等规范中，皆使用"财产"的表述。以原《侵权责任法》第19条（《民法典》第1184条）为例，"侵害他人财产的，财产损失按照损失发生时的市场价格或者其他方式计算"，此处的财产是指物还是大于物的范畴，或者二者不是在同一逻辑上使用。不论怎样，都需要考虑财产与物的关系问题。至少在笔者看来，财产是包括合同的，但违约行为除了极其特殊的情况下可成立侵权外，其余皆不能纳入侵权责任法之调整，显然合同应该不包括在此第19条的范围之内。这样的混用，一方面是使用习惯和传统的问题，另一方面也表明了财产概念的丰富性。这也是本书笔者将体外胚胎、遗骨、合同等方面的保护通过"财产或特殊财产"纳入侵权法保护的原因之一。

律制度带来的冲击进行有效回应。

(三)基本命题追溯的创新

学界对于“人格利益”本身并没有统一的定义,“人格”即为法律抽象的概念,抽象“人格”所保护的到底是什么——如果人格是一种拟制,那么其拟制的基础又是什么?这一点对于本书的命题至关重要。因为如果我们探讨具有人格利益的财产,就必须明确所谓财产上附着的“人格利益”本质是什么,这个问题直接关涉到附着的可能性与方式。在本书看来,人格利益的本质乃是情感,正是由于情感的“拟人”与“移情”才使附着成为一种可能。换句话说,“情感”是“人格利益”更为基础的概念。

(四)分类标准的创新

针对附着于财产上的人格利益,追溯其根本为人之情感。本书根据主体投射情感方式的不同,以“自我”与“他者”的关联为标准,将附着于财产上的情感分为三类。第一类是源于人自身的情感,这里主要是指人之为人,对其自身的关爱、期待、欣赏和尊重。这一类情感主要源于人生具有纪念意义的特殊经历和人体组织所附的人格尊严。第二类是人与外界交流的情感,这里主要指人与人之间的情感,也有人与动物之间的情感。鉴于动物亦为生命体,因此将人与动物互动产生的情感归入该类型中。第三类是社会传统形成的情感,主要指家庭、社会伦理、地方传统习惯等因素形成的情感。针对各类型的人之情感提出不同标准,便于司法实践中的考量。这样的情感划分标准,不仅为“财产上是否具有可获保护的人格利益”问题上的考量因素,在人格权(利益)是否获赔的问题上,亦可作为价值判断的考量标准。

另外,需说明以下四点:第一,本书旨在探讨财产上所附自然人之人格利益,就法人是否具有人格利益这个问题则非本书意旨,文章对其并无涉及。第二,具有人格利益的财产保护与人格特征商业性利用两个问题分别是财产权人格化与人格权财产化,前者属于人格利益的防御性保护,仅在受到侵害时依据侵权责任法主张损害救济;后者则是人格要素通过市场交易而产生财产价值。本书仅涉及具有人格利益的财产保护,即财产权人格化问题的研究。第三,基因、胚胎、遗骨、遗骸等由于具有强烈的道德伦理属性,无法成为物权法调整规制的对象,但其具有财产属性是毋庸置疑的,确应受到保护,因此,本书将其纳入“特殊财产”的范畴,通过侵权损害赔偿的方式进行兜底保护。第四,本书所探讨的主要在于具有人格利益财产是否受保护的问题,而非损害赔偿的保护范围大小的问题。后者需要在司法实践中具体考量,与整个精神损害赔偿的标准相关联,非本书所能囊括;而前者关乎具有人格利益财产的识别问题,故本书通过类型化研究予以分析,并以此为基础探讨责任的“可预见性”问题,因此,本书之重点在于损害赔偿责任之成立与否,而非在于赔偿之范围与大小。

第一章　财产上人格利益的理论概述

我们探讨“财产上的人格利益”或者“具有人格利益的财产”，又或者以“人格物”“人格财产”等诸类概念来统摄这类特殊的保护对象，意味着我们在反思传统“人—物”二分的规制模式与立法体系。换句话说，财产产生之初就是独立于人与人格的，还是我们后来在进行制度与体系设计时基于现实需要而人为割裂的。要回答这一问题，我们必须首先探求财产与人二者关系的本质，追问财产上人格利益之来源，进而探讨财产权中内嵌的人与人之关系这类特殊客体的保护与救济。格劳秀斯曾指出，拉丁语中“*dominium*”（通常被译为“所有权”、“领有权”或“财产”），具有私人与排他（exclusive）的含义，[1]这也是现代财产概念的核心，但其原初的意义却指使用非私有物的权利，是一种使用权。[2] 由此带来的问题便是，这样一种使用权概念如何演变成了现代排他性的财产权概念？我们先搁置格劳秀斯对原初财产含义的历史性考究与论证，有一点却是不容否认的，就是不管其为使用权的含义抑或具有宗教的起源，[3]无论在何时，财产都是人类社会法律、政

---

〔1〕 See Hugo Grotius, *The Rights Of War And Peace*, Liberty Fun, 2005, p. 268.

〔2〕 有学者通过研究西塞罗、拉贝奥等法学家的著述，认为“*dominium*”这个术语是与“用益权”相对应使用。“*dominium*”最初就是在对应着地役权与用益权所代表的他物权的意义上出现的。参见汪洋：《罗马法“所有权”概念的演进及其对两大法系所有权制度的影响》，载《环球法律评论》2012 年第 4 期。

〔3〕 例如，古朗士认为：“私有财产的观念存在于宗教之中，每个家庭都有各自单独的炉火和祖先，这就是他们的财产。”参见[法]菲斯泰尔·德·古朗士：《古代城市：希腊罗马宗教、法律及制度研究》，吴晓群译，上海人民出版社 2012 年版，第 90 页。

治与道德生活中讨论的中心论题;在不同时期,对于财产的不同理解产生了或多或少的差异与改变,但其背后支撑的都是它所归属的那个时代与社会对财产的认知沉淀和制度实现,并进而丰富、改变、筑就了现代的财产概念及财产法律体系。

第一节　人格与财产的历史考察

一、财产的"祛身份性"

梅因在《古代法》中通过对古代法与现代法历史的梳理,提出了"从身份到契约"的演进路径,而这一路径中,财产是其核心要素。尽管我们今天在探讨财产与人格之间的关系时,"人格"的概念与梅因著述下财产所彰显的"身份"概念相去甚远,但是这一"祛身份性"的过程却正是近代"个体人格"概念能够独立出来,并进而实现主体哲学背景下私法"人—物"二分体系的前提。或者更进一步说,当我们在理解财产上所附加的身份性时,这种特殊语境下的"财产"往往也被我们用一个更为近代的人格概念去等同,即"团体人格"——财产权利总是与家族、亲族团体交织在一起,成为我们今天所谈及的"个体人格"相对应的范畴。

(一)罗马法时代财产与身份关系的嬗变

罗马法时代财产带有强烈的身份属性。"*persona*"一词最初的意义只是面具,[1]这意味着,作为一个事实存在的人在罗马早期并没有产生,这与罗马的氏族制度及宗教息息相关。[2] 当罗马社会进入城邦以后,作为"面具"的人的概念及其制度被城邦继受下来。城邦建立在较小的群体诸如氏族的基础上,并依此构建市民法。在城邦建立初期的罗马法中,家族乃是法律调

---

〔1〕 参见[法]马塞尔·毛斯:《社会学与人类学》,佘碧平译,上海译文出版社 2003 年版,第287~289 页。毛斯进一步指出,我们可以在罗马人那里发现制订这类氏族典礼、面具与行为者们根据自己的名字用来打扮自己的绘画的一些明确的遗迹;另外,在姓、名与别名上也体现了这一点,罗马市民有权得到他的氏族给予他的姓、名与别名,名说明了有相同名字的祖先的出身等级,姓(*nomen-numen*)则是氏族神圣的姓。

〔2〕 在某一氏族父主的人身或面具之下隐藏着他所有的一切女儿和奴仆,在某一大家族的名称或徽纹之下隐藏着它所有的父系继承人或族属继承人。参见[意]维柯:《新科学》(下册),朱光潜译,商务印书馆 1989 年版,第 561 页。

整的对象,而且这些法律原来也因家族而生。[1] 在财产方面,由于早期与财产之间发生联系的不是个人,而是家族——“人们不是被视为一个个人而是始终被视为一个特定团体的成员”[2];财产之间联结也不是通过法律,而是通过宗教。[3] 所以,在宗法统治的社会中,长子继承宗亲财产并有绝对权力处分其财产,这样的继承形式继承的不仅是财产,还包括身份和权力;关于财产的分配与规制取决于其在家族等“特定团体”所具有的身份(贵族或平民、夫或妻、父或子等);[4]由此同样可以理解,现代意义上遗嘱财产的含义在古代社会的很长一段时间里并不重要,因为古代遗嘱是“把家族代表权移转给一个新族长的许多方式中的一种”,[5]继承本身主要是一种使死者所代表的“团体人格”或者说身份得以延续的手段。

在中国传统社会中,财产与家(宗族)混同,两者的区别亦无法辨明。从作为家(宗族)的文字方面进行考察,其依不同的场合都多多少少伴有指称财产的语感。中国传统社会中的家(宗族)“意味着共同保持家系或家计的人们的观念性或现实性的集团,或意味着支撑这个集团生活的财产总体的一个用语”。[6] 同居共财的家族共产制,作为传统而又极为基本的法律化概念,具有明确的法律逻辑,类似于罗马的“家”(*familia*)的意义,这种情况

---

[1] 这时出现的“*caput*”(人、人格)的概念也可佐证。其“原意指头颅或书籍的一章,罗马古时,户籍登记时每一家长在登记册中占有一章,家属则名列其下”,后来借指罗马法上的人格。由此可见“*caput*”概念的产生显然晚于“*persona*”,因为户籍制度至少产生于城邦之后。我们可以推测,当时罗马法上的“*persona*”观念还具有强烈的氏族身份色彩,其还不能作为城邦的法律观念,故城邦另造“*caput*”以表明作为城邦中家父的人格,后来的人格变更制度(*capitis deminutio*)也使用这个词。那时的城邦仍旧以家父权为基础,另造“*caput*”一词只是为了与传统氏族相区别,它表达的是作为“城邦中的家父”,而非作为“氏族面具的家父”。参见周枏:《罗马法原论》,商务印书馆2005年版,第106页。

[2] [英]梅因:《古代法》,沈景一译,商务印书馆1996年版,第108页。

[3] 古朗士认为:“私产是家内宗教所需要的一种制度……古人以其信仰便直接得出了有关所有权的概念……最初是宗教,而不是法律确保了所有权……(土地)它不仅仅是一个人的产业,而是整个家庭的。不是现在活着的人建立了对土地的所有权,是家神确立了这个所有权。”参见[法]菲斯泰尔·德·古朗士:《古代城市:希腊罗马宗教、法律及制度研究》,吴晓群译,上海人民出版社2006年版,第95~98页。

[4] 我们可以看到,古代罗马法禁止“在父权下之子”(Child under Power)和父分开而持有财产,或者(我们宁可说)绝对不考虑子有主张一种各别所有权的可能;父有权取得其子的全部取得物,并享有其契约的利益而不牵涉到任何赔偿责任,这亦是身份权下的财产表现。参见[英]梅因:《古代法》,沈景一译,商务印书馆1996年版,第58页。

[5] [英]梅因:《古代法》,沈景一译,商务印书馆1996年版,第111页。

[6] [日]滋贺秀三:《中国家族法原理》,张建国、李力译,商务印书馆2012年版,第59~60页。

的共产在法律上被作为总财产的组合来把握。[1] 在探讨家族中依谁的意思成立对家产(主要是不动产)卖出(或典当)的处分行为时,家族重要的事情必须秉承家长的旨意,"家"当然是一个团体,没有家长的承诺,其他家庭成员不能任意地卖掉家产,否则交易视为无效。[2] 关于家产之所有关系的法律构造,有观点指出,家祖在世期间,家产以家祖作为权利主体,换言之,家祖对家产有完全的所有权,家祖能够自由处分属于家产的财物。[3] 与此同时,也存在一些相反的观点。例如,不论家族构成是如何的形态,家产常常是家长和家族的共有财产;家产通常是家族的合有财产;家产不管家祖在世期间还是死亡之后,一直到家产分割时为止都属于家祖所有。以上观点在某些认识上稍有差异,但是在关于家产的所有权形态为共有,家父拥有家产的处分权这一认识上是共通的。由此可见,财产与家族在中国传统语境中是共谋共生的关系,财产的法权模型与家族身份纠结在一起。

关于身份观念对财产制度的影响,我们在其他古代社会甚至演进较慢的近代社会都得以见到。以印度为例,"村落共产体"的所有权形态也符合有关财产原始状态的特性。[4] 此外,在俄罗斯也存在相似的形态。俄罗斯的"村落"中,身份权、人格权与财产权往往相互关联,混杂一起,村民之间似乎有一种天然的宗亲关系。其中的财产具有不可分割性,虽然村民对某些

---

〔1〕 作为法律上的关系的家族所得全部归家父所有,作为社会性、经济性的关系来看,无非是在单一的家计之下营造共同生活的现象。但中国传统社会不存在类似家父权的词汇,将共同维持家计这类关系自身作为一个法概念来把握的同义语是"同居共财"。同居共财的内容主要体现在三个方面,其一,每个人的劳动所得全部放进为了全体成员利益的单一共同的会计即家计中的形态,构成同居共财这样的概念之核心。其二,同居的每个人的生活中必要的消费全面性地由共同的会计来供给。其三,涉及生产消费各个方面的共同会计所产生的剩余,被当作全体成员的共同资产即家产加以蓄积,最常见的蓄积方法是保有土地,增加自身收益。共同资产中产生的收益也当然被加进共同的会计里。

〔2〕 例如,唐代杂令规定,诸家长在(在谓三百里内非隔关者)而子孙弟侄等不得辄以奴婢六畜田宅及余财物私自质举及卖田宅[田宅二字恐衍],(无质而举者亦准此)。其有质举卖者,皆得本司文牒,然后听之。若不相本问,违而辄与及买者,物即还主,钱没不追。参见[日]滋贺秀三:《中国家族法原理》,张建国、李力译,商务印书馆 2012 年版,第 161 页。

〔3〕 参见[日]滋贺秀三:《中国家族法原理》,张建国、李力译,商务印书馆 2012 年版,第 157 页。

〔4〕 村落共产体一方面是一个有组织的宗法社会,另一方面又是共同所有人的一个集合,组成它的人们相互之间的个人关系是和他们的财产所有权不能辨别地混淆在一起的。参见[英]梅因:《古代法》,沈景一译,商务印书馆 1996 年版,第 151~152 页。

财产享有个别的权利,但是这种财产的分割只是暂时的,在一定时期之后,这些个别的财产权不再存在,土地被集中起来重新分配。[1] 在塞尔维亚、克罗西亚以及奥地利的斯拉窝尼亚都可以找到类似财产形态的脉络。英国法学家克拉克(Edwin Charles Clark)教授在其著述《罗马私法史》中提到,私有财产权及其限制或资格,主要是针对实物所有权而非物质对象,它们原则上也是对人权,这也属于人的财产。[2] 在上面的分析中我们可以看到,这一点不仅在罗马私法中,在整个传统社会都有所体现。[3]

因为"个人"自由合意的产生,[4]伴随着罗马国家权力的强大与公民意识的增加,特别是商品经济发展带动了传统"家族"身份关系的突破,于是家父权在国家权力面前,被不断压制,日趋消解与式微,其原来的家庭政治职能逐渐瓦解。在共和国中后期那些为限制家父权设定的在人身与财产方面的条款中,[5]特别是在自上而下的法典化改革进程中,家父权更加快速地衰弱下去。而到了帝国时期,随着改革的深入,家子脱离父权变得普遍,家子不会因此陷入困境,众多无卑亲属的"单身"家子成为"家父",家父的数量增加了,也更为普及了。"家父"逐渐不再成为一种身份与权力象征,而变成一种单纯的日常交往的主体条件,具有重要的意义。"市民"的规则与观念逐步吸收替代了家族中"家父"的观念,习惯法上升为"市民法",罗马法逐渐完成了其成文化与世俗化的进程。于是,"'城邦自己的法(*iuspropium-*

---

[1] 参见[英]梅因:《古代法》,沈景一译,商务印书馆 1996 年版,第 160~161 页。

[2] 克拉克教授还进一步指出,奥斯汀在其著述第 48 讲中提到了对私有财产权的某些限制。然而,这些部分属于该著述中"身份"内容,以及此处被视为"个人法"的部分(如婴儿期的丧失能力等),部分归因于有限的或部分的所有权。See E. C. Clark, *History of Roman Private Law* (Volume 2 Part 2), Biblo and Tannen, 1965, pp. 589-590.

[3] 也就不难解释"由于身份权、人格权和财产权的混杂不清以及公法义务和私法义务的混淆而流行着共同所有制。"参见[英]梅因:《古代法》,沈景一译,商务印书馆 1996 年版,第 65 页。

[4] 梅因认为,所有进步社会的运动在一点上是一致的。在运动发展的过程中,其特点是家族依附的逐步消灭以及代之而起的个人义务的增长。"个人"不断地代替了"家族",成为民事法律所考虑的单位。用以代替的关系就是"契约"。参见[英]梅因:《古代法》,沈景一译,商务印书馆 1996 年版,第 88 页。

[5] 这些限制,在财产方面,如特有产制度(包括军役特有产,准军役特有产制度),使家子对有关财产对财产的支配不仅限于生前的占有,而且具备的处分能力,并进一步获得了所有权,而家父权之前代行的所有权逐渐变为用益权。

civitatis)'使市民法以公法的面目出现,转变而为维护私人关系的私法"。[1]个人逐渐走出家族的束缚,在财产让与中要式物与略式物的区分逐渐模糊,罗马法早期财产让与的严格仪式逐渐被简化或忽略,不具备特别仪式之让与在裁判官法上获得支持;个人"合意"的证据从罗马家庭的严格遵守习惯中提取出来,从"要物契约"走向"诺成契约",罗马法上的财产历经了从家族的共同所有到个人所有,呈现与身份逐渐剥离的趋势。

(二)中世纪财产制度演进的三重因素

尽管从罗马法上我们看到从"身份"到"契约"这一过程,但就其本身而言,还有诸多障碍。一方面,家父权对于罗马社会仍具有很大的功能,罗马法的演进的确体现了经济发展的要求;但另一方面,罗马帝国的伟大版图使法律的具体实施总是遭到习惯与地方传统法的抵制;更重要的是,受战争等诸多因素影响,罗马帝国的经济并非线性的发展——苏联学者罗斯托夫采夫在其《罗马帝国社会经济史》中曾指出,正是资产阶级的发展支撑了整个罗马帝国,然而后期罗马因战乱所加之的沉重赋税,使这些资产阶级逐渐成为坐食年金的地主,从而使罗马帝国走向衰亡;[2]再者,个体虽然在传统家庭中的地位提升,但是像近现代社会的主体精神与平等概念并未产生。

中世纪具有相对复杂的社会结构,特别是教权与王权之争直接体现在财产制度及其相应的经济关系、司法裁判之中。在笔者看来,推动整个中世纪财产制度演进的主要有以下三个因素。

第一,庄园经济导致家族不论是规模还是影响都在缩小。尽管血缘与家族所带来的根深蒂固的遗产持续发生着影响,但庄园经济却并非完全基于家族关系,其经济形式下所纳括的农奴、自由农民已远非血缘的关联,尽管这种依附关系仍可归入更为广义的身份与家族关系的束缚中。布洛赫曾指出在12世纪法国契约的一种发展趋势,即"征求家族成员的同意,仅限于最近的亲属",同时,人们在已获得的财产权和家族财产权之间作了区

[1] 强世功:《"公的法律"与"私的法律"》,载邓正来主编:《中国书评》(第5期),香港社会科学服务中心、中国社会科学研究所1995年版,第76页。

[2] 参见[美]M.罗斯托夫采夫:《罗马帝国社会经济史》(上),厉以宁、马雍译,商务印书馆2005年版,第7~8页。

别[1]——这一趋势我们同样可见诸欧洲的其他国家。所以,在某种意义上,家族固定名称“并不是血亲精神的产物,而是与这种精神根本对立的制度——主权国家——的产物”。[2]

第二,教会的立法与司法产生了更多的家族甚至世俗权力之外的财产法律关系。教会大量的立法活动在一定程度上促进了法律规范适用的统一与可预期性,如《狄奥尼修斯汇编》(*Collectio Dionysiana*)就是第一部关于教会法规的汇编。通过这些立法,教权与王权的融合进一步加剧,基督教与市民生活的关联变得密切。与此同时,由于人们通过给教会捐赠财产以寻求救赎,使教会积累了越来越多的包括土地在内的财产。教会将一部分土地进行出租并收取租金,形成了新的佃农关系,这与封建社会庄园经济中领主和佃农的人身依附关系显然不同——在后者中,“人身依附关系……是家族连带关系的一种替代物与补充物”,[3]而这恰好是前者所打破的。当教会的财产权与世俗的财产权进行关联,如何对其规范与救济便成了教会立法的重要方面,这样一种立法随着其在罗马法的保存、传承以及在教会司法权中的阐释与运用,为近代以来包括信托、法人所有权在内的诸多财产权制度奠定了基础。

第三,城市与市民阶级的形成。教权与世俗权力的关联不仅通过上述的财产关系来进行,同时也通过行政区划来进行。[4] 教会本身权力的“神授”,使其在帝国崩溃与更迭之时,能够维持城市有序地存续与运行下去。从奥古斯丁到托马斯·阿奎那,教会对于财产的态度一直与经济发展所提出的财产制度要求相协调。然而,就本质而言,教义与财产仍旧存在诸多隔阂,而游历于各地的商人的自由身份,使无论是教会法庭还是世俗法庭对其相应的法律关系进行规制时都捉襟见肘,因此,商人争取到了自治权与裁判权,选取行会商人成员担任商事案件的陪审员,制定及汇编与商事交易相适

---

[1] [法]马克·布洛赫:《封建社会》(上卷),张绪山译,商务印书馆2007年版,第240页。

[2] 同上书,第243页。

[3] 同上书,第13~14页。

[4] 教会根据罗马城镇的区划来建立自己的教区。由于受到蛮族的尊敬,因此,当蛮族定居在帝国各省之后,教会得以将城市制度继续保留下来。参见[比利时]亨利·皮雷纳:《中世纪的城市》,陈国樑译,商务印书馆2006年版,第38页。

应的法规和商事惯例,或者说中世纪的商人法。自由的商人团体也伴随着相对自由的财产制度,这一点在土地制度上尤为突出,“旧的领地的土地变成了自由地产即自由租地”,就算占有土地的人没能成为土地的所有者,“他也只有向土地所有者缴纳租金的义务……他可以将土地自由地遗赠、让与、出租以及作为他借人的资金的抵押品”。[1]

总体而言,我们看到整个中世纪的演进延续着罗马法一直以来“身份到契约”的路径。财产制度一方面仍受式微的家庭、家族权力影响;另一方面,教会无论在立法还是司法中,对于个人财产制度的发展以及使其免受家庭身份关系与世俗王权的侵害均起到保护作用;而城市与资本主义不可阻挡的兴起以及商人团体的功能扩大,进一步加速了市民化的过程,促进了财产通过世俗法律来进行调整的可能。所以,加之于传统财产上的身份关系在消解,然而,教会下的财产法律关系带来的疑惑是,财产在现实世界相对于个人的关系是什么?无论对私人财产到底是自然的还是非自然的论证,我们最后都要将其纳入现实法律的体系,这应该如何进行?如果上帝的权力始终是支配世界的根源,那么个人在财产关系中又处于怎样的地位?这一切还需要主体哲学的到来,将个人置于中心,将个体人格从宗教权力中进一步解放出来,将其作为私法制度甚至整个国家制度的基础,作为财产支配关系的核心。

二、财产的“祛人格性”

(一)主体哲学的人与人格

中世纪对于财产的自然化论证尽管为私有财产的正当性提供了宗教上的支撑,但同时也维护了已有的财产分配状态,或者说一种不平等的状态,其根源于在自然意义上不平等的人——换句话说,就事实而言,人并非平等的。这样一种事实显然是近代主体哲学所欲克服的。康德将经验世界与先验世界予以分离,使“实践理性”与“道德律令”成为人之为人,且可为平等的人的抽象表达,于是伦理人格的概念产生了。当然,这里所谓的人与

---

[1] [比利时]亨利·皮雷纳:《中世纪的城市》,陈国樑译,商务印书馆2006年版,第123页。

人格都是指个体的。在前面所论及的罗马社会的身份到契约的运动,中世纪“上帝面前人人平等”所带来的个体在家族、身份的解放,带来的“集体人格”向“个体人格”的过渡,使主体哲学的主体具有了现实与伦理的基础。这样平等的、具有伦理意义上的“个体伦理人格”如何实现在民法上的制度构建,就有了德国民法中的一个重要的概念与制度,即“权利能力”——正是通过“权利能力”,我们看到一个自然意义上的人如何在实证法层面上变成了“人格人”。

在某种意义上,无论是自然人还是康德抽象出来的伦理人格,其与实证法上的建构都相去甚远,因为在实证法上,我们始终需要回答一个问题,即谁有权来获得并支配私法上所规定的权利?一方面,抽象的伦理人使得等级、宗教、性别等因素都被排除了,这个打上唯心主义的德国哲学的人类图象出现了——“一个自治的个人,一个孤立的、褪掉个人历史特性和历史条件的个体,一个绝对的法定的我的图像”,〔1〕这个“人类图像”成为了法律上人人平等的基础;另一方面,尽管伦理上的人可以作为实证法上的人的基础,却不能代替其成为法律上权利义务的享有者与承受者;再者,其始终无法回避的“法人”问题,我们很难在康德的伦理人格中寻求到依归,其应当如何纳入民事主体制度中去?于是,“权利能力”的概念出现了,正是基于“权利能力”,才使得在德国民法理论中,人(Menschen)的概念被定义为“人格人”(Personen)的概念。〔2〕既然“权利能力”本身作为法律的构造,而基于此的“人格人”亦成为一种法律的拟制,“机体的以及规范上确定的法人都具有权利能力”。〔3〕于是,所有的人格人成了私法上权利——特别是财产权的支配者,即法律主体。

回过头来,我们看到德国古典哲学以来的主客体关系、自由意志(精神)与外在世界的关系在私法制度的建构中改变了,其核心在于物的支配上。

〔1〕克尼佩尔引用了莱塞尔、科英、拉德布鲁赫、期密特等人的观点。参见[德]罗尔夫·克尼佩尔:《法律与历史——论〈德国民法典〉的形成与变迁》,朱岩译,法律出版社2003年版,第75页。

〔2〕人与人格人被等同了,这具有现实基础与政治意图,即消除等级差别。参见[德]罗尔夫·克尼佩尔:《法律与历史——论〈德国民法典〉的形成与变迁》,朱岩译,法律出版社2003年版,第60页。

〔3〕[德]罗尔夫·克尼佩尔:《法律与历史——论〈德国民法典〉的形成与变迁》,朱岩译,法律出版社2003年版,第76页。

我们知道,“欧洲经由基督教经院自然法而形成的在物的本身与其表象之间一种权威的分离”,[1]使在认识论上对象世界本身与人发生关系仅是“表象”而非对象或者物自体与主体认知的关系,于是在实践论上这一点需要突破——就正如我们支配一个财产的时候,我们所支配的到底是指物质的、经验的、外在的、“表象的”、有体的东西还是指一种对“对象”或者说“物自体”的支配,其包括“无体的和不能有体表现的权利世界”,[2]在私法上就构成了所有权与占有的不同理解。更具体地说,如果占有仅体现为经验的占有,则其并非真正的占有,任何未经同意对该占有的物的使用,不构成侵害;所以只有当占有本身可以体现为一种思辨的占有,不管我是否直接占有它,我都能受到保护时,才能称为真正的占有,在康德那里被称为“理性的占有”“纯粹的法律方式占有”,[3]于是所有权催生的法律状态的文明社会产生了。作为理性纯粹实践概念的所有权,既超越于经验世界,又落脚于经验世界,前者是就其起源而言,后者是就其表现形式而言;而作为法律主体的人格人也就有了双重属性,即伦理的人与法律的人;而作为受支配的财产,自然也就有了作为自由意志体现的人格性与作为被支配对象的客体性。但是这样的先验与经验、伦理与法律的穿插毕竟无法体现逻辑与体系置于同一部法典中,民法就其本身而言仍是一部规制现实世界、商品世界关于“物”的秩序的法,是规制那些受支配的所有权与交易的法律。所以这里展现了实在法的又一次功能——人是在法律上、在具体的规范中被定义为法律主体的,法律既然能够拟制一种与自然人完全不同的“人格人”作为主体,其自然能够将财产从主体的自由意志下解放出来,并以此来构建一个客观的权利与救济体系,使人格与财产进行分离,并没有问题;但这又带来了两个问题:对主体性的人格权在体现权利支配的民法中似乎没有了位置,同时作为自由意志体现的财产必须祛掉其人格性。

(二)人格与财产观念的分立

近代主体哲学将个体从传统家族与宗教的关系中解放出来,“个体”本

---

〔1〕［德］罗尔夫·克尼佩尔:《法律与历史——论〈德国民法典〉的形成与变迁》,朱岩译,法律出版社2003年版,第60页。

〔2〕同上书,第85页。

〔3〕［德］康德:《法的形而上学原理》,沈叔平译,商务印书馆2001年版,第59页。

身成为近代社会以及法权结构的核心,这也在很大程度上决定了近代以来民法对于个人财产权的体系及其保护。正如拉伦茨指出的,如果一个人不是作为独立的个体,"那么他对于自己作为个人排他性地支配物的要求就不会很明显"。[1] 但是正如前文提到的,作为个体的主体与外在世界是通过"自由意志"与"实践理性"关联的,人格与财产是关联的,财产是人格的外化与体现,所以显然在立法体系里很难作出科学的安排,所以我们看到在民事立法中的背离,即在主体哲学里的主客体思维并没有完全体系于私法的制度建构中,"人—物"二分的理论被确立起来,即将人格与财产各自独立起来,当然,这种独立与德国法有很大关系,或者更准确地说,与上文所谈及的德国《民法典》中的权利能力有很大关系。

德国法上权利能力的创设,使自然人与团体法人在此处并行。[2] 此处,人格与财产被完全分割,人格仅仅是作为取得财产的一种法律上的资格,关于人格的内涵在德国民法上的权利能力所构建人格上都被抹去了。所以我们看到,一方面,德国民法里,这种拟制的人格显然无法承载关于人格权的诸多内涵,在德国民法总则中只作了关于姓名权等规定,并且在形式意义上认为人格权本身应纳入宪法的保护,而非在实证民法中进行,表面上提高了人格权的保护层级与进路,实际上却是人格权在民事立法中的虚化;另一方面,德国《民法典》未对实质人格权进行规定——非其不愿,实因权利能力所导致的人格权虚置使其不能,但又在面对人格侵害的同时,在侵权法上中予以保护,而后更是通过司法实践发展出"一般人格权"理论进行弥补。

在某种程度上可以说,并非"法人"被"拟制"成与自然人相似的主体,而是德国法通过权利能力制度拟制了"自然人"与"法人",拟制了一种纯粹法律技术上的人格。

---

〔1〕 反之,"他会感受到一种需求,要由自己来构筑自己的环境、由自己来处分,要将物据为己有"。参见[德]卡尔·拉伦茨:《德国民法通论》(上),王晓晔等译,法律出版社2003年版,第52页。

〔2〕 参见尹田:《无财产即无人格——法国民法上广义财产理论的现代启示》,载《法学家》2004年第2期。

第二节　法权模型中人格权与财产权的分离

一、主体哲学思维下"人格权"与"财产权"的二元划分

近代意义的法权模型是以主体哲学为根基的,所以我们看到作为"主体—客体"的权利概念是核心的,但正如前面所谈到的,这种主体哲学在权利建构上,特别是在支配与被支配的划分上过于绝对,导致了单纯的、绝对的"主体—客体"思维下的"人格权"与"财产权"二元划分无法解释与调整私法关系中的法律事实。事实上,我们看到现代以来的认识论已经在反思这种主体(或者说个体)——中心主义所带来的弊端,无论是海德格尔的存在主义还是哈贝马斯的交往理性,个体真实性的位置从"'自身'被挪移到了'之间'(交互)……而将'主体'或'主体性'仅只等同于'个体'或'人格'的做法本身实际上恰恰暗示了近代思维的残余未尽"。[1]

而本书着重关注的人格与财产、人格权与财产权的关系也理所当然地被再次讨论。就后者而言,既然称之为权利,则当有法律明文,可明文的权利往往落后于现实的需求,于是出现了对于权利以外的"利益"的保护,并进一步探讨权利与利益的关系问题,这也是本书将讨论的关键词设定为"财产上的人格'利益'"的原因。但是,我们知道,权利的概念核心在于以主体中心主义为基础的法权建构,权利本身成为法律关系的代名词,法律对于法律关系的调整实质上就仅变为对于权利的规定,并进一步成为对权利客体的规定。但问题在于,一旦某种客体在法律上没有被确立起来或者得到认可,那么某种法律事实很有可能无法获得保护,这样一种客体思维也就成了法律本身演进的阻碍,所以越来越多的学者关注"权利中心"向"关系中心"的转换,反思主体中心主义下构建的权利体系,即从生活事实来构建法律保护的基础,而非通过权利客体来构建。此处笔者将着重论述对于人格与财

---

〔1〕 换句话说,近代哲学在认识论上的转向并非否认主体本身,只是使主体(个体)、群体、交互主体以及整个社会并存,皆具有真实性,其仍是宽泛意义上的主体性哲学的——但不再是主体中心主义的——视域中活动。我们在私法的法律认知中看到诸多相应的变化,例如在社会连带法学、社会法学等学派那里所强调的对个体权利特别是财产权的限制,回到社群关系中去理解法律与权利;再如基于特定主体所设立的相应法律规范,如《劳动法》《消费者权利保护法》等,事实上已经在表明反思主体中心主义所预设的平等概念而力图实现实质上的平等。参见倪梁康:《自识与反思:近现代西方哲学的基本问题》,商务印书馆 2002 年版,第 692~693 页。

产关系的反思,这是后面探讨人格权与财产权的前提。

二、对人格权与财产权关系之反思

身份到契约的关系,实际上是财产祛身份性的过程,也是个体人格逐渐彰显的过程,这种彰显在某种程度上却架空了人格权在私法上的保护。正如法国民法"无财产即无人格"观念在主体哲学下的逐渐变迁、凋敝,德国民法于司法实践中"一般人格权"概念的创造,都是被隔离后的"人法"与"物法"、"人格权"与"财产权"所产生的必然结果,我们需要一座桥梁重新嫁接二者,重新关注二者的关系。于是有人呼吁回到黑格尔,重新回到人与物的关联性中,因为在黑格尔那里有关于财产与人格最经典的阐释,即财产是人格之体现或投射[1]——黑格尔通过人格、外部物的具体化以及他人承认三个层面来观察"人格"与"财产"之间的内在联系。[2] 也就是说,表象与意志不足以使某物成为我的财产,个人必须通过对外部物的使用和占有而投射出人格的自我体现。人们对某物可通过有形的控制、对其"塑造"以及标记占有。有形的控制显然是占有的规范模式,但它是暂时的并且在范围上受到限制。塑造某物甚至刻录某人自己的标记是较少限制、更加复杂的占有方式。使用某物,尤其是持续使用,是更加发达的占用形式。这种分析清楚地表达了人、身体与财产的内在关联,即通过运用其身体引起外部物的变化,并因此对它们主张请求权,它们在其中投射或体现了个人的人格。[3]

黑格尔认为,财产具有两个先验的特性:第一个是财产的本质意向性和

---

〔1〕 获得财产的通常方式是并入和投射。并入理论,即主张外部物通过进入身体而成为个人财产。投射理论,即主张把人体现在外部物中而使之成为财产。在探讨人格外显于财产范畴的问题中着重采用投射理论。

〔2〕 在《法哲学原理》中,黑格尔设计了从抽象法到道德再到伦理的正反合:抽象法是经验世界,而根据否定的辩证法,须要对外在物(包括个人权利)进行自我否定,原因是权利和法不是内在性的创制。为了寻找纯粹的普遍性原则,黑格尔创造了一个更加抽象的概念,这就是作为"主观自由的法",他将其称为道德。黑格尔的"人格"大致意味着个人经由意志行为的自我实现。因此,黑格尔著作中的"人格"属于涉及人通过意志力将其自身与其他人区分开并主张对他人之权利的初始阶段。此处财产极其重要,因为黑格尔认为,从道德和政治个性着眼,个人拥有的跟其他人的关系最初来自他们各自的财产权利。参见[德]黑格尔:《法哲学原理》,范扬、张企泰译,商务印书馆 1961 年版,第 59 页、第 272 页、第 258 页。

〔3〕 参见[美]斯蒂芬·芒泽:《财产理论》,彭诚信译,北京大学出版社 2006 年版,第 61 页。

因果性，第二个先验性是本质上体现为物质性。[1] 意味着第一个先验的特性蕴含了至少所有的原始取得的意思。同时，如果意向性或因果性其中之一缺失，主体间将不可能相互认知。这种认知性不要求默认或者实际的认可，但它确实要求其他人有可能认识到一个人正在主张财产权利，即财产观念预设了主体间的相互认知性。第二个先验的特征意味着财产必须在某种意义上涉及有形物。但是，这个先验的特征既不指令所有的财产都是物质性的，也不指令所有的财产权都是有形物的权利。沿着这一思路可追问两个问题：一个是，如同人类一样的有形实体是如何拥有无形财产的；另一个是，特定的无形实体（如胚胎）在多大程度上能对有形物享有财产权。就第一个问题而言，简单的无形财产在抽象物或观念意义上不是财产，需要通过某种形式的实物展示，存在物理上的显示；如无，则排他的法律效力不会产生将不会有法律效力。就第二个问题而言，如果没有有关人的形体化特性，大部分的人类财产权也将缺失，不能确实作用于世界，财产权益仅是身份指标，因此仅享有有限的财产权，即生存权。

黑格尔的财产权理论以人的概念为基础，在其理论中，人起初仅作为自由意志或自治的抽象单位，只有人的自由意志作用于外部世界并不断验证，外部世界被赋予人的意志，实现从抽象领域向现实领域的过渡，人才开始具体的存在，而与外部物质建立的财产权关系是至关重要的。[2] 黑格尔所指的“人格权”之内涵有别于现代民法的“人格权”。[3]

虽然，财产权包含人格利益和财产利益的视角并不等同于黑格尔的人

---

〔1〕 参见[德]黑格尔：《法哲学原理》，范扬、张企泰译，商务印书馆1961年版，第52页。

〔2〕 “但是，我作为自由意志在我占有的物中成为我自己的对象，从而我初次成为现实的意志，这一方面则建构占有的真实而合法的因素，即建构财产权的规定”。黑格尔财产权理论是占有理论，所有者的意志必须体现在物中。不像洛克的源于自然状态的拨归私有的理论，在黑格尔理论中，占有并不产生永久有效的原初权利。该理论认为，持续占有是保持人和特定外在物的财产权关系的必要条件，因为“占有某物的意志必须表现自己”。正如占有的自主意志，在时间维度上有来有去，财产权也相应地有来有去。F. H. Heinemann, *Hegel's Philosophy of Right*, Translated with Notes by T. M. Knox. Oxford, Clarendon Press. 1942. 转引自 Margaret Jane Radin, “Property and Personhood”, 34 *Stanford Law Review* 959 (1982)。

〔3〕 前者实际上是将人格与人格权作为一个统一的、通用的概念加以使用，并赋予其权利能力的意义，它还不是一项现存的实际权利，后者则是民法权利体系中的重要组成部分，是一项具体的民事权利。参见马俊驹：《人格与财产的关系——兼论法国民法的“总体财产”理论》，载《法制与社会发展》2006年第1期。

格理论，但是，正如有学者指出的，关于人格财产理论，或者说具有人格利益的财产理论可以建立在黑格尔的学说之上。其一，表明了人与外在的关系，表明人与外在世界如果不是既相区分又保持联系的话，人的实体就无法存。其二，某些财产权关系可能被认为与人格存在密切联系。在洛克的理论中，人的自我意识源于其自身持续的记忆，外在世界通过人的意识被认知和支配。所以在与他者以及物质世界的关系中，自我的记忆与那些具有人格利益的财产，如传家宝、亲人遗物等，产生联系而成为自我的延续。〔1〕"这类与人格具有密切联系的财产权比其他类型的财产权，能产生更强大的道德要求。"〔2〕但是，当我们在思考私法意义上的人格与财产的关系上，如果将黑格尔的财产与人格观念简单地套用，对于民法体系与民事立法而言显然不妥。因为如果康德试图将法与形而上的实践理性或者说道德进行区分的话，那么黑格尔试图将二者弥合，法律制度不过是作为原点的"精神"不断外化的产物，正因如此，近代学者在法律层面论述人格与财产关系时，如果单纯地套用黑格尔的人格与财产观念，显然无法构建以主客体思维为支撑，以权利为根本的近代民法体系，所以这也是潘德克顿法学体系在概念法学中意欲克服的——当然，这种克服的绝对性也埋下了今天对于人格与财产关系的再次反思，特别当我们回到形而下的具体私法规制与社会现实中。

三、现代语境下财产权的重新界定

潘德克顿法学体系基于人格与财产的分离所构建的近代私法体系对现代社会产生了深远的影响，但面对人格与财产的分野与司法实践的偏离，让我们重新"回到"黑格尔法哲学。必须指出的是，如果单纯以黑格尔人格与

〔1〕 大部分心理学和精神分析理论的主题是，人和物发生对象关系以及使自己区别于他人和他物的环境的程序。See D. Winnicott, "Transitional Objects and Transitional Phenomena", in *Collected Papers* 229 (1958); Stele & Jacobsen, "From Present to Past: the Development of The Freudian Theory", *International Review of Psycho-Analysis* 393 (1977); Margaret Jane Radin, "Property and Personhood", 34 *Stanford Law Review* 959 (1982).

〔2〕 See Donahue, "The Future of The Concept of Property Predicted From its Past", in Charles Donahue, Thomas E. Kauper, Peter W. Martin, *Csses and Msterials on Property an Introduction to The Concept and The Institution* (Third Edition), West Publishing Co., 1993, p. 28; Margaret Jane Radin, "Property and Personhood", 34 *Stanford Law Review* 959 (1982).

财产的观念来修订近代民法，其产生的影响是对整个私法体系的颠覆——显然，这不仅力所不逮，也并无必要。我们需要在认可既有私法体系的基础上，对财产与人格的关系进行重新界定，回到对财产概念的重新梳理，在社会发展所带来的科技与伦理更新语境下界定其内涵与外延。“财产”一词在英文中最常使用的是“property”，意为“所有物，财产，所有权，资产”，这是在一般意义上对“财产”的表达。〔1〕法律上将财产理解为主体对客体的支配关系。〔2〕

从物质形态来看，财产是具有价值的东西或广义的“物”，从法律属性来看，财产是财产权指向的对象。〔3〕除了有体物之外，“物”还包括一般的无体物和具有价值的权利，这些都可以成为财产。〔4〕罗马法上对“物”采用的是广义概念，既包括有体物（动产、不动产），也包括权利。〔5〕法国民法

〔1〕“Possession”，意为“所有，拥有，所有物，财产，领土”，一般被解释为对某物的占有所构成的财产，这是指在不具备正式的所有权时从物质形态上控制某种物品或资产，这是一种实际上的控制和所有权，而不是法律意义上一个人应当对某物所享有的合法的所有权。这种所有权是一种按照惯例而获得的，它以将之传于后代而逐渐将其转变为自己的财产。Personality，意为“私人财产，动产”，强调的是“私人”所拥有的财产。另外。wealth，estate，assets，means，resource，goods 都可作财产解释，wealth 意为“财富，财产，有价值的资源”，着重表示的是财富，estate 往往意为地产，不动产之类的财产。Assets 意指资产，means 表达的是金钱或者财富，resource 指的是资源，goods 指的是动产、货物、商品、私有的财物。按照《汉语词典》的解释，财产是指金钱、财物及民事权利义务的总和。

〔2〕即财产所体现的主体与客体之间的权属关系，财产就是这种权属关系中的对象，也就是财产权的对象。换句话说，财产是由与物有关的人或其他实体中间所形成的特定关系，通常是由法律关系组成。参见［美］斯蒂芬·芒泽：《财产理论》，彭诚信译，北京大学出版社 2006 年版，第 19～20 页。

〔3〕对于这个问题，法学界的认识逐渐在统一，虽然还有所谓广义的财产和狭义的财产的概念之分。狭义的财产概念只将有体物视为财产，而广义的财产概念则既包括有体物、无体物，也包括具有价值的、财产性的权利。由于英美法系与大陆法系的理论体系不同，对这个问题的回答也不尽相同。

〔4〕对英美法系而言，将无形财产、“抽象物”归入财产的范畴、由财产法来调整并不困难。这是因为英美法上的“财产”是一个十分宽泛的概念，不必拘泥于物权的束缚。英国学者劳森和拉登在《财产法》一书中很自然地将有体物和抽象物都归入财产的范畴，并精辟地指出，“理解财产含义的最好办法是，看一看一个拥有资产的人在临终时会留下点什么”，而在他们给出的财产清单里有房屋、家庭用品、汽车、人身保险单、活期和定期存款、金钱投资、股票、基金、债券、提单、专利、商标、版权等。就大陆法系而言，将“物”做广义的解释，将抽象性的权利纳入“物”的范畴，可能受传统概念的局限会更大一些，但也并非完全不可行。参见［英］F. H. 劳森、［英］B. 拉登：《财产法》，施天涛等译，中国大百科全书出版社 1998 年版，第 14～36 页；梅夏英：《财产权构造的基础分析》，人民法院出版社 2002 年版，第 49 页。

〔5〕参见［古罗马］查士丁尼：《学说汇撰：物与物权》，范怀俊译，中国政法大学出版社 1993 年版，第 24 页。

中,财产除物之外,还包括权利和智力成果。[1] 而德国潘德克顿学派由于注重法律概念的逻辑性和抽象性,用权利客体概念取代了罗马法上广义的物的概念。因此,德国法上的权利客体有3种,即有体物、精神产品以及具有金钱价值的权利。同时,又以权利的作用为标准,将权利区分为支配权和请求权。[2] 在这样的理论框架中,已经将广义的理解,即有体物、精神产品与具有金钱价值的权利都可以归于财产,成为财产权的客体。接下来的问题是,哪些物或者权利可以成为财产? 显然不是所有的"物"或"权利"都是财产,但财产的范围可能比我们一般认为的都要宽泛。简单地说,一样东西,如果有任何人认为它具有某种价值,是对人们有用的或是人们想要的,它便可以成为财产。[3] 从本质上来说,财产权是一种自由权。"它在每个私人和组织的活动旁边画了一个圈。在圈内,所有人拥有较之在没有这个圈的情况下更大的自由。在圈外,他必须解释并证明干涉的正当性。因此,财产……创造了一个在其内多数人必须服从所有人的空间。"[4]该语境下的财产权"不是对物件的主权——个人在其上至少享有排除权的身体空间——而是对自身的主权。它确定了一个自我控制的空间,一个对自身事项的决策权领域,在该空间内个人当然能排除他人干涉"。[5] 有学者将财产理解为权利束中的"木棒",认为财产不仅涵盖土地、动产和无形物种的权

---

〔1〕 参见尹田:《法国物权法》,法律出版社1998年版,第13~14页。

〔2〕 支配权指不借助他人的行为而直接支配客体的权利,请求权指请求他人为某种行为的权利。因此,以有体物为客体的支配权,被称为物权;以无体物(精神产品)为客体的支配权,被称为知识产权;以权利为客体的支配权,被称为准物权。参见梁慧星:《是制订"物权法"还是制订"财产法"? ——郑成思教授的建议引发的思考》,载易继明主编:《私法》(第2辑第2卷),北京大学出版社2003年版。

〔3〕 必须明确的是,财产所具有的不一定只是交换价值,而是可能同时或单独具有使用价值或交换价值。首先,财产显然先于货币产生,当人类以物易物进行交换的时候,财产早已存在了,而金钱和货币要到多年才进入人类的生活;其次,许多财产内蕴的人格利益价值是无法用金钱来衡量的,比如说探险者从沙漠带回的一袋沙、情人的一缕头发、旅游时从珠穆朗玛峰带回来的石子。这些都可以是财产,对于特定的人来说,都是有纪念意义的、有价值的,但未必具有交换价值。所以,所谓"财产是指一切具有货币价值的物",或"财产是指具有金钱价值的东西的总称",或"财产是具有货币价值的有体物和对财物的权利的总和",这样的定义显然不够严谨。参见胡戎恩:《走向财富——私有财产权的价值与立法》,法律出版社2006年版,第4页;石佑启:《私有财产权公法保护研究宪法与行政法的视角》,北京大学出版社2007年版,第10页。

〔4〕 Charles A. Reich, "The New Property", 73 *The Yale Law Journal* In 733 (1964).

〔5〕 Daniel R. Ortiz, "Privacy, Autonomy, and Consent", 12 *Harvard Journal Law and Public PolicyIn* 91 (1989).

利，甚至人的身体也应当被看作财产，并提出身体权等于有限的财产权而非所有权，并且只有部分身体权可以作为财产权的观点。[1] 不仅如此，关于人体基因、人工智能、胚胎的规制与保护问题，也对现行的财产概念及其制度体系提出了挑战，当然，我们在法律层面或司法实践中曾作出过一些应时修正。例如，关于胎儿遗产预留份额的制度弥补，再如前面提及的关于一般人格权在司法实践中的创设与适用，但是所有这些终究需要作为体系的一部分被恰当地置入。特别是随着科技的发展，面对基因技术与人工智能的发展，传统财产的概念显然已经无法囊括，我们需要一个对财产的崭新认知来对其进行规制，本书在后面将会进行更为体系化的详细的论述。

第三节　人格权益与财产权益双向扩张的解释

一、人身权益与财产权益的过渡形态

前面探讨论及了古罗马时期至现代语境下财产观念的演变过程，“财产”历经了祛身份化再到祛人格化的两次蜕变，直至成为具有极强包容性和弹性的概念。以权利为中心构建的传统民法理论中，依据民事权利客体所体现的利益为标准，将民事权利区分为人格权与财产权的二元构架。前者主要涉及自然人之精神利益，具有人身专属性；后者主要保护与救济权利主体的财产利益。当然，尽管人格与财产的分立强调了人格尊严的重要性，但是不可否认，“人格的存在只能被此在的财产所实践和丰富，并通过伦理和法律保持两者之间的张力”。[2] 人格权为非财产属性，旨在保护人的主体

---

〔1〕 G. A. 科恩认为个人的身体权属于“自我所有权”，自我所有权是通往世界所有权之路的前提。芒泽认为“自我所有权”的观念存在可疑之处，并进行反驳。芒泽认为，把身体权联合或独立地描述为自我所有权是错误的，从联合的角度来看，每一个人的身体权并不等于所有权而仅等同于有限财产权的较弱部分内容。从独立的角度考虑，每个人的身体权都不完全相同。大多数身体权是人格权而不是财产权，某些身体权是财产权——不管是弱还是强。参见［美］斯蒂芬·芒泽：《财产理论》，彭诚信译，北京大学出版社 2006 年版，第 32~33 页、第 48~49 页。

〔2〕 参见梁慧星：《当前关于民法典编纂的三条思路》，载《中外法学》2001 年第 1 期；［法］雅克·盖斯旦等：《法国民法总论》，陈鹏等译，法律出版社 2004 年版，第 152 页；徐国栋：《民法哲学》，中国法制出版社 2015 年版，第 85~86 页；尹田：《再论无财产即无人格》，载《法学》2005 年第 2 期。

意志性和伦理性；而财产则表现为一种工具性价值，经济利益为对象化的基础。[1] 两者之间的差异，必然意味着作为自然存在并注塑着精神内涵的人，不可能将自己以及自己的身体作为对象或权利客体直接处分。[2]

虽然在法技术层面上，人格与财产可以截然二分，但在现实生活中二者是融合交叉的。随着社会发展、科技进步以及观念的转变，对于自然人的姓名、肖像、声音、法人的名称、信用等人格利益授权使用、转让等商业化利用现象日益增多；具有人格象征意义的财产，如唯一的老照片、墓碑、亲人的遗物等被毁损后亦可主张精神损害赔偿。在司法实践中，诸多财产上人格利益受到侵害的案件不断呈现，推动并丰富着私法领域对人格利益的保护。可见，人格与财产截然二分只是作为一种理念存在于法学家的抽象世界，纷繁复杂的现实生活一直在二者的边缘交界处尝试突破这种人为的限界。拉丹教授从人格视角对财产权进行透视——将这类附着人格利益的财产称为"人格财产"(property for personhood)。[3] 其实，在人格与财产的交叉地带，远远不止"人格财产"一种，它不过是财产与人格在民事权利客体内部相互交融的一个类型而已。例如，在我国现行法律制度内，存在一种既包含人格利益又包含财产利益的混合型权利类型——知识产权；也有人格要素中包含经济性利益的部分扩张——人格要素(姓名、肖像)商业化利用；还有人

---

[1] 这种人文关怀可溯及康德、黑格尔哲学中的道德律令，即人类永远只被当作目的而不是单纯的手段。在康德看来，人的尊严是人的绝对价值，超越所有价格。参见[德]康德：《道德形而上学原理》，苗力田译，上海人民出版社 2002 年版，第 87~88 页。

[2] 正如前面第一章所述，现代社会人格与财产的区分，迥然有别于人类社会早期人格与财产的混沌不分。古罗马人的自由权是可以出卖的，一个大于 20 岁的自由人可以卖身为奴；市民权、家长权也可以因某种法律事实的出现而变更，即"人格变更"(*capitis deminutio*)。这从侧面见证了古罗马的商品经济中，除了公共物、团体物以及与神有关的事物不能交易，其余的东西(包括人本身)都具有财产属性。随着奴隶制退出历史舞台，人格平等观念的确立，人格的财产化受到一定限制，但在众多历史文献中，我们依然可以看到肉体的买卖和"人"对债务的抵偿。参见[古罗马]优士丁尼：《法学阶梯》，徐国栋译，中国政法大学出版社 1999 年版，第 23 页；周枏：《罗马法原论》(上册)，商务印书馆 2005 年版，第 120 页。

[3] See Margaret Jane Radin, "Property and Personhood", 34 *Stanford Law Review* 959 (1982). 需要指出的是，有学者亦将"property for personhood"译为"为了人格的财产"，该直译对照看似符合英文的表达，但并不符合中文的表达习惯，故本书仍采"具有人格利益的财产"的称谓。

体器官组织、冷冻胚胎等与人格息息相关的特殊财产,有学者称其为“人格物”。〔1〕

在标准的财产权与人身权的权利类型之间,还存在复杂的过渡权益形态,因所保护的利益形态在经济属性或非经济属性上的侧重,而或偏向于财产权,或偏向于人身权。在权利客体内部人格要素与财产要素的动态变化中,人格权与财产权的外延趋于扩张,一些边缘性、交叉性问题并不能通过潘德克顿“提取公因式”的立法技术对人格权与财产权进行泾渭分明的区分、合并与抽象。〔2〕 而在技术变迁与伦理变迁中,不同类型权利中的物质与精神利益比例认知并不相同,且是动态发展的,对这些类型进行识别与区分对待非常重要,不能对财产中是否包含人格利益进行整齐划一的区分与认定。

二、财产中蕴含人格利益的解释路径

(一)财产权与人格利益并存于同一对象的传统解释

民事基本理论中,物权、债权和知识产权〔3〕为财产权的下位概念,保护的权利客体体现为财产利益。因而,当违约或侵害物权导致财产权受损害的情形下,赔偿范围当然不应包括非财产损害赔偿,即精神损害赔偿。无论物权还是债权,一旦受到侵害,权利人只能在经济损失范围内得到救济。但纷繁变化的现实无法完全用这种高度抽象的原则进行解释。在物权领域,如果照相馆丢失了权利人仅存的一张具有纪念意义的照片,〔4〕则权利人应该在什么范围和程度上获得救济?权利人亲属的坟墓被行为人毁损或破坏的,〔5〕权利人可以主张多大范围的损害赔偿请求?在合同领域也存在类似问题,在以精神利益为目的的合同履行中,如果对当事人的违约救济仅

---

〔1〕 “人格物”并非传统的民法概念,而是近年来个别学者提出的一个全新的概念。由于“人格物”概念的复杂性和法律规则适用上的特殊性,学界对此也缺乏系统的论证,本书认为将“人格物”作为法律概念,可能还有探讨的空间。

〔2〕 参见庞琳:《墓地的权利属性——以请求权为分析路径》,载刘云生主编:《中国不动产法研究》(第17卷),法律出版社2018年版。

〔3〕 由于知识产权具有特殊性,故不在本书讨论的范畴。

〔4〕 参见郴州市中级人民法院民事判决书,(2015)郴民三终字第76号。

〔5〕 参见崇左市中级人民法院民事判决书,(2015)崇民终字第269号。

限于财产损失的赔偿,而忽略精神上不同程度的伤害,显然有失公平,而传统的合同法理论显然无法提供精神损害的救济,或者为传统合同法理论之周全,把这种损害纳入"预期利益"或"履行利益"解释,反而模糊了"预期利益"与"履行利益"的定义。[1]

1. 物上附带人格利益的解释

国内外学者对财产权与人格利益并存于同一对象这一问题早有关注,也提出了一些颇有见解的观点。[2] 有学者将具有人格利益的这类特殊财产称为"人格物",认为"人格物"表彰的是民法之人格权与财产权集于一物之上,不能将该类财产的人格权与财产权割裂开来对待,也不能因两种权利的结合而简单认为人格权吸收财产权或者财产权吸收人格权。[3] 本书认为,这类特殊财产同时具有人格利益与财产利益两种类型的权利客体,对权利人而言具有不可替代性。但是,以"人格物"这一概念来统摄与解释这类特殊财产,无法保持民事权利体系的统一性。第一,从权利类型来看,人格与物不是一个类型的范畴,前者的利益属于抽象范畴,与之相对应的是财产利益,而后者属于具体范畴,是承载财产利益的具体载体。第二,从逻辑层面来看,人格权与财产权属于同一层次的概念,而物权属于财产权的下位概念。萨维尼依据物权法和债法的内容虽然将物权法和债法总结为广义的财产法,但是依据物权和债权的本质和对象,却又认为,每个部分"在其范围

---

〔1〕 对此笔者后面会论及,纳入预期利益解释之观点,尽管回避了传统合同法理论违约并不产生精神损害赔偿之限制,但实际上这样的纳入不仅让预期利益的概念本身更易混淆,同时,对合同法中关于归责原则的突破、举证责任的分配、主观过错的考量等诸多方面,亦会产生混乱。

〔2〕 我国法学家芮沐先生提出了人格物权概念。徐国栋教授针对这一现象,阐述了人格财产与可替代财产的区别,并将人格财产界定为"与人格(Personhood)紧密相连、其灭失造成的痛苦无法通过替代物补救的财产"。易继明和周琼将此类物称为"具有人格利益的财产"。冷传莉教授以"人格物"概括包含人格利益的物,并进行了比较系统深入的研究,讨论了"人格物"的法理基础、识别、动态发展以及救济问题。美国拉丹教授以是否与人本身密切相关和可替代为标准,将财产分为人格财产和可替代财产,并提出"为了人格的财产"概念。参见芮沐:《民法法律行为理论之全部(民总债合编)》,中国政法大学出版社 2004 年版,第 7 页;徐国栋:《现代的新财产分类及其启示》,载《广西大学学报》(哲学社会科学版)2005 年第 6 期;易继明、周琼:《论具有人格利益的财产》,载《法学研究》2008 年第 1 期;冷传莉:《论民法中的人格物》,法律出版社 2011 年版,第 3 页;See Margaret Jane Radin, "Property and Personhood",34 *Stanford Law Review* 959 (1982)。

〔3〕 参见冷传莉:《论民法中的人格物》,武汉大学民商法学专业 2010 年博士学位论文,第 49 页。

之内都是完全独立的”。〔1〕上位概念的人格权与另一类型中的下位概念——物权,两者并列组合成“人格物”这一全新的概念,破坏了原有的民事权利逻辑层次。第三,从救济层面来看,人格权与财产权集于一物之上,若该物被毁损,则会产生两个请求权,即物品本身损害导致的物权损害赔偿请求权与内蕴于物品的人格权侵权请求权。法律虽然在保护权利的同时也保护部分利益,但终究对两者的保护力度和救济路径作了不同的制度设计,例如,对具体权利进行了权利体系的设计,通过权利体系的公示化为权利人的利益保护设定了清晰的边界,也为他人的行为自由设定了明确的空间;但在权利之外的其他应受法律保护的利益,具有不确定性、不明确性。如果以“人格物”来涵摄这类具有人格利益的财产,产生物权损害赔偿请求权与人格权侵权请求权两个不同范畴的请求权,不无疑问的是,后一个请求权所指向的到底是人格权还是人格利益——径直以现有请求权框架去套用,而不具体分析其权利与利益及其保护的区别,容易导致在司法实践中用统一的标准对物权和人格利益进行救济,从而发生利益失控、泛滥现象。〔2〕

也有学者认为使用“人格财产”的概念较为妥当。第一,“人格财产”的概念反映了现代财产法中财产观念发展的新趋势,亦印证着英美法系中特有的财产观,是一个开放且具有涵摄力的概念。第二,尸体、遗骸、基因在医学目的时都具有客观的价值,知识产权和虚拟财产也不能用“物”的概念予以涵摄,“财产”比“物”的外延更大,采用“人格财产”更为妥当。〔3〕笔者认为,“财产”概念的外延确实大于“物”,但是在“人格—财产”二分的传统语境中,将两个不同范畴的概念并列组合,用以指代那些附着人格利益的财产,尽管在实质意义上所指对象有相对清晰的含义,但在形式意义上冠以此称谓产生诸多歧义,于现行民事体系下如何定位与罗列,以及在逻辑上如何清晰与周延,实在是个问题。

---

〔1〕[德]罗尔夫·克尼佩尔:《法律与历史——论〈德国民法典〉的形成于变迁》,朱岩译,法律出版社 2003 年版,第 236 页。

〔2〕参见庞琳:《墓地的权利属性——以请求权为分析路径》,载刘云生主编:《中国不动产法研究》(第 17 卷),法律出版社 2018 年版。

〔3〕参见方乐坤:《精神利益保护与民事责任体系完善研究》,西南政法大学民商法学专业 2012 年博士学位论文,第 151~152 页。

传统的民事责任理论一般不承认财产权中的人格利益，典型表现为德国《民法典》的相关规定，仅在人身权受到侵害的情形中承认可以适用精神损害赔偿的规则。随着对人格伦理价值的重视，国内外立法和司法实践逐渐开始关注财产中的人格利益保护问题。例如，日本民法通过概括规定的损害概念，涵摄了财产中人格利益的保护问题。[1] 奥地利民法亦明确规定财产所有人在财产毁损时享有情感利益损害赔偿请求权。[2] 我国最高人民法院于2001年颁布了《精神损害赔偿司法解释》，其中第3条、第4条涉及财产上人格利益的救济，明确第3条的立法目的是保护死者在世亲属之人格尊严与精神利益。[3] 第4条是对物上具有人格利益问题的民事法律规定，为防止滥诉，该规范在保护这类特殊财产的同时，又对物品毁损成立精神损害赔偿设置了限制条件。《精神损害赔偿司法解释》第3条与第4条只是对部分涉及财产上具有人格利益的情形进行规定，尚缺乏整体系统的考虑。同时，对财产上附有人格利益情形之救济范围有限。

2. 违约精神损害赔偿的传统解释

合同领域中财产权与人格利益并存的问题，主要体现为违约精神损害赔偿。我国立法上对违约精神损害赔偿没有明确作出规定，学界主流观点在这个问题上持反对的立场。第一，只有精神损害赔偿只存在于侵权法场合，原则上不救济因合同违约导致的精神损害。第二，从合同法的特点与性质出发，不能将精神损害赔偿纳于其中。第三，违约精神损害赔偿违反合同法上的可预见规则。第四，基于违约产生的精神损害，权利人可选择侵权法的路径进行救济。第五，精神损害难以在客观上进行衡量，更无法准确确定

---

〔1〕 日本《民法典》第710条规定，非财产损害的赔偿不问是侵害他人身体、自由或名誉情形，还是侵害他人财产情形，依前条规定应负赔偿责任者，对财产以外的损害，亦应赔偿。

〔2〕 奥地利《普通民法典》第1331条规定，如果因他人的故意或重大过失而使得受害人的财产遭受侵害，则受害人有权请求丧失的可得利益的赔偿，而且如果损害是由刑法禁止的行为或基于故意和幸灾乐祸而造成的，受害人还有权请求赔偿特别偏爱的价值。参见奥地利《普通民法典》，周友军、杨垠红译，清华大学出版社2013年版，第212~222页。

〔3〕 参见陈现杰：《〈最高人民法院关于确定民事侵权精神损害赔偿责任若干问题的解释〉的理解与适用》，载《人民司法》2001年第4期。

金钱赔偿数额。[1] 有学者提出，为提供安宁、快乐与享受，或者为摆脱痛苦与烦恼的这类合同之目的即为当事人提供非财产性享受，这种“目的合同”之利益损失应当是预期利益损失。因为预期利益就是指缔约人对合同的期待价值，法律保护这种利益的目的在于使缔约人处于如同合同得到正常履行后所应处的处境。而在这种“目的合同”中，预期利益实际上就是非违约方在这种合同得到履行后所应处的精神状态（非财产性状态）。[2] 也有学者进一步提出，违约责任基础上的非财产损害与侵权责任救济的非财产损害并非同一种类型的损害，违约责任救济的是“增量利益”，而侵权责任针对“存量利益”进行赔偿。[3] 笔者认为，以合同目的之预期利益，或者“增量利益”来解释合同违约的非财产性损害问题，只是通过概念的扩大性解释解决了精神性服务合同的损害赔偿问题，但是，从权益损害的类型来看，对预期利益的赔偿最终还是归于对人格利益的损害救济，只是引起损害的原因不同（合同违约与侵权行为两个不同的原因）。换句话说，精神性服务合同的预期利益指向的就是人格利益，“揭开合同面纱”对非违约方所受直接侵害的救济之实质为精神损害赔偿，所以我们仍需要对整个归入预期利益或增量利益的内容进行进一步分析；同时，在预期利益中纳入该赔偿，毕竟与传统合同违约之责任在产生原因、损害后果、归责原则等方面有诸多不同或者说不宜套用，是否会对现有违约责任的框架体系产生冲突，值得多方面考量。因此，笔者认为，违约责任基础上的精神损害若符合侵权法的构成要件，被侵权人当然可以通过侵权法予以救济。

与此同时，我国司法实践中对违约精神损害赔偿问题作出的裁判也各不相同，赞成者有之，反对者亦有之，也有未明确表态的。将目光移转向域

---

〔1〕 这些研究都是从反驳几项理由的基础上对违约精神损害赔偿进行正当性论证。参见许中缘、崔雪炜：《论合同中的人格利益损害赔偿》，载《法律科学》（西北政法大学学报）2018 年第 3 期；尹志强：《论违约精神损害赔偿的正当性及适用范围》，载《中国政法大学学报》2014 年第 11 期；陆青：《违约精神损害赔偿问题研究》，载《清华法学》2011 年第 5 期；崔建远：《论违约的精神损害赔偿》，载《河南省政法管理干部学院学报》2008 年第 1 期。

〔2〕 参见李永军：《非财产性损害的契约性救济及其正当性——违约责任与侵权责任的二元制体系下的边际案例救济》，载《比较法研究》2003 年第 6 期。

〔3〕 参见许中缘、崔雪炜：《论合同中的人格利益损害赔偿》，载《法律科学》（西北政法大学学报）2018 年第 3 期。

外,目前许多国家都选择对违约精神损害赔偿进行有限适用。有学者提出,对违约精神损害赔偿的承认与否,不应仅取决于固有的法律,应考察社会、经济和伦理对合同法设置精神损害赔偿制度是否有本质需求。[1] 那么,违约责任基础上的精神损害与侵权责任基础上的精神损害是否存在差异?也就意味着在现行法律体系下,对精神损害赔偿是否可采取双重标准?对违约导致的精神损害赔偿应该适用违约责任还是侵权责任的相关规则进行调整?唯有如此,对这个问题的探讨才具有实际意义。

(二)我国的理论回应与评析

就财产上的人格利益保护而言,大都在传统的"人—物"二分的二元框架与逻辑体系下进行分析,并在此框架下作出裁判解释,但总体缺乏系统性的归纳与总结。为此许多学者从理论上重新思考研究这一问题,希望提出新的概念与理论,以对此作出回应。这些研究笔者将其为两类,即主体性扩张与客体性扩张:前者主要是指对人格或权利能力概念本身的再解释;后者主要是从客体的视角衍生出"人格物"及类似的概念,以涵盖那些需要保护却不能单纯纳入物权体系的客体。

1. 主体扩张型

(1)主体哲学的追溯——积极人格与消极人格

例如,为解释人体胚胎、遗体遗骨的法律性质问题,通过寻找法律的根基——"人格",将人格划分为"积极人格"和"消极人格",认为"消极人格"才是法律的根基,也是法律人本主义的根源,因为它是所有主体的主体性所在。从"*Recht*"转向"*faigkeit*",能独立于一切而能自我决定的自由意志才是法律真正的根基。[2] 该学者将主体扩张解释为自由意志,进一步推论"毕

---

〔1〕 参见崔建远:《论违约的精神损害赔偿》,载《河南省政法管理干部学院学报》2008 年第 1 期。

〔2〕 在萨维尼看来,人格的本性就是去形成一个关系中相互联系的能力(*faehig*),人格在本质上就是"能力"。既然"能力"这个概念就等同于"人格","*Rechtsfaeigkeit*"自然就可以翻译为"法律人格"。参见周清林:《主体性的缺失与重构——权利能力研究》,法律出版社 2009 年版,第 232~233 页。我国绝大部分学者都是承认这一观点的。参见史尚宽:《民法总论》,中国政法大学出版社 2000 年版,第 84 页;梁慧星:《民法总论》,法律出版社 2001 年版,第 70 页;张俊浩主编:《民法学原理》(第 7 册),中国政法大学出版社 2000 年版,第 60 页等。

竟主体不是实体,不能自我实存,因此它必须要突破自身进入对象领域”。[1] 首先进入的就是和身体的关系,独立的意志对物质属性身体的统摄,人格通过身体开始作用于世界。消极人格只是表明它能自我决定而独立于一切自然条件,但是,当人格通过身体进入到世界时,意味着人格开始积极地对世界进行规范,这样的人格就是积极人格。具体到对人体胚胎法律地位的论证中,首先将“未出生者”扩大为胎儿、胚胎和受精卵,然后在客体范畴中将“未出生者”予以排除。[2] 本书亦赞同将人体胚胎当成“人”一样被尊重,但是,随之而来产生的问题,“消极人格”中的“人格”是否等同于实证法上的“人格”?这样的解释是否会打破我们对既有法律体系的路径依赖?

自然人的积极人格等同于权利能力,而权利能力的享有始于出生。胎儿、胚胎和受精卵归于“未出生者”一类,不能作用于世界,“当然也就不能享有建立在相互作用基础上的权利。不能像对待积极人格那样去对待他们。一言以蔽之,未出生者不能成为具体法律关系的主体”。[3] 未出生者作为消极人格并不具有生命的权利,仅要求人们以对待人的态度去对待它。从结论中可以看出,“消极人格”并不等同于实证法上的“人格”,并不真实享有权利能力。

就第二个问题而言,若循此思路,对“人格”进行扩张性解释,则涉及各分则相关内容以及行政法规的修改,打破了既往的法律体系路径依赖,必然导致立法成本过高。同时,人体胚胎之潜在人格性必然与现实世界的母亲生育自决权、生命健康权以及计划生育政策产生冲突。为了不打破既有的法律体系,“消极人格说”在法律适用中采取迂回的方式进行解释,[4] 但

---

[1] 周清林:《主体性的缺失与重构——权利能力研究》,法律出版社 2009 年版,第 232 页。

[2] 进而认为,“对待未出生者不能像对待物那样,因为人格的第一层含义就是去掉物的自然属性。如果从物的角度以客体的态度去对待他们,就是否认人格存在,否认作为理念的人格尊严”。参见周清林:《主体性的缺失与重构——权利能力研究》,法律出版社 2009 年版,第 162 页。

[3] 周清林:《主体性的缺失与重构——权利能力研究》,法律出版社 2009 年版,第 165 页。

[4] 例如,在侵权损害救济的问题上,将第三人与父母侵害区分开。对于第三人的侵害,如果致损出生者,则由出生者主张赔偿;如果第三人的损害行为使得婴儿以死体出生的,则由父母以侵害生育权为由主张损害赔偿;至于父母的侵害,只有在致损出生者时出生者才能要求赔偿;如果致死,至少在目前的情况下,损害赔偿请求权由父母的生育权所吸收。参见周清林:《主体性的缺失与重构——权利能力研究》,法律出版社 2009 年版,第 163 页。

是,这样的解释路径在某种意义上与“客体说”[1]在法律适用上是殊途同归的。

(2)权利能力的续造——准人格的提出

有学者从权利能力的内涵入手,对人体胚胎、死者的法律地位进行界定,认为“在人的发展历程中,有的阶段完全符合民法人格的内容性要求,有些阶段并不完全符合这一要求,仅仅具备法律人格的部分要素”,[2]这些具备部分人格要素的人被称为“准人格”。首先,准人格是指那些只具有部分人格构成的组织,由于其并未符合法律所要求的全面的人格存在形态因而并未被法律确认为一般的法律主体。但是准人格所具有的那些部分人格状态使得他们在一定的范围内具有了以受到尊重作为目的并因而获得法律主体资格的可能性。也就是说,准人格具有的人格状态使其具有了在某些范围内获得权利能力的可能性。准人格在某些法律关系中获得权利能力的可能性源于权利能力的可分性。[3] 其次,作为权利能力基础的客观意志自由

---

[1] 由梁慧星先生主编的《中国民法典草案建议稿附理由——总则编》第95条第3款规定,自然人的器官、血液、骨髓、组织、精子、卵子等,以不违背公共秩序与善良风俗为限,可以成为民事权利的客体。参见梁慧星主编:《中国民法典草案建议稿附理由——总则编》,法律出版社2004年版,第124页。王利明教授主编的《中国民法典学者建议稿及立法理由——总则编》第128条第2款规定,自然人的器官、血液、骨髓、组织、精子、卵子等,以不违背公共秩序与善良风俗为限,可以作为物。撰写此条的易军博士解释,人身不是物,但是已从人体分离开的某些部分,如人的自然人的器官、乳汁、血液、精子、卵子等,也可以作为物并成为物权的客体。处分人体的某一部分,只要不违背公共秩序与善良风俗,仍然是有效的。参见王利明主编:《中国民法典学者建议稿及立法理由——总则编》,法律出版社2005年版,第242页。从徐国栋教授的《绿色民法典》草案来看,序编第30条规定了“在特定条件下,自然人本身的器官也可成为物”,并未具体就精子或者卵子进行规定。参见徐国栋主编:《绿色民法典草案》,社会科学文献出版社2004年版,第8页。

[2] 该学者认为,从受精卵开始,人就开始其人格发展过程并逐渐具备了生命、身体和健康这些基础性的人格要素;在出生以后,人又通过自己的行为不断地向外表现并发展其人格,因而人格要素不断增多;在死亡以后,人丧失了生命和健康这些基础性的人格要素,也丧失了通过自己的行为发展人格的能力;随着时间的推移其生前通过自己的行为获得并表现出的部分社会性人格要素也逐渐消退并在一段时间后最终消亡。在出生前的阶段,人并不具有意志能力,也不具备发展其人格的能力,但是具有作为意志能力物质性基础的生命和身体,并具有人类的尊严;死亡以后的阶段,人虽然不再具备意志自由,丧失了人格发展的能力,不符合人格要求,但是在一段时间内仍然具有部分社会性人格要素以及人的尊严。参见刘召成:《准人格权研究》,法律出版社2012年版,第109~110页。

[3] 所谓权利能力的可分性,该学者解释道,权利能力并非一种非有即无的二选一状态,在具有全面的权利能力和不具有权利能力之间,存在部分法律关系中具有权利能力的可能性。这是因为权利能力的内容事实上与人格状态具有紧密联系:具有完满人格要素的人和组织能够享有全面的权利能力;具有部分人格要素的人和组织不能享有权利能力。这就为准人格具有部分权利能力提供了前提性的理论基础。参见刘召成:《准人格权研究》,法律出版社2012年版,第88~89页。

是一种被构建了的意志自由。这种构建性表现在两个方面。第一,法律将现实中并不平等的人的意志能力予以平等化。也就是说,现实中的人具有并不相同的意志能力,却被法律视为具有平等的意志能力,因而具有平等的权利能力。第二,对于已经出生但并不具有完满理性的人,其理性的欠缺部分通过监护人的理性予以弥补,从而被构建为一种完满的意志能力。在此基础上,为了构建未成年人和精神障碍人的权利能力,法律通过监护人的意志构建了他们的客观意志,使他们可以作为法律的主体。[1] 所以,法律意义上的意志为客观的意志,具有意志是成为法律上主体的前提条件。

笔者认为,通过解构民法上"权利能力"概念,对人格进行重构的解释路径是有待商榷的。

第一,该观点将理性因素从权利能力概念中分离出去,在这样的前提下,另外构建行为能力和责任能力,因为理性是行为能力的根据而不是主体资格的根据。[2] 对这一观点,本书是不赞同的。在康德的理论中,人是目的,理性是目的性根据,决定了伦理人是法律世界和现实世界的最终主体,所有其他事物都要为目的服务。[3] 正因为人具有理性,有道德识别能力,必须服从于绝对命令,所以人才有可能意思自治,理性使私法自治成为可能。更为重要的是,该观点混淆了权利能力和行为能力的内涵。[4]

第二,"准人格"说认为,人格尊严可以成为主体的根据,并认可婴儿、胎儿、精神障碍者、死者等的主体地位是基于人格尊严的考虑。[5] 本书认为,若依照自然法,所有生物人都应当视为人。但是,康德认为人之为人基于理性,但这样的认识无法面对不具有理性的人类,例如,婴儿、胎儿、精神障碍者等的主体资格只能是基于人道,而不是基于理性。同时,人格尊严并

---

〔1〕 参见刘召成:《准人格权研究》,法律出版社 2012 年版,第 65 页。

〔2〕 同上书,第 100~106 页。

〔3〕 比较而言,团体等其他主体并不是最终的主体。例如,公司的财产最终还是要通过利润分配、利息支出等形式分给投资人。

〔4〕 不可否认,具有行为能力当然应当具有理性或虚拟理性。但是,行为能力制度是为了保护未成年人和精神障碍者设立的,并不是简单地因为未成年人不具有理性;否则,法律可以像拟制法人的理性一样拟制未成年人的理性。参见张保红:《权利能力的双重角色困境与主体资格制度重构》,载《法学家》2014 年第 2 期。

〔5〕 参见刘召成:《准人格权研究》,法律出版社 2012 年版,第 28 页、第 47 页。

不能单独作为主体的根据。人格尊严不可以脱离理性能力而单独存在。人因为有理性才为人,没有理性,人将感受不到自己的存在。例如,对死者人身遗存的保护和救济,并不是基于意思自治产生的某种社会关系,而是基于对生者情感的尊重,对社会公序良俗的遵守,对死者"同类不相残"的自然本性,只有三个要件同时作用时,才启动保护和救济之机制。撇开理性谈尊严,存在逻辑上的悖论。

"法律主体"的产生,源于近代民法对于自然人之人格予以无条件的普遍承认,宣示法律面前人人平等。法国《民法典》第8条被视为《人权宣言》在民法上的具体重申。[1]"从价值的角度说,法律人格是人类尊严和人类有受尊重权利的必然产物。"[2]人格不仅是一种主体资格,更是一种直接体现人类尊严和社会进步的重要法律工具。若按照"准人格说"之逻辑,权利能力具有可分性,则丧失了权利能力形式平等的民法基本原则,同时,使"人格"概念本身丧失了平等法律地位的内涵。

2. 客体扩张型

(1)人格物的提出——一种新人文主义精神的体现

民法体系的架构建立于"人—物"二元论基础之上,严格区分了人作为主体对物作为客体的支配性,民法的体系相应地表现为人作为主体地位所必需的人格权及人对物的支配所产生的物权、债权及其他派生权益。迄今为止,人与物的二元民法划分理论依然保有强势的地位,并凝聚了稳固的共识。有学者意识到通过主体扩张解释的路径所遭遇的种种障碍,于是通过客体路径进行突围。[3]以司法实践中具有人格利益属性的特定物为研究

---

〔1〕 1789年法国《人权宣言》规定:"在权利方面,人们生来是而且始终是自由平等的。"自由、财产、安全和反抗压迫是"人的自然的不可动摇的权利。"参见尹田:《论自然人的法律人格与权利能力》,载《法制与社会发展》2002年第1期。

〔2〕 Carlos Alerrto da Mota Pinto:《民法总论》(中译本),澳门法律翻译办公室、澳门大学法学院1999年版,第100页。转引自尹田:《论自然人的法律人格与权利能力》,载《法制与社会发展》2002年第1期。

〔3〕 该学者认为,"具有人格象征意义的特定纪念物品"兼具了人格利益与财产利益双重利益因素,而且是透过特定的财产利益来体现人格利益的。因此,一定会存在基于"具有人格象征意义的特定纪念物品"而发生的所有权、用益物权、担保物权等物权法律关系,必然需要物权法的规则加以调整的问题。由于原《物权法》对"具有人格象征意义纪念物品"关注的缺失,导致该类具有人格利益的特定物无法可依,并造成了原《物权法》规则缺漏。参见冷传莉:《论民法中的人格物》,法律出版社2011年版,第25页、第31页。

切入点，提出“人格物”的概念，物质载体上包含了人的感情，具有不可替代性，是人格延伸的物质体现。该类纠纷之标的物本身的经济价值常常没有被置于重要的位置或是其本身就不具备多少财产价值。相反，蕴含和依附于该类物上的人格利益、精神价值和情感寄托却较明显。[1] 由于民法立足于物的经济价值进行权利制度设计，导致那些类似于“市场价值很小但对所有权人或其他人个人幸福却有重大意义”[2] 的权利人在人格利益遭受侵害时，难以获得完全赔偿。因此，有必要在法律上为这类特殊财产找寻一条可以获得保护与救济的路径。

对于通过上述客体扩张的路径对人格利益进行保护和救济这一思路，笔者是认同的，在某种程度上对于客体上人格利益的保护，体现了对于人的尊重，是一种新的人文主义精神的体系。然而，用“人格物”这个概念来统摄具有人格利益的所有财产，还有待商榷。第一，“人格物”虽然直观地反映了人格与财产紧密结合的现象，但是却打破了“人—物”二分的铁壁。第二，人格物最终落脚到物（有体物）的范畴，那么是否排除了其他具有人格利益的财产形态，如婚庆合同、周岁照相合同等非物质的情形？第三，这类特殊的财产所展现的人格利益主要通过具体的财产形态予以体现，既有精神利益，亦有财产利益。“人格物”没有从理论根源上解释这一现象，仍旧困顿于理论与生活实践的冲突。

（2）人格财产——人的精神利益在物法领域里的实现

有学者用“人格财产”来解释财产上附着人格利益的现象。[3] 该学者认为：第一，“财产说”更能代表现代民法关于财产权理论的新成果。随着社会的发展，传统民法在有体物的范畴内界定财产概念的模式越来越受到挑战，日益多样的新型财产利益的出现使人们更愿意将财产概念理解为一个

---

[1] 如父母的遗照、结婚照、结婚戒指、定情物、家庭相册等；也涉及死者人格利益有关的“物”，如遗体、器官、骨灰等；还有证明特定经历、荣誉的特定物，如荣誉证书、奖章等，也有与家族、宗族有关的特定物，如家宅、祠堂、祖先画像、族谱、祖坟等；人体器官、基因、精子、宠物等方面的案件也不断呈现。参见冷传莉：《论民法中的人格物》，法律出版社 2011 年版，第 20 页。

[2] 参见[德]克雷斯蒂安·冯·巴尔：《欧洲比较侵权行为法》（下），张新宝、焦美华译，法律出版社 2004 年版，第 4 页。

[3] 参见方乐坤：《精神利益保护与民事责任体系完善研究》，西南政法大学民商法学专业 2012 年博士学位论文，第 151 页。

以经济价值为核心的利益体系。这亦是英美法系财产法中财产概念的景象。"人格财产"的概念反映了现代财产法中财产观念发展的新趋势,亦印证着英美法系中特有的财产观,是一个开放且具有涵摄力的概念。第二,尸体、遗骸在被用于医学研究目的时,其经济价值是客观存在的。在生物学、医学意义上,基因的价值更是无可估量,因而称基因"无经济价值"亦不客观,"经济价值"本身亦是一个外延相对模糊的概念。同时,考虑到知识产权和某些虚拟财产中的人格利益不能为"有体物"之概念所涵摄的实际,恰恰是"人格财产"的概念外延更大。[1]

"人格财产"这一概念首先源于美国学者玛格丽特·简·拉丹。她认为人格财产的特殊之处在于财产上的个人情感价值。[2] 本书对拉丹教授的观点是持赞同态度的。但是美国法为各州判例法的集成,有别于大陆法系在立法体系中绝对的"人—物"二元划分,因此,"人格财产"难以跨越我国法律体系语境下的鸿沟。换句话说,人格财产到底是应当解释为"人格与财产"还是落脚于其一——财产或者人格,抑或本来就是想提出一个模糊的概念,其与"人格物"的提法有类似之疑问。与此同时,人格与财产在民事立法体系中本为两个并列之概念,"人格财产"概念的提出,本身并非意在塑造一个跨越人格财产的第三种分类——否则我们需要对现有民事体系大动干戈,弄巧成拙,并不必要——更确切地说,其关注的是如何在现有民事体系下,对财产上的人格利益进行保护的问题。因而笔者认为,"人格财产"的提法产生诸多歧义,也正是因此,笔者倾向于使用"具有人格利益的财产"的表达,直观地体现出一个对象上蕴含多个权利客体的现象,并且将其保护的规定直接置于侵权之下,而非探讨其应归于物权编(在具有身份关系的合同关系中,还有可能归于债权编)还是人格权编,关于这一点,笔者后面再进行论述。

---

〔1〕 方乐坤:《精神利益保护与民事责任体系完善研究》,西南政法大学民商法学专业2012年博士学位论文,第151~152页。

〔2〕 美国学者玛格丽特·简·拉丹1982年在美国《斯坦福法律评论》上发表了关于"人格财产"的系列文章。See Margaret Jane Radin, "Property and Personhood", 34 *Stanford Law Review* 959 (1982); Margaret Jane Radin, "Lacking a Transformative Social Theory: A Response", 45 *Stanford Law Review* 409 (1993).

（三）财产权的二元性解释

在前文论述中我们看到，无论是主体性的扩张解释还是客体性的扩张解释，其核心都在于或通过人格或权利能力概念的多层理解来将一些有争议的客体纳入主体的范畴，或者将一些具有人格利益的财产纳入特殊物的保护范畴。但是这种囊括本身往往是片面的，如果将尸体、精液、胚胎等通过扩张性解释纳入主体范畴，那么墓碑、宠物、旧照片等类似的财产呢？如果将这些都视为财产纳入特殊物的范畴，其又是否具有伦理与法律上的正当性？那些非“物”的财产又如何理解？而那些零星的裁决尽管也在突破，但通过“就个案论个案”的方式，很难形成体系化的归纳、理论创造与制度设计。进一步说，这是潘德克顿法学体系从一开始就面临的问题，概念本身的逻辑性架构往往在社会的发展中被多层延展、扭曲甚至相互冲突，更会遭遇在不同文化境遇中的制度困境。而对于主体扩张与客体扩张之外的突破受阻或受限之情形下，实践往往需要现实问题之解决，特别是在根本理论探讨的复杂性与不确定性之背景下，司法实践之意义与趋势更重要。在法律内部系统对外部环境予以回应的基础上，在一种动态系统中分层次作出多维度的解释。对于司法实践中所遭遇的解释困境，在某种意义上也是由于立法上的供给或规范中的张力不足，即对于财产上的人格利益应归属于何种范畴没有明确。更进一步说，权利与利益的区分，尽管在我国立法上已经被刻意“忽略”了，但对于财产上的人格利益保护而言，较之其他人格利益的相对独立存在与认可，始终是个特殊的问题。

就财产上人格利益的保护而言，现行立法无论是对其进行概括性规定也好，明确性规定也罢，抑或法律规范中不予保护，司法裁判都必须对这些实定法进行解释。法国《民法典》对损害的界定是宽泛和自由的，所有的损害只要符合侵权责任的条件，即法律事实、因果关系、损害后果，都可以获得赔偿。〔1〕 这种对民事侵权行为进行概括性的规定，法官必须在个案中针对各侵权构成要件进行解释。而德国法原则上对财产上的人格利益并不予以救济，但在“储存精子灭失案”中，法院将“精子”解释成暂时脱离身体的一

---

〔1〕 参见［德］U. 马格努斯主编：《侵权法的统一：损害与损害赔偿》，谢鸿飞译，法律出版社2009年版，第118页。

部分,而借此直接适用身体权侵权的规定,支持原告的精神抚慰金请求权。不可否认的是,无论法律制定得有多仔细绵密、深思熟虑,其仍然不能对所有属于该法律规制范围且需要规制的案件提供答案,换句话说,法律不可避免地有“漏洞”。

司法实践中法官的“法律解释”不仅是填补实定法漏洞,而且是接受一些新的法律思想并进一步发展它们,这些思想在法律中大多数情况下只是隐约提及,是通过司法判决才实现具体化,因此,司法裁判已超越实定法初始的计划,或多或少修正了法律。这种“超越实定法的法续造”也必须与整体法秩序的主导原则协调一致,甚至多半正是为了使这些原则能在比法律所规定的更广阔范围内获得适用,才促成了“法律解释”的努力。这表明司法实践所采取的态度并非基于现行立法框架内的解释,而是从裁判本身出发来进行符合个案正义的裁判,所以我们都看到了司法实践中相似之态度与趋势,即对具有人格利益财产在精神损害赔偿方面予以认可,只是进度或快或慢,范围或广或窄,态度或激进或相对保守,完全否定者几乎没有。

当然,基于裁判中的种种原因,各个解释本身遵循的路径不一,法官的个人体验以及对财产上的人格利益保护认识不同,导致这种个案正义可能并不能实现。目前理论上创设了“人格物”“物格”[1]等概念,试图对这类特殊的财产进行涵摄。至于违约导致的精神损害,主要体现在司法实践中通过个别裁判案件冲破传统理论的束缚。但是,大多在逻辑上有循环解释之嫌,且现有研究对物上附着人格利益和合同中蕴含人格利益两个问题的探讨几乎是相互割裂的。对于财产上人格利益之保护,我们面临一些根本问题的探讨,即其标的/客体本身定性为何,对于整体的人格利益财产范畴如何建构,已有理论与体系如何协调——这些问题不能避而不谈,亦不能悬而未决,因为这些基础问题尚未厘清,立法中才会出现不一致或模糊。我们不宜苛求司法来解决这一问题,但是如果我们对这些司法案例予以整体、系统的类型化研究,分析具有人格利益财产的保护是什么、如何形成以及缘何保

---

〔1〕 杨立新等:《民法物格制度研究》,法律出版社 2008 年版。

护，则这些问题在实践中给出的答案至少可以给我们提供一种更为全面、可靠的思路，从而为我们找到一种解释理论，能够在立法上给予正当性基石，给法官裁判中提供指导，并为法官的解释提供框架。

如果我们跳出某些法律关系中人格利益与财产利益边界模糊的固有思路，以民事权利内部的权利客体为标尺，可以看到权利区分的本质在于权利客体所保护的利益不同。如果我们通过法律所欲保护的对象直视权利客体，就会发现民事权利客体的内在结构本身就兼具财产利益和精神利益。〔1〕根据黑格尔的主客体关系理论，主体依靠外在实践保证其生物机体的生存，同时依靠外在实践来定义自己的存在。〔2〕人既有物质的属性，又有精神的属性。因此，人的需求也必然包含精神利益和物质利益双重内容。自由意志对客体的支配一方面包含着生物人存在所需的物质内容；另一方面也必然包含着定义主体存在的伦理情感。〔3〕因此，作为实现民事主体利益需求的法律工具——民事权利，其内部结构也必然包含物质和精神两方面的内容。精神利益和物质利益分别在人格权与财产权两种不同类型权利谱系中的分布比例不同，两者的内部利益结构存在明显区别。一方面，对人格权而言，作为主体对存在于自身的自然性权利，用“人之本体”的保护方式来保护那些“内在于人”的主体自身，即“内在于人”的各种伦理价值，其包含的主要为精神利益。〔4〕另一方面，就财产权而言，体现为主体对外部世

〔1〕庞琳：《墓地的权利属性——以请求权为分析路径》，载刘云生主编：《中国不动产法研究》（第17卷），法律出版社2018年版。

〔2〕See Hegel G. W. F., “Natural Law: The Scientific Ways of Treating Natural Law, its Place in Moral Philosophy, and its Relation to the Positive Sciences of Law”, 11 *Philosophy of Religion* 22 (1975).

〔3〕参见姜福晓：《对人格权财产化和财产权人格化统一解释的初步思考》，载《理论月刊》2013年第9期。

〔4〕从人格权的基本属性来看，生命、健康、自由、名誉、隐私等伦理价值，是每一个自然人必须具备的，这些人的伦理价值不可以金钱代替，是一种非财产性的权利。但是，随着现代社会的市场化、信息化，各种人的伦理价值的利用可产生间接的经济效益，并可通过市场评价，衍生出人格权的财产属性。最突出的是“人格商品化”现象，它已经成为商业活动中不可缺少的经济手段。人格商品化是权利人将某些人格要素与商品进行连接，从而在一定程度上促成商品经济的发展。这一现象模糊了长期以来人们心目中人格与商品之间泾渭分明的分隔关系。从本质上来讲，人格商品化只是人格要素在商品经济中的延伸，其内涵在于人利用自己的人格要素，使其人格权的内容得以扩张而已。在人格商品化中，变动和转移的是某些人格要素，而非人格权的变动或转移，人格权不能商品化。对于人格权而言，人格要素是本，而经济利益是末。

界的支配,通过“权利的保护”方式来针对那些“外在于人”的事物,其包含的物质利益则多于精神利益。这种二元性在不同的民事权利中分布的比例不同,根源在于作为权利主体核心的“自由意志”对不同权利客体的依赖程度不同。至少就现代科学技术水平而言,“自由意志”还必须直接依附于身体而存在,肉体对于主体而言,具有不言而喻的伦理价值。相比之下,财产权存在的目的是为作为主体物理存在的生物人生存和发展提供物质的支持,所以物质利益在财产权中占主导地位。我们将同时内含人格利益与财产利益二元结构的财产权,称为“财产权的二元性”。[1]

当然,也有学者,在区分人格权与财产权两大权利结构的基础上,以转让的有偿性为标准,进一步将财产权分为弱财产权和强财产权来完成上述财产权内在的双重利益认知。[2] 换句话说,当我们探讨“财产权的二元性”问题时,实质上是以一个更为广阔的财产权概念去囊括财产上所包含的“财产利益与人格利益”;而当我们进行“弱财产权与强财产权”的探讨时,实际上是在维持财产权与人格权区分的前提下在程度上进行的区分,否认二者的泾渭分明,通过探讨不同程度上财产权与人格权的交叉融合来解释与指引相关权利与立法——在本质意义上,上述两种路径都看到了财产上所具备的人格利益与财产利益的双重属性。[3] 芒泽教授首先将人格权排列成两种不同但又相关的谱系(spectra)。第一个谱系的范围是从只保护利益的权利,经过既保护利益也保护选择的权利,到只保护选择的权利,即从被动的(放弃)到主动的(选择)。第二个谱系的范围是从不可放弃的权利,经过一定限制条件成为可以放弃的权利,到依权利人的选择可以任意放弃的权利。随着权利保护对象在重要性上的增强,其相对应的可放弃性则会减弱。

---

〔1〕 庞琳:《墓地的权利属性——以请求权为分析路径》,载刘云生主编:《中国不动产法研究》(第17卷),法律出版社2018年版。

〔2〕 See Stephen R. Munzer, “Kant and Property Rights in Body Parts”,6 *Canadian Journal of Law and Jurisprudence* 321(1993).

〔3〕 从某种意义上来说,芒泽教授与拉丹教授的观点是一致的,即将财产权看作“权利束”,采用强财产和弱财产的理论。其将与人格这一段靠得较近的财产称为弱财产,较远的一端称为强财产。财产本身的内部属性并非一成不变的,而是通过人的意志变化而不断发生或强或弱的变化。

由此,可将那些涉及身体的财产权再细分成弱与强两类。[1] 弱财产权(weak property right)仅涉及无偿转让的选择,表明这类财产上具有诸多的人格利益,限制了其市场化的转让,这一点可以通过《统一器官捐赠法》[2]所确认的多种转让得到例证。这种类型的成文法虽然禁止买卖,但它明确规定权利人可以用赠与的方式在生前或者死后将器官进行捐赠。在生前,人可以捐出身体的特定部分,死后可以根据遗嘱或者其他适当文书,捐出部分或整个尸体。而与弱财产权相对的另一个概念——强财产权(strong property right)涉及的则是允许有偿转让,即出卖身体中的液体如血液、精液的权利,以及在某些状况下,订立以将来交付遗体而换取当前医学治疗或者换取现在抑或将来金钱给付之契约的权利。[3] 该观点认为,财产权中同时包含财产利益与人格利益,同时,财产利益与人格利益在财产权中的分布比例亦随着客观情况的不同而发生动态变化。其根源在于权利主体核心的“自由意志”对不同权利客体的依赖程度随着科学技术和社会伦理的变量而有所不同。以人的基因为例,在近代社会以前,生命遗传科学尚不发达,无法认识到的人类基因包含财产利益和人格利益,甚至不能接受人可以对自己的身体主张财产权益。现代医学科学技术的发展使人的离体器官、人体基因组织拥有巨大的经济价值,但是其上附着强烈人格属性的本质是无法改变的。在芒泽那里,身体权利包含了人格权和“有限的财产权”,[4]而所谓“财产权”其实是对身体要素(包含基因组织)的财产性的承认,而“有限”的界定正是身体的人格性所辐射出的法律效力。[5] 随着社会成员价值观

---

〔1〕 参见[美]斯蒂芬·芒泽:《财产理论》,彭诚信译,北京大学出版社 2006 年版,第 41~42 页。

〔2〕 See Uniform Anatomical Gift Act, Uniform Laws Annotated (St. Paul, Minn.: West, 1983), Vol. 8 A, pp. 15-67. 转引自[美]斯蒂芬·芒泽:《财产理论》,彭诚信译,北京大学出版社 2006 年版,第 44 页。

〔3〕 参见[美]斯蒂芬·芒泽:《财产理论》,彭诚信译,北京大学出版社 2006 年版,第 44 页。

〔4〕 Stephen R. Munzer, "The Special Case of Property Rights in Umbilical Cord Blood for Transplantation", 51 *Rutgers Law Review* 493(1999).

〔5〕 参见王康:《基因权的私法规范》,复旦大学法学院 2012 年博士学位论文,第 95 页。

念的发展,权利中的物质利益和人格利益的比例也会发生变化。就财产权[1]而言,随着主体自我意识的觉醒和自我价值的发现,人格利益在财产权中的比重也会有所提升,而法律对侵害物权和违约所造成的精神损害赔偿予以关照也是法律人文关怀强化的体现。[2]

目前看来,财产中蕴含人格利益的事实在理论和直觉上并不存在争议,关键是如何在逻辑上解释财产权中含有人格利益的问题。“财产权的二元性”在根本上解释了这种现象,因为财产权本身已然包含人格利益和财产利益,甚至可以说,所有民事权利都兼具人格利益和财产利益,不过是两种利益在不同客观条件下的比重不同且动态变化而已,应当对不同权利中两种利益的救济区别对待。具体到“财产上的人格利益”问题,“财产”指的是对象,“人格利益”是指权利客体,而这类“财产”之所以特殊,是因为其中除了包含一个绝对权性质的物权或者一个相对权性质的债权外,还蕴含着一个应该并可以得到法律保护的人格利益。换言之,财产权包含人格利益和财产利益属于事实问题,对其中的利益是否保护以及在何种程度上予以保护与救济——只重财产利益或者只重人格利益,抑或二者于一体之保护,则属于价值判断问题。[3]

本章小结

财产的内涵和外延随着人类社会的发展,在历史的场域中不断变化。从古罗马至今,“财产”历经了“祛身份化”和“祛人格化”两次蜕变,直至成为具有极强包容性和弹性的概念。民事权利客体的“人格—财产”二分,形

---

〔1〕 值得注意的是,此处有时使用了“财产上的人格利益与财产利益”,有时使用了“财产权的人格利益与财产权益”,这里的财产作为一个对象,其上承载着多种权利客体和法律关系。在本书的语境中,财产作为一个整体,对应的财产权亦是对应整体的权利束。之所以使用前者,乃是出于两个方面的原因,第一,在本书所引用的芒泽等学者的观点那里,将财产权视为一个对象整体的权利束,是相对较大的概念,这个权利束中包含有人格利益和财产利益,因为人格利益与财产利益的比重不同,才体现出弱财产权与强财产权。第二,为避免与财产利益这一概念所指向的“财产权”相混淆,故使用了“财产上的人格利益与财产利益。而本书通常所使用的财产权含义亦是指代“权利束”这一较广的概念,涵括人格利益与财产利益。无论怎样,只是想表明,无论是财产还是财产权,其附着的人格利益与财产利益都不容否认。

〔2〕 参见王利明:《民法的人文关怀》,载《中国社会科学》2011 年第 4 期。

〔3〕 参见庞琳:《墓地的权利属性——以请求权为分析路径》,载刘云生主编:《中国不动产法研究》(第 17 卷),法律出版社 2018 年版。

成了民事权利体系的两大基本要素。

面对不断变化发展的社会现实,财产的概念必须保持足够的张力,能够容纳、解释不断出现的新事物、新现象,才能够保持理论的活力和生命力。有学者将财产理解为权利束中的"木棒",认为财产不仅涵盖土地、动产和无形物种的权利,甚至人的身体也应当被看作财产,提出身体权等于有限的财产权而非所有权,并且只有部分身体权可以作为财产权的观点。[1] 不仅如此,关于人体基因、人工智能、胚胎的规制与保护问题,也对现行的财产概念及其制度体系提出了挑战,当然,我们在法律层面或司法实践中曾作了一些应时修正。例如,关于胎儿遗产预留份额的制度弥补;再如,关于一般人格权在司法实践中的创设与适用,但是所有这些终究需要作为体系的一部分被恰当地置入。特别是随着科技的发展,面对基因技术与人工智能的发展,传统财产的概念显然已经无法囊括。

在对财产与人格关系的演变进行梳理与反思的基础上,对财产利益与人格利益双向扩张的现象从理论上进行弥合,指出民事权利客体的内在结构本身就兼具财产利益和精神利益之双重属性。将"财产"的概念从"物"的概念上进行提升,以"财产权的二元性"去解释财产上内含人格利益与财产利益的现象。民事权利兼具人格利益和财产利益,两种利益在不同客观条件下的比重不同且存在动态变化,应当对不同权利中两种利益的救济区别对待。通过探讨不同程度上财产利益与人格利益的交叉融合来解释与指引相关权利与立法。为之后章节的研究做好理论准备工作。

---

[1] 科恩认为个人的身体权属于"自我所有权",自我所有权是通往世界所有权之路的前提。芒泽认为"自我所有权"的观念存在可疑之处,并进行反驳。芒泽认为,把身体权联合或独立地描述为自我所有权是错误的,从联合的角度来看,每一个人的身体权并不等于所有权而仅等同于有限财产权的较弱部分内容。从独立的角度考虑,每个人的身体权都不完全相同。大多数身体权是人格权而不是财产权,某些身体权是财产权——无论是弱还是强。参见[美]斯蒂芬·芒泽:《财产理论》,彭诚信译,北京大学出版社2006年版,第32~33页、第48~49页。

第二章 财产上人格利益的生成

学界与实务界在重视人格利益保护的态度上并无二致,然而,对于财产上的人格利益之精神损害保护就不那么理所当然,而是分歧不断。在传统大陆法私法体系中,如何对财产上的人格利益从理论上进行弥合,进而纳入概念与体系解释框架之中,在立法层面进行有效的法律供给,在司法层面作出合理且恰当的解释与裁判实践,是我们面临的一个问题。可以说,获得精神损害赔偿只是一种法律救济的结果,但这一救济需要至少厘清两个问题。第一,精神损害赔偿的含义是什么,保护的是什么,其与人格利益有何关系?第二,财产上的人格利益是如何生成的,或者说,这一人格利益如何附着于财产之上?

第一节 裁判中的精神损害赔偿与人格利益保护

一、英美法裁判中精神损害赔偿适用的历史勾勒

人格利益受到侵害最为直接与重要的救济便是精神损害赔偿,然而人格利益在早期并未成为一项独立的权益,而是依附于人身损害之中,被看作由身体损害而造成的精神痛苦或精神打击,[1]这一点在早期的裁判中有明确的体现。正如史尚宽先生所指出的,“精神上之痛苦,除与有形损害伴随者之外,单独不予以赔偿。但在名义上之损害赔偿,得参酌无形之损

[1] 参见关今华:《精神损害的认定与赔偿》,人民法院出版社1996年版,第30~32页。

害”。〔1〕 后来,随着人格利益逐渐受到重视,人格利益才逐渐被分离出来,〔2〕从而才有了单独基于人格利益受损而提起的精神损害赔偿。换句话说,我们可以认为“精神”是人格利益的基础,人格利益是“精神”的法律抽象,人格利益受损导致的是精神损害,于救济上产生“精神损害赔偿”。那么进一步的问题在于,精神损害到底是一种什么样的损害?〔3〕 英国法上将精神损害称为“精神打击”(Nervous Shock),〔4〕后逐渐为英美法系国家所借鉴,在美国法上称为“精神损害”(Mental Distress 或者 Emotional Distress)。〔5〕《布莱克法律大词典》中对“Emotional Harm”的解释是参见“Emotional Distress”,含义为“一种由他人行为所导致的非常不愉快的心理反应(如痛苦、悲伤、恐惧、羞辱或愤怒),当其足够严重时,可以成为侵权赔偿的基础”。〔6〕 这里我们看见,无论裁判中还是著作中关于“精神”使用的是“mental”与“emotional”,这两个词都与人的“情感”相关联,我们是否可以认为精神损害的根基其实就是对于情感的损害?对此,我们需要回到精神损害赔偿的裁判历史中。

1886年发生在英国的考尔特斯诉维多利亚铁路管理委员会案(Victori-

---

〔1〕 史尚宽:《债法总论》,中国政法大学出版社2000年版,第219页。

〔2〕 参见张平:《论美国侵权法上的精神损害赔偿》,载王军主编:《侵权行为法比较研究》,法律出版社2006年版。徐爱国教授认为,随着心理学和精神病学的出现,以及都市生活节奏的加快,人们开始重视精神的问题,法律也开始将精神损害视为一种侵权行为,法律救济也随之产生。在美国20世纪40年代,美国法律协会明确承认:即使没有发生身体的损害,精神损害本身也可以构成一种独立的侵权行为诉讼。从此,就有了专门的精神损害诉讼。参见徐爱国:《名案中的法律智慧》,北京大学出版社2005年版,第30~32页。

〔3〕 在《牛津法律大词典》中,对精神损害(Shock or Mental Injury)的解释为“精神损害现在被看作同人身损害一样可以提起诉讼的一种损害。精神损害事实上不只是一种恐惧,而且也是一种可辨认的身体的或精神上的损害,它并非由身体撞击引起,而是因所见、所闻或其他经历经由心理而产生”。参见[英]戴维·M.沃克:《牛津法律大词典》,李双元等译,法律出版社2003年版,第1035页。

〔4〕 所谓“Nervous Shock”,“指因受惊吓致精神受侵害(psychiatric injury)者,得否主张侵权行为损害赔偿请求权”。参见王泽鉴:《侵权行为法》,中国政法大学出版社2001年版,第213页。

〔5〕 在英国,精神损害被称为“Nervous Shock”,英国的侵权法著作中使用“Nervous Shock”或者“Psychiatric Illness”来表示精神损害,美国学者则常用“Emotional Distress”、“Psychiatric Injury or Harm”、“Mental Disturbance”或者“Mental Harm”等词语。参见[英]约翰·库克:《侵权行为法》(第5版),法律出版社2003年版;曾世雄:《损害赔偿法原理》,中国政法大学出版社2001年版;陈聪富:《因果关系与损害赔偿》,北京大学出版社2006年版;潘维大:《第三人精神上损害之研究》,载《烟台大学学报》(哲学社会科学版)2004年第1期。

〔6〕 Bryan A. Garner, *Black's Law Dictionary*, 8th ed., Thomson West, 2007, pp. 1586-1587.

an Railways Commissioner v. Coultas)[1],可以被视为最早的“精神损害”判例。本案原告玛丽·考特斯(Mary Coultas)与其丈夫詹姆斯(James)在墨尔本乘坐马车回家,途经铁路交叉口时,由于管理者的疏忽没有树立禁行标志。火车在马车通过铁路时正好开过来,尽管原告的丈夫詹姆斯躲过了碰撞,但原告因此遭受极度惊吓,造成严重的精神损害。原告向被告主张精神损害赔偿,一审法院支持了原告的诉讼请求,但后来上议院则以原告的身体未受到伤害为由驳回原告精神损害赔偿的诉讼请求。[2] 在本案中,我们可以看到,当时的观念是精神损害依附于人身,尚未独立成为一个诉因,只有在人身受到损害时才能主张精神损害赔偿。

然而,精神损害赔偿必须依附于人身伤害而存在的观点,在后续的裁判中逐渐得以改变。在 1897 年英国威尔金森诉唐顿案(Wilkinson v. Downton)[3]中,被告编造原告丈夫发生车祸撞断腿的假消息,原告因此受到惊吓,导致长期精神痛苦、神情恍惚,无法正常工作。原告向法院起诉要求被告承担精神损害赔偿的责任,法院认为,被告的目的就是要使原告遭受重大的精神损害,而这种精神损害会导致身体伤害的后果,故法院支持原告精神损害赔偿的请求。美国学者约翰·G. 弗莱明(John G. Fleming)曾针对威尔金森诉唐顿案指出,“即在不享有特权的情况下,任何造成身体损害的故意行为都是可诉的,不管造成损害所使用的手段是什么,它既可以是直接的身体侵犯或造成损害的言辞,也可以是发动某种直接或间接达到预期后果的力量”。[4] 换句话说,该案中身体损害已经不单是物理上的,精神损害也是广义的身体损害的一种,人格利益开始受到重视,逐渐脱离于狭义的身体损害而独立出来。

此后,在一系列案件中,即使原告的身体并没有真正受到损害,但是在人格尊严、名誉损害、精神惊吓等情况下,原告也可以因为感到难堪和情感受到伤害而获得赔偿。例如,1916 年美国北卡罗来纳州的特罗格登诉特里

---

〔1〕 Victorian Railways Commissioner v. Coultas, (1886) 12V. L. R. 895.

〔2〕 Victorian Railways Commissioner v. Coultas, (1888) 13AppCas222.

〔3〕 Wilkinson v. Downton, (1897) 2 Q. B. 57.

〔4〕 John G. Fleming, *The law of torts* (8*th ed.*), Sydney; Law Book Co., 1992, p. 34.

案(Trogdon v. Terry)[1]中,原告因为当众受辱和精神痛苦而获得1000美元的赔偿性损害赔偿和1500美元的惩罚性损害赔偿。1969年一名9岁女孩在一次事故后,必须有成年人陪伴且亮着灯才能入睡,恐高、经常头疼和精神恍惚,故向被告提出精神损害赔偿,法院也支持了其请求。1987年美国亚利桑那州一位女士状告其男上司长期身体和语言的性骚扰,导致其长期精神痛苦,法院判定被告赔偿1万美元的补偿金和10万美元的惩罚金。1989年美国明尼苏达州一位乘客因为飞机未能安全着陆而导致精神损害,不敢再乘坐飞机。这位乘客向法院起诉要求航空公司承担赔偿责任,明尼苏达州上诉法院支持了原告的请求。[2]

以人身损害为中心建构的侵权法上的精神损害赔偿不断演变,在威尔金森诉唐顿案所开创的基础上,通过美国《侵权法重述》和司法裁判的规则解释与确立,"没有任何必要去通过展示一种结果意义上的身体伤害的存在来使精神受到伤害的诉求成立",[3]从而突破了早先精神损害赔偿的"人身依附性",使精神损害赔偿脱离于人身具有独立性,逐步构建并完善"人格利益"侵权救济体系。[4]

基于独立的"人格权益"是精神损害赔偿的独立成因,无论是大陆法系还是英美法系现在皆有共识,然而争议的问题在于,这种"人格利益"是否可以附着于某种客体,或者说财产之上。换句话说,非基于针对主体(人)本身的侵害,而是基于主体之财产的侵害,是否可能侵犯相应的附着的人格利益,产生精神损害赔偿。在大量的具有人格利益案件的裁判中,最为典型的

---

〔1〕 Trogdon v. Terry, 172, N. C. 540, 90 S. E. 583 (1916).

〔2〕 徐爱国:《英美侵权行为法学》,北京大学出版社2004年版,第47页。

〔3〕 P. R. Handford, "Wilkinson v. Downton and Acts Calculated to Cause Physical Harm", 16 *University of Western Australia Law Review* 31 (1985).

〔4〕 《侵权行为法(第二次)重述》第46条规定,有下列情形的,受害人可作为独立诉因行使精神损害赔偿的请求权:(1)通过极端与恶劣行为故意或莽撞地给他人造成严重精神痛苦的人应对该精神痛苦承担责任;如果该精神痛苦给他人带来了身体伤害,行为人也需对该身体伤害承担责任;(2)如果该行为指向的是某第三人,行为人应在下列情况下承担责任:(a)他故意或莽撞地给当时在场的该第三人的直接家庭成员造成了严重精神痛苦,不论该痛苦是否已导致身体伤害,或(b)他故意或莽撞地给当时在场的任何其他人造成了严重精神痛苦,且该痛苦已导致身体伤害。参见[美]肯尼斯·S.亚伯拉罕、[美]阿尔伯特·C.泰特选编:《侵权法重述——纲要》,许传玺、石宏等译,法律出版社2006年版,第20页。

是针对宠物被伤害的案件。例如,2009年美国印第安纳州的亨宁诉尼克洛案(Henning v. Nicklow)中[1],法院认为原告的狗长期陪伴原告,产生了一定的情感,由此支持原告基于狗受到伤害提出的情感(emotion)损害赔偿要求。又如在密歇根州2000年的科斯特诉VCA动物医院案(Koester v. VCA Animal Hosp)[2]与2016年的莫雷诺诉休斯案(Moreno v. Hughes)中[3],被告侵权致原告的狗死亡,原告要求被告对财产损害进行赔偿的同时,还需赔偿因情感伤害导致的非财产损害,但法院最终以密歇根州法律没有因财产损失而遭受情感伤害之赔偿先例,驳回了原告非财产损害的诉求。但是,在沃马克诉拉登案(Womack v. Von Rardon)[4]中,法院支持了非财产损害的诉求。总体而言,美国各州基于其具体情况,对此类问题的认知与判例并不一致,具有诸多争议,甚至基于此向立法机关提出了诸多建议。通过对判例和立法的梳理,英美法中对人格利益的保护与救济呈现一条从依附于人身到成为独立诉因再到可附着于个别财产之上的发展脉络,对于财产上的人格利益的保护采取了越来越开放的态度。

二、德国法上非财产损害赔偿制度的演进

在非财产损害赔偿制度的演进中,与英美法裁判有着不同概念体系与理论范畴的德国法亦有着相似的历史脉络。德国民法上并没有严格意义上的精神损害赔偿之概念,其被称为非财产性损害(Nichtvermögensschaden)赔偿,是指除财产损害以外的所有损害形式。

但是,学界在非财产损害的概念内涵问题上产生纷争。有观点认为,非财产上损害,又称无形的损害,是指对于财产以外的法益,如对于生命、身

---

[1] Henning v. Nicklow, United States District Court, N. D. Indiana, 2009 WL 3642739.

[2] Koester v. VCA Animal Hosp, Court of Appeals of Michigan, 244 Mich. App. 173.

[3] Moreno v. Hughes, United States District Court, E. D. Michigan, Southern Division, 157 F. Supp. 3d 687.

[4] 在沃马克诉拉登案(Womack v. Von Rardon)中,被告恶意烧死原告的猫。初审法院基于被告采用极端残暴的方式恶意防火伤害原告的猫,造成原告精神痛苦,支持了原告的非财产损害赔偿请求。See Womack v. Von Rardon, Court of Appeals of Washington, Division 3. May 25, 2006, 133 Wash. App. 254, 135 P. 3d 542.

体、自由、名誉等之侵害所生之损害。〔1〕 在前述观点的基础上,有学者进一步认为,“非财产损害是指与财产权的变动无关的、表现为生理或心理上的痛苦之损害形式”。〔2〕 还有观点指出,“非财产性损害,也称‘无形损害’或‘精神损害’,它是指没有财产价值,无法以金钱加以计算的损害”。〔3〕 本书认为,非财产损害首先是一种法律事实,在侵害人身权或财产权的情形下皆可能产生此后果。例如,权利人近亲属的坟墓被毁损或破坏,同时造成物质载体的财产损害,以及附着于坟墓上的权利人之情感,即人格利益损害。该人格利益之损害则属于非财产损害的范畴。因此,非财产损害的发生与侵权行为的对象之间没有必然关系。非财产损害与精神损害是两个不同的概念,两者为种属关系,之间既有交叉也有重合。在人身伤害中,包括普通伤害、残疾、死亡,受害人最为明显的非财产损害即肉体上的疼痛。一方面,治疗恢复身体健康所产生的费用属于财产损害;另一方面,身体伤害遭受的疼痛、抑郁以及生活的不便等则属于非财产损害。〔4〕 在上述身体受到侵害的情形外,对精神性人格权益的侵害(如隐私权、名誉权、姓名权等)造成被侵权人精神上的痛苦,皆为非财产损害。非财产性损害既包括疼痛、不便、不舒适等损害,也包括由于声誉等受损所导致的社会评价降低。其中,疼痛、不变等损害显然与物理上的(physical)身体相关联,就声誉受损而言,其可获救济性基于人格权益的逐渐独立而得以发展。〔5〕

德国《民法典》颁布之初,非财产损害的适用一直限于侵害人身所涉范围之内。〔6〕 从立法规范到早期司法裁判,德国法的非财产损害依附于人身损害而存在;后来随着人格权法理论与实践的发展,德国民法实务通过一系列著名判例突破了上述法定范围,创设了成型的人格权侵害类型,扩大了非

〔1〕 参见史尚宽:《债法总论》,中国政法大学出版社 2000 年版,第 287~288 页。

〔2〕 曾世雄:《损害赔偿法原理》,中国政法人学出版社 2001 年版,第 293 页。

〔3〕 程啸:《侵权责任法》(第 2 版),法律出版社 2015 年版,第 217 页。

〔4〕 在人身伤害中,非财产损害主要包括身心痛苦、舒适性丧失、生活乐趣丧失以及丧亲之痛。参见[澳]彼得·凯恩:《侵权法解剖》,汪志刚译,北京大学出版社 2010 年版,第 118 页。

〔5〕 德国民法以财产损害与非财产损害进行表述,而非以财产损害与精神损害来作区分,其隐含的前提就在于有一种损害并非财产、亦非精神的,而是生理的。

〔6〕 德国《民法典》第 847 条第 1 款(侵权法范畴中的抚慰金条款,已废止)规定,受害人基于非财产损害得以请求合理金钱赔偿的情形限于身体、健康和自由被侵害的情况下。

财产损害金钱赔偿的范围。1958 年的骑士案(Herrenreiter)中,[1]德国联邦法院类推适用第 847 条,认为“自由”应解释为包含“精神自由”“意思自由”,被害人精神自由受到侵害时,亦属于非财产损害所保护的范围。通过对“自由”的类推适用,扩大了侵权法领域对人格利益的救济范围。1961 年的人参案(Ginsengwurzel)[2]中,联邦法院认为,德国《民法典》立法时囿于当时社会情况,对人格权保护范围过窄,通过援引《基本法》第 1 条和第 2 条解决人格利益非财产损害的金钱赔偿请求权基础问题,是继一般人格权被侵害可以请求精神损害赔偿之后的又一大进步。1973 年的索拉雅案(Soraya)[3],是德国联邦宪法法院第一次就一般人格权精神损害赔偿持肯定性意见的判决。1995 年的卡罗琳案(Caroline)[4],推动了德国非财产损害赔偿制度的发展,通过对第 823 条第 1 款“其他权利”的扩张,确立“一般人格权”基于该规范主张精神损害赔偿的请求权基础,进而扩大了对非财产性损害的救济范围。[5] 另外,在财产损害导致精神损害赔偿的问题上,德国一直秉承禁止的态度,这一点在德国储存精子灭失案[6]中显得最为典型。德国联邦法院认为,人格权的客体乃人之本身而不具可支配性,储存精子灭失案中,对离体精子之保护,并非基于其本身可作为具有人格利益之“物/财产”,而是将离体精子视为身体之一部,进而基于对“人身权”的侵

[1] BGHZ 26,349. Herrenreiter 骑士案。转引自王泽鉴:《人格权保护的课题与展望——人格权的性质及构造:精神利益与财产利益的保护》,载《人大法律评论》编辑委员会主编:《人大法律评论》(2009 年卷总第 7 辑),法律出版社 2009 年版。

[2] BGHZ 35,363. Ginsengwurzel 人参案。转引自王泽鉴:《人格权保护的课题与展望——人格权的性质及构造:精神利益与财产利益的保护》,载《人大法律评论》编辑委员会主编:《人大法律评论》(2009 年卷总第 7 辑),法律出版社 2009 年版。

[3] BverfGE 34, 269. 转引自王泽鉴:《人格权保护的课题与展望——人格权的性质及构造:精神利益与财产利益的保护》,载《人大法律评论》编辑委员会主编:《人大法律评论》(2009 年卷总第 7 辑),法律出版社 2009 年版。

[4] BGHZ 128, 1. Carolirle von Monaco. 转引自王泽鉴:《人格权保护的课题与展望——人格权的性质及构造:精神利益与财产利益的保护》,载《人大法律评论》编辑委员会主编:《人大法律评论》(2009 年卷总第 7 辑),法律出版社 2009 年版。

[5] 另一方面是对精神损害赔偿金的量定,确定可以根据侵权人的获利数额作为量定因素。参见张红:《20 世纪德国人格权法的演进》,载《清华法律评论》2009 年第 1 期。

[6] BGHZ 124, 52. 案情和裁判要旨参见王泽鉴:《侵权行为法》(第 1 册),中国政法大学出版社 2001 年版,第 108~109 页。德国联邦法院认为人格权的客体不是物,“而是人格的存在及其自主决定领域,实质化于身体的状态之上,并以人的身体作为人格的基础加以保护”。从该判决要旨可以发现,作出这一判决的目的在于拒绝给予离体器官、组织等以财产的法律地位。

害,通过精神损害赔偿对原告进行救济。虽然这一分析路径能够在法律上为原告提供范围较大的保护与救济,但对“人身”作如此的扩张解释终究显得牵强。随后,正如在上一章已经详细谈及的,德国于2002年颁布《第二次损害赔偿法条文修正法》,对非财产损害赔偿条文进行了调整,〔1〕将原第847条第1款修改后并入第253条,作为第253条第2款,原第847条被废除,〔2〕即原第847条第1款位于侵权法范畴,而侵权之债属于债的一种。现将其归并于第253条,该条文位于德国《民法典》第二编第一章第一节的内容中,属于债法总则的债之一般性规定,也就意味着立法对于非财产损害赔偿的扩张,不再严格限制于侵权法范畴,而于合同法、危险责任领域等方面皆可适用,这样的扩张意味着为广义财产上人格利益的保障提供了请求权的基础与救济的可能。

三、小结

我国现行民事法律规范中,亦采用精神损害赔偿之概念,《民法典》第1183条第1款〔3〕是涉及精神损害赔偿的规范。也就是说,在我国立法语境下,精神损害是指那些主体遭受生理或心理痛苦的非财产损害。〔4〕这也表明我们的精神损害赔偿可以理解为德国法上的“非财产损害赔偿”。

然而,围绕独立的“人格利益”为中心所构建的精神损害赔偿制度并不必然导致财产上的人格利益得到保护,一方面,这源于传统民法中,特别是大陆法系财产与人格的二元划分,使财产上的人格利益与已有的私法体系有所背离;另一方面,财产上的人格利益保护亦在裁判中存在诸多难以识别的问题。因此,在本书进一步探讨具有人格利益财产保护的问题上,那些独

〔1〕 Cohn, Einführen in das neue Schadensersatzrecht, München, 2003, S. 88 ff. 转引自王泽鉴:《人格权保护的课题与展望——人格权的性质及构造:精神利益与财产利益的保护》,载《人大法律评论》编辑委员会主编:《人大法律评论》(2009年卷总第7辑),法律出版社2009年版。

〔2〕 除第253条第2款之外,德国《民法典》中还有第611a条第2款中雇员受雇主歧视的非财产金钱赔偿、第651f条第2款中旅客遭受显著性侵害的非财产金钱赔偿、第823条第1款中一般人格权损害非金钱赔偿。在一些特别民法中出现的危险责任,受害人也可依法请求非财产损害金钱赔偿。

〔3〕 《民法典》第1183条第1款规定,侵害自然人人身权益造成严重精神损害的,被侵权人有权请求精神损害赔偿。

〔4〕 参见张新宝:《侵权责任构成要件研究》,法律出版社2007年版,第240页。

立的“人格利益”如何附着于财产,即财产上的人格利益如何生成,就显得尤为重要。

第二节　财产上的人格利益本质性探讨

尽管私法中在一种结果意义上将人格利益与精神损害赔偿关联起来,但两者关联起来的背景是什么,人格与精神是同义的吗?这并非一个单纯语义上的问题,或者只是跨语境时译词的偶然选择。而只有探讨了人格或精神的含义,我们才能知道财产上的人格利益附着的到底是什么。

一、权利能力与人格的关联

在近代民法上,以德国民法的“拟制”最为明显,而其中最为重要的拟制之一便是“权利能力”的概念。有学者通过“权利能力的续造”来提出“准人格”的概念,以解决相应的财产上人格利益之理论自洽与立法规制的问题。这一点笔者在前文中已进行了相应的论述与评价。更进一步说,就传统民法理论而言,人格的概念本身通过“权利能力”在立法中得以表达——拟制的“权利能力”之获得成为具有私法上主体资格之必要条件,而成为“主体”方有“人格”,[1]因此,德国民法客观上认可了“权利能力”作为“人格”获得之前提,无权利能力者往往“无人格”,当然亦不存在人格利益保护的问题,这也就意味着诸如胚胎、尸体等如何规制会争议不断。但是这里的问题在于,“主体”本身并非指自然人,亦包括法人,这意味着“主体”的概念亦是实证法上拟制的;而“人格”概念的核心到底是什么,一直没有清晰的界定,“人格”的概念是否也是拟制的?如果是,那么需要追问的是,支撑这一拟制的“基础”是什么,这一“基础”与“人格”之间发生关联的介质是什么?这就涉及“精神”的概念,因为最为直观的关联在于人格利益受损所产生的是精神的损害赔偿,而非人格利益损害赔偿。

---

〔1〕关于法人人格的问题不在探讨的范畴之内。

二、“精神”与人格的趋同

在私法上人格利益损害与精神损害赔偿之间的制度关联建立起来，是否意味着人格与精神即为同义，或者至少有本质的相同性，这种相同性是如何连接起来的，这一问题非常重要。“精神”本身的滥觞往往与另一个词关联起来，即“主体”，所以现代意义上的“精神”概念与主体哲学之间是紧密关联的，而“精神主体”的并用也是自然之事，“在精神科学的视域下，主体是以精神主体的面貌出现的，所谓‘人格’或‘人格自我’，在根本意义上就是这种精神主体”。[1] 在舍勒那里，其直接指出：“所有精神都本质必然地是‘人格的’。”[2]

如果精神与人格在本质上是相同的，那么人格与精神又是通过什么来建构来完成的了？这亦不是一个简单的法律问题，但却为我们厘清精神损害赔偿乃至具有人格利益的财产保护的是什么至关重要。无论是在舍勒还是施泰因那里，对于人格本身都具有相类似的认知。施泰因认为：“‘人格’是在‘感受体验’(Gefuehlserlebnisse)中被构造起来的”，[3]“因为在感受中，这个‘我’不仅体验到客体，而且也体验到它自身，它体验那个来自‘它的自我深处’的感受。这也就意味着，这个体验着的自我‘自身’就不是一个纯粹自我，因为纯粹自我没有深度(Tiefe)。但是在感受中被体验到的自我却有各种不同的深度层级”。[4] 其也意味着在某种意义可以说，在“对象”中“人格”构建了自身，但“人格”本身不能成为对象，其“可以感知它的自我，同样可以感知它的身体、同样可以感知世界……人格只是实存和生活在意向行为的进行中，这属于人格的本质。因而它本质上不是‘对象’”。[5] 换句话说，人格通过“自我的投射”来建构了自己。当然，这里仍需解决的问题是，在人格的投射进程中，或者在人格的现象化过程中，究竟是通过什么

---

〔1〕 郁欣：《施泰因的人格现象学》，载《学术研究》2015年第4期。

〔2〕 [德]舍勒：《伦理学中的形式主义与质料的价值伦理学》，倪梁康译，生活·读书·新知三联书店2004年版，第475页。

〔3〕 郁欣：《施泰因的人格现象学》，载《学术研究》2015年第4期。

〔4〕 Edith Stein, *Zum Problem der Einfuehlung*, Edith Stein Gesamtausgabe, Bd. 5, Freiburg: Herder, 2010, S. 117. 转引自郁欣：《施泰因的人格现象学》，载《学术研究》2015年第4期。

〔5〕 [德]舍勒：《伦理学中的形式主义与质料的价值伦理学》，倪梁康译，生活·读书·新知三联书店2004年版，第477页。

来完成人格的投射与现象化的,事实上也就是在探讨人格或者说主体精神与外部世界是如何关联的。这个问题又包括两个问题:一是投射的内容是什么?二是投射的方式是什么?

三、情感:人格与外界的连接方式

(一)情感、人格与人格权的关联

人格或者说精神通过外部世界的感知、投射来获得自身的实现与超越。这种人格可以通过认识论来实现——我们通过先验的直观形式与先验的范畴来实现对世界的科学认知,这在康德那里属于纯粹理性的范畴,在胡塞尔那里则被作为普遍精神的人格,探讨"人格自我(das personale Ich)或精神自我(das geistige Ich)与自然世界的关系,亦即心灵与自然以及心灵与肉体的关系"[1];当然,还有"作为个体之个性的人格",其主要是"对与社会和共同体问题相对应的个体问题的探讨,以及通过同感(Einfühlung)对他人的构造问题。它涉及个人自我(das personliche Ich)或个体主体性与社会主体性(die individu-elleodersoziale Subjektivität)的关系问题,亦即心灵与心灵的关系问题以及交互主体性问题",[2]这样的人格构成主要体现在伦理与法律上,我们看到了通过爱与恨、感受与偏好、回忆与期待、愿欲与不愿等情感,[3]人格通过这些"情感"与外部世界发生关联,并形成了相应的规则。在某种意义上可以说,"情感"奠定了人之为人的本来含义,正如舍勒所言,"情感生活的结构法则才是人类生活最为基础的。"[4]

---

〔1〕 倪梁康:《胡塞尔与舍勒:精神人格的结构分析与发生分析及其奠基关系问题》,载《现代哲学》2017 年第 1 期。

〔2〕 同上。

〔3〕 此外,也可参阅舍勒的相关论述,以回忆为例,我可以"回忆"一个"自然显现",也可以"回忆"一个心理体验;可以感受我的价值,也可以感受外部世界的一个客体的价值,参见[德]舍勒:《伦理学中的形式主义与质料的价值伦理学》,倪梁康译,生活·读书·新知三联书店 2004 年版,第 477 页。同样,在施泰因那里也讨论了三种典型的意识体验行为——回忆、预期、想象,并以"高兴"为例来进行了探讨。Edith Stein, *Zum Problem der Einfuehlung*, Edith Stein Gesamtausgabe, Bd. 5, Freiburg: Herder, 2010, S. 117. 转引自郁欣:《施泰因的人格现象学》,载《学术研究》2015 年第 4 期。当然,这里涉及投射的方式,即后文将要探讨到的移情、同感等内容。

〔4〕 牟春:《现象学视野下的移情问题》,复旦大学哲学专业 2008 年博士学位论文,第 89 页。

那么究竟何谓"情感"〔1〕？休谟在《人性论》"道德篇"和《道德原理探究》中阐释了理性与道德的区分，并认为道德行为的产生是源于情感而非理性。〔2〕对此，本书认为，情感是自然人主体的内心体验和情感积淀，是人的主观对客观事物的意识、反应、态度与评价。情感不同于直觉与感觉，前者与主体的知识素养、文化背景、传统环境密切相关，是主体对外在世界的自省体验，情感也因此影响着主体的行为。情感本身虽然是个人的主观体验，但是情感产生的根源却源于文化和传统。它伴随着人类社会的文化发展、历史变迁而生成，通过人与人的交往，价值观念的传播，形成普遍共识。〔3〕换句话说，情感的生成具有历史性、传统性、地域性、民族性。〔4〕

进一步就人格权而言，当人格体验或者感知外部世界时，通过情感作用于外部世界，隐私权、荣誉权、姓名权、肖像权等才会出现，其涉及个人自我或个体主体性与社会主体性的关系，并非认识论，也非单纯意义自在自为的"人格"本身，这些人格权正是人格的对象投射；而笔者所探讨的具有人格利益的财产保护问题，也是情感作为人格的桥梁来实现的。遵循这样的思路，也就不难理解在对人格权益进行精神损害赔偿保护的司法裁判历史中，法官总是在着力论证当事人的"情感伤害"。

（二）财产上的人格利益与独立的人格权之区分

如上所述，尽管财产上的人格利益与人格权所保护的本质是相同的，即

〔1〕 心理学将情感定义为"一种评价性机能；它或者接受或者反对一种观念，要看这观念引起的是快感还是反感"。参见［美］弗农·J. 诺尔贝、［美］卡尔文·S. 霍尔：《心理学家及其概念指南》，李廷揆译，商务印书馆1998年版，第110页。

〔2〕 在"道德篇"中，休谟着眼点于道德的区别是源于理性还是源于情感；而《道德原理探究》关注的是理性和情感分别在道德决定中起多大作用，试图寻找并证明道德本身得以成立的原则或根据。参见［英］休谟：《人性论》，关文运译，郑之骧校，商务印书馆1980年版，第498页；［英］休谟：《道德原则研究》，曾晓平译，商务印书馆2006年版，第139页。

〔3〕 康德认为，"我们并非把我们的判断放在概念之上，而只是根据情感；我们根据这种情感不是作为私人的情感，而是作为一种共同的情感"。参见［德］康德：《判断力批判》（上卷），韦卓民译，商务印书馆1964年版，第78页。

〔4〕 这一问题在学术界是有争议的。例如，勒庞认为："孤立的个人具有主宰自己的反应行为的能力，群体则缺乏这种能力"。参见［法］勒庞：《乌合之众——大众心理研究》，冯克利译，中央编译出版社2000年版，第25页。言外之意，就是个人的情感与道德观是真实的，而大众则很难说有统一的情感与道德观。应当说，勒庞的议论对于破除"大众""群体"的虚幻是有益的，但也未免过于极端。可以说，在承受共同的文化传统及社会关系相对稳定的和平条件下，群体还是可以有相对统一的社会情感的，否则，这一社会本身就很难得到维持。此外，对于情感是属于理性的还是非理性的范畴，或者说，"情感与理性"是否对立，学术界也有争议，本书暂不涉及。

情感,但二者之间的区别是不可混淆的。可以说,财产上的人格利益是以特定载体作为存在前提的,这种载体往往具有特定性甚至独一无二性;但人格权或者实证法中所认可的独立的人格利益,抑或在德国法上所谓的一般人格权,却并不以载体的存在作为人格利益附载的必要条件。以肖像权为例,某人的肖像被使用,在不同的场合与载体上使用,侵犯的是权利人的肖像权,该权利并不因附着于特定物质载体而存在;而某人的老照片上的人格利益却是以老照片的存在为前提的,如该具有纪念意义的老照片存在或者能够恢复,则该财产上的人格利益自然谈不上受到侵害,但却有可能产生肖像权之侵害。如果某人拾得该老照片,将其肖像用于其他宣传等商业化利用,则侵害了肖像权,但却不能说附着于该老照片上的人格利益受到侵害;但如果拾得该老照片之后,用于商业化宣传,后又故意毁损,则有可能既侵犯肖像权,亦可能承受具有人格利益的财产之侵权责任。

因此,尽管理论上和实践中二者保护的本质是相同的,但保护的路径以及相应的条款却大有不同。以德国非法利用死者照片案[1]为例,被告将公司出产的电脑,复印机等电器产品在报纸上做广告,广告图片“蓝色天使”以去世明星1930年拍摄的电影“蓝色天使”为场景。这位去世明星的子女认为被告擅自使用死者的照片,且照片带有侮辱性,要求被告承担赔偿责任。法院支持了原告的诉讼请求。本案中,被告以死者照片上的图像用于商业宣传,图像并未附着于特定的照片之上,属于对死者人格要素的商业利用。这里,对死者是否享有人格利益的问题暂且不表,将在后文中进行论述。本案原告主张的人格利益,并非属于死者子女对死者心灵寄托的情感,其并非依托于某一财产而存在,而是因为作为“主体”本身的存在而存在。换言之,往往只有特定的不可替代的财产上附着之情感,属于本书探讨的范畴。

(三)裁判中对于“情感”的考量

上面在对域外裁判的梳理中,关于人格利益之损害,判词中多用“Nervous Shock,Mental Distress”或“Emotional Distress”进行表述。具体来讲,精神损害赔偿是对被侵权人之人格利益损害的赔偿,但是人格利益本身也是

---

〔1〕 Bundesgerichtsh of Urt. v. 07. 12. 1999, Az.:Ⅵ ZR 51/99.

历史进程中抽象出来的。回到案件与裁判之中,我们都看到,如果我们将理性与感性的二元区分引入,我们基本没有看到近代所兴起的理性作为精神损害赔偿保护的基础,反而在人格利益受损的阐释中,诸多判决无一例外地指向了情感的因素,[1]而情感与感性的关联性显然更为紧密。

这里产生了一个重要的问题,是感性——特别是关联的情感,而非理性奠定了精神损害赔偿的基础。这一点并不难理解,理性的兴起在制度层面上首先建构的是财产制度,宣称私有财产的神圣不可侵犯,而非其他——因为自由意志对于财产的占有与控制是理性的最好体现;同时,如果说理性是精神损害赔偿的基础,那么理性的趋同性使得精神损害赔偿不应该考量不同的损害——人的理性并没有不同,显然,这一结论与现实是相矛盾的——精神损害赔偿考量的正好是不同程度的伤害,这样的伤害显然应该是指感性范畴下的情感。

从医学角度亦可表明精神损害赔偿裁判考量的核心为情感。受害人遭受人身伤害所造成的精神痛苦和精神障碍,导致其情绪、思维、行为、感觉等方面出现障碍或不协调,多数时候可以通过一定的医学技术反映出来。英国哈维·特福(Harvey Teff)教授从医学角度解读精神痛苦的可赔问题。他认为,人们在目睹死亡或伤害事件时,有两个层次的反应:第一层反应是立刻、潜意识地保护个人免于死亡或伤害的应激反应,心理状态表现为恐惧、愤怒、悲伤,这属于主观、短暂的。第二层反应是当事人面对伤害事件,深感痛苦且妨碍心理功能或社会功能长久持续的精神障碍,即精神官能症。哈维教授认为第一层反应是短暂而不具有持续性的,因此不可请求精神损害

---

〔1〕 例如,在刘易斯诉福尔摩斯案(Lewis v. Holmes)中,婚纱店未能及时在新娘婚礼时提供婚纱,导致新娘情感受到伤害,觉得失望和耻辱。法院认为情感受到伤害是精神损害赔偿的基础。Lewis v. Holmes,109 La. 1030,34 So. 66(1903).在布鲁克斯案(Brooks v. U. S.)中,被告国家森林公园护林员射杀了原告的狗,导致原告产生情感上的痛苦,虽然州法院认为原告确实有情感上的悲痛,但是根据加州法律,过失导致原告情绪困扰的行为必须符合以下四个要件:(1)严重的情绪困扰;(2)事实与行为是否存在近因;(3)不法行为;(4)被告应该预见行为会造成原告的痛苦。本案中,法院认为,护林员的武器指向原告的狗是合理的,因为护林员可以保证这只狗不会对他或他人构成威胁。虽然这种行为可能令位于附近的布鲁克斯家族的成员感到痛心,情感上遭受到痛苦。但是,原告未能证明护林员的行为是错误的,更不属于不法行为,因此,法院认定原告的损害和理由,不足以支持造成情绪困扰的诉讼因由。在其他案件中,亦可看见类似的关于情感的表述。Brooks v. U. S.,1998 WL 812249,29 F. Supp. 2d 613 (1998).

赔偿。而第二层反应是由于某些精神上长期存在的因素,并可能伴有各种躯体症状,因此可以获得精神损害赔偿。[1] 在这里,第一层反应指的是情绪;第二层反应则是情感。也就是说,精神损害赔偿是侵害人格权益的救济方式之一,而人格权益保护的实质是人的情感,只不过在法体系中采用了一个抽象的"人格权"或"人格利益"进行指代。

四、民法中意欲保护之"情感"

回到传统民法体系中,有必要将法律的情感导向与人的自然道德需求结合起来。正如前文所述,社会传统、历史文化的传承与积淀形成人的主观自然情感,法律必须体现并尊重人的自然情感,具有人格利益的财产就是对这一问题的诠释。财产上附着的人格利益也是源于人的自然情感而产生的一种新的权利形态。从法律体系来看,具有人格利益的财产本身是违背"人格—财产"二分体系的,具有人格利益的财产通过财产的物质形态体现人的情感外化。从这个意义上来讲,人格利益与财产利益是紧密结合在一起的权利形态。

需要进一步思考的是,二分体系下的财产如何可能与人格发生关联。民法上调整保护的人格权益,均只包含人之为人的因素(成为主体的因素)以及主体自我实现、自我完善所必要的因素,并且这些因素要契合法律的目标价值。[2] 溢出法律效价的因素,如人的主观情感,一般游离于法律调整范围之外,少见能够成为法内空间之人格利益。主要原因在于,一方面,人的主观情感难以把握,不具有公示效果,没有足够的预见性,法律的大网难以保护人之情感。但是另一方面,既有法律框架下认可的人格利益亦蕴含有人之情感,因为人格利益被侵害的后果必然导致主观情感受到伤害。换句话说,法律已然认可的人格利益,在一定程度上指向人的主观情感,从而使人的某些自然情感可以获得救济。随着人格权理论的兴起,精神权利的价值愈加受到重视,个人感情、伦理价值、免受精神创伤、保护精神安宁等通

[1] 在这里,第一层反应指的是情绪,第二层反应则是情感。Harvey Teff, "Liability for Negligently Inflicted Nervous Shock", 99 *Law Quarterly Review* 100 (1983).

[2] 参见陈传法:《人格财产及其法律意义》,载《法商研究》2015 年第 2 期。

过判例的认可,逐渐纳入人格利益的范畴,不断扩张着人格权益保护的范畴。人们将自己的主观情感寄托在某些特定的财产之上,成为从外部观察可以感知的客观存在,这样的主观情感即为客观化的人格利益,而这类附着有人格利益的特殊财产即具有人格利益的财产。现实中通过判决识别并认可这类特殊财产,通过财产间接保护人的主观情感,弥合了“人格—财产”二分体系产生的天然沟壑,无疑是现代法学的进步。接下来的问题是,如果“情感”作为“人格”投射的内容,那么其是以何种方式被投射至外部世界的,即财产上的人格利益实质上所体现的情感,是如何注塑与体现于财产之上的?

第三节　财产上人格利益的生成路径与法律表达

上文谈及人格利益保护的基础是情感,精神损害本质即一种情感损害,只是随着人格利益或人格权的发展,我们逐渐忽略了情感的基础。既然如此,法律对于人格权或人格利益在法律上的认可,亦是随着某种情感在社会中是否被认为重要并且值得法律通过人格权益来进行保护。

如果说人格利益附着于财产之上显得难以理解,易引起争议,前文也提及无论是法国还是德国,皆在人与物二分的结构上殊途同归,那么当人格利益追溯于情感之时,这一切也就不那么费解了。也就是说,情感本身作为“精神”之同义,作为人格利益之基础,弥合了传统人格与财产的分裂,使在“财产”上体现情感显得顺理成章,并且规避了“人格”外化附着于财产在逻辑上与立法体系上带来的矛盾。换句话说,法律在此保护的并非单纯基于财产理性所认知的财产权,而是某种附着财产的情感。其超越认识论,超越财产本身,不过是通过某种手段在财产上得以体现,这也就是下文即将探讨的,情感是如何附着于或融于财产的,并进一步在法律上成为相对抽象的“具有人格利益的”财产,并由此来突破了财产与人格的二元区分?

一、拟人与移情的功能

目前,在具有人格利益的财产既有类型划分中,大都以客体这一物质载体的不同种类为划分标准,没有试图将其中所欲保护的人格利益本质所抽象出来,没有直击核心。因此,笔者试图对财产上的人格利益进行系统的类型化分析,探究人格利益背后保护的实质为情感,抽象出这些投射于财产上的情感之共性,找寻合理划分其具体类型的逻辑与标准,以提炼出司法实践中可供参考的识别标准。

笔者分析了具有人格利益的财产之概念和历史演进,在主客体思维下回归到对财产中权利客体的区分。但始终不能回避的一个问题是,人格利益何以附着于财产之上?其仅仅单纯是所有权本身所产生的人格利益吗?如果说所有权的支配是人格外化的表现,“它确定了一个自我控制的空间,一个对自身事项的决策权领域,在该空间内个人当然能排除他人干涉”,[1]那么这里外化的“人格”与我们所论及的人格权却是不同意义上的,人格在这里实际上是“主体”的同义词,侵犯所有权会导致对于主体(所支配领域)的侵犯,但却并不一定导致对人格权的侵犯,因为所有权上体现的主体意志的客体表现属于理性范畴,一般来说其上并没有附着法律上所欲保护的人格利益,而体现的是支配与被支配的理性法权关系,所有权本身并不必然导致产生人格利益及其保护的问题。而在本书中,当我们谈及具有人格利益的财产保护时,换句话说,其是在所有权之外的,或者说所有权不过是人格利益依附的一个路径,甚至基于长期的使用、基于非支配的管理关系、基于血缘身份关系都可以使财产上附着人格利益,从而受到法律保护。

当我们提及具有人格利益的财产时,无论是老照片、骨灰还是坟墓等,笔者认为,第三人对其侵害是伤害了我们的人格利益的。但这些“客体”(姑且如此称谓)并没有生命,在严格的主客体思维下,其仅仅体现为无生命的物,那为什么法律却要给予他们物之财产价值赔偿以外的精神损害赔偿,显然,物似乎成了我们人身的一部分,就像是具有生命一样跟我们关联在一起。在哲学层面,我们经常会遇到两个词——“拟人”与“移情”,前者称为客体的主体化,后者称为主体的客体化,这两个过程在某种程度上解释了人格利益何以可能附着于财产上,即人的情感与财产本身交融在一起。

---

[1] Daniel R. Ortiz, “Privacy, Autonomy, and Consent”, 12 *Harvard. Journal Law. & Public. Policy* 92 (1989).

移情这一心理现象最直接地体现了人类自我意识的表演性特征。“移情在直接性体验的一瞬,跨越了主体与客体的界线,成功地解决了主体的我与客体的我、我思与我在的二律悖反。”[1]

基于此,当我们再次回到裁判文本的理解与表述时,我们可看到法官总是在着力论证当事人受到“情感伤害”。

二、财产上人格利益的法律表达

(一)从拟人、移情到共感

回到具有人格利益的财产,正是基于“拟人”与“移情”,使人把情感倾注于财产,从而对财产本身有了“感情”,并进而成为人的象征或者不可分割的一部分,才有我们所看到的“睹物思人”“见字如面”等形象的描述。所以,对于该类财产的保护,实际上保护的是一种情感,正是基于这种情况产生了法律所保护的人格利益,但是这里需要注意的问题是,拟人与移情一定会产生法律上的人格利益吗?

“拟人”与“移情”表明财产上人格利益生成的可能性,但并非必然,更非必然带来精神损害赔偿的结果。如关于车辆、[2]一般的房屋、[3]一般的家具[4]等,法院一般皆未支持精神损害赔偿,其原因是“拟人”与“移情”的不可能性吗?显然不是。我们可以假设,一个使用多年的杯子上肯定是有所有者与使用者的情感的,不过,这样的移情并未受法律的青睐。而我们看

---

[1] 邓晓芒:《文学与文化三论》,湖北人民出版社 2005 年版,第 64 页。

[2] 马某某与尹某某、邢台华晨伟业汽车销售有限公司财产损害赔偿纠纷,巩义市人民法院民事判决书(2010)巩民初字第 1787 号;曹某与白鸽集团郑州二砂实业有限公司财产损害赔偿纠纷,郑州市中级人民法院民事判决书(2010)郑民二终字第 933 号;王某某、殷某某与陈某、华安财产保险股份有限公司深圳分公司机动车交通事故责任纠纷,深圳市中级人民法院民事判决书(2015)深中法民终字第 255 号等。在上述案件中,法院认为其为一般财产的损害,并未造成永久性损害,也未能证明其上具有相应的人格象征意义,故未支持精神损害赔偿等案件。

[3] 参见杨某某与顾某某财产损害纠纷,上海市第一中级人民法院民事判决书(2010)沪一中民一(民)终字第 760 号;陈某某与王某某财产损害赔偿纠纷,北京市西城区人民法院民事判决书(2013)西民初字第 10522 号;马某某、马某与西安博家实业有限公司、西安美城物业管理有限公司财产损害赔偿纠纷,西安市雁塔区人民法院民事判决书(2014)雁民初字第 01782 号;曹某某与安诚财产保险股份有限公司重庆分公司合川支公司、重庆金得利汽车运输发展有限公司机动车交通事故责任纠纷,重庆市北碚区人民法院民事判决书(2014)碚法民初字第 05421 号等。

[4] 参见鲁某某、廖某某与左某、黎某等相邻关系纠纷,柳州市中级人民法院民事判决书(2014)柳市民一终字第 1004 号。

到裁判中支持较多的无非为墓碑、尸体、具有唯一性的照片以及宠物[1]等。换句话说,我们可以说"拟人"与"移情"只解决了财产上生成人格利益的可能性,但这种生成要受到法律保护还需要要件,而这就是"共感"。

在通常意义上说,"共感"[2]与"移情"、"拟人"都具有相同的含义,甚至很多时候在语词的使用上都是相同的,其消解了自我与对象、主体与客体之间的隔阂,达到"对象即自我、自我即对象"[3]的一种状态。里普斯曾以聚精会神地观看杂技演员走钢丝为丝为例,表明"我"与杂技演员同一,"我"完全在他身上、在他的位置上感受自己,[4]以此来说明"共感"。舍勒曾把"人与人之间的共感诸如同喜或同悲划分为四种不同的现象直接的同感、同情、情感传染和同一感或一体感",[5]这种共感的不同层次现象亦是移情的表现形式。

如果我们将移情与拟人作更为狭义的理解,正如前面谈到,其具有个体性与差异性;笔者在此处探讨的不仅仅是 A 与 B 之间的移情,而是探讨的一个社群的移情,而后者即这里所定义的共感。之所以要探讨这一意义的共感,是因为共感式的移情才具有一定的普适性,为人类的普遍的情感生活所认可,在我们的认知与情感里能达至一致,使其表达为一种规则具有可能性;或者更进一步说,"共感"使在社群中某一现象或事实具有了一定公示性,因为这意味着该社群本身遵循这一"共感"所带来的伦理后果与法律后果。而回到本书的主题,具有人格利益的财产之所以能够主张精神损害赔偿,就是因为所有人对于该类财产具有"共感",能够理解并预见(至少从一般伦理与法律层面)到其可能带来的情感伤害(如对墓碑、坟墓、骨灰、老照片等)。当然,在法律上这种共感所带来的公示方式体现为"象征"。

---

〔1〕 当然,对于宠物,我们也会看到诸多不支持精神损害赔偿的判决。

〔2〕 "共感"在很多著作中亦被译为"同感",在英文里对应"Sympathy"。

〔3〕 [德]里普斯:《移情作用,内摹仿和器官感觉》,朱光潜译,载古典文艺理论译丛编辑委员会编:《古典文艺理论译丛》(第 8 辑),人民文学出版社 1964 年版,第 42~53 页。

〔4〕 Theodor Lipps, sthetik, *Psychologie des Schünen und des Kunst I*, Grundlegung der sthetik, Hamburg / Leibzig: Voss, 1903, S. 121. 转引自郁欣:《利普斯舍勒和施泰因论同感和同一感》,载《中山大学学报》(社会科学版)2014 年第 3 期。

〔5〕 牟春:《现象学视野下的移情问题》,复旦大学哲学专业 2008 年博士学位论文,第 91 页。

(二)共感的法律表达:象征

前面谈到,《精神损害赔偿司法解释》第4条专门规定可主张精神损害赔偿的物品为“具有人格象征意义的特定纪念物品”,该“象征”的含义并没有明确的解释,但其与后面的“特定”一词所欲达到的目的相同,即对于具有人格利益财产要具备一定的公示要求。关于公示,我们最主要的财产公示方式有两类:动产以占有为公示方式;不动产则以国家的权属登记作为公示方式。但是具有人格利益的财产亦需要公示,否则当事人如何知晓一个财产上附着有人格利益,所以“具有象征意义”的立法表达出现了,其背后支撑了就是一种“共同感”,即作为社群中一员知道或者应当知道该类财产上附着有人格利益,我们的法律在对精神损害赔偿的主张上一直采取限缩的态度,这也是必要的。因为一种宽泛的精神损害赔偿会导致适用的泛滥,当事人在民事行为中会遭遇太多的不可预期的赔偿,而“象征”实际上就是这一财产要在大家的认知里应当可以具备人格利益,附着其上的情感值得保护,当事人侵权行为的后果具有一定的可预见性。在司法裁判中,法官就往往以“无证据表明因此遭受精神损害”“属种类物,可替代”等来实现“象征”所欲达到的对精神损害赔偿限制使用的目的。

这里的“象征”是可具有普适性,这里的普适性会产生两个层面的含义:一方面,在类似的财产上寄托了类似的情感,其具有较好的辨识度;另一方面,在不同的财产上承载了类似的情感,如古罗马的“家火”[1]与中国古代的“木主”[2],虽于表现物上有差异,却有相似的情感。与此同时,这种象征亦是相对的,一种物品在一个地域可能并不受重视,但是在另一地域可能变得非常重要,“象征”所具备的公示意义与特定的传统、地域、文化、习惯等相关,因为这些都与特定的情感的生成相关。因为这种象征往往具有

---

〔1〕［法］菲斯泰尔·德·古朗士:《古代城市:希腊罗马宗教、法律及制度研究》,吴晓群译,上海人民出版社2012年版,第63页。

〔2〕木主,也称载木主,古时候故人的替身物,即古人用木剥雕成无字无图案的人形木偶,象征死者,用来长久祭拜。

“地方性”,[1]这就是财产上人格利益的“地方性”、区域性,同时会形成不同的保护路径,需要在裁判中如何去考量具体财产上人格利益的保护问题。

本章小结

通过对英美法以及德国法裁判中精神损害赔偿适用的梳理,考察对人格利益保护价值观念的变迁,两大法域对保护与救济有着相似的历史脉络,即呈现从依附于人身到成为独立诉因,再到可附着于个别财产之上的走向。随着人格利益渐进的独立,其为以人格利益保护为中心的精神损害赔偿/非财产损害赔偿制度奠定了基础。进而分析财产上人格利益与精神损害赔偿之关联,“人格”与“精神”同义,两者本质上是相同的,故人格利益受损可获得精神损害赔偿,其所救济的核心是人之情感。由于人的主观情感难以把握,一般不受法律之调整。但是,法律在某些情况下已然认可的人格利益,在一定程度上指向人的主观情感,从而使人的某些自然情感可以获得救济。在此基础上,进一步探究独立的人格权与财产上的人格利益是否存在差异与区分的问题。两者保护的本质同为情感,但存在差异:就人格权或者实证法中所认可的独立的人格利益而言,其不以载体的存在作为人格利益存在的必要条件;就财产上的人格利益而言,其是以一定载体作为存在前提,这种载体往往具有特定性。

本章第三部分主要探讨财产上何以生成人格利益的问题。财产上附着的人格利益是源于人的自然情感而产生的一种新的权利形态。从法律体系来看,人格利益与财产利益的融合,通过财产的物质形态体现人的情感外化,本身是违背“人格—财产”二分体系的。从这个意义上来讲,人格利益与财产利益是紧密结合在一起的权利形态,二分体系下的财产如何可能与人格发生关联。通过“拟人”与“移情”的视角对这类特殊现象进行解释,这一

---

〔1〕 从本质上来讲,人是文化的动物,人的文化属性尤其体现在其对符号的——语言符号和文字符号的依赖上。这一本质,导致对一切人类创造的命题或事物的分析,皆须运用文化的分析方法,这才是深入其堂奥的一条重要通道,对法律的分析也是一样。但这种对人的一般性界定,并不能表达人的文化类型的复杂性,因此,无论分析法律还是其他人类社会的现象,必须关注人类文化本身的多样性,事实上,在文化多样性背景下解释法律,就是对法律多元性、地方性的基本尊重和基本态度。参见谢晖:《族群——地方性知识、区域自治与国家统一——从法律的“普适性知识”和“地方性知识”说起》,载《思想战线》2016 年第 6 期。

过程在某种程度上诠释了人格利益何以可能附着于财产上，即人的情感与财产本身交融在一起。进一步而言，财产上生成的人格利益通过“共感”与“象征”，达到法律上的公示性与可预见性。同时，“象征”所具备的公示意义与特定的传统、地域、文化、习惯等因素相关，因为这些都与特定的情感的生成相关。特别注意到，情感本身在具体文化语境中值得保护，具体文化语境往往又体现为一定的习惯，于此在法律上形成了人格利益，这为后文的分类研究做好了理论上的准备。

第三章　财产上人格利益的识别与类型重构

本书将“财产上的人格利益”定义为特殊的有形或无形财产上附着的受到法律认可与保护的人格利益。对这些人格利益之侵犯乃是通过侵犯该财产之方式进行的，即权利人可以财产受到侵害为由主张人格利益受到侵害，要求相应的精神损害赔偿。所以，财产上人格利益保护的核心问题在于如何识别这些财产上的人格利益。本章通过比较各国财产上人格利益保护的立法现状，分析对这类附着于财产上的人格利益之救济，在没有现行法律明确规定的情况下，是否应被统一纳入一般性规定。抑或有一般性规定，但却无识别之标准的情形下，进一步探讨在现有法律框架语境中，司法的能动性是如何进行解释与扩张的及其合理性何在，指出现实困境并通过对财产上所附之人格利益进行类型划分，提出具有可行性的解决路径。

第一节　立法规制中财产上人格利益的保护与启示

一、各国财产上人格利益保护的立法状况

(一)大陆法系国家

1. 明确规定保护

奥地利《普通民法典》第1331条[1]规定，干涉、毁损有形财产或者有形

---

〔1〕 奥地利《普通民法典》第1331条规定，如果因他人的故意或重大过失而使得受害人的财产遭受侵害，则受害人有权请求丧失的可得利益之赔偿，而且如果损害是由刑法禁止的行为或基于故意和幸灾乐祸而造成的，受害人还有权请求赔偿特别偏爱的价值。第1331条规定的“特别偏爱的价值”

财产的损失导致“特定的情感价值”或“情感利益”受到损害的,可以获得赔偿。奥地利学者解释,之所以作出如此限定,原因在于这些案例中受到损害的主要是财产,因而首当其冲的是财产性损失,而非金钱损失仅仅是间接损害。[1]至于违约,原则上应适用奥地利《普通民法典》第1331条,结果是无形损失往往很少得到赔偿。但是一般认为,如果合同的目的在于保护无形利益,那么应超出该规则的限制,被告对于非金钱损失则必须予以赔偿。[2]如旅行者的旅游合同即适用如上规则。奥地利《普通民法典》第1332条第a款[3]也体现了与第1331条相似的保护动物保有人之人格利益的立法态度,同时亦秉承了对生命的尊重。由于动物具有生命的特殊性,所以将对动物的损害赔偿单列出来予以特别规定。

对于各种涉及财产损失或其他侵犯财产权的情形,西班牙法院也承认非金钱损害赔偿。[4]对于被侵权人的住房被侵权人毁损所造成的困难和麻烦,或者因房东的过错造成房屋屋顶坍塌,使房屋不适于居住,由此给租户及其家庭所带来的干扰和焦虑,都具有可赔偿性。[5]甚至允许名字被电话

也被称为“情感利益”,此种损失被理解为精神损害的一种。从诉讼的角度来看,此种“特别偏爱的价值”的赔偿必须在第一审中就提出。另外,从适用范围来看,本条不仅可以适用于侵权责任,而且可以适用于违约责任。参见《奥地利普通民法典》,周友军、杨垠红译,清华大学出版社2012年版,第220页。

〔1〕 F. Bydlinski, [1965] JBl, 241, 248, 251; H. Koziol, Osterreichisches Haftpflichtrecht I (3ededn. 1997), no. 11/9; E. Karner, Der Ersatz ideellerSchadenbeiKorperverletzung(1999), p. 80. 转引自[英]W. V. 霍顿·罗杰斯主编:《比较法视野下的非金钱损失赔偿》,许翠霞译,中国法制出版社2012年版,第29页。

〔2〕 H. Koziol, Osterreichisches Haftpflichtrecht I (3ededn. 1997), no, 2/118, nos. 11/14 et seq. 看起来,奥地利最高法院原则上并不拒绝予以赔偿。转引自[英]W. V. 霍顿·罗杰斯主编:《比较法视野下的非金钱损失赔偿》,许翠霞译,中国法制出版社2012年版,第29页。

〔3〕 奥地利《普通民法典》第1332条第a款规定,如果动物受到侵害,即使事实上指出的治疗费用或尝试治疗的费用超出了动物的价值,只要理智的动物保有人居于受害人的地位也会支出这些费用,这些费用就应当得到赔偿。

〔4〕 西班牙[LO]1/1982的《关于名誉,个人及家庭隐私以及肖像或相似物的民事保护法案》第9.2条对侵犯人格权的情形,法律推定存在非金钱损失。转引自[英]W. V. 霍顿·罗杰斯主编:《比较法视野下的非金钱损失赔偿》,许翠霞译,中国法制出版社2012年版,第307页。

〔5〕 参见[英]W. V. 霍顿·罗杰斯主编:《比较法视野下的非金钱损失赔偿》,许翠霞译,中国法制出版社2012年版,第307页。

簿遗漏的律师获得此类的损害赔偿。[1] 另外,在违反合同义务的情形下,也可以引起非金钱损害赔偿。[2] 西班牙《一揽子旅游法案》[3]第 11 条规定,违反合同可获得损害赔偿,对于金钱损失与非金钱损失未作任何区分,这应当被理解为包括所有可能的非金钱损失,甚至包括“失去的假期”之非金钱损失。例如,一名未成年男孩的父母与一个教育机构订立一份寄宿合同,让该男孩寄宿于一个美国家庭,合同约定包括英语课和体育活动。但该合同相对方没有为这名男孩提供体育练习的机会,并且因为这名男孩无法适应当地的生活而决定将其送回国。法院判决受害人因“未成年人的恐惧及由此给其家庭带来的忧虑”而获得金钱损失与非金钱损失赔偿金 1803 欧元。[4]

在我国,《精神损害赔偿司法解释》第 4 条是对财产上人格利益救济的规定。虽然该条规范的救济范围较窄,可获赔偿的情形也有限,但这也标志着我国正式承认对财产亦可适用精神损害赔偿。值得一提的是,《全国人民代表大会常务委员会关于加强法律解释工作的决议》第 2 条[5]之规定为最高人民法院发布司法解释提供了合法性依据。在解释内容上大致有两种:一种是对法律条款文字含义的技术性说明,另一种则是脱离原初法律文本的“司法解释立法化”。我国法律层面的立法中并未出现在物权或合同领域可以对人格利益进行救济的规范,而《精神损害赔偿司法解释》第 4 条无异于为人格利益在物权领域获得救济创设了一个新的请求权规范。

---

〔1〕 电话目录遗漏了其中一位订户是律师的事实,使人们误以为该订户不再是律师,对于由此造成的损害判决支持非金钱损失赔偿。STS 9. 5. 1984,[1984]RJ no. 2403. 转引自[英]W. V. 霍顿·罗杰斯主编:《比较法视野下的非金钱损失赔偿》,许翠霞译,中国法制出版社 2012 年版,第 308 页。

〔2〕 参见[英]W. V. 霍顿·罗杰斯主编:《比较法视野下的非金钱损失赔偿》,许翠霞译,中国法制出版社 2012 年版,第 308 页。

〔3〕 Ley 21/1995,de 6 de julio, reguladora de los viajescombinados(BOE no. 161, 7. 7. 1995). 转引自[英]W. V. 霍顿·罗杰斯主编:《比较法视野下的非金钱损失赔偿》,许翠霞译,中国法制出版社 2012 年版,第 308 页。

〔4〕 参见[英]W. V. 霍顿·罗杰斯主编:《比较法视野下的非金钱损失赔偿》,许翠霞译,中国法制出版社 2012 年版,第 309 页。

〔5〕《全国人民代表大会常务委员会关于加强法律解释工作的决议》第 2 条规定,凡属于法院审判工作中具体应用法律、法令的问题,由最高人民法院进行解释。

2. 原则性不保护

传统民事法律体系中认为财产权与人格利益隶属于两个不同领域，一般不承认财产权中具有人格利益，典型表现为德国《民法典》对精神损害赔偿的相关规定，限定在人身权受到侵害的情形中予以适用，[1]但是德国2002年债法修订后，这一情形有所改变。

(1)2002年德国债法修订的主要内容

在2002年德国债法修订前，德国《民法典》第847条原所在位置，列于侵权行为相关规定之下，即条文中所涉身体、健康及剥夺自由均应以侵权行为之存在为前提，就民事责任体系而言，从合同法中提供精神损害赔偿之路径似乎被排除在外。2002年德国债法修订后，德国《民法典》原第253条成为修订后的第253条第1款，同时，将原第847条细微修改后置于修订后的第253条第2款。[2] 至少说明以下两个问题：第一，非财产性损害并不局限于侵权之诉，在合同之诉中也可以主张；第二，并非所有非财产性损害都可以得到赔偿，而必须在法律特别规定或侵害身体、健康、自由和性的自我决定的场合。[3]

依据修订后的德国《民法典》第253条第1款的规定，意味着只有在第253条第2款的规定，或在其他法律特别规定的情况下，权利主体才可主张

---

[1] 非物质损害只有在德国《民法典》第253条规定的情形下才能进行主张，其中第1款规定，仅在法律所规定的情况下，才能因非财产损害而请求金钱赔偿。第2款规定，因侵害身体、健康、自由或性的自我决定而须赔偿损害的，也可以因非财产损害而请求公平的金钱赔偿。参见《德国民法典》(第2版)，陈卫佐译，法律出版社2006年版，第86页。

[2] 德国2002年债法改革前，在德国《民法典》第二编"债务关系法"第一章"债务关系的内容"第253条规定："非财产上损害，以法律有特别规定为限，得请求以金钱赔偿。"这里的特别规定，指的是第847条之规定，"在侵害身体或健康，或侵夺自由的情形，被害人对非财产上的损害，亦得请求赔偿相当的金额。此项请求权不得让与或继承，但已依契约承诺或已起诉者，不在此限。对于妇女犯违背伦理的重罪或轻罪，或因诈术、胁迫、滥用从属关系，使其应允为婚姻外之同居者，该妇女亦有同一请求权"。第847条规定在第二编第七章"具体债务关系"第二十五节"侵权行为"中，因此，对非财产性损害，当事人只能依据该条规定在侵权之诉中提出主张。2002年德国债法改革后，原第253条保留在新条文第253条第1款，在第2款中新增规定："因侵害身体、健康、自由和性的自我决定而须赔偿损害的，也可以因非财产损害而请求公平的金钱赔偿。"同时，原第847条予以废止。

[3] 因为主张违约精神损害赔偿与侵权精神损害赔偿相比，前者往往对受害人更加有利。其一，在违约场合中为推定加害人存在过错(第280条)，而在侵权情形中，受害人往往要证明对方存在过错；其二，违约场合中，债务人必须为其履行辅助人的过错行为负责(第278条)，而在侵权情形中，债务人可以尽了必要注意义务而免责。参见陆青：《违约精神损害赔偿问题研究》，载《清华法学》2011年第5期。

非财产损害赔偿。但是也有极少例外,其中一项重要的例外情形是知识产权法领域——一项文学、科学或艺术作品的作者,当其权利受到严重侵犯时,可以请求无形损害的公平补偿。另一项例外可见于德国《民法典》第251条第2项之规定,[1]即动物遭受侵害的情形下,动物所有人有权向责任人主张医疗救护的费用,即使这些费用远远超过了该动物本身的价值。德国法中规定受伤的动物所有人可能就因此造成的兽医费用获得超出该动物价值的损害赔偿,这一条款可以被认为隐含着对财产损失中人格利益的救济。我们可以看到这个观点与前面所谈及的奥地利《普通民法典》第1332条是相类似的。对于超出动物本身价值对其实施的救助与保护,理论上我们可以给出两种解释:一种解释是对动物权利本身的保护,或者说动物已经不单是作为被支配的客体,而是将其作为生命体予以尊重;另一种解释是此处保护的是作为主体的人对其所有物之情感弥补,即此处的动物仍作为被支配的客体,保护的是体现于物上的人格利益。

例如,在德国2012年宠物损害案件[2]中,德国联邦法院认为,"关于在亲属或其他相关人员受伤或死亡的情况下患有精神疾病的健康损害的疼痛和痛苦索赔的判例法(所谓打击损害)不应扩展到与动物伤害或杀害有关的精神健康损害案件"。[3] 无论怎样,第253条的修订为德国在司法裁判中对合同违约的精神损害赔偿埋下了伏笔。当然,就财产上的人格利益保护与救济而言,法院似乎并没有进行如此前瞻性的理解,其仍然秉承保守的态度。第253条更接近健康损害时的补偿,受第823条第1款调整的人格权并不是第253条第2款意义上的合法权利。

---

〔1〕 德国《民法典》第251条第2项规定,恢复原状唯需费过巨大、始为可能的,赔偿义务人可以用金钱赔偿债权人。因医治受伤动物而发生的费用不仅仅因为它们显著超过动物的价值而为过巨。参见《德国民法典》,杜景林、卢谌译,中国政法大学出版社2014年版,第55页。

〔2〕 Bundesgerichtshof:Urteil vom 20.03.2012-Ⅵ ZR 114/11.转引自[英]W.V.霍顿·罗杰斯主编:《比较法视野下的非金钱损失赔偿》,许翠霞译,中国法制出版社2012年版,第31页。

〔3〕 2008年10月24日,原告与一只14个月大的拉布拉多狗行走在路上。这只狗没有被绳索控制。被告人将一辆车从一条相邻的道路驶入原告行走的路上,撞到了原告的狗,这只狗受伤严重,必须由兽医"安乐死"。原告要求赔偿所产生的兽医费用,购买拉布拉多小狗的费用以及因严重抑郁发作而遭受冲击损害的赔偿要求。地区法院就狗价值的财产损失支持了索赔,其余部分驳回了原告的诉讼请求。德国联邦法院和科隆高等法院均支持了地区法院的判决。

(2)差额理论与传统德国民法否定态度的关联

德国《民法典》对财产上人格利益的保护与救济持否定态度,对于动物的损害保护问题不过是作为一个特例规定出来。之所以持严格限制立场的历史原因可追溯至法典起草时,第一稿草案的起草者们认为,损害赔偿法中的可计算性应最大限度地保持在能被注意到的范围内,由此限制法官广泛的自由裁量权。[1] "法典之父"认为,对于损害进行准确的货币评估至关重要,而对非财产权益的金钱赔偿,可能导致法官大量的自由裁量权,导致初审法官的影响增强,从而使其远远超出他们在德国民事诉讼程序中扮演的传统角色。另一个重要原因在于立法所采纳的理论支撑为差额损害理论。[2] 本质上,差额损害理论是财产中心主义的表现。[3] 该说主张受害人所受之损害,以其财产状况于有损害事故发生时与无损害事故发生时所存在的差额为判断标准,同时规定赔偿信赖利益(消极利益)以履行利益(积极利益)为最高限额。(德国《民法典》第122条、第179条)[4] 此说从纯粹

---

〔1〕 参见[英]W. V. 霍顿·罗杰斯主编:《比较法视野下的非金钱损失赔偿》,许翠霞译,中国法制出版社2012年版,第151页。

〔2〕 差额损害说屡遭非难,一般的批评意见集中在该理论适用范围的局限性上,认为其于恢复原状的赔偿等情形中适用不妥。较深入的批评意见则认为:第一,一个人所遭受的损失(damage单数)和他从责任人那里获得的赔偿(damages)是两个截然不同的问题,而差额说所把握的损害实质上是损害计算的结果,是赔偿意义上的损害(damages),而不是本质意义上的损害(damage)。此种理解是把逻辑结果当成了逻辑前提。第二,差额说采概念法学的路线,将损害认定问题看作一个价值无涉的事实问题,力图以此排除法官的态意,这恰恰不能说服评价法学关于"损害认定是法官价值判断和创造过程"的立场。参见[德]克里斯蒂安·冯·巴尔:《欧洲比较侵权行为法》(下),张新宝、焦美华译,法律出版社2001年版,第163页。

〔3〕 针对差额理论无法实现人在民事责任法上的整体存在之弊病,20世纪德国损害赔偿司法理论开始呈现某些应对性变化。这些变化主要有:一是损害认定上逐渐突破原有的差额理论,而将精神损害、预防性比害支出囊括在内;二是财产上损害与精神上损害的划分界限日渐模糊;三是突破理性逻辑支配的严格形式主义(如准确界定的因果关系),强调损害责任的社会联系和伦理妥当性;四是重新强调曾被德国《民法典》摒弃的赔偿责任之教育、报复功能;五是谨防以追求秩序衡平为目标的责任保险、社会保障制度对责任法的伦理性功能的维持构成的威胁。尽管体现以上精神的损害赔偿法改革草案至少在20世纪60年代未获立法认可,但蕴含于此种损害赔偿理论之中的基本理念是清晰可辨的,即强调损害赔偿责任对于人之伦理性存在要求的回应。充分保护人之精神利益的原则亦内含于该种理念之中。德国司法裁判突破损害差额理论而以开放的姿态重新构建损害赔偿理论的事实说明,精神利益损害赔偿是民事损害赔偿的必要内容,人之整体存在的伦理要求终究是任何私法救济理论无法绕开的考量视角。参见[德]弗朗茨·维亚克尔:《近代私法史——以德意志的发展为观察重点》,陈爱娥、黄建辉译,上海三联书店2006年版,第506~507页。

〔4〕 参见方乐坤:《精神利益保护与民事责任体系完善研究》,西南政法大学民商法学专业2012年博士学位论文,第144页。

物质利益的角度出发,将“损害”界定为损害发生前后受害人财产状况的数量差额,这恰恰未能顾及主体精神世界的实际状况,也未顾及人的非财产损失的救济。这是差额损害理论的“软肋”,其他所有的批评均可导向这一点。就该说的适用范围的局限而论,非财产损害是其最大的“盲区”,任何从此角度所发的批评均无法避开这一主题。就此说所造成的逻辑混乱而论,可以认为,此说混淆了某人所受“损害”(damage)与因所受损害而应得之“赔偿”(damages)这两个概念。前者包括财产损害和非财产损害,后者则应指对以上两种本质意义上的损害的补救措施,该措施主要表现为财产形式的给付。差额损害说企图以“赔偿”来定义“损害”,认为损害于本质意义上仅为财产利益的减损,这种“以果定因”的逻辑必然是以忽略甚至掩盖非财产损害的存在为代价的。由于德国差额理论对主体整体利益的多样性存在缺乏充分的估量,对损害的计算归结为某种财产利益上的增减,在应对 20 世纪德国社会经济生活实际时陷入困境。

(3)2002 年债法改革的原因

2002 年的债法改革在制定法层面打破了非财产损害赔偿不适用于合同法领域的传统格局。德国联邦司法部在《关于修改损害赔偿法规定的第二法草案》中对非财产损害赔偿条款调整的理由予以说明:第一,调整的目的是消除法律上的不一致状态。在调整前,德国《民法典》仅在侵权法的过错责任中规定了抚慰金请求权。在危险责任领域,除了个别例外,法律并没有规定抚慰金请求权,如药品管理法、产品责任法、环境责任法和道路交通法等重要法律都不涉及对抚慰金请求权的规定。[1] 同样,在合同责任的领域内也没有规定抚慰金请求权。由于在危险责任和合同责任中排除了非财产损害金钱赔偿请求权,那么,在这些领域因身体、健康和自由受到严重侵害而产生的非财产损害就不能得到赔偿。因此,存在责任上的漏洞。第二,从受害人的角度来看,同样的侵害由于责任基础不同,有的非财产损害可以通

---

[1] 德国《民法典》第 833 条第 1 项为例外。饲养动物致人损害(德国对宠物与维持生计的役用动物进行区分),宠物引起的准侵权行为其饲养人应当赔偿由此发生的损害,既包括财产损害也包括精神损害。参见《德国民法典》,陈卫佐译,法律出版社 2006 年版,第 309 页。这样的例外以前还有《航空交通法》第 53 条第 3 款、《原子能法》第 29 条第 2 款。参见[德]克雷斯蒂安·冯·巴尔:《欧洲比较侵权行为法》(上卷),张新宝、焦美华译,法律出版社 2004 年版,第 276~277 页。

过抚慰金的给予得到补偿,有的则因不能得到抚慰金而不能得到补偿。法律上的调整正是要消除这种差别,因此,一个统一的抚慰金请求权被创设,它将不再按照责任以哪一种法律基础为依据而区分。第三,这种调整也是为了与其他欧洲国家的法律相适应。例如,在法国和英国,其并没有将抚慰金请求权限制在合同之外的明确规定。〔1〕

3. 概括性规定

从日本《国家赔偿法》第 4 条〔2〕,日本《民法》第 709 条、〔3〕第 710 条〔4〕的规定可以看出,人身权与财产权遭受侵害的情形均可主张精神损害赔偿。由此可见,日本法上对精神损害赔偿范围进行扩张。“日本对侵害财产权的情况,不但承认财产损害赔偿,也承认财产以外的损害即精神损害赔偿,是因为只有赔偿金钱上的损害远远不能解决本质问题,也不符合立法要求。日本民法中,对当财产利益受到他人的非法侵害导致精神上有所损害时,被侵权人的精神损害赔偿请求应当得到支持的规定,即便在学说上也并无异议。”〔5〕正是因为可以从日本《民法》第 709 条中作出被侵害人格利益而请求精神损害赔偿支持范围较广的解读,日本的学说与判例对权利侵害、违法性、过失三个要件的关系争论不休。近年来,形成较为主流的“侵权行为二分论”,〔6〕即对权利与利益的识别采用不同的判断标准。〔7〕 对于新型

---

〔1〕 参见韩赤风:《德国非财产损害赔偿制度的最新发展及其启示》,载《人民司法》2007 年第 9 期。

〔2〕 日本《国家赔偿法》第 4 条规定,国家赔偿的损害范围不仅限于财产损害,还包含非财产损害,即精神损害。

〔3〕 日本《民法》第 709 条规定,因故意或过失侵害他人权利者或受法律保护的利益的人,对于因此所发生的损害负赔偿责任。

〔4〕 日本《民法》第 710 条规定,不论是侵害他人身体、自由或名誉情形,还是侵害他人财产权情形,依前条规定应负赔偿责任者,对财产以外的损害,亦应赔偿。

〔5〕 [日]吉村良一:《非财产的损害赔偿》,载林良平编:《注解判例民法 3 债权法 2》,东京,青林书院 1989 年版,第 1272 页。

〔6〕 日本《民法》第 709 条现代语化之后,保护的范围被扩大,不仅仅局限于权利的保护与救济,从这一点上来说,侵权行为二分论的观点有其合理性。但是,权利与利益究竟如何区分,并没有明确的标准。例如名誉权,它属于人格权的一种,在我国属于绝对权的范畴,但是加藤雅信教授却将其归入了相对的人格利益范畴。参见于宪会:《日本法上关于权利侵害、违法性与过错之关系的讨论》,载牟宪魁主编:《日本法研究》(2015 年第 1 卷),中国政法大学出版社 2015 年版。

〔7〕 司法裁判中适用第 709 条的判例大致分为对身体、财产的物理性侵害以及除此之外的其他侵害。对于前者,判例主要通过过失要件判断侵权行为的成立与否;对于后者,主要从利益的要保护性及行为的违法两个方面,决定侵权行为的成立与否。参见于宪会:《日本法上关于权利侵害、违法性与过错之关系的讨论》,载牟宪魁主编:《日本法研究》(2015 年第 1 卷),中国政法大学出版社 2015 年版。

法益的识别，由于不能断定对这些法益所应承担的注意义务标准，因此，裁判中还需要进行利益衡量。

除日本外，在比利时、法国及卢森堡的法律中，我们亦看到，因物品损毁、丢失、损坏或价值减少而产生的任何损失都构成侵权法中可赔的损害，如果能够证明因财产侵害导致精神损害，该精神损害赔偿同样可以获得支持。〔1〕在比利时，对于动物或物件的所有人或占有人的悲伤感受，很少准予损害赔偿。〔2〕少数判例对出事车辆所有人准予了损害赔偿，该受损方原本计划在事故发生后几日使用该车与家人外出度假；或者对于被征收房子的前所有权人，因其对被征收之物的喜爱之情而准予损害赔偿。法律学说大多谴责这种判例法，认为它保护过度且感情太过脆弱。然而，一些作者认为，只要损害具备确定性、法定性和专属性这三个条件并能予以证明，就没有理由驳回因财产损失或者一只动物的死亡或受伤而产生的无形损害赔偿请求。〔3〕而对于违约情形，法官可能会同意准予非金钱损失赔偿。在一则旅行社一方违约的案例中，对假期被毁所造成的悲伤和沮丧，法院也准予了损害赔偿。〔4〕

在法国很难找到一些相关案例来说明毁损有形财产这类损害被准予非金钱损失赔偿。但是在个别案件中有例外，例如，非法伤害动物导致动物所有人产生精神痛苦的情形下，实践中法院对动物所有人的精神损害赔偿予以支持。另外，在合同违约的场合，绝大多数情况下，对违约、非法干涉商业

---

〔1〕非财产损害赔偿没有确切的计算标准，它也无法弥补受害人的疼痛与痛苦。非财产损害赔偿只能是象征性的，而且经常被限制为1比利时法郎的“象征性”赔偿。对这一问题，比利时最高法院明确指出，原告有权获得完全赔偿，超过1法郎的损害赔偿金判决并不违反公众的公正观念。参考 Cass. 7 December 1970. [1971] Arresten van het Hof can Casstie 339。转引自[德]U. 马格努斯主编：《侵权法的统一：损害与损害赔偿》，谢鸿飞译，法律出版社2009年版，第47页。参见[德]克里斯蒂安·冯·巴尔、[英]埃里克·克莱夫主编：《欧洲私法的原则、定义与示范规则：欧洲示范民法典草案》，欧洲民法典研究组、欧盟现行私法研究组编著，高圣平等译，法律出版社2014年版，第389页。

〔2〕L. Cornelis, Actueletendensenbij de vergoeding van moreleschade in: J. L. Fagnart/A. Pire (ed.), Problemesactuels de la reparation du dommagecorporel (1st den., 1993) pp. 116-120. 转引自[英]W. V. 霍顿·罗杰斯主编：《比较法视野下的非金钱损失赔偿》，许翠霞译，中国法制出版社2012年版，第69页。

〔3〕参见[英]W. V. 霍顿·罗杰斯主编：《比较法视野下的非金钱损失赔偿》，许翠霞译，中国法制出版社2012年版，第69页。

〔4〕同上书，第70页。

等所判予的损害赔偿,补偿的是受害人由此所遭受的金钱损失,但这并不意味着非金钱损失被完全忽视。[1]

荷兰对损害有形财产损失时,并没有给予受损害一方因此而主张任何非金钱损失赔偿的资格。然而,如果侵权人意图造成非金钱损害,例如在他明知某项财产对受害人具有特殊情感价值的情况下损毁该项财产的情形,受害人可以基于荷兰《民法典》第六编第106条第1款第a项所规定的"以任何其他方式对人造成损害"[2]提起索赔请求。[3] 该条款是非金钱损失的核心条款,适用于成文法规定的存在损害赔偿义务的所有情形,没有对合同和侵权予以区分。但是非金钱损失在许多合同案件中并不能获得赔偿,因为所造成的损害不属于该法第106条所规定的情形。因此,在违反合同、欺诈、不法干涉合同或商业活动或任何其他责任基础,假定该情形同时符合第106条规定的要件,那么将可能存在非金钱损失赔偿请求权。[4]

(二)英美法系国家

1. 美国

在美国,侵权法主要属于各州之法律范畴,并无统一之法典,主要由判例法组成,而有重要指导意义之《侵权法重述》实为判例抽象而成。美国《侵权法(第二次)重述》第46条[5]并未涉及侵害财产造成精神损害赔偿的情

〔1〕 参见[英]W. V. 霍顿·罗杰斯主编:《比较法视野下的非金钱损失赔偿》,许翠霞译,中国法制出版社2012年版,第142页。

〔2〕 同上书,第225页。

〔3〕 荷兰《民法典》第六编第106条第1款规定,有下列情形之一的,受害人有权要求财产损害以外其他损害的公平赔偿:a. 该责任人有加害的故意;b. 受害人遭受身体伤害、荣誉或名誉的损害或者其人身遭受了其他侵害;c. 对死者未分居的配偶或者二等以内血亲对死者的怀念造成伤害,但以该伤害在死者在世的情形下会产生他对荣誉或名誉损害的赔偿请求权为条件。参考《荷兰民法典》,王卫国等译,中国政法大学出版社2006年版,第182页。

〔4〕 [英]W. V. 霍顿·罗杰斯主编:《比较法视野下的非金钱损失赔偿》,许翠霞译,中国法制出版社2012年版,第2256页。

〔5〕 美国《侵权法(第二次)重述》第46条规定,有下列情形的,受害人可作为独立诉因行使精神损害赔偿的请求权:(1)通过极端与恶劣行为故意或莽撞地给他人造成严重精神痛苦的人应对该精神痛苦承担责任;如果该精神痛苦给他人带来了身体伤害,行为人也需对该身体伤害承担责任;(2)如果该行为指向的是某第三人,行为人应在下列情况下承担责任:(a)他故意或莽撞地给当时在场的该第三人的直接家庭成员造成了严重精神痛苦,不论该痛苦是否已导致身体伤害,或(b)他故意或莽撞地给当时在场的任何其他人造成了严重精神痛苦,且该痛苦已导致身体伤害。See Restatement (Second) of Torts § 46.

形。《侵权法(第三次)重述》在梳理新增判例的基础上,对《侵权法(第二次)重述》进行了相应调整。《侵权法(第三次)重述》第46条[1]是对“故意(或鲁莽)造成情绪伤害”的规定,第47条是[2]对“疏忽行为直接对另一方造成情感伤害”的规定。从《侵权法重述》所涉及的精神痛苦或情感伤害的赔偿,显然可以把因财产受损而导致前述的“痛苦”或“伤害”包括进去,至少表明、美国判例法各州原则上对财产损害引起的非财产损害并未否决。

事实上,美国学界和司法界主流认为,具有人格情感的财产损害范围大于普通财产,家庭传家宝和其他具有纪念意义的个人物品比一般的服装、书籍、图片、家具和家居用品等更有价值。如此认定的“个人价值”是通过考虑任何可能相关因素来确定的,如财产的原始成本、使用情况以及损害时的状况。[3] 如在印第安纳州的坎宾斯诉卡佩尔(Campins v. Capels)案,[4]这起案件是由4个戒指被盗窃引起的。其中3枚戒指是由美国汽车俱乐部(Unitied States Auto Club,USAC)颁发的全国赛车冠军戒指。另一个是一个自由设计的结婚戒指,有12颗钻石。与戒指有关的主要问题是受害者如何可以获得最大范围的戒指之损害赔偿金。米勒(Miller)法官认为,应当在有限的情况下,考虑财产中的个人情感价值。在该判决中明确指出情感价值的含义:当我们提到情感价值时,我们并不是指对个人财产的强烈情感或不合理的依恋。相反,我们指的是几乎纯粹感情价值的物品所产生的感觉,如传家

---

[1] 《侵权法(第三次)重述》第46条是对“故意(或鲁莽)造成情绪伤害”的规定,“故意(或鲁莽)造成情绪伤害的行为:通过极端和无法容忍的行为有意或无意地对另一人造成严重伤害的行为人,应对这种情感伤害承担责任,如果是情感伤害造成身体伤害,其也应对身伤上的伤害承担责任”。See Restatement(Third) of Torts §46.

[2] 《侵权法(第三次)重述》第47条是对“疏忽行为直接对另一方造成情感伤害”的规定,“如果疏忽行为导致对他人造成严重的情感伤害,则行为人应承担责任;如果行为使另一方面临立即身体伤害的危险,并造成危险的危害;或在特定类别的活动,承诺或关系中发生,其中疏忽行为特别可能造成严重的情感伤害”。See Restatement(Third) of Torts §47.

[3] “This is true of family heirlooms and other articles that have a purely personal value, to the plaintiff and no one else. It is also true, in general, of clothing, books, pictures, furniture and household goods, which will be worth more to the owner than their value to a second-hand store. The ‘personal value’ so awarded is determined by consideration of whatever factors may be relevant, such as original cost of the property, the use made of it, and its condition at the time of the wrong.” Victor E. Schwartz, Kathryn Kelly, David F. Partlett, Prosser, *Wade and Schwartz's Torts: Cases and Materials 10th Edition*, Foundation Press, 2000, pp. 548-549.

[4] Campins v. Capels, 461 N. E. 2d 712 (1984).

宝、家庭报纸和照片、手工艺品和奖杯。我们所指的基本上都是这些回忆一般能够产生感情,而不仅仅是主人特有的情感。换句话说,这些美国汽车俱乐部颁发戒指的任何拥有者都会有类似的感受。与我们的情况最恰当的比喻是奖杯。在两起案件中,法院根据当事人为赢得这些物品所花费的“血、汗和泪”的考虑而判给赔偿金。这与具有特别荣誉意义的戒指蕴含着情感方面的立场相同。该案中的3枚戒指是因为“血、汗、泪”历经三年而获得,因此具有特殊的情感意义。最终,法院得出结论认为,原告有权主张失去的戒指中的感情价值,获得非财产损害赔偿。相类似的,在另一起沙弗诉霍尼韦尔案(Shaffer v. Honeywell),[1]法官考虑了火灾中被摧毁奖杯的个人情感价值,而对这种个人情感给予一定非财产损害赔偿。

与此同时,在美国的赫希特诉高等法院案(Hecht v. Superior Court)[2]中,尽管没有涉及财产上人格利益的损害赔偿,但是对这类具有人格利益的财产性质的判断,遵循了相似的解释路径。本案中,死者威廉·凯恩(William Kane)生前在加利福尼亚州洛杉矶一家精子库(California Cryobank)中存放了15瓶精子,以遗嘱的方式将这些精液遗赠给其女友(本案原告黛波拉·赫希特 Deborah Ellen Hecht)。威廉·凯恩的成年儿子(William E. Kane)与成年女儿(Katherine E. Kane)反对赫希特获得精液并使用其怀孕生育子女。死者的子女主张将冷冻的精液视为遗产,根据财产分配协议,将80%的精子分配给死者的孩子,将20%的精子分配给赫希特,并且请求法院根据公共政策命令销毁精子。[3] 加利福尼亚州上诉法院将冷冻精液归于财产范畴,并指出“死者生前对冷冻精液享有性质为所有权的利益,此等利益足以构成《遗嘱检验法典》中的‘财产’,并有权在生殖决策范围内决定精

[1] Shaffer v. Honeywell, 249 N. W. 2d 251 (1976).

[2] Hecht v. Superior Court(Kane) California. Court of Appeal, Second District, Division 7. *Wests Calif Report*. 1993 Jun 17; 20:275-91.

[3] See Radhika Rao, “Property, Privacy and the Human Body”, *Boston University Law Review* (2000).

液的用途”。[1] 但是,3年后加利福尼亚州上诉法院改变了自己的观点,认为冷冻精液不属于死者遗产范畴。“它不是能以违背死者明示意图的任何方式在遗嘱的受益人之间分配的遗产中的‘财产’”,[2]法院认为,凯恩将冷冻精液赠与女友并允许其适用精液受孕,冷冻精液对于凯恩而言具有“生殖的利益”,有别于普通财产。由于冷冻精液属于具有人格利益的特殊财产,是对死者生前处分身体组成部分意思表示的尊重,不能按照财产分配协议对其进行分配。虽然判例法制度有别于成文法制度,但是两大法系中,“人格与财产”决然二分的观念是一致的。换句话说,人格利益天然附着于人体本身的观点开始逐渐发生变化,发展为在某些特殊场景下可以附着于人体以外的物质载体之上。本案最终判决虽不能得出离体器官组织属于人格权范畴的结论,但是法官在判决中努力向人格利益可以脱离身体并延长至与身体分离部分的论证路径上靠拢,所欲达到之目的亦是对权利主体自我决定权的尊重。

2. 英国

相较于美国在财产损害引起的非财产损害的判决而言,英国显然更为保守,其所秉持的基本原则是不承认财产上有任何特别意义或情感价值,有关财产的损害赔偿是基于价值的损失或减少,能够参考市场价格进行评估。我们看到,英国案例法并非站在完全赔偿的立场,[3]赔偿标准亦非完全从原告的立场出发,而应当从双方综合来看,得出一个对原告和被告都合理的数字,因此,我们在英国的判例法中,较少看到相应的案例,一些有一定关联

---

〔1〕 Hecht, 20 Cal. Rptr. 2d at 283. 基于还押令,遗嘱法院仅发还20%的储存精液——共3瓶给赫希特,根据是“和解协议中的一个一揽子条款规定:‘死者有支配权、控制权或所有权的全部财产的余额,不管是由赫希特小姐占有,子女或任何第三人应服从对死者遗产的管理’(此等剩余财产的20%分配给赫希特,40%给凯恩的每个子女)”。Hecht, 20 Cal. Rptr. 2d, p. 580.

〔2〕 法院宣称:“在精液是财产的范围内,它也仅是为……一个人的‘财产’。”法院观察到赫希特独自占有使用精液的权利而没有给予、出卖或以其他方式让他人使用它们的权利。因此,论证道:“法律不允许任何人……将死者在生殖方面的‘根本利益’当作一个物件在死者遗产的主张者之间进行谈判和交易。”相反,法院裁决立即将剩余的12瓶精液给赫希特,结论是:“此案涉及的基因物质是‘财产’的一种独一无二的形式……不得根据死者的潜在受益人之间的协议进行分配,如果此等分配与死者对其处分的明示意图不一致的话。宪法上的私生活权要求按捐赠人的意思控制其精液的最终处分。”Hecht v. Superior Court(Kane), 59 Cal. Rptr. 2d 222, 226(Cal. Dist. App. Ct. 1996). See Radhika Rao, “Property, Privacy and the Human Body”, 80 *Boston University Law Review* 359 (2000).

〔3〕 Warren v King [1964]1 WLR 1, passim, (CA).

性的案件也在法官的他种解释下获得圆满处理。如在亨特诉金丝雀码头案(Hunter v. Canary Wharf Ltd)[1]中,几百名原告认为一座高塔的建立,影响了他们电视信号的接受,从而导致了他们的损害(nuisance)。上议院并不赞同这种观点,其认为这种损害必须是实质性的(substantial),不能是“异想天开的起诉”(fanciful complaint)。高夫(Goff)大法官指出,仅仅阻碍了财产所有人的视野、空气流通、采光等不足以产生可以诉讼的损害;[2]霍夫曼(Hoffmann)法官和霍普(Hope)法官指出,这样的诉讼是不合算的,也违背了我们一直以来普通法上任何人有在他们的土地建造他们所想要的之物的权利观念(受地役权限制除外),[3]显然作为建设高塔的土地亦是如此。总之,法官在此案中否认了原告可以基于此事由获得赔偿的权利,当然,此案与具有人格利益的财产关联性并不直接,其所关涉的是房屋因高塔建立而产生了接受电视信号变弱所受影响或者说价值受损,引起业主的损害是否可以求得赔偿。但这里的赔偿是否可理解为精神损害赔偿,同时在相邻权的法律关系中,亦可获得解释,故未必需要通过具有人格利益财产的范畴来“硬性”关联。

当然,英国也并非全然否定,或者完全否认具有人格利益财产主张精神损害赔偿的可能。1998 年 3 月英国法律改革委员会(The Law Commission)发布了第 249 号报告,指出“原告因被告造成的财产损害而罹患可合理预见的精神疾病”这一情形中,最重要的判决是阿提亚诉英国天然气公司案(Attia v. British Gas Plc)。[4] 当然,该案情形较为极端,亦没有给出明确的责任成立标准。在相应的调查问卷中,如果非原告本人的财产受损或面临威胁,应类推地适用(但不应过于放宽)在他人人身安全受损或陷入危险给原告造成精神损害时适用的责任成立标准——英国法律改革委员会就此形成了暂时性的观点。然而,如果是在原告自有财产受损或面临威胁的情况下,是否可以按此适用?该委员会没有形成暂时性观点,但接受问卷的受访

---

[1] Hunter and Others v. Canary Wharf Ltd, [1997] AC, 655, HL.

[2] [1997] AC 655, p. 685.

[3] Hunter and Others v. Canary Wharf Ltd, [1997] AC, 655, HL.

[4] Attia v British Gas Plc, [1988] QB 304.

者85%认为,某人因自有财产受损遭受的精神损害应比照自身遭受人身伤害导致的精神疾病处理,即不应对合理可预见性赔偿标准施加任何特殊限制。这意味着"与因不具有爱与慈爱关系的第三人伤亡而遭受的精神损害相比,某人因自身财产毁损遭受精神损害而实施的索赔将更容易获得支持"。[1] 这样的结论似乎过分强调了所有权/财产的重要性,似乎财产较人的生命更具价值,让人难以接受。当然,在受访者中,亦有人主张财产不应比人的身体受到更高程度的保护,还有部分受访者认为应当完全禁止在财产受损案件中对精神损害给予赔偿。不过,鉴于司法实践中对暴力侵犯动产造成的受害人忧虑已有给予赔偿的先例,英国法律委员会认为"如果侵权法的保护范围在过失导致财产损害的案件中持续扩大,那么坚持一概拒绝赔偿的立场便会显得不合时宜"。[2] 由此可见,英国司法态度对于具有人格利益财产的保护的态度亦有所变化,只是解释路径不同而已。[3] 此外,在违约之诉中,一般不支持非金钱损害赔偿,但是该原则也有例外,如果合同的内容是提供墓地及丧葬服务,违约方不能履行合同内容时,给合同另一方造成精神上的沮丧、焦虑和痛苦的,精神损害赔偿可以获得支持。[4]

3. 国际性立法文件

在一些国际性的立法文件中,我们亦可以看到对财产损害引发的非财产损害赔偿问题的规定,特别是在合同违约情形下的非财产损害的规定中有所涉及。例如,《国际商事合同通则》第7.4.2条对"完全赔偿"原则的规定,赔偿范围既包括非金钱性质的损害,又包括肉体或精神上的损害。[5] 在本条的注释部分专门对非物质损害的赔偿(Compensation of non-material harm)即指精神损害赔偿作出说明:"本条第2款明确规定对非金钱性质的

---

〔1〕 何锵泽、刘朋:《有形财产毁损引起的精神损害赔偿比较研究》,载《法律适用》2014年第6期。

〔2〕 同上。

〔3〕 参见[英]W. V. 霍顿・罗杰斯主编:《比较法视野下的非金钱损失赔偿》,许翠霞译,中国法制出版社2012年版,第106页。

〔4〕 Reed v Madon,[1989]Ch,408.

〔5〕《国际商事合同通则》第7.4.2条规定:(1)受损害方当事人对由于不履行而遭受的损害有权得到完全赔偿。此损害既包括该方当事人遭受的任何损失,也包括其被剥夺的任何收益,但应考虑到受损害方当事人由于避免发生的成本或损害而得到的任何收益。(2)此损害可以是非金钱性质的,如包括肉体或精神上的痛苦。

损害也可赔偿。这可能是悲痛和痛苦,失去生活的某些愉快,丧失美感等,也指对名誉或荣誉的攻击造成的损害。”[1]同样,《欧洲合同法原则》(Principles of European Contract Law)第9.501条[2]明确了非金钱损失(non—pecuniary loss)的损害赔偿。

二、比较法视域下的分析:识别的泛化

通过梳理各国相关立法例与判例,可以发现,现代英美法系主流国家对财产法和契约法领域救济人的精神利益问题总体上已不再纠缠于“是否必要”的探讨,而直接进入“如何可能”的层面,其往往通过具体裁判进行,但英国与美国在司法中的保守与开放态度亦有区别。由于立法体系相殊,其对于我们的借鉴有限,但英美法系与大陆法系在对待这一问题的趋势上是相似的。

回到大陆法系,在奥地利,明确规定财产所有人在财产毁损时享有情感利益损害赔偿请求权,从《普通民法典》第1295条第1款[3]可以看到,第1331条不仅可以适用于侵权责任,甚至可以适用于违约责任。当违约造成了相应的人格利益损害的时候,事实上它已然超越了传统意义上违约与侵权的划分,所以在对财产损害赔偿的情况下,就没有区分违约与侵权的必要,基于违约产生的精神损害赔偿同样纳入侵权法领域进行调整,从形式上似乎契合了统一责任理论的趋势。[4] 同时,我们也可以反思,如果将违约所产生的精神损害赔偿纳入到传统意义的合同法体系中则会产生诸多的分

---

[1] 对外贸易经济合作部条约法律司编译:《国际统一私法协会国际商事合同通则》(中英文对照),法律出版社1996年版,第171页。转引自韩世远:《〈国际商事合同通则〉与中国合同法的发展》,载《环球法律评论》2015年第6期。

[2] 《欧洲合同法原则》第9.501条规定,(1)对由对方不履行而造成的且依第3.108条未得免责的损失,受害方有权获取损害赔偿;(2)可获取损害赔偿的损失包括:(a)非金钱损失,和(b)合理地将会发生的未来损失,明确了非金钱损失(non—pecuniary loss)的损害赔偿。

[3] 奥地利《普通民法典》第1295条规定,(1)因加害人的过错而遭受损害的任何人,都有权要求其赔偿损害;损害的引起可能因违反合同义务,或者并不涉及合同。(2)以违反善良风俗的方式故意造成他人损害的人,也应对此负责;但如果在行使权利时导致损害发生,则只有权利的行使明显地以损害他人为目的时,其才应当负责。

[4] 关于这一点,笔者在后文“责任统一论是否可以解决财产上的人格利益保护”中进行了评价,特别对之间的关系、逻辑等作了详细的剖析。

歧。在违约产生精神损害赔偿的归责原则上，是采用严格责任还是过错责任？对违约本身的主观过错是否予以考虑？如果用统一标准对合同的违约责任与违约产生精神损害赔偿进行考量，则会打破合同法传统的赔偿原则。正因如此，在笔者看来，奥地利《普通民法典》第1331条将这类型的违约纳入到侵权法体系中是合适的。但是，这些在立法中明确规定了保护财产上"情感利益"的立法例尽管具有一定的先进性，但是在司法实践中如何适用也是需要通过解释的路径予以解决。[1]

而在持相对否定态度的德国，即便通过2002年债法改革对抚慰金条款进行了修订，但是对其适用还是非常有限的。依照第253条第2款的表述，结合德国《民法典》的规定，其对适用非财产损害赔偿采取了限制的模式，而对非财产损害赔偿侵犯财产权的情况下的适用立法上则表现为完全拒绝。例如，在宠物损害等案件中体现得十分明显，法院拒绝支持非财产损害赔偿的诉讼请求。[2] 其不认可权利主体在财产上的感情投入，结果现实发生的大量非财产损害被在救济时消弭于无形，人类情感价值在高度抽象的法律规范之利益衡量上被忽视。

而在概括性规定的比利时和法国，它们以一种相对宽泛的方式来陈述它们的损害赔偿原则，但实践中似乎都采取了保守谨慎的态度；同样在日本民法通过概括规定的损害概念，涵摄了财产中人格利益的保护问题，但实践中的理解与应用亦是诸多差异与背离。换句话说，一种笼统、零散的通过案例的方式对传统立法进行突破或者限缩，成为大多数国家的侵权法处理此类问题的现状——但这样的案例由于缺乏理论研究的支撑、更缺乏系统的梳理与类型化分析，效果并不尽如人意。

因此，我们看到，无论是怎样的立法类型，表面的迥异却在实质上存在

---

〔1〕 奥地利《普通民法典》通过较为宽泛的表达给法官留下了很大的裁量空间，并且在第6条和第7条中不仅表明了法律解释的必要，还指出可以通过类推适用和援引"自然法法律原则"来续造法律。

〔2〕 原告与一条14个月大的拉布拉多犬（这条狗没有系皮带）一起在一条土路上行走。被告人从附近的道路上将拖拉机开到野外车道上，碾压到了这条拉布拉多犬，这条狗受了重伤，无法治愈，兽医对这条狗实施了安乐死。原告要求被告支付因狗死亡产生的非财产损害赔偿，法院驳回了原告的请求。BGH, Urteil vom 20. 3. 2012 – Ⅵ ZR 114/11; OLG Köln (lexetius. com/2012, 1182), lexetius. com(Mar. 20, 2012), https://lexetius. com/2012, 1182.

暗合之处,因为其最终都要落实到司法层面如何去识别具有人格利益的财产。而单纯依托于立法来进行识别,始终面临识别的泛化问题,即无法找到一个可供遵循的、可操作的识别规则——这些立法条款的高度抽象性、概括性和开放性,导致其规范对象内涵的不确定性以及外延的开放性,造成法官在适用上的困难,需要结合规范目的进行解释。[1] 正如我们下一节所论述的,司法机关的功能在于对立法规范进行何种程度的解释,选择怎样的解释路径,甚至可能通过解释超越或者背离立法本意的方式来适应现实裁判的需要。

第二节　司法裁判中的解释路径分析

一、司法裁判中的解释路径

(一)“明确规定者”于实践中扩大解释

我国相关制定法并未明确禁止财产遭受侵害导致精神损害赔偿的可获赔性。最高人民法院立足于实践需求,在《精神损害赔偿司法解释》第 4 条设置了财产上人格利益损害之请求权规范。但该条规范的适用弹性较小,对财产上人格利益保护的范围较窄。第一,侵害行为所指向的对象为有绝对权性质的特定物,对不具有绝对权性质之财产的侵害,并不符合该条的要件。第二,将导致精神损害产生并适用精神损害赔偿规则的侵害行为的对象,限制为“具有人格象征意义的特定纪念物品”,通过这一限定可以将该条规定的财产侵害与人身侵害联系起来,借此来限制该条的适用范围。但何为“具有人格象征意义的特定纪念物品”,该司法解释并未明确给予回答,也无法对纷繁复杂的世界物质进行判断,只能通过法官在个案中进行识别。同时,对客体限定的条件之一为“纪念物品”,这就意味着排除了该条规范对动物、人体器官、遗骨遗骸的适用。第三,侵权行为致具有人格象征意义之特定物完全灭失或者毁损。这意味着对该物的救济方式首先应为恢复

---

[1] 在对部分地区各级法院的调研中,各法官明确表示一般条款的自由裁量权过大导致司法效率低下。美国学者研究表明,某类案件经由法院判决的结果越清楚,当事人就越容易达成和解,相反,应当适用的规则越不确定,争议诉诸法院的可能性就越大。参见[美]文森特·R. 约翰逊:《美国侵权法》,赵秀文等注,中国人民大学出版社 2004 年版,第 4 页。

原状,在无法恢复的前提下才能主张精神损害赔偿请求权。这一观点与国际主流的立法态度也是一致的。

1. 类比解释之扩张

最高人民法院通过发布司法解释以及公布典型案例、指导性案例的方式所表达的有关精神损害赔偿规则适用的基本立场,实质性地支配着下级法院的相应实践工作。各地方法院的司法实践原则上亦与最高人民法院的立场保持一致,这种一致性在特定有体物被侵害的情形下尤为明显。例如,王某某诉美洋达摄影有限公司丢失其送扩的父母生前照片赔偿案中,审理法院在最后的判决书中明确承认对原告所主张的精神损害适用金钱赔偿规则。[1] 其他在司法裁判中主要涉及的特定物还包括宠物、结婚照片、特定的刊物、报纸与获奖证书、日记、墓碑等,法院往往认定这些物品具有唯一性,在一定程度上附着所有人的人格利益,故支持精神损害赔偿的诉求。当然,我们还可以看到,很多裁判将骨灰也同样纳入第 4 条进行保护,在笔者看来,这并非文义解释的范畴。一方面,该解释第 3 条第 3 款对"遗骨、遗骸"进行了保护,关于骨灰理应适用此条;另一方面,就算纳入其第 4 条来调整,其亦不能完完全全地解释为"所有物"的范畴。至于如何看待骨灰等特定的"物",笔者后面在具有人格利益财产的体系化识别中将会进一步论述。

2. 目的性扩张

最高人民法院主导的司法实践,原则上将精神损害赔偿规则限定在侵权责任领域。对于基于合同违约产生的精神损害赔偿问题,在没有违约责任与侵权责任竞合的情形下,若支持当事人精神损害赔偿的主张,则有悖于最高人民法院所持之基本立场。某些案件中,为达到个案的价值正义,审理法院也会在模糊违约与侵权法律界定的情形下,径直扩张性地适用《精神损害赔偿司法解释》第 4 条。例如,王某、赵某与赵某某一般人格权纠纷案[2]中,二审判决依据该条裁判,但我们知道,依据"司法解释"的本义,其适用的

---

〔1〕 参见王某某诉唐山美洋达摄影有限公司赔偿特定物损失纠纷,河北省唐山市路北区人民法院民事判决书(1997)北民初字第 1762 号。

〔2〕 参见王某、赵某与赵某某一般人格权纠纷,焦作市中级人民法院民事判决书(2013)焦民三终字第 00225 号。

前提乃是产生并存在相应的“所有权”，但在案件中，作为婚纱摄影一方的被上诉人未能交付该光盘，那么此“光盘”是已经产生之后被遗失还是自始未能产生，在法律关系中并不一样——如为前者，可认为光盘产生之后所有权已归上诉人，上述裁判还可理解；如为后者，自始没有物权产生，何来基于侵犯所有物而产生的精神损害赔偿；况且，就算光盘已产生，在交付前遗失，则在法律上该光盘是否在产生之初已然发生了物权的转移，值得商榷。不过，法院从其他角度予以考虑，认为“上诉人赵某某的行为侵害了被上诉人王某、赵某享有结婚美好回忆这一具有人格象征意义的特定纪念权利，应当进行精神损害赔偿”，扩张适用了《精神损害赔偿司法解释》第4条。

3. 法律续造——合同领域的适用

对于合同领域或者非为法律明确规定的可以适用精神损害赔偿规则救济的利益被侵害时，当事人若未约定对于受害人遭受之精神损害适用金钱赔偿规则的，在违约情形下适用精神损害赔偿规则与立法的一般性规则相悖。例如，张某某、石某与刘某服务合同纠纷案中，[1]被告为原告的结婚仪式提供婚庆服务，对婚礼进行了全程的摄影摄像。典礼过后，被告向原告告知婚礼当天摄像的设备丢失，未能制作婚礼现场的影像光碟。原告以被告的违约行为造成其极大精神痛苦为由，主张精神损害赔偿。由于本案属于服务合同纠纷，因此，该案中原告在合同纠纷之诉中主张精神损害赔偿请求权属于合同领域，依据我国立法之规定，对合同领域内的精神损害不得适用损害赔偿规则救济。但是该案一审和二审法院并未墨守立法规范与最高人民法院所坚持的克制主义立场。法院认定原被告双方签订的婚庆服务合同有效，被告应当按照合同之约定履行义务。遗憾的是，被告因摄影设备丢失，未能向原告提供婚礼现场的影像光碟，违反了合同义务，应当承担违约责任，返还原告已支付的服务费。同时，婚礼摄像是记录原告人生中具有永久纪念意义的特定纪念物品，由于被告的行为致使原告无法获得婚礼场景的影像再现，必然给原告造成精神上的伤害，对其精神损害赔偿请求予以支持。从法律适用来看，法院同时适用我国原《合同法》第107条（《民法典》第

---

〔1〕 参见张某某、石某与刘某服务合同纠纷，郑州市中级人民法院民事判决书（2011）郑民四终字第1695号。

577 条)[1]和《精神损害赔偿司法解释》第 4 条的规定进行裁判,既承认了作为合同当事人的被告应对原告承担违约责任,亦支持了被告因其违约所导致的原告当事人之精神损害赔偿责任。这似乎违反了责任竞合的裁判规则。但是就个案裁判结果的合理性而言,正如判决中所阐述的,婚礼摄像是人生具有重大意义的记录,被告的违约造成原告永久的遗憾,必然导致精神伤害。法官通过综合考量,对认为值得保护的一般利益在没有现成有效裁判规则的情况下,突破既有规范的射程范围,使裁判结果具有可接受性。[2]

(二)"概括规定者"于实践中细化

法国《民法典》中对非财产损害的规范,仅有第 1382 条[3]这一适用于所有侵权行为的原则性条款。法国法没有严格界定损害赔偿的范围,而是通过判例进行了补充。最典型是赛马案(Lunus)[4]判决,1962 年 8 月原告将一匹名叫 Lunus 的赛马租给了一名训练师参加比赛。比赛组织者希庇克(Hippique)公司将这匹赛马关在笼子里,不幸的是,赛马在笼子里触电死亡。这匹赛马的主人要求公司和教练进行赔偿。波尔多上诉法院打破先例,认可原告"情感损害"的非财产损害赔偿的主张,判决公司及教练赔偿原告 50 万法郎的精神损害赔偿。法院认为,动物进入个人感情的领域是当代社会的发展趋势,动物与饲养人之间的感情有如人与人之间的亲情,动物与人互为伴侣。人类可能会对动物的丧失以及家庭成员的丧失感到情绪上的伤害。上诉法院认为,不论其带来的物质损害如何,动物的死亡可能是其所有者的主观和情感伤害的原因,可能导致赔偿。应改变实证法现有的法律救济途径,对有关宠物损失悲痛的补偿予以关注和支持。但是,这一观点在当时的法国引起了巨大的争议。反对者认为,首先,在道德和形而上学的层

---

[1] 《民法典》第 577 条(原《合同法》第 107 条)规定,当事人一方不履行合同义务或者履行合同义务不符合约定的,应当承担继续履行、采取补救措施或者赔偿损失等违约责任。

[2] 参见吕世伦、孙文恺:《赫克的利益法学》,载吕世伦编著:《法理的积淀与变迁》,法律出版社 2001 年版,第 556 页。

[3] 法国《民法典》第 1382 条规定,任何行为使他人受损害时,因自己的过失而致行为发生之人对该他人负赔偿责任。

[4] L'arrêt LUNUS :Le décès d'un animal est il constitutif d'un préjudice moral ?, Ensemble pour les animaux(Jul. 16, 2017), https://www.ensemblepourlesanimaux.org/project/larret-lunus-le-deces-dun-animal-est-il-constitutif-dun-prejudice-moral/.

面，最高法院废除人与动物之间不可逾越的“人—物”之鸿沟，对人感情损害的补偿是以“两个人，即人与人之间为纽带”[1]为前提的，而该判决将降低人的意义和价值。但不可否认的是，随着社会观念的变迁，宠物在人们生活中取得的重要性日益增加，宠物与主人之间相互的情感得到越来越多人的认可。赛马案在已有的法律规范允许范围内，在精神损害赔偿范围上进行适当突破，修正了司法实践中的观点。[2] 另一个案件是1999年的导盲犬案，[3]该案中被侵权人是盲人，他的导盲犬遭受损害死亡。法院认为导盲犬的作用是作为“活假体”帮助残疾人进行日常生活，将导盲犬视为人体的一个组成部分。法官将导盲犬的损害解释为人身伤害，由此支持了受害人的精神损害赔偿。

在上述所举两个案件中我们看到，尽管法官采取了不同的解释路径，前者解释为因动物的死亡导致人的情感受到了伤害，后者将动物（导盲犬）视为盲人的人体的一个部分而直接解释为人身伤害，合理与否姑且不论，但结果皆是为了实现精神损害赔偿的支持。随着司法裁判中此类案件的增多，法国法律界开始对财产损失赔偿制度进行反思，逐渐承认财产中包含有人格利益的存在，对于非财产损害存在之情形，不论是人格权抑或财产权受侵害，都可以请求损害赔偿。对这类具有人格利益的财产案件，法国《民法典》的概括性规定，赋予了法官较大的自由裁量权，考量的核心在于，财产上何种人格利益能够获得何种程度的救济。

(三)“否定者”于实践中突围

正如前面所论述的，关于否定之态度在传统德国民法中体系得较为明显，新债法修订显然并没有从正面完成回应这个问题，财产上人格利益的保护与救济在债法修订之前后，都只能在实践中不断通过解释突围。

---

[1] 法国国务委员于1961年认可了人的死亡可以导致情感伤害。Le Conseil d' Etatvenait tout justed' admettre que la perte d' un êtrehumainpouvait donner lieu à réparation - CE 24 novembre 1961, Rec. 661. Cees van Dam, *European Tort Law*, Oxford University Press, 2013, p. 534.

[2] “On le voit, ilfautdonc se livrerparfois à quelquesacrobaties juridiques pour aligner la réparation de cepréjudice sur celle du droit commun.” Jean Mouly, *ResponsabiliteCivileFeue la jurisprudence Lunus ? A propos de l' article* 67 *de l' avant-projet de loi Terré sur la responsabilité civil*, FDSE-OMIJ Université de Limoges 2013(1), p. 27.

[3] Ord. Prés. TGI Lille 23 mars 1999, D. 1999, p. 350, note X. Labbée.

德国联邦法院通过对个案进行解释的方式,扩大了“身体”概念的范围,将与身体分离后可能再与身体结合的部分,解释为人之身体,如著名的冷存精子销毁案(Vernichtung von Sperma)。[1] 联邦法院认为,人体的组成部分一旦与人体相分离,在侵权法中就应被作为“物”加以对待。但是,如果它们是为了重新植入体内或者履行人体的某种典型功能,则侵害这些组成部分就应被视为德国《民法典》第 823(1)条中对身体的侵害,就侵犯的是身体权而非所有权。[2] 本案中,“精子的存储旨在生育繁殖,一方面与身体终局分离,另一方面又将用于实现权利主体者生育的身体机能”,因为“精子的储存实乃已丧失生育能力的代替,对于权利主体身体的完整性及其所涉及之人的自主决定与自我实现,就其分量和内容而言,实不亚于妇女的身体”。[3] 因此,德国联邦法院支持了原告精神损害赔偿的请求。[4] 这种将人格权概念下的身体概念扩张及于与身体分离之部分的解释,虽然解决了冷存精子销毁案这一特殊棘手的个案裁判中的问题,但是,这样的解释不具有普适性。

在冷存精子销毁案中,德国许迺曼(Bernd Schünemann)教授却不赞同联邦法院的解释方法,认为应当将精子视为人体器官组织特殊物,提出人格

---

〔1〕 Federal Court of Justice (the Bundesgerichtshof), Sixth Civil Senate, 9 November 1993, BGHZ, 124, 52.

〔2〕 依照德国法学界的通说,身体的部分一旦与身体分离,即成为物,由身体权转为对该部分之所有权。依照这一看法,原告精子的灭失,非属对身体的侵害,并不适用德国《民法典》第 847 条的慰抚金请求权。但是联邦法院认为前述观点过于狭隘,而指出,身体权是法律特别形成的部分人格权,德国《民法典》第 823 条第 1 项的保护客体不是物质,而是人格的存在及其自主决定领域,实质化于身体的状态之上,并以人的身体作为人格的基础加以保护。

〔3〕 我国有学者不赞同该裁判的论证路径,认为脱离人体的器官以及与人体分离的血液不应理解为“人身之外”的物,因为其本身就是人身体的一部分,脱离或分离出人体也是来自人体;进而,离体器官组织应属人格权范畴。但是,实际上,德国联邦法院的此项判决并非一概认为,身体权通常持续存在于那些与人的身体相分离的部分之上,如剪掉的头发、拔除的牙齿、捐献的血液、精子或其他人体器官;相反,此项判决仍将身体作为人格的基础加以保护,其强调的是,如果某些与身体分离的部分,只是短暂地分离,将来还要再被植入身体,或者这种分离恰恰是为了保持被取出者的某种生理机能时,则该部分依然受身体权之保护。参见郗立军:《论脱离人体的器官的法律属性——与“二元区分说”商榷及对“人身之外”的理解》,载《法学论坛》2011 年第 5 期。

〔4〕 同一个侵害行为,从物质层面考察,看到的是财产利益的受侵害问题;从人格层面考察,则看到了人格利益的受侵害问题。到底是何种权利受侵害,完全决定于从何种角度来观察当前的问题。这也正是本书所认同的,透过法学之非本质主义的立场,所看到人格利益与财产利益的“变奏”。

权和物权交替并存的观点。[1] 德国学者沃尔夫教授在这一问题上亦指出,脱离人体的组织是同时具有人身权与物权双重权利客体的对象。前者在适用上具有优先性,只有不是在交易中的上述分离的身体部分,其依旧受人身权的保护。在冷冻精子案中,该精子并未处于交易中,其并未成为物权的客体,侵犯的不是所有权,因此,德国联邦法院将精子毁坏视为侵犯人身权,是对人身权规则的优先适用。[2] 此种解释路径具有明显的局限性,即在人格权与物权重叠交替的逻辑下,人格利益与财产利益相互抑制与排斥。也就是说,当人体组织脱离身体时,权利主体作出抛弃人体组织的意思表示,放弃重叠于该人体组织上之人格权,其属于物权范畴而适用物权法之调整,这一结论有将人物化之危险。

二、司法裁判解释路径的局限——识别的体系化缺失

成文法天然具有滞后性,即便是最完美的预设命题,在法律颁布的那一刻依然面临着可能无法适应纷繁复杂的现实。但是,法律与社会(外部环境)密不可分,法律在规范意义上是封闭稳定的,为了与日趋复杂的社会价值保持一致,法律在认知意义上又是开放的。[3] 换句话说,立法通过制定或变更法律规范的方式,对法律系统实施"自我观察";[4]而司法一般则是

---

〔1〕 许迺曼教授认为,人体同时被人格权与物权所包裹,只不过物权又完全被人格权所覆盖,除去人格权的覆盖,即只存留下物权。但仅凭人体器官组织分离的物理过程,尚不足以除去人格权的包裹而使覆盖着的物权发生作用;而是必须"原承载该器官组织的人"于器官组织分离之际,表示舍弃自其分离器官组织上的人格权,始足当之,即于客观的分离过程加入了主观的要素。参见邱玟惠:《人体、人体组织及其衍生物民法上权利之结构》,台北,元照出版有限公司2016年版,第69页。

〔2〕 参见[德]M. 沃尔夫:《物权法》,吴越、李大雪译,法律出版社2004年版,第7~8页。

〔3〕 在卢曼法律的自创生系统理论中,以实证法和法律系统为对象,外部视角的社会理论法学与内部视角的法教义学根本上属于不同的社会脉络,各自取向于两种彼此分离的系统逻辑。因此,前者无法直接改变后者,只能对后者以"噪音"形式施加"激扰"。至于法教义学是否回应这种外部的"激扰",则取决于法教义学内部是否存在感知"噪音"的固有结构,或者外部的"噪音"是否足够喧嚣,足以迫使法教义学发展新的内部结构,与社会理论法学形成"共振"。See Niklas Luhmann, *The Differentiation of Society*, Columbia University Press, 1982, pp. 232-238. 转引自[德]卢曼:《社会的法律》,郑伊倩译,人民出版社2009年版,第40页。

〔4〕 法律系统的"自我观察",是指系统在内部区别自己与非自己,参照自己的行为。由于法律系统藉由"合法/非法"二元代码之沟通而形成,因此,法律系统的自我观察,就是以区别围绕"合法/非法"之沟通与其他沟通为主要内容而进行的。参见顾祝轩:《民法系统论思维——从法律体系转向法律系统》,法律出版社2012年版,第41页。

采用法院判决的形式，在全社会层面性进行动态观察。法律系统通过自身的内部"镜像"投射环境，并从环境中进行"学习"。[1] 具体到具有人格利益的财产之法律规范体系中，当法院通过价值判断，需要作出保护财产上之人格利益的判决时，法律内部系统通过法律解释的形式，在确保法律规范前后一致性的同时，对来自法律外部环境的新要求予以回应，以实现实质正义。在法律规范明显不能满足外部环境的要求或无法获得预期效果时，法律系统必须修正法律命题甚至替换系统的内部装置，去适用具体事件。可见，法律系统一方面回应现实诉求，另一方面维持法律系统固有的逻辑与自恰，试图调整各系统之间的冲突关系。从这个角度来看，无论是法律的解释，还是法的续造，从某种意义上来说，都属于法律系统的"自创生"。而这种自我修正，需要我们的立法保持一种相对开放的态度，更需要通过司法裁判来实现这种推动。

然而，单纯某个裁判中的解释是具有局限性的，这种局限性在于：其一，这些裁判中的解释往往是就具体的、特定的具有人格利益的财产作出解释；其二，这种解释往往不具有权威性且在结果上具有多样性，所以我们看到同一类的具有人格利益的财产往往因为裁判主体不同或其他因素，裁判依据模糊，标准不一，前后抵牾，导致裁判各异；其三，特别是裁判违背立法原意而进行解释时，不仅有损法律之权威，裁判的合法性亦受质疑；其四，在那些"琳琅满目"的具有人格利益财产的司法案件与裁判中，其具有怎样的参考价值以及如何提炼、如何指导裁判以及如何上升至立法予以体现，仍有待发掘。因此，裁判中的解释是必要的，但却始终是不成体系的，我们需要对具有人格利益的财产进行体系化的识别，才能解决在理论、立法与实践中面临的问题。而这一点，正是下一章所有谈到的以裁判为基础的类型化重构。

第三节　财产上人格利益的类型化研究

上文对财产上人格利益的现行立法规范进行了比较法视域的分析与

---

[1] 顾祝轩：《民法系统论思维——从法律体系转向法律系统》，法律出版社 2012 年版，第 12 页。

反思，并进一步从裁判的解释路径进行了阐释，表明立法与司法皆没有解决财产上人格利益的识别问题。我们需要更进一步，基于裁判本身对财产上的人格利益进行分类，从生活事实到裁判事实，提炼出其中的分类标准、分类基础与具体类型——显然，作为“人格利益”的本质或者说“精神”的还原，将情感在类型化研究中的可能性、重要性与合理性凸显出来。通过这样途径，笔者也试图去解决前面所提及的识别泛化与识别体系化问题。

一、财产上人格利益类型划分之考量因素

(一)地域性考量与习惯的功能

1.财产上人格利益的“地方性”

财产权往往本身带有人格属性，在前面所谈及的罗马社会到中世纪直至现代的演变过程亦印证了这一点。而理解财产权这一概念往往也需要置于特定社区，社区属性是对财产上的人格利益保护的一个重要界定。所以从某种意义上来说，财产权、所有权、人格权等法权概念，在概念体系上是抽象甚至普适的，但在意义体系上却是“地方的”，而意义体系恰好是立法与司法需要结合传统与文化语境来考量的。

基于传统与文化语境产生的所有权，实质上是具体的文化内因与维系赋予了所有权的相互区别的内涵与外延，从而影响了在具体制度与司法裁判中的约定。事实上不仅是所有权，民法上的很多权利都有这样的烙印。以中国传统社会的先买权为例，在民国初年大理院裁判中，部分裁判认为先买权属于“违背公共秩序与利益”，并且“阻碍交易流通”，故而时有否认先买权效力的情形。但是，在部分特定区域与人群，根据当地习惯承认土地先买权的效力。[1] 此类民间习惯获得司法裁判的认可亦是相当多，笔者并不

〔1〕 例如，民国大理院在民国三年(1914年)上字第347号判决认为，“虽因其有背公共秩序不认予以法之效力，而与原佃先买权则根本理由尚属不同，盖本族本屯本旗人予他人土地并非如原佃之有特别利害关系，则各该习惯自不能同日而语”。此外，大理院在民国四年(1915年)上字第735号判决中，认可了“受兑垦地人有先买权”之习惯的效力；民国七年(1918年)上字第755号判决认可了“典户先买”习惯之效力。参见郭卫编：《大理院判决例全集》，台北，成文出版社有限公司1972年版，第179~180页。

一一罗列。

换句话说，就算法律概念本身具有抽象性，但具化这一个抽象性的过程中，我们已经看到完全不同的理解，同一个概念在不同语境下的意义完全不同。吉尔兹先生在对普适化概念体系的反思中，认为"法律就是地方性知识"，[1]并提出"地方性知识"[2]的概念。在一定意义上，"地方性知识"类同于美国学者雷德菲尔德(Robert Redfield)提出的"小传统"(Little Tradition)概念。[3] 回到中国传统法律文化中，大传统与小传统在礼法融合之中逐渐趋同。[4] 正是如此，我国《民法典》第10条[5]规定习惯是民法的法源，对习惯作为法源的认可，代表着对本土文化的尊重。实际上在裁判中法官的"地方性"的考量，体现了对中国自生秩序与文化的支持，更体现了对中国自生文化秩序中的多样性、差异性的柔性认可。在习惯作为法源的同

---

[1] 从本质上来讲，人是文化的动物，人的文化属性尤其体现在其对符号的——语言符号和文字符号的依赖上。这一本质，导致对一切人类创造的命题或事物的分析，皆须运用文化的分析方法，这才是深入其堂奥的一条重要通道，对法律的分析也是一样。但这种对人的一般性界定，并不能表达人的文化类型的复杂性，因此，无论分析法律还是其他人类社会的现象，必须关注人类文化本身的多样性，事实上，在文化多样性背景下解释法律，就是对法律多元性、地方性的基本尊重和基本态度。参见谢晖：《族群——地方性知识、区域自治与国家统一——从法律的"普适性知识"和"地方性知识"说起》，载《思想战线》2016年第6期。

[2] 在吉尔兹看来，人类的法律，并不存在一个放之四海而皆准的模式。与其说法律是一种普适性的存在，不如说它是一种地方性的知识来得更为准确，"我始终认为……法律就是地方性知识，地方在此处不只是指空间、时间、阶级和各种问题，而且也指特色……即把对所发生的事件的本地认识与对可能发生的事件的本地想象联系在一起。这种认识与想象的复合体，以及隐含于对原则的形象化描述中的事件叙述，便是我所谓的法律认识；……最有可能出现的结果不会是各种法律的渐趋一致……而是发展得更具特色。法律领域不会衰变成封闭的单一体，而会拓展成一个复合式的多元体；我们趋向的是初始的震动，而非终极的震动消除"。参见[美]克利福德·吉尔兹：《地方性知识：事实与法律之间的比较透视》，邓正来译，载梁治平主编：《法律的文化解释》，生活·读书·新知三联书店1994年版，第126~127页。

[3] 美国人类学家罗伯特·雷德菲尔德在其《原始世界及其类型》《乡民社会与文化》等著作中提出"大传统"与"小传统"这对分析性概念。所谓"大传统"，是指社会精英及其所掌握的文字所记载的文化传统；所谓"小传统"，是指地方性社区的文化传统，特别是乡村中通过口头传承的文化传统。See Robert Redfield, "The Folk Society", 52 *American Journal of Sociology* 293 (1947).

[4] 正如梁漱溟先生所言，"中国社会如吾人所见，欲是以道德代宗教，以礼俗代法律。此即是说：在文化比较上，西洋走宗教法律之路，中国走道德礼俗之路。……礼俗之异乎法律者，亦在其慢慢由社会自然演成，而非强加制定于国家。其间精神正是一贯的。中国古人之迥出寻常者，即在其有见于人心之清明正直，而信赖人自己。所谓一贯精神非他，即是倚乎自力，而非西洋之必倚乎他力"。参见梁漱溟：《中国文化要义》，学林出版社2000年版，第305页。

[5] 我国《民法典》第10条规定，处理民事纠纷，应当依照法律；法律没有规定的，可以适用习惯，但是不得违背公序良俗。

时，我们也要考虑到对那些凌乱型的、任意的习惯的禁止适用，因此，对现有民法体系与概念的融入亦非常重要。在司法实践中，一般来说，习惯较国家法而言，处于次级法源地位，作为补充性法源，即适用于国家制定法未作出规定或规定不明时。

2. 习惯与情感的关系

目前，学界对习惯的界定主要有两种观点，即“行为模式说”〔1〕和“行为规范说”〔2〕。前者认为，习惯是一种个体的行为模式，只是一种社会事实而不具有“规范”的意义。后者认为，习惯是一种行为规范，具有规范性。本书所探讨的习惯既包含社会中的个人、团体组织或整个社会的传统风俗和礼节，也包含特定的区域范围内，有着相同或者相似的社会物质、精神生活、历史文化传统，以及在同一个群体范围内被历代民众共同遵守的行为模式或行为规范。习惯为内生性规范，具有文化特性，具有反复性，在长期的历史中形成，往往会对社会中一定范围的人产生约束，从而形成意义与评价体系。〔3〕习惯所保护的是民众的日常权利，所规范的内容与民众的利益密切相关，因而为人们所信赖和依从。〔4〕这时，习惯对该区域成员产生行为制约作用，符合某种道德原则，这样的集体性道德就是“情感”产生的基础。一旦这种“情感”遭到侵害，必然导致人格利益受到损害。只是人格利益是否

〔1〕 例如，张文显教授认为，习惯是经过长期的历史积淀而形成的一种为人民所自觉遵守的行为模式。田成有认为，习惯指的是人们在长期的实践中经过不断、反复的运用而逐渐认可的一种行为模式，是人们在日常生活中有意义的，经常进行的活动。周赞认为，从法社会学、法文化学视角观之，所谓习惯，是指对一定范围内之社会主体所表现出来的一种行为模式或心理模式的客观描述。上述定义将习惯界定为社会主体行为的模式化。参见张文显主编：《法理学》，法律出版社 1999 年版，第 77 页；田成有：《乡土社会中的民间法》，法律出版社 2005 年版，第 21 页、第 212 页；周赟：《论习惯与习惯法民间法》（第 3 卷），山东人民出版社 2004 年版，第 84 页。

〔2〕 例如，沈宗灵教授认为，法学著作中所讲的习惯是指一种社会规范，是人们共同生活中的惯例。季卫东认为，习惯是指在某一特定区域或团体内，人们就某一事项作反复行为，无论该行为是处于主动或被动，久而久之在人们内心产生拘束力，成为该地区或团体中每一个个人的行为准则。这种行为准则具有一定的约束性：人们如果违犯，会成为异类或产生孤立感；社会舆论对严重违背社会习惯的行为持普遍否定甚至谴责和排斥的态度。参见沈宗灵：《比较法研究》，北京大学出版社 1998 年版，第 132 页；季卫东：《民初民法中的民事习惯与习惯法》，中国社会科学出版社 2005 年版，第 12 页。

〔3〕 参见高其才：《作为当代中国正式法律渊源的习惯法》，载《华东政法大学学报》2013 年第 2 期。

〔4〕 传统文化和习俗对我国民众的影响较深，每个人从一出生就受到本地习惯的强烈熏陶、感染和教育，意识上打上深深的烙印。当个体置于特定区域中，衣食住行、婚丧嫁娶，无不遵守本区域的习惯。参见高其才：《作为当代中国正式法律渊源的习惯法》，载《华东政法大学学报》2013 年第 2 期。

能够进入法律保护的视野,则需要通过启动识别机制。例如,在王某某与陶某某、陈某某、梁某某、安化县粮食总公司一般人格权纠纷案[1]中,位于青田村杨泗坳的35具王氏祖坟被陶某某、陈某某、梁某某挖毁,3名被告将挖出的棺木及遗骨等倾倒在麻溪河边,后当地发洪水,导致剩下的遗骨中只有5个头颅骨及其他很少部分遗骨。本案中,"入土为安"的传统习俗违背,我们可以强烈地体会到被挖祖坟的一方当事人的某种利益、情感或者尊严受到了侵害。因此,在很大程度上,习惯是情感产生的重要前提,是一定社会语境下社会价值与认同形成的基础,也因此产生了相应行为、事件等的社会评价与情感。但是,习惯仅仅是法的来源之一,并不必然成为国家法律规范,有些习惯并未受到国家法关注或者被认可而纳入国家法律规范,此时与习惯相应的情感可能无法体现在成文法具体的、有针对性的规范保护中,此时情感或人格利益的保护自然需要超越具体规范来进行考量,或者说通过成文法对习惯作为法源的认可来进行不具有成文法权利形式的人格利益保护。

3. 习惯与规范的冲突与弥合

上述习惯搭建了一定区域的意义之网,形成约束,更进一步形成制度与规范,但其亦可以与制度与规范相冲突,因为习惯并非规范产生的唯一源泉。当然,习惯作为法源本身,具有了在法律未进行规定时某种利益能够得到保护的可能性,但其本身并不能界定出我们所欲保护的利益的类型,甚至不能确定这样一种习惯下所体现的人格利益是否在法律上具有保护的现实性与正当性,这也就需要我们在此情形下对财产上的人格利益进行更为细致的语境分析与类型划分。因此,在司法实践中,法官需要考虑某种民间习惯对于纠纷解决的法律意义,故而启动民间法或者说小传统的识别程序。《民法典》第10条一般性地规定了习惯的法源地位,赋予了其正当性,然而,习惯在司法实践中的具体境遇时差异甚大,认识不一。

---

[1] 二审法院认为,损害遗体、遗骨,侵害了我国民族传统意识中死者的尊严和安宁,导致死者近亲属精神上和心理上的痛苦。本案中,被告在挖掘山体时,挖出棺木、遗骨,不仅未及时停工妥善处理,而且将棺木、遗骨随意抛弃至麻溪河边,违反社会公德,侵害原告祖先的遗骨,给原告造成了一定的精神痛苦,被告应向原告赔偿相应的精神损害抚慰金。参见王某某与陶某某、陈某某、梁某某、安化县粮食总公司一般人格权纠纷,益阳市中级人民法院民事判决书(2016)湘09民终702号。

例如，在陈某与杨某某、杨某房屋买卖合同纠纷案[1]中，原告与被告签订房屋买卖合同，并按约支付了相应定金，后原告知悉并证实了该房屋曾发生死亡事件，遂要求解除买卖合同，并要求退还定金。一审法院认为，原告与被告所签订的房屋买卖合同为有效合同，对双方均具有法律上的约束力。由于原告诉讼中的主要诉讼请求为解除合同，且要求解除合同的主要理由为被告在交易之中隐瞒了涉案房屋发生死亡事件的事实。根据原《合同法》第94条[2]之规定，原告要求解除合同的理由与法律规定的不符，由此，原告的诉讼请求，不予支持。二审法院则支持了原告要求解除涉案房屋买卖合同的诉讼请求。理由是涉案房屋属于社会公众所认知的，因凶杀、自杀等非正常死亡因素所导致的“凶宅”。基于民间习惯，“凶宅”的消极因素直接对居住者产生心理负担，影响居住者的情感，进而影响其工作与生活。因此，原告要求解除涉案房屋买卖合同，合情合理，法院予以支持，被告应将原告支付的定金予以退还。

而在钟某某、梁某某等与广东世荣兆业股份有限公司、珠海世荣物业管理服务有限公司侵权责任纠纷案[3]中，被告世荣物管公司派了3名工人到原告家中进行维修，其中一名工人不慎从窗户处直接摔到一楼地面而死亡。本次事故给原告带来巨大的精神损害，原告只能将房屋予以出售。出现过人员死亡的凶宅出售的价格均比房屋正常情况下所出售的价格低25%～30%，导致原告房屋的贬值。法院审理认为，“凶宅”这一俗称，通常是指宅内发生自杀、他杀等人为致人非正常死亡恶性案件的房屋。本案中，维修工人虽是从原告的房屋内坠楼，但其死亡地点是在楼下地面，而非死在屋内，原告的房屋与传统意义上的凶宅有本质的区别。同时，维修工人的死亡地点是在楼下地面，而非屋内，房屋内没有出现血腥场面，对人的直观冲击不大；且两名原告亦未目睹事故过程，故对于精神损害赔偿，亦不予支持。

---

[1] 参见陈某与杨某某、杨某房屋买卖合同纠纷，广州市中级人民法院民事判决书（2014）穗中法民五终字第474号。

[2] 现为《民法典》第563条。

[3] 参见钟某某、梁某某等与广东世荣兆业股份有限公司、珠海世荣物业管理服务有限公司侵权责任纠纷，珠海横琴区人民法院民事判决书（2015）珠横法民初字第743号。

在刘某与晁某某房屋租赁合同纠纷案[1]中,原告在房屋租赁期间,发现被告的房子出过事(一个人因脑梗死在原告租赁的房子中突然死亡),遂以该房屋属凶宅、家人不敢再居住为由诉至法院。法院认为,在房屋内出现突发伤亡事件属正常现象,不认可涉案房屋为"凶宅"之说。原告要求提前解除合同,但未提供其他合法依据。因此,依法不予支持原告的请求。

同样是涉及"凶宅"的案件,为何判决结果大相径庭?按照一般的民间习俗,发生过非正常死亡案件的房屋会被认为"不吉利",房屋价值会下降。因此,民间认为,房屋是否为通常意义上的"凶宅",房主负有披露义务。但是,在我国相关法律中并未实行凶宅信息披露制度。因此,这类案件涉及在司法审判中民间习惯的运用问题,有法官认为习惯法仅在于弥补强行性与禁止性规定的不足,也有法官认为民间法对于社会秩序的维护与公平正义的实现具有重要意义,应当结合个案、权衡评判,作为更合理的判决。

(二)对《精神损害赔偿司法解释》第4条的再思考

当我们谈及具有人格利益的财产的保护时,所有权的路径一直是司法解释中所遵循的,也正因如此,《精神损害赔偿司法解释》第4条才把权利的主张者限定为"所有权人"。当然,这也为司法实践的困惑埋下了伏笔。事实上在实践中,因为习惯的引入,导致了所有权本身的外延发生了变化,产生所有权的方式已经并非传统的支配方式所生的所有权,而是通过习惯或者传统文化产生的所有权。也是正是习惯的引入,使得在实践中的诸多案件,可以相对"扩张"地运用第4条,将所指向的具有人格利益的财产纳入扩张后的"所有权"范畴,以使裁判有据。

如前文所提到的东阳"祖宗画像案",[2]368名许氏后代以画像系许氏后人共有为由,起诉许某甲、许某乙姐弟。东阳市人民法院一审判决,画像为368名许氏后人与许某甲、许某乙姐弟共同所有。诉争的画像至今已有400多年,368名原告是否均为许氏后人?是否都享有继承权?共同所有权人是否有遗漏?尚不得而知。本案中许氏后人的所主张的所谓的"共同所

[1] 参见刘某与晁某某房屋租赁合同纠纷,菏泽市中级人民法院民事判决书(2012)菏民一终字第787号。

[2] 参见《画像风波》,载央视网,http://www.cctv.com/news/society/20041129/101095.shtml。

有权”正是基于民间宗族习惯而获得,而非基于现代民法中的占有与支配所获取。

而在国外,也同样存在这样的法律现象。例如,在美国,有学者认为传统的财产权概念已经不能适应多元文化的需求。[1] 在因纽特人遗骸返还案[2]中,1897年美国探险家罗伯特(Robert Peary)从格陵兰岛向美国带来了6个不同年龄的因纽特人,称为“活的标本”,佩里已经答应了因纽特人,他们能够回家。但是不久,佩里就将他们遗弃在博物馆,这6名因纽特人生活在博物馆的地下室,不幸的是,他们在寒冷、沉闷的博物馆地下室里患上了疾病。四人因纽特人死于结核病。他们中有一个是名叫齐苏克(Qisuk)的男人,他8岁的儿子米尼克(Minik)恳求博物馆返还他父亲的遗体,他可以按照因纽特文化所要求的传统进行葬礼仪式。博物馆并未同意,而是将因纽特人的遗体放在博物馆进行展示。8岁的儿子为了埋葬父亲的遗体,多年来一直在与博物馆进行痛苦的斗争,直至28岁时死亡,都未能达到目的。直至1990年通过《美洲原住民坟墓保护和遣返法》(Native American Graves Protection and Repatriation Act)[3]后,博物馆与部落交涉,才悄悄返还了齐苏克等人的遗体,[4]并举行了葬礼,他们的墓碑上写着“他们终于回家了”。[5]《美洲原住民坟墓保护和遣返法》规定了1990年11月16日以后在联邦或部落土地上挖掘或发现的文化物品的所有权。该法案规定,美洲原住民遗体和相关的殡葬物品属于直系后裔。如果不能确定直系后代,那么那些遗骸和物品以及相关的殡葬和神圣物品,以及文化遗产的物

---

[1] See Kristen A. Carpenter, Sonia K. Katyal, Angela R. Riley, “In Defense of Property”, 118 *The Yale Law Journal* 1022 (2009).

[2] See Kenn Harper, “Give Me My Father's Body: The Life of Minik”, *The New York Eskimo*, 2000.

[3] 《美洲原住民墓葬与赔偿法案》(Native American Graves Protection and Repatriation Act)《美国法典》第25卷第3001条至第3015条,是1990年制定的一项联邦法律,旨在促进人类遗骸,殡葬物品,神圣物品的归还,以及文化遗产对直系后裔,印度部落和夏威夷原住民组织的物品。法律规定了通过考古发掘或其他收集等行为获得的联邦机构、博物馆和教育机构将某些物品和祖先遗体归还给这些被广泛界定为美洲原住民的群体。遗体必须被清楚地识别为“美洲原住民”,向部落遣返。

[4] See Kristen A. Carpenter, Sonia K. Katyal, and Angela R. Riley, “In Defense of Property”, 118 *The Yale Law Journal* 1022 (2009).

[5] Kenn Harper, “Give Me My Father's Body: The Life of Minik”, *The New York Eskimo*, 2000.

品属于发现遗体的部落或与他们最为已知关系的部落。法案中基于文化习惯产生的财产权,显然超越了传统财产权的法权结构,但由于对地域文化、宗教、种族等因素的影响,财产权的外延发生了扩张。

(三)情感保护的正当性论证

习惯作为人格利益形成的情感基础,之所以进行保护,是因为情感本身在具体文化语境值得保护,具体文化语境往往又体现为一定的习惯,由此在法律上形成了人格利益。换句话说,一种个体的情感并不能在法律上得以保护,因为这违背了法律的确定位与可预见性,只有当一种情感通过习惯甚至法律体现为一种相对的意义性与可预见性时,此时才可以生成相应的受到法律保护的人格利益。更进一步说,法律保护的人格利益在这个意义上并非个体的,或者说不仅仅是个体的,而且应该是一定范围内可预测或可知晓的,显然,确定其是否已成为一种习惯显得尤为重要。

当然,对于一定生活语境下传统的尊重,并非单单依靠单纯的、抽象的法权模型来进行裁判,同时亦可能通过习惯改变传统的权利概念与法权结构。正如前文所言,习惯与情感有着很大的关系。同时,我们也看到,某些情感可以上升为人格利益,抽象为法权模型,通过实证法进行保护,如隐私权;某些情感可以通过习惯来扩张解释与适用,纳入已有的法权模型(如前面提到的所有权概念的扩张),实现保护;还有些情感却未能抽象为具体的人格权,只产生人格利益。判断哪些人格利益可以通过法律予以保护,就必须找到法源、运用法源。成文法上找不到明确指向的法源,则通过另一个法源的基础——习惯,对那些应当保护的人格利益进行保护,甚至用习惯去判断哪些类型的情感能够进入到法律的范畴——无论是所有权的路径还是人格权益的路径。一般情况下,在国家制定法不能为个案提供明确的答案时,基于习惯产生的情感识别就成为必要。当然,这仅仅是民间法作为直接的法律渊源进入司法程序的一般性规定,在具体的案件中还需要在较为统一标准的前提下,根据类型区分和实际情况以获得一项“正当的”裁判。

透过吉尔兹的地方性知识的概念,我们进而谈及财产上的人格利益保护,在解释方式上会更为清晰。前面通过传统“人—物”二分结构下的概念构造所产生的问题此处不再赘述,而基于此进行的主体扩张性解释与客体的扩张性解释,始终不能作出完整的回答。同时,前面对于人格利益的“感性”及情感因素的分析,对“理性”作为精神损害赔偿基础的否认,也表明了财产上的人格利益保护或者情感保护应当具有地方性——这也给我们提出一个问题,当我们强制将一种异于已有概念甚至文化的体系类型植入到过去的概念体系中,本身是否是正当的?法律的扩张性解释与理论的张力始终是有边界的,而财产上的人格利益需要在实践中寻求更为有效的解释,并进而以一种实践进路去反馈理论解释中的困顿。这也是我们在司法裁判的时候给予了习惯以法源的地位,使那些在现行权利体系中无法进行保护的能够基于习惯获得救济,笔者认为,这是吉尔兹的地方性知识所欲达到的目的。

二、财产上人格利益的类型划分——以情感为基础

(一)财产上人格利益的既有类型划分与评述

关于财产上人格利益之类型划分,以笔者目力所及,主要有以下几种分类方式。

第一种,将具有人格利益的财产分为具有情感寄托功能的物和具有人身象征功能的物两类。前者如结婚戒指、传家宝,后者如肖像画。[1]

第二种,认为财产与人格的关系形成路径有两类:一为“身外之物”(外在物)的内化;二为人身的东西的外化。据此“人与财产”关系标准,具有人格利益的财产可分为具有人格象征意义的财产、寄托特定人情感的财产、源于特定人身体的财产和源于特定人智慧的知识产权4类,前两类属于外在物的内化,后两类属于内在自我的外化。[2]

第三种,以与财产发生特定人格联系的主体类型为主要划分标准,同时兼顾某些特殊情况,将人格财产划分为4种,即与个人有关的特定物,与家庭有关的人格物(家宅、祠堂等),团体性人格物(有特定社会意义的民居、文

---

[1] 参见常鹏翱:《论物的损坏与精神损害赔偿的关联——一种功能主义的诠释》,载《法律科学》(西北政法学院学报)2005年第1期。

[2] 参见易继明、周琼:《论具有人格利益的财产》,载《法学研究》2008年第1期。

物),与人身有关的器官、基因及与遗体有关的骨灰、遗骸等。[1]

第四种,以所谓是否"涉他"为标准,将具有人格利益的财产分为涉他性和非涉他性。前者指"主体把其对另一主体的情感倾注在某物上"的情形;后者指"主体单方面地把自己的情感倾注在某物上"的情形,又可进而划分为"寄托特定人情感的财产和源于特定人身体的财产"。[2]

第五种,以所谓内含之精神利益的性质为标准,将具有人格利益的财产分为:具有善的精神利益的人格财产和具有恶的精神利益的人格财产。前者指所含精神利益"能满足人们正常的、健康向上的精神需求"的人格财产,如特定纪念物。后者指所含精神利益"使人产生不良精神刺激"或具有"精神利益瑕疵"的具有人格利益的财产,如"凶宅"。[3]

第六种,以与财产发生特定人格联系的主体类型为标准,将具有人格利益的财产划分为"关涉单一性主体的人格财产"和"关涉集合性主体的人格财产"两大类。其中,前者可被进一步划分为具有人格象征意义的财产、寄托特定人情感的财产、源于特定人身体的财产以及源于特定人智慧的知识产权。后者则可被划分为家族意义上和团体意义上的具有人格利益的财产。[4]

第七种,从发生学意义上来看,人格与财产的交互作用,是主体客体化、客体主体化在现实生活领域与法律领域的反映,是主客体交互作用的一种表现形式。有学者认为,人格财产的属概念是财产,人格财产是财产(权利或义务)的下位概念,并将"人格财产"归纳为如下种类:(1)来自人格的财产;(2)为了人格的财产;(3)共生的人格财产;(4)遗体财产;(5)负人格财

---

[1] 参见冷传莉:《论民法中的人格物》,法律出版社2011年版,第96~128页。

[2] 王长勇:《侵害财产权的精神损害赔偿制度理论基础之修正》,载《大连海事大学学报》(社会科学版)2007年第6期。

[3] 黄志勇:《论物的瑕疵担保及精神利益保护》,四川大学民商法学专业2004年硕士学位论文,第26页。

[4] 参见方乐坤:《精神利益保护与民事责任体系完善研究》,西南政法大学民法专业2012年博士学位论文,第154页。

产;(6)不真正人格财产。[1]

第八种,从具有人格利益财产上人格因素的认定情形进行划分,大致有两类:一类是基于权利人自身的特殊经历并包含权利人特定之目的的;另一类是能够体现出权利人特殊身份关系的。[2]

上述分类中,第一种类型从功能主义出发,对于物的损毁何以能导致精神损害赔偿请求权为标准进行划分,笔者赞同从人格利益的功能端出发进行类型划分,但由于人格利益内涵的多样性,这样的划分边界模糊,分类略粗且存在交叉重合之处,对司法实践的指导性不明确。第二种类型划分的标准不一致,具有人格象征意义的财产、寄托特定人情感的财产、源于特定人身体的财产和源于特定人智慧的知识产权为并列层次,其中,“具有人格象征意义”“寄托特定人情感”与“源于特定人身体”“源于特定人智慧”并非在一个逻辑层面。同时,寄托特定人情感的财产和源于特定人身体的财产明显包含于具有人格象征意义的财产概念之中。第三种类型划分,亦存在一些分类逻辑上的问题,如“与人身有关的器官、基因及与遗体有关的骨灰、遗骸”从与主体的关联性状况来看,显然与个人有关,而应属于“与个人有关的特定物”;而论者将此二者作为并列概念,显属不当。

同时,笔者认为,第四种和第五种类型的划分标准有欠合理。就第四种类型划分而言,所谓“涉他性”和“非涉他性”财产的分类对于财产中人格利益的判定价值不大,因为是否涉他并不能作为财产中是否具有人格利益以及应否给予特殊保护的标准,重要的是财产的“涉人性”,即财产中的人格要素。而在第五种类型划分中,所谓精神利益划分的善与恶的标准亦显牵强。具有人格利益的财产的主题是人格利益的识别和保护问题,主要针对人格利益遭到损害的客观情形,因而,法律上所讨论的财产中的人格利益保护和救济,主要是针对人格利益遭受损害这一“负态面”展开的;与此同时,具有

---

〔1〕 该学者尝试对“人格财产”下定义,认为“人格财产”是指人格与财产交互作用(包含但不限于人格财产化或财产人格化)之后所形成的直接关涉人格利益(或包含精神利益)的财产权利或义务(内涵),包括依存、寄存、并存或减损人格利益的积极财产或消极财产(外延)。参见陈传法:《人格财产及其法律意义》,载《法商研究》2015年第2期。

〔2〕 参见张力、公杰:《论具有人格利益财产的认定》,载刘云生主编:《中国不动产法研究》(第17卷),法律出版社2018年版。

人格利益财产所保护的是作为主体的人格利益由特定的财产来承载，而作者关于“凶宅”等所谓具有“恶的精神利益”的人格利益财产——就出卖人而言，其隐瞒“凶宅”等信息本身属于违约，就凶宅本身没有承载任何人格利益；对于买受人而言，继受一座毫不知情的“凶宅”更谈不上在其上有人格利益。故所谓具有“恶的精神利益”的人格财产，实际上是与人格财产概念的产生及其保护目的相去甚远，甚至可以说毫无关联。这两种类型化方法的共同弊病在于，将个别情形上升为一般化标准，从而未能从质的差别上进行类型化，进而造成各类型之间界限不清甚至逻辑层次混乱。

第六种类型划分亦存在不周延之处，“关涉单一性主体的人格财产”中的源于特定人身体的财产，与“关涉集合性主体的人格财产”家族意义上的财产存在某种意义上的重合。例如，人体基因中包含家族意义的特定信息可视为家族意义上的财产。在对前者进行子类型的划分中，也与第二种类型划分存在相同的问题。对于第七种类型划分而言，该学者自己也意识到“要将上述不同类型的人格财产囊括到一个完整的定义中去，的确不是一件容易的事情”。[1] 其中亦存在分类标准不统一的问题，例如，“来自人格的财产”与“为了人格的财产”属于同一逻辑层次，但“遗体财产”和“负人格财产”的标准却不尽一致。

对第八种类型的划分方法而言，笔者持赞同的立场。该种分类方法注意到了财产作为一个整体对象，其上既有财产权亦存在多种人格利益的可能，因此，基于附着在财产上人格因素认定的情形进行分类。但是，该分类的标准尚有进一步细化的空间。另外，可能存在一个对象上同时蕴含多种人格利益的情形，既可能有权利人自身的特殊经历，亦可能有权利人特定之目的，还同时有可能体现出权利人之特殊身份关系。该学者也意识到这一点，认为“两种情形都具备的自明不言……这样的标准亦非绝对，还需要结合个案探究其中的其他要素统筹认定”。[2]

在对于某种法学上的对象未达到全面精确把握之前，类型化研究是重

---

〔1〕 陈传法：《人格财产及其法律意义》，载《法商研究》2015年第2期。

〔2〕 张力、公杰：《论具有人格利益财产的认定》，载刘云生主编：《中国不动产法研究》（第17卷），法律出版社2018年版。

要的认识手段之一。因而，目前国内学界在关于财产上的人格利益研究中，类型化是有效途径之一，也是重要的着力点。以上关于具有人格利益的财产多种划分，除了小部分划分有失合理之外，大部分划分均是有价值的，它们或是某种类型化维度的进一步延伸，或是提供了新的类型化视角，总体上反映了我国学界对于具有人格利益的财产类型化研究的不断深化，殊值认可。[1] 对具有人格利益的财产诸多类型划分中，关注点仍然大多集中在物之本身，仅对附着于财产上的人格利益进行了表浅的抽象，导致划分的类型之间存在交叉和重合。更为关键的是，无法对具有人格利益的财产提取公因式，从纷繁复杂的样态下将所欲保护之人格利益抽取出来，对人格利益的识别不具有指导意义。

（二）情感视野下具有人格利益财产之类型划分

前文谈及基于情感对财产上的人格利益进行类型化研究，根源在于将人格或者说精神的本质回溯到情感，而人格利益为情感在法律上的表达形式之一，这些人格利益可以表现为绝对的人格权或者独立存在的人格利益，但同时也可以体现对象化的客体那里，这也就延伸出具有人格利益的财产。更深入一步说，正是由于情感通过“拟人”与“移情”注塑于财产之上，并在一种相对普遍意义上的“共感”，实现了向法律保护实现的可能，使这些财产由于“共感”所带来的“象征”意义具有了“公示性”，能够使财产上的情感（人格利益）在通常意义下被认可并得到法律的评价与保护。[2] 但是，这一过程中情感的类型具有相同性——因为都是通过移情这一过程；但也具有区分性，因为主体与客体的移情过程中，情感的类型具有很大的差异。不过，在此需要明确的是，笔者在文中的表述有时使用“具有人格利益的财产”类型划分，有时使用“财产上的人格利益”类型划分，两种表达在本书中并不作实质区别，因为本书所论述之具有人格利益的财产，落脚点虽在财产，探讨的本质却在人格利益，在人之情感。所以对人格利益背后的情感

---

[1] 参见方乐坤：《精神利益保护与民事责任体系完善研究》，西南政法大学民法专业2012年博士学位论文，第152~152页。

[2] 参见郑永流：《人格、人格的权利化和人格权的制定法设置》，载郑永流主编：《法哲学与法社会学论丛》，中国政法大学出版社2005年版。

类型之划分,事实上也是对该情感所表征的“财产”的划分。

笔者根据与主体产生情感距离的差别,将附着于财产上的情感分为三类。第一类是人对自我的情感,这里主要是指人之为人,对其自身的关爱、期待、欣赏和尊重。这一类情感主要源于人生具有纪念意义的特殊经历和人体组织所附之人格尊严。第二类是人与他者的情感,这里主要指人与人之间的情感,也有人与动物之间的情感。鉴于动物亦为生命体,因此将人与动物互动产生的情感归入该类型中。第三类是社会传统形成的情感,主要指家庭、社会伦理、地方传统习惯等因素形成的情感。[1] 当然,这样的划分并非绝对的,一个对象上面附着的情感类型可能既有交叉,亦有重合,只是在某个对象中,怎样的情感更为明确一些。

1. 人对自我的情感所生人格利益之含义

人对自我的情感,往往针对自己人生有纪念与记忆的物品,如婚纱照、毕业照以及基因组织等其他类似的财产。这里需要注意的是,就算是婚纱照,如果是自己的照片被毁损,侵害的则是“人生记忆”的情感,但倘若是父母的婚纱照,对于拥有照片的后代而言,更多的是一种睹物思人,对他人的情感寄托;同样,自己的获奖证书更多的是一种对自我人生记忆的情感,而保留亲人的荣誉证书,更多的是一种对他人情感之寄托。

本书探讨的源于人自身的情感,主要包含两个方面。

一是人之为人而对自己的尊重。主要涉及人体器官、基因组织、血液等与人体紧密结合的,其属性与人身利益密切相关的财产上之精神情感,同时也体现了人格尊严之自我决定的伦理价值。[2] 在康德那里,人是目的,人具有作为一种生命而存在的尊严。德国法学家杜立西(Dürig)认为人性尊

---

[1] 在涂尔干看来,人的情感活动有个体形式,但主要是集体形式。涂尔干进而将这种心理的社会事实归结为客观的社会事实,强调前者受后者制约。“亲属关系的社会组织相应地决定了父母和子女之间的情感。假如社会结构是不同的,那么这些情感也完全有可能是不同的。之所以这样说,是因为在许多社会里根本不存在什么父母之爱(这种情况在母系家族社会里表现得很明显)。”参见[法]埃米尔·涂尔干:《社会分工论》,渠东译,生活·读书·新知三联书店2000年版,第308页。

[2] 当然,基于对人之为人的尊重之情感亦可产生独立的人格权,比如我们的姓名权、肖像权、健康权等,即基于此,只是这类的人格权并非本书所探讨的主题。

严存立的基础在于人的心智。[1] 也有学者认为,人性尊严的本质包括人本身即是目的,自治与自决系人性尊严之核心内涵。[2] 作为具有自由意志的人,可以理性生活、理性思考、理性选择,尊重别人并要求他人尊重自己。[3] 二是人对自己具有纪念意义的特殊经历之记忆。这里是指主体的自我记忆,即主体对自己个人信息或个人所经历的生活事件的回忆。[4] 这种回忆多为一种正面的、积极的,是对人们履行相应行为所表达的肯定性态度与褒奖,主要包含社会的价值认定和个体的心理感受两个方面的含义。就社会价值认定而言,即为社会对个人行为给予的正面肯定性评价,通常表现为荣誉、奖励等形式。人对自身具有纪念意义经历的回忆,达成社会的价值认可和个体自我肯定的心理感受的统一,形成人的尊严感。

在此需明确的是,人生记忆情感所生之人格利益是权利人对自己人生特殊经历的记忆,应区别于对别人的记忆,因为前者属于本书在此所探讨的内容——人源于自身的情感所生之人格利益,而后者则源于权利人与外界产生的情感。

2. 人与他者的情感所生人格利益之含义

财产上附着的基于自我与他者交流产生的情感所生之人格利益,实为传达心灵上的心灵寄托之情感,源自人们生活情感的寄托,是自我与他者之间沟通交流的重要方式,而这一特定的财产则成为情感寄托的载体,寄予了权利人内心的情感体验。如记载他人形象的照片、他人使用过或赠送的具有纪念意义之物品等,上面承载了特定某"人"的音容笑貌,使权利人得以"睹物思人"寄托情感,成为人与"人"相关联的通道。在该类型中,人的感情被通过拟人(人格化)的手法表达于事物上,即把客观的事物当成

[1] 德国法学家杜立西(Dürig)对人性尊严之定义较为详细。他认为,人性尊严无论在何时何地都应在法律上加以实现,它的存立基础在于:人之所以为人乃基于其心智,这种心智使其能有能力自非人的本质脱离,并基于自己的决定去意识自我、决定自我、形成自我。参见蔡维音:《社会国之法理基础》,台南,正典出版文化有限公司2001年版,第25页。

[2] 参见李震山:《人性尊严与人权保障》,台北,元照出版有限公司2001年版,第8~18页。

[3] 我们所采取的行动是努力提高他们的自我决定能力,而不应该阻止他们的行动,除非他们明显是受到别人的胁迫。See Robert J. Levine, "Informed Consent: Some Challenges to the Universal Validity of the Western Model", 19 *Journal of Law Medicine & Ethics* 207 (1991).

[4] See Conway M A, Pleydell-Pearce C W, "The Construction of Autobiographical Memory in the Self-Memory System", 107 *Psychological Review* 261 (2000).

“人”,出现主客体交融的现象。[1] 换句话说,情感寄托即通过拟人手法,把抽象的思想情感转化为具体的形象记忆。[2]

《精神损害赔偿司法解释》第4条“具有人格象征意义”的用语,在一定程度上也暗含有“拟人与移情”的意味。这类人格利益属实务上所创设的其他人格法益的重要类型之一,超越传统人格权的保护范围,具有保护人格尊严及人格自由的意义。这种“自我与他者的情感所生之人格利益”具有概括性,有进一步具体化的必要,以对附着于各财产形态之上的人格利益进行识别与把握。根据主客体划分的标准,本书将自我与他者的情感分为两类,第一类是人与他人交流产生的情感(附着于他人的照片、遗物等),第二类是人与动物交流产生的情感。需要指出的是,之所以将他人与动物归为一类——他者,是因为动物亦具有生命和意识,人在与动物长期生活和互动中产生如同亲人般的情感,这种现象在现代社会中是普遍存在的。在某种意义上,相较于人与他人的照片、遗物等产生的情感,人与动物产生的情感更为直接,甚至更值得我们关注与保护。

3. 社会传统形成的情感所生人格利益之含义

关于社会传统形成的情感,涉及坟墓、骨灰、尸体等。笔者在前面提及人类社会从“身份”到“契约”的观点,个体逐渐走出传统家庭身份的约束,财产上所附着的家庭伦理逐渐被剥离,更进一步体现在以市场为导向的财产占有与交换关系。然而,家庭本身作为人类社会的一个基本单元并没有消灭,其所扮演的角色范围相较于传统社会而言有所缩减,但并不妨碍基本家庭血缘关系所生情感及其保护的重要性,这种情感在过去更多地体现在家事法中,包括婚姻、扶养、继承等法律规范中,后于一般的财产交易,如物权、合同中体现得较少或者说基本没有体现。笔者曾在前文论及民国初年大理院裁判中为促进市场流通,否认同村、同宗之人的优先购买权,亦在于此。此处提出的问题在于,如果说流通交易领域我们剔除财产上的家庭、

[1] 参见李泽厚:《美学四讲》,天津社会学院出版社2002年版,第229页。

[2] 正如黑格尔所言,没有使意象和意义互相对立起来,只托出意象……就是具有较明确的形象,便于感性知觉和观照,它把一般抽象的字的不明确性消除掉。参见[德]黑格尔:《美学》(第2卷),朱光潜译,商务印书馆2016年版,第130页。

身份属性是现代社会及相关立法的趋势，那么如果某项财产并未进入流通领域，其上体现了一定财产的排他关系，那么其上的家庭情感是否应当被忽略？如果此种情形下受到第三方的侵害，法律是否应当保护该类财产上的家庭伦理情感及其所生之人格利益？

除了基于家庭伦理以外，我们还需考量社会伦理。从很多方面，家庭伦理与社会伦理有很多关联性，纳入家庭伦理范畴的事物往往也在社会伦理范畴之内，如对于遗骸、坟墓、墓碑等，无论是从家庭伦理还是社会伦理的范畴都应该进行保护。但是，社会相较于家庭而言处于一个更大的范畴，其伦理的涵盖会在很多方面溢出家庭伦理——如果我们从广义上理解的话。例如，宗教作为社会形象的一种，基于宗教所产生的物往往具有一种维系的情感，这种情感有可能维系一种我们根本无法“认识”的“庇佑”的情感。但是，这种“庇佑”是否真实存在是一个科学的问题，而“庇佑”所意味着的伦理问题却是一种信仰问题，[1]我们在法律保护中不应该以科学思维代替法律思维，而应当直视这类情感的保护。除了基于宗教情感而体现于一体物上的人格利益，社会伦理情感还包括基于国家、民族或集体组织的情感，这种情感也会体现为一定财产上的人格利益，如特定的组织徽章、旗帜等，于具体裁判中可能产生人格利益的侵害，应当纳入该范畴。

总体而言，社会传统形成的情感所生之人格利益体现于一定的财产之上，在今天被我们越来越多地提出来，事实上是民法所应有的更多的“人

---

〔1〕 有学者认为这种信仰属于精神性权利，例如，其在《房屋买卖纠纷中的法律问题》一文中论述到，“凶宅”认知反映的是一种特殊的民俗信仰。民间层面的“凶宅”“鬼屋”，虽然没有科学依据，但也不是什么封建迷信，而是一种民俗信仰。有没有鬼是科学，怕不怕鬼是心态。这种心态具有普遍性、持续性，不仅出现于中国，也流行于西方。例如，美国就有“Died In House”之类的公司，专门为购房者提供“鬼屋”清单，以免不慎购入。这种心态经过文化传递，后来成了习俗、民俗、习惯，而交易规则中的诚实信用、善良风俗就成了援引这种民间习惯法的最重要原则。我国近年来经常出现“凶宅”买卖纠纷，北京、浙江、四川等地法院都理性地认可此类习俗，也认可了买受人特定的精神性权利。参见刘云生：《房屋买卖纠纷中的法律问题》，载深圳特区报，http://sztqb.sznews.com/PC/content/201709/05/c165700.html。

性”,而非单纯“物性”。[1] 其保护的一些对象已经不是单纯的作为可支配客体的“物”(如尸体、遗骨等),可以笼统地称为特定人格利益的“物质载体”,本书通过探讨这些“物质载体”背后的情感保护,而非单纯的“物”的保护,事实上也是想跳出传统民法主客体思维框架以获得救济的合理性解释。

这里当然就存在一个问题,以坟墓为例,其同样表明了一种心灵寄托的人与人之情感,为何在后面的行文中会纳入第三种类型的范畴之中。在笔者看来,坟墓的形式本身并非仅体现心灵寄托的情感。从死后的埋葬到祭祀,人类学与社会学有很多的研究,在某种意义上而言,祭奠是保留了与祖先进行交流的一种方式,而并非仅仅是个人情感注塑于坟墓之上。更为简单的理解是,已过了很多代的后人,往往从未在坟墓前祭祀,但如果听说祖坟被破坏,也会天然地产生羞辱感、愤怒感,但如果说是因为其上有墓主后人睹物思人的情感,实在有些勉强,所以本书更倾向于认为坟墓上附着的情感类型较多的是基于“社会传统形成的感情”,或者说是前文已经提及的基于一种“共同感”而产生具有更加普遍的社群公示意义的情感。对于本书将基因组织附着的情感纳入第一个类型,就目前而言,是较为妥当的归入方式。因为对基因组织与基因信息的区分,以及基因信息的权利人范围等问题,无论是理论界还是实务界都没有结论,这里按照笔者的理解,基因作为一种信息,具有隐私权等人格权益,其载于基因组织之中,故纳入具有人格利益财产亦无不妥,至于基因未来有认知变化或者延伸出新的权利,自然应当保护或特殊立法,亦与本书的划入不矛盾。

总之,以与主体产生情感距离的差别为标准,对财产上的人格利益进行分类研究,目的有四。第一,还财产上的人格利益以本质,其保护的是什么;第二,能够通过这三类情感分类涵括目前既有的具有人格利益财产之类型,而不用纷繁罗列;第三,给予司法实践解释的空间和弹性,但同时也通过具有一定“公示性”的方式来进行限制;第四,在立法路径上跳出传统的物权

---

[1] 这里的“人性”与“物性”,有别于人文主义与物文主义之争。本书所指的“人性”是要求民法典的内容彰显人文主义,要求民法典的一切制度以人为中心,广泛地赋予人以权利,充分地尊重人的意志,最大限度地承认人、关心人、成就人,而民法典对人的关怀和实现程度又体现出人文主义精神的强度。

路径之保护模式,或者特定情况下对债权进行扩张性解释的路径,而合理正当地纳入侵权的制度设计与保护体系之中。

本章小结

基于对财产上人格利益的本质追溯与生成方式的探讨,本章比较了各国既有法律规范对于财产上人格利益的调整。财产上人格利益保护的核心是如何识别财产上的人格利益。各国立法对财产上人格利益的救济有概括规定、明确规定以及原则性不保护三种模式。第一种是在没有法律明确规定的情况下,被统一纳入一般性规定予以救济;第二种是在有明确的规范,但却无识别标准的情形下,秉承限缩适用的态度进行裁判;第三种是原则上对财产上的人格利益不予认可,个案中确有保护之需要的,在现有法律框架语境中,通过司法的能动性进行扩张解释。上述不同的立法模式带来司法实践的差异,整体而言,裁判中对既有规范的适用存在标准不一的问题,对财产上人格利益的识别相对泛化,识别规则亦不成体系。针对个案进行解释的裁判,虽然结果上可能具有正当性,但是仅就个案解决个案的方法却破坏了民法的体系。其一,其往往针对某一具体的、特定的案件作出解释;其二,这种解释往往不具有权威性、在结果上具有多样性,同一类具有人格利益的财产因为裁判主体不同或其他因素,导致裁判依据模糊,标准不一,结果各异;其三,对于裁判违背立法原意而进行解释,不仅有损法律之权威,裁判的合法性亦受质疑;其四,由于裁判标准不一,往往导致难以对财产上人格利益保护与救济的案件进行提炼。

本章第三部分试图去解决财产上人格利益的识别泛化与识别体系化问题。基于前文对财产上"情感"投射的论证基础进行分类,根据每种类型情感生成原因的差异,分别提出识别标准,从而将附着于财产上的情感分为以下三类:第一类,人的"自我情感",这里主要是指人之为人,对其自身的关爱、期待、欣赏和尊重;第二类,人与他者的"交互情感",这里主要指人与人之间的情感,也有人与动物之间的情感;第三类,社会传统习惯形成的"共通情感",主要指家庭、社会伦理、地方传统习惯等因素形成的情感。需要特别考量的问题是,情感本身在具体文化语境中值得保护,具体文化语境往往又体现为一定的习惯,于此在法律上形成了人格利益。只有当一种情感通过习惯甚至法律体现为一种相对的意义性与可预见性时,此时才可以生成相应的受到法律保护的人格利益。需要指出的是,本书所作的具有人格利益的财产之分类研究,并不能将其类型穷尽并绝对化,同时也并不是所列类型中所有的财产都必然具有人格利益。对于这些类型的具体研究,本书后序章节中将分别予以论述。

第四章　类型一:基于“自我情感”所生财产上之人格利益

如前文所述,在对财产上人格利益的分类中,根据与主体产生情感距离的不同,将财产上附着的人格利益分为三种类型,即人对自我的情感、人与他者的情感以及基于社会传统形成的情感。在第一种类型中,人投射于自我的情感有两个方面的内容,一方面是人之为人对自己的尊重,另一方面则是关于对自己具有特殊纪念意义的经历之情感,属于人对自我的认同。通过梳理发现,这两种不同的情感评价型人格利益附着的物质载体亦迥然有别。以人格利益所附的物质载体是否源于人身为标准,前者所附着的物质载体源于人身,后者则源于人身之外的事物。

第一节　与自我人身相关的财产上之人格利益

一、人的体外胚胎

(一)人的体外胚胎法律性质之学说

对人的体外胚胎之保护,法律性质的界定是一个绕不过去的问题,只有在其性质明晰之后,才能进一步研究保护的方法。人的生命始于胚胎,人的体外胚胎是“生物学意义上的人”,这一点在医学界已达成了共识。但是,在“人—物”二分的法学二元结构中,胚胎在法律上如何定位,是人还是物?是否应被赋予人格?能否继承或被继承,甚至被转让?法律应提供何种程度的保护?这些问题是人的体外胚胎所涉法律制度构建的关键。因此,没有性质的界定就无从谈及保护方法和救济路径。目前,学界对人的体外胚胎法律性质之认识,主要呈现三种观点,即“主体说”、“客体说”和“‘中间体’说”。

1. 主体说

持主体说观点的学者认为,应将民法上的主体人格分为两种类型:一种是积极人格,即进入具体法律关系的能承担权利义务的主体人格;另一种是消极人格,即纯粹自我相关的“能力”或者说“人格”。[1] 就消极人格而言,每个个体都是独立存在的,包括人体胚胎。“虽然已经出生的人,无法感知生命体的体验,但是人体胚胎具有自我意识的纯粹意志却毋庸置疑。”[2] 因此,民法主体的真正根基在于纯粹意志,民法学真正的主体性应当追溯到消极人格。因为受精卵自形成后,即具备生长发育成为人的可能,为消极人格的开始。[3] 持该观点的学者站在消极人格与积极人格二分的立场,将“权利能力始于出生”的命题解读为,消极人格始于受精卵,积极人格始于出生,[4]“并非法律人格始于出生,只是积极人格即享有权利的能力始于出生”。[5] 本书亦认为人的体外胚胎应当以“人性尊严”的角度予以保护。但是,我们必须要追问,人的体外胚胎生长发育直至活体婴儿出生之前,与母体的权利、医疗事业涉及的公共利益以及国家政策问题的冲突属于什么性质?

在立法层面,我国对保护未出生者的利益秉承肯定的立场。例如,我国

---

〔1〕 周清林:《主体性的缺失与重构:权利能力研究》,法律出版社2009年版,第117~118页。

〔2〕 同上书,第118页。

〔3〕 亚里士多德和圣托马斯·阿奎那认为理性的灵魂只有在受精的卵子已经达到了一定程度的发展阶段才被注入其体内的,才是人类个体性的开始。具体来说,这个观点主张,通过精神性的灵魂的注入而开始人性生命的时刻是怀孕6周之后,确定来讲,就是男孩40天,女孩80天。在此之前的胚胎,其生命就如动物和植物的生命一样。但是,随着医学的发展,这个观点受到了质疑,最终被怀孕时即刻被激活的理论所取代。参见[德]卡尔·白舍客:《基督教伦理学》(第2卷),静也、常宏等译,上海三联书店2002年版,第352页。

〔4〕 参见庞琳:《人工胚胎的法律地位再思考》,载《医学与哲学》2016年第11期。

〔5〕 周清林:《主体性的缺失与重构:权利能力研究》,法律出版社2009年版,第165页。

《民法典》第16条[1]属于对胎儿的“人格赋予型”规定，《民法典》第1155条[2]属于对胎儿的“财产赋予型”规定。目前，对胎儿利益予以保护已形成共识，[3]我国各版本的立法建议稿亦持相同观点，[4]德国亦有学者提出胎儿具有部分权利能力之观点。[5] 由此，我们不得不进一步追问，人的体外胚胎等同于胎儿吗？对胎儿利益最大限度的保护是否能够延伸到人的体外胚胎阶段？在人的出生前，有一个漫长的生理发育过程，即受孕—受精卵—胚胎—胎儿—从母体出生的过程。笔者认为，不宜将人的体外胚胎等同于胎儿一并纳入“未出生者”的范围。原因在于，虽然人的体外胚胎属于受精卵，具有发育成为个体的可能，但这样的可能只是一种或然性，而不具有必

[1] 《民法典》第16条规定，涉及遗产继承、接受赠与等胎儿利益保护的，胎儿视为具有民事权利能力。但是胎儿娩出时为死体的，其民事权利能力自始不存在。张新宝教授认为，在描述胎儿时，原《民法通则》使用的“出生”一词则将胎儿限定为存活状态，不够精准，故本条文使用了“娩出”这一医学术语，表达胎儿从母体分离出的事实状态。立法者在起草本条文时，最初规定了胎儿的损害赔偿请求权，即遗腹子出生后请求损害赔偿的问题。但有人指出此规定涉及妇女有无堕胎权的问题，而这一问题涉及伦理、宗教等方面因素，民法无法解答。故宪法法律委员会最终决定用“等胎儿利益保护”这一表述涵盖未来的损害赔偿请求权，以回避这一问题。参见民商法前沿论坛：《张新宝教授主讲〈民法总则〉的制定》，载中国民商法律网，http://www.civillaw.com.cn/zt/t/? id=32450。

[2] 《民法典》第1155条规定，遗产分割时，应当保留胎儿的继承份额。胎儿娩出时是死体的，保留的份额按照法定继承办理。

[3] 例如，德国《民法典》第1923条规定，在继承开始时尚未出生但已孕育的胎儿，视为在继承开始之前出生；日本《民法典》第886条规定，胎儿就继承视为已出生；意大利《民法典》是以胎儿为限。参见梁慧星主编：《中国民法典草案建议稿附理由——总则编》，法律出版社2004年版，第26~27页。

[4] 梁慧星先生的民法典草案建议稿在第14条规定，凡涉及胎儿利益保护的，胎儿视为具有民事权利能力。王利明教授的民法典草案建议稿第19条规定，胎儿遭受损害，出生时为活体的，有权就其受到的损害独立提出赔偿请求。也许从这个条款无法看出，但是若深入到他的解释，即可明了，说的就是“胎儿利益的保护”。作为起草者和解释者的冯恺在立法理由中就认为，“本条是对作为特殊主体的胎儿利益保护的规定”。徐国栋教授的《绿色民法典草案》第一分编的第7条规定，胎儿根据遗赠或继承取得财产的，其母亲是其法定代理人。就胎儿的此等期待财产，可设立保佐人。参见梁慧星主编：《中国民法典草案建议稿附理由——总则编》，法律出版社2004年版，第24~26页；王利明主编：《中国民法典学者建议稿及立法理由——总则编》，法律出版社2005年版，第39~40页；徐国栋主编：《绿色民法典草案》，社会科学文献出版社2004年版，第46页。

[5] 这是拉伦茨教授所引用的资料。自然，拉伦茨不赞成这个讲法。他认为，恩尼对《德国民法典》第1条的解释是，这仅仅涉及完全权利能力的开始，不涉及部分权利能力。拉伦茨教授认为这涉及所有权利能力。（参见[德]卡尔·拉伦茨：《德国民法通论（上）》，王晓晔等译，法律出版社2003年版，第126页。）施瓦布教授也不赞同这个提法。他说，有时也会出现胎儿具有“有限权利能力”或“部分权利能力”的提法，这是令人费解的。如果孩子没有活着出生，则这个孩子在任何时候都未取得一分一毫的权利能力。参见[德]迪特尔·施瓦布：《民法导论》，郑冲译，法律出版社2006年版，第91页。

然性。胚胎不具备自我决定意识,[1]是否植入母体以及何时植入母体,均取决于胚胎“父母”之意志。[2] 换句话说,人的体外胚胎并不必然成为胎儿。而对于胎儿而言,其已经存活于母体中且具有自我意识,只是不能直接作用于世界,不能成为区别于母体的一个独立的生物体。[3] 人的体外胚胎相较存活于母体的胎儿而言,所受到的保护更弱。与此同时,值得注意的是,在对人的体外胚胎秉承人性尊严之尊重的前提下,可以有限地进行医学科学技术研究。[4]

2. 客体说

持客体说观点的学者认为,应该将人的体外胚胎认定为物。首先,民法将市民社会的所有物质划分为“人”和“物”两种类型,即抽象为主体与客体,非此即彼。离体组织或器官不再具有人格属性,而是独立的存在,因此,只能将其划分到“物”的范畴中。[5] 其次,将离体组织或器官的法律属性认定为“物”,并不否认其自身内含的伦理属性。这些具有伦理属性的“物”,有的包含潜在的生命活性,有的存有生命特征,特别是具有潜在生命属性的体外胚胎有发育成为人的可能,以特殊规范将其与普通物的占有、使用、处分等权能予以区分,防止其潜在的人格受到损害,在逻辑上也是通顺的。[6]

---

〔1〕 参见冯建妹:《生殖技术的法律问题研究》,载梁慧星主编:《民商法论丛》(第8卷),法律出版社1997年版。

〔2〕 拜尔茨说道,“让我们奇怪的是,为什么在这里总是要谈到胚胎。按照词的本义来说,所谓胚胎不过是等于苔藓或者绒毛一类的东西。此地此刻,我在显微镜下所看到的东西,对我来说,和其他任何一种哺乳动物的卵没有什么区别”。参见[德]库尔德·拜尔茨:《基因伦理学》,马怀琪译,华夏出版社2000年版,第146~149页。

〔3〕 拉伦茨教授认为之所以以出生为开始,在于他认定,人的器官也许是从受胎之后开始发育,然而人的“人格”的发展开端,即意识、自我意识、意志和理智的开端只在其出生的时刻才能予以确定。如果把受胎的时刻作为权利能力的开始,显然就难以精确地确定和证明这个时刻。(参见[德]卡尔·拉伦茨:《德国民法通论(上)》,王晓晔等译,法律出版社2003年版,第125页。)施瓦布教授认为,民法对于权利能力的规定并不在于要表达对母腹中的胎儿的保护以及对这种保护价值的肯定。对德国《民法典》第1条具有决定性意义的观点是,还未出生的子女由于其身体尚与母亲相连,所以还不能作为完全独立的生命存在,因此也就不能作为独立的权利主体参与法律往来。参见[德]迪特尔·施瓦布:《民法导论》,郑冲译,法律出版社2006年版,第89~90页。

〔4〕 参见李震山:《人性尊严与人权保障》,台北,元照出版有限公司2000年版,第104页。

〔5〕 参见杨立新:《人的冷冻胚胎的法律属性及其继承问题》,载《人民司法》2014年第13期。

〔6〕 参见庞琳:《人工胚胎的法律地位再思考》,载《医学与哲学》2016年第11期。

笔者对将源于人身的组织纳入客体范畴的观点是赞同的，但是，本书认为在理论层面和法律适用方面，应根据不同情况对人体组织区分对待。首先，人体组织具有多种类型，如头发、指甲、肾脏、骨髓、精子、卵子等。其中，头发、指甲脱离人体后，不再具有生命形式，属于一般的物；肾脏、骨髓等器官尽管脱离了人体，但依然具备一定的潜在生理活性，具有人格象征意义，属于特殊的物；精子、卵子有别于一般的人体细胞组织，承载了人体的基因遗传信息和潜在的生命特征，精子与卵子相遇形成“受精卵”，发育成“胚胎”[1]后，即成为生命体——一个生命历程的起点。因此，应根据不同的特征对离体器官和人体组织作类型化区分。忽视这些器官和组织上附着的人格利益，不区分人格利益性质的强与弱，而统一将其概括性地归为可支配之“物”，是违背“人性尊严”基本价值理念的。其次，持客体说的学者认为，“冷冻胚胎中具有潜在的生命力，日后可能发展成为人，具有市民社会的主体资格”。[2] 既然冷冻胚胎可能发展成为人，却仍然将其认定为“物”，则在胚胎生长发育过程中无论如何也绕不开一个悖论和一个疑问：前者为“由物变人”的悖论；后者为何时变为“人”的疑问。最后，赞成客体说观点的学者认为，将冷冻胚胎作为“物”看待，在法律上予以特殊保护，能够避免其潜在人格受到损害。从“物”的法律特征来看，物能够为民事权利主体实际控制或支配。

3. “中间体”说

持“中间体”说观点的学者认为，人的体外胚胎有别于一般的客体，其具有成长为人的能力，但也不属于主体，而处于主客体之间的特殊地位。“如果受孕体能不受阻碍地转化为胎儿，他的主体性就强，相反，他的客体性就强。实际上，他们的法律地位就经常地摇摆于主体与客体之间。”[3]有学者认为，受孕体并不是胚胎，两者之间的转化需要“艰难的一跃”，这个跳跃取决于其父母的决定、医生的判断等诸多因素。这一观点在司法裁判中也有

---

〔1〕 受精卵要经过多次分裂后才能发育成胚胎。受精卵只有一个卵细胞，而一个胚胎中包含有多个细胞。

〔2〕 杨立新：《人的冷冻胚胎的法律属性及其继承问题》，载《人民司法》2014 年第 13 期。

〔3〕 参见徐国栋：《人工受孕体在当代意大利立法和判例中的地位》，载《华东政法大学学报》2015 年第 5 期。

所体现,“无锡冷冻胚胎案”二审判决亦秉承体外胚胎为人与物之过渡存在的立场。该观点的逻辑基点源于“胚胎是介于人与物之间的过渡存在,具有孕育成生命的潜质,比非生命体具有更高的道德地位,应受到特殊尊重与保护”。[1] 可见,二审法院站在“中间体”说的立场,认为人的体外胚胎既不属于物的范畴,也不具有人的主体性。但是,这个“介于人与物之间的过渡存在”并不属于民法概念的基本范畴。[2] 近代民法构建法律关系的基础,以“主体—客体—内容”为基本逻辑,将市民社会的物质构成要素分为人与物对立的二元格局,构建了市民社会认识、规范和处理纠纷的基本方法。[3] 换言之,主体与客体作为一组相对的概念,是民事法律框架的两大基本范畴,两者各以对方的存在为自己存在之前提。[4] 虽然“现代生殖科技颠覆了人类胚胎须于母体内发生之铁则,而体外胚胎的出现确实已逸脱各国制宪先贤可能之想象”,[5]但作为市民社会物质构成要素的基本范畴,市民社会除了人与物之外,并没有其他的物质存在。正是因为把人与物这两个基本范畴作为罗马法以来的民法构建的逻辑起点,并且一直延续到今天,因而不可能存在人与物之外的第三个基本范畴,“介于人与物之间的过渡存在”更不能作为民法的基本概念。

“中间体”看似跳出了“人—物”二分的逻辑框架,根据人的体外胚胎在主客体之间“摇摆不定”的特性,重新构建了“人—中间体—物”的三分结构,与此同时,却产生如何将这一“中间体”置入目前既有的法权结构中,如何与既有的法律规范进行衔接等问题。

4. 小结

尽管上面探讨了三种学说,但我们仍然会疑惑,人的体外胚胎究竟是什么。本书认为,民法的基本逻辑和体系历经几百年的发展,即使有不完美之处但也在不停地完善。它是我们理解这个世界的一种方式或者说一个基

---

[1] 参见沈某南、邵某妹与刘某法、胡某仙,南京鼓楼医院监管权和处置权纠纷,无锡市中级人民法院民事判决书(2014)锡民终字第01235号。

[2] 参见杨立新:《一份标志人伦与情理胜诉的民事判决——人的体外胚胎权属争议案二审判决释评》,载《法律适用》2014年第11期。

[3] 杨立新:《民法总则》,法律出版社2013年版,第30~36页。

[4] 参见李锡鹤:《民事客体再认识》,载《华东政法学院学报》2006年第2期。

[5] 邱玟惠:《“人类尊严”法学思维初探——从人类体外胚胎谈人性尊严之另一面向》,载《台北大学法学论丛》2009年总第69期。

础，如果我们贸然去撕裂它、否定它，实际上是否定了我们认识这个世界的基础，否认了我们的思维方式，至少现在看来毫无必要。即使医学技术与科技快速发展的今天出现众多新型事物，也仍然不能改变人与物的民法基本格局，以及人与物的民法基本范畴体系。人格利益与财产利益相互交融的“中间状态”“过渡存在”等现象，并不具有主观意志与主体性，而是以物质形态存在于世界。虽然这类物质载体上附有人格利益，但不可否认的是，这些物质并不存在独立意志，不能单独作用于世界。〔1〕对于人的物化产生的存在，包括“介于人与物之间的过渡存在”，我国民法学界已基本达成共识。王利明教授主编的《中国民法典学者建议稿》第128条第2款规定：“自然人的器官、血液、骨髓、组织、精子、卵子等，以不违背公共秩序与善良风俗为限，可以作为物。”〔2〕梁慧星先生主编的《中国民法典草案建议稿》第94条第3款规定：“自然人的器官、血液、骨髓、组织、精子、卵子等，以不违背公共秩序与善良风俗为限，可以成为民事权利的客体。”〔3〕这些观点并非学者自己的主观臆断和空穴来风，而是经过学界多年沉淀、集思广益、反复论证形成的主流意见，也是法官裁判案件时可以作为参照的法理。

例如，江苏省南京市玄武区人民法院2018年的“废弃冻胚案”〔4〕中，原告王某与被告孙某在离婚一审诉讼中，就原告王某以停止续费的方式废弃

---

〔1〕 人格并不同于黑格尔意义上的主体，即人格并不同于生物学意义上的人，人格是意识到自己的人，是具有自我意识的人，尽管此时的自我意识只是一种毫无内容的直接意识。（这里要特别说明的是，人格不同于主体，这里区分人格与主体，是在黑格尔术语的基础上进行的。）可见，人就是这种基于动物性的有限和基于理性的无限而组成的一个统一体。作为整个法律的起点，不是生物学上的人，而是人格，是自由意志。参见[德]黑格尔：《法哲学原理》，范扬、张企泰译，商务印书馆1961年版，第44~46页。

〔2〕 王利明主编：《中国民法典学者建议稿及立法理由·总则编》，法律出版社2005年版，第241页。

〔3〕 梁慧星主编：《中国民法典草案建议稿》，法律出版社2003年版，第19页。

〔4〕 本案一审判决认定的案件事实为：原告、被告为山东老乡，曾在同一大学上学，返校途中相识，于2004年3月19日确定恋爱关系。2009年原告到美国留学。2010年9月19日，原告回国与被告登记结婚。婚后，被告随原告到美国陪读。2014年年底，双方合意在美国某州立医院做了辅助生殖手术，从被告身上提取了13个卵子，经人工授精存活6个胚胎，移植了其中的1个胚胎，因被告流产而未能怀孕成功。其余5个胚胎，双方委托美国某州立医院储存保管。2015年2月被告离开美国回到国内工作，双方开始分居。2016年7月19日，原告诉至法院，要求离婚。被告在诉讼中表示珍惜夫妻感情，珍惜在医院冷冻储存的胚胎。同年9月，本院判决不准许双方离婚。2017年6月20日，原告再次诉至法院，要求离婚。在双方当事人离婚诉讼期间的2016年3月，原告对婚姻感到失望而对在美国医院保管的双方的人体冷冻胚胎停止续费，被医院废弃。参见江苏省南京市玄武区人民法院民事判决书，(2017)苏0102民初4549号。

王某与孙某共同储存(双方婚后通过人工辅助生殖技术取得人体胚胎)的冷冻胚胎发生争议。一审法院在判决中指出,“本院认定原告废弃胚胎构成侵权,因胚胎为带有情感因素特殊的物”。[1] 这一判决是在我国法院现有的生效判决中,第一次确认利用人工生殖技术取得的人体胚胎的法律属性为特殊物,这是对民法有关民事权利客体认定做出的重大贡献。[2] 同时,脱离人体的器官和组织的法律属性及其支配原则的主张,认为脱离人体的器官和组织属于人体变异物,在物的类型中具有最高的法律地位,对权利人行使权利予以最大的限制,有利于对这种特殊物的法律保护,有利于建立更和谐的市民社会秩序。[3] 笔者认为,一审判决对冷冻胚胎性质的认定恰好与具有人格利益的财产内涵相契合。[4] 原告与被告共同拥有的冷冻胚胎,除了胚胎的物质性载体外,其上还附着有情感、基因信息等人格利益。换句话说,冷冻胚胎作为一个对象,其上包含有数个权利客体与数组法律关系。这一对象蕴含的权利客体比重游走于财产与人格两端之间,具有“财产与人格的二元性”,只是需要根据不同的情形,识别不同人格利益之保护与救济。

(二)人的体外胚胎之财产权二元性解释

社会在发展和进步之中,面对文明发展和科技进步,民法的基本范畴和逻辑结构面临着挑战。其中最为严峻的考验,就是人与物好像不再是非此即彼的对立状态,而是处于动态的变化过程之中,似乎人与物的界限出现模糊地带,人格要素的客体化、对象的人格化现象越来越普遍。在民法“人—物”二元结构的框架中,将人的体外胚胎置入“客体”的范畴似乎较为妥当。但是,面临的问题是,如何在民法既有框架内解释类似于“介于人与物之间

---

[1] 参见江苏省南京市玄武区人民法院民事判决书,(2017)苏0102民初4549号。

[2] 参见杨立新:《单方废弃夫妻共有的人体胚胎之侵权责任认定》,载《法律适用》2018年第9期。

[3] 参见杨立新、曹艳春:《脱离人体的器官和组织的法律属性及其支配原则》,载《中国法学》2006年第1期;杨立新、陶盈:《人体变异物的性质及其目前规制》,载《学海》2013年第1期。

[4] 一审判决中,“原告单方废弃胚胎,构成了对被告身体权、健康权和生育知情权的侵害”的认定与理由,本书并不赞同。一审法院认为,认定原告废弃胚胎的侵权行为侵害对方的身体权、健康权和生育知情权,与关于“胚胎为带有情感因素特殊的物”的认定相互矛盾。既然认定原告的侵权行为侵害了对方的身体权、健康权和生育知情权,其侵害的客体就决定了受到损害的是被告的身体、健康和生育知情,即与对物的损害无关。

的过渡存在"这一类型财产[1]的现象?[2] 人的体外胚胎不仅为物质的外观呈现，还附有强烈的人格属性，这种人格属性在法律上直接表现为对其使用、转让、赠与等的限制，换句话说，具有越强人格属性的财产，其所有权权能产生的限制就越多。

在黑格尔看来，意志为人之核心，人可以拥有自己的生命与身体。[3] 黑格尔将人身权与财产权统属于所有权之下，[4]但是黑格尔那里的所有权理论并非意味着可以随意转让，按照事物本性而言，只有外在于人身的东西才能转让。[5] 换句话说，只有客体对象可以转让，作为普遍自由意志与人格的第一重存在，以及人的生命、身体的第二重存在，皆是不可转让的。即便人格通过权利化纳入民法保护体系，[6]但是人格利益与财产利益两种权利客体之间依然存在本质区别。[7]

黑格尔的理念对后来的理论产生了持续的影响力。美国学者拉丹教授

---

〔1〕 前文论述中已经将人体胚胎预设为客体，也即为特殊的物质性物体。这里的财产包括对物质性物体的权利。

〔2〕 针对人格利益与财产利益双向扩张的情形进行分析，这类特殊财产都会归属于客体的范畴，而无法纳入主体的范畴。例如人的体外胚胎，其固然"具有潜在的生命特质"，但是，即便它具有"比非生命体具有更高的道德地位"，也仍然改变不了其不具有完整的人格、不具有民事权利能力的现状，改变不了其物的属性，仍然属于"比非生命体具有更高的道德地位"的物的范畴。参见杨立新：《一份标志人伦与情理胜诉的民事判决——人的体外胚胎权属争议案二审判决释评》，载《法律适用》2014年第11期。

〔3〕 迄今为止所有关于人格权的理论都是对"康德"哲学和"黑格尔"哲学的注解。这种对理性的推崇为人格主体打上了深刻的道德烙印，以至于后世的私法发展始终带有强烈的伦理色彩。当然，"康德"哲学与"黑格尔"哲学两者之间还是有很大的不同。在康德那里，人只能被视为主体，但不能成为认识的对象，所谓"权利不能指向主体自身"，以维护人格尊严思想为基础的人格权根本无法得到承认。参见[德]黑格尔：《法哲学原理》，范扬、张企泰译，商务印书馆1961年版，第55~56页。

〔4〕 黑格尔这里的所有权不能与现代民法中的所有权相对应，因为其所有的概念既包括对物或者类似的客体的所有，也包括人对于自己人身、意志等方面的所有。

〔5〕 在黑格尔看来，那些构成人格的最神秘的财富和自我意识的普遍本质的福利，是不可转让的。参见[德]黑格尔：《法哲学原理》，范扬、张企泰译，商务印书馆1961年版，第48页、第49页、第73页。

〔6〕 以主客体思想为核心的古典道德哲学，为近代私法奠定一个伦理的基调，推导出人格尊严的价值共识，为后世发展独立的人格权制度预留了理论空间。但也正是受制于主客体的伦理困境，在经历了漫长的"从人格到人格权"的进化过程后，出于对人格权过度扩张和泛滥会危及传统私法体系的担忧，立法者确立了人格权的专属性，用以维系人性的道德基础，并最终使之成为不可动摇的私法根基。

〔7〕 人格权与物权、债权等财产权的最大差异在于将"内在于人"的事物作为了权利的客体。参见胡平仁、梁晨：《人的伦理价值与人的人格利益——人格权内涵的法哲学解读》，载《法律科学》2012年第4期。

在继承黑格尔所有权理论的基础上，站在实用主义的立场对传统道德哲学范式进行解释，以财产对权利主体是否具有可替代性为标准，财产可分为“人格财产”(property for person-hood)与“可替代财产”(fungible property)两种类型。[1] 这里的“人格财产”即不可替代性的财产，是指那些附着人格利益或权利人情感寄托的特殊财产，具有不可替代性。如亲人的坟墓、结婚戒指、亲人的遗物等，这些物品的毁损或灭失，会给人们造成精神痛苦。人格属性越强的物品，其不可替代性越强；人格属性越弱，即可替代之物。[2] 其后，斯蒂芬·芒泽教授提出，“人们不拥有其身体，但却是对其身体拥有受一定限制的财产权”，[3]很多学者主张人对自己的身体拥有有限的财产权。[4] “人们可把所有的身体权分成人格权和财产权。”[5]进而“可以把身体中的财产权再细分成弱与强两类。弱财产权(weak property right)仅涉及无偿转让的选择。强财产权(strong property right)涉及的则是有偿转让的选择”。[6] 财产上的人格性越强，则其可放弃性就越弱。[7] 所以我们看到，一些原来在生活与习惯中并不重要的对象，属于可以选择与放弃的权利，但是随着社会发展这些对象有可能具有了更多的人格属性，使其放弃性不断减弱。芒泽教授同时认为，“根据这种界定，非人的实体能够有‘人格权(personal rights)’是可能的。既然人格权是身体权的一种，既然实体或许并不必然是有身体权的人，既然人之外的实体可能有利益，那么这样的某种实

---

[1] See Margaret Jane Radin, “Property and Personhood”, 34 *Stanford Law Review* 959 (1982).

[2] 物品能否转让，要看它对人格完整是否具有重要性，如果转让不会对人格完整造成损害，就应当将其作为可替代财产允许转让。显然，拉丹教授意欲构建一个现代私权的“统一场理论”，不仅针对财产权，还针对人格权。尤其对后者，拉丁的财产权分类理论有助于缓解人格权商品化给传统私法伦理体系带来的冲击，为器官移植、人工生殖、基因信息等难题提供了新的解决思路。See Margaret Jane Radin, “Property and Personhood”, 34 *Stanford Law Review* 959 (1982).

[3] [美]斯蒂芬·芒泽：《财产理论》，彭诚信译，北京大学出版社2006年版，第35页。

[4] See Harris J. W., “Are Persons Property? Legal Debates about Property and Personality”, 17 *International Journal of Law Policy & the Family* 244 (2001); Rohan Hardeastle, *Law and the Human Body: Property Rights, Ownership and Control*, Oxford: Hart publishing, 2009, pp. 171-172.

[5] 芒泽教授认为，身体权是一个广义的概念，将身体权分为人格权和财产权两种类型。其中，人格权保护的是不可选择转让的这部分身体权。财产权保护的是可选择转让的这部分身体权。参见[美]斯蒂芬·芒泽：《财产理论》，彭诚信译，北京大学出版社2006年版，第41页。

[6] [美]斯蒂芬·芒泽：《财产理论》，彭诚信译，北京大学出版社2006年版，第42页。

[7] 同上书，第42页。

体拥有此处界定的‘人格权’的可能性就是已存在的”。[1] 芒泽教授论证的思路是很清晰的,那就是财产权并非绝对的仅包含财产利益,把财产权理解为一个横坐标,权利和利益并非恒定不变,而是动态变化的,财产权的标尺在坐标两端之间游走。其中,靠近财产属性一端越近的财产权,其上附着的道德属性和人格利益就越弱,即具有财产的权能就越完整;相反,靠近人格属性一端越近的财产权,其上附着的道德属性和人格利益就越强,即财产的权能所受到的限制就越大。越靠近核心人格端的财产越是“内在之物”,不可通过意思自治予以处分。

以大陆法系的理论思路来解释,即采用“财产权(民事权利)二元论”构造,即财产权(民事权利)相当于一个权利束,其中既包含财产利益,又包含人格利益。在黑格尔理论中,人仅仅是自由意志的抽象实体。只有当他作用于外部世界时,他才是真正具体的存在。[2] 为了使人的意志从抽象的领域具体化到现实领域,黑格尔认为,人只有与外在之物发生财产关系时才能成为真实自我。[3] 这种财产关系是人的目的所在。[4] 在黑格尔那里,客体上承载着主体的意志,也因此才有了“人格权本质上就是物权”的结论。[5] 利益法学派耶林也认为,“我通过使之为我物,而给它打上人格的印迹。因此,有人侵害之就是侵害我的人格。谁若殴打之,就是殴打含于其中的我自身——所有权无非扩展到物上的我的人格的外缘而已”。[6] 这种哲学意义上的主客体关系其实隐含了财产权利中同时兼具精神利益的理论基础。也有学者认为,人格权除包含精神利益外,也兼具财产利益;而财产权除包含财产利益外,还兼具精神利益。根据这一发现,人格权、物权以及债

---

〔1〕 [美]斯蒂芬·芒泽:《财产理论》,彭诚信译,北京大学出版社2006年版,第41页。

〔2〕 参见[德]黑格尔:《法哲学原理》,范扬、张企泰译,商务印书馆1961年版,第50页。

〔3〕 这种财产关系是人的目的所在。黑格尔关于这种观点最集中的论述如下:“人有权把他的意志体现在任何物中,因而使该物成为我的东西;人具有这种权利作为他的实体性的目的,因为物在其自身中不具有这种目的,而是从我意志中获得它的规定和灵魂的。这就是人对一切物据为己有的绝对权利。”参见[德]黑格尔:《法哲学原理》,范扬、张企泰译,商务印书馆1961年版,第52~54页。

〔4〕 参见[德]黑格尔:《法哲学原理》,范扬、张企泰译,商务印书馆1961年版,第52页。

〔5〕 同上书,第48页、第49页、第59页。

〔6〕 [德]鲁道夫·冯·耶林:《为权利而斗争》,胡宝海译,中国法制出版社2000年版,第22页。

权三种权利从理论内核上均可兼顾精神利益和财产利益。[1] 王泽鉴先生亦认为,精神利益与财产利益并非各自分离,而是同一人格权的构成部分,即一个人格权可以同时包括精神利益和财产利益。[2] 同样,一个财产权也兼具人格利益和财产利益,两种利益根据具体情况不断发生动态变化,根据人格利益的强弱将其分为强财产权或弱财产权,这样可以较好地解释人的物化、物的人格化现象,从根本上解决"财产权人格化""人格财产"的理论矛盾。

如果以"强弱财产权"的方式来理解人的体外胚胎,那么"介于人与物之间的过渡存在"的问题就可以得到解答。将人的体外胚胎置入客体的财产权范畴中,承认这类物质载体上的人格利益,根据不同的情况区分人格利益比例的大小,例如,夫妻 2 人采用自身的精子和卵子形成体外胚胎,用于医疗辅助生殖,在这种情况下,人的体外胚胎作被视为未出生的"生命",人格属性的比例大大超过财产属性,即为弱财产权,历经着床—生长发育—娩出的过程,胚胎从客体逐渐靠近人格的核心,继而逐渐演变为具有独立意志的民事主体。同样是人的体外胚胎,若夫妻 2 人在医疗辅助生殖技术完成后,将多余的胚胎抛弃或捐赠给科研机构,这时,其上的人格利益比前一种情况较弱,随之从弱财产权向较强的一端游移。财产中财产利益和人格利益的比例根据不同情况而发生变化。任何权利对象在理论上都是可处分的,只是受到人格利益因素的影响,即人格利益比重越高,则其可处分性就越弱。换句话说,在现实生活中受到科学技术和伦理道德的双向约束而具有不同的可处分性,进而体现于实在法上对权利客体处分的种种限制。[3]

---

〔1〕 参见姜福晓:《人格权财产化和财产权人格化理论困境的剖析与破解》,载《法学家》2016 年第 2 期。

〔2〕 参见王泽鉴:《人格权法:法释义学、比较法、案例研究》,北京大学出版社 2013 年版,第 302 页。

〔3〕 根据我国《人类辅助生殖技术和人类精子库伦理原则》第 1 条第 3 项以及第 4 项的表述,"不育夫妇对实施人类辅助生殖技术过程中获得的配子、胚胎拥有其选择处理方式的权利",同时,"患者的配子和胚胎在未征得其知情同意情况下,不得进行任何处理,更不得进行买卖"。此表述中使用了"处理"一词,其中既显露出对当事人处分权的尊重,也透露出对当事人对配子和胚胎的控制权和人体组织的"客体"性的认可。

二、离体器官、人体组织中的基因物质

此处的“离体器官、[1]人体组织[2]”有别于前文的“人的体外胚胎”，前者是指自然人自身身体的器官、组织甚至细胞，后者是指男性的精子与女性的卵子结合形成的受精卵。笔者在此所欲探讨的重点是离体器官、人体组织中基因物质（遗传因子）[3]的法律属性及其保护与救济的问题。

正如有学者指出，人和物之间的界限未必是分明的。例如，对胎儿是否为物的问题所进行的法律处理技术就模糊了人和物之间的界限，对人格和人身的保护则凸显了作为客体的“人”的侧面。[4] 人体器官、人体组织等生物样本在没有脱离人体之前，为人身之一部分受人身权所支配，当生物样本脱离人体后即丧失了主体性，成为被支配的客体，这一观点几乎已然达成共识。[5] 同时，由于人体细胞是基因及其遗传信息的载体，基因存在于细胞核中，支撑着生命的基本构造和功能，同时储存着种族、血型、生长、凋亡等过程的所有信息。确定这类实质核心为具有人格利益属性的特殊财产之法律定位，是问题研究的起点。

---

〔1〕《辞海》对器官的解释是，多细胞生物体内由多种不同组织构成的结构单位，具有一定形态特征，能行使一定生理功能。参见夏征农主编：《辞海》，上海辞书出版社 1990 年版，第 851 页。

〔2〕医学对组织的理解为，分化相同的细胞及其产生物（细胞间质）共同组成的集合体（群体）称为组织。多细胞生物体内，由许多相似的细胞核细胞间质组合而成的基本结构，有一定的形态、结构和生理功能。不同的组织有机地结合形成特殊器官。按照人体解剖学的定义，器官是几种不同的组织结合成具有一定形态和功能的结构，如心脏、肾、肺等。而组织则是由许多形态和功能相似的细胞间质，按一定方式组成具有一定功能的结构。人体器官是一群特殊的细胞和组织，其结合在一起完成人体的特定功能，人体是由各种不同的器官和组织构成的，器官和组织是人身体的物质组成部分。参见［德］巴尔格曼·W.：《人体组织学和显微解剖学》，何凯宣译，人民卫生出版社 1965 年版，第 55 页，第 1305~1306 页；刘方主编：《人体解剖学》，人民卫生出版社 1998 年版，第 3 页。

〔3〕本书探讨的基因，为基因物质，即为带有遗传信息的 DNA 片段，并非单纯的基因（信息）数据。脱氧核糖核酸（英语：Deoxyribonucleic acid，缩写为 DNA）是一种分子，双链结构，由脱氧核糖核苷酸（成分为：脱氧核糖及四种含氮碱基）组成。可组成遗传指令，引导生物发育与生命机能运作。主要功能是长期性的资讯储存，可比喻为“蓝图”或“食谱”。其中包含的指令，是建构细胞内其他的化合物，如蛋白质与 RNA 所需。

〔4〕参见［日］大村敦志：《民法总论》，江溯、张立艳译，北京大学出版社 2004 年版，第 35~37 页。

〔5〕虽然大部分学者都坚持客体与主体是非此即彼的关系，但是也有学者提出，在主体与客体之间可能存在一种“中间态”——包括脱离人体的人类基因、组织和器官等“生物体”。这类“生物体”既不能称之为人，也不是物，而是成为构成与人法领域和物法领域不同的第三法领域的要素。本书认为，“中间态”的概念脱离了现有法律框架，在既有“人—物”二分框架外构建一个新的法律体系结构，至少在目前看来，还为之尚远。参见［日］北川善太郎：《不久未来的法律模型——由不久未来而思考现代》，华夏、吴晓燕译，载《比较法研究》2006 年第 1 期；蔡维音：《“拟似权利主体”之法律意涵——重新建构人类基因之法律地位》，载《成大法学》2001 年第 2 期。

(一)一般理论评析

目前,学界对离体器官、人体组织中的基因物质的法律属性分析,总结归纳起来主要有以下几种分析路径:第一种,纳入人身权范畴进行规制,将脱离人身体的器官、组织甚至基因物质视为自然人身体的一部分;第二种,把离体器官、组织以及细胞中的基因信息视为个人信息,适用人格权规范进行调整;第三种,置入财产法体系予以规制,把人类基因界定为客体——物,适用财产权规范调整;第四种,借鉴知识产权法的思路,认为人类基因是人格和财产的复合体,如同"作品"一样,既是人格权客体也是财产权客体;第五种,将基因物质与基因信息视为"权利束",提出"基因权"的概念,"基因权"不是最小单元的权利,而是在逐项权能的基础上包含了一系列自权利。

1. 身体权路径

这一观点认为,基因是身体的一部分,身体是物质性人格权的客体。[1]因此,离体器官、组织和细胞(可以推及至基因)属于身体部分的分割,对该分离出身体的部分之侵害应认为是对身体的侵害。人体基因携带着个人的全部遗传信息,呈现个人生命的发展轨迹,体现了个人专属性的人格权法益特征。因此,人体组织、离体器官中的基因属于人身权之客体存在的结论。[2]

最为典型的是德国"储存精子灭失案"[3],如前所述,联邦法院认为,若身体部分组织的分离,依据权利主体的意思系为保持身体功能,或其后将再与身体结合时,则为保护权利主体的自主决定权与身体本身,从法律规范的目的而言,此种分离出身体的部分在其与身体分离期间构成"功能上的一体性",对分离出身体部分的侵害应认为是对身体的侵害。从该判决要旨可以发现,做出这一判决的目的在于拒绝给予离体器官、组织等以财产的法律地位。本案中,将离体精子视为身体之一部作为人格加以保护,精子中存储着

---

[1] 持该种观点的学者认为,基因是 DNA 上具有遗传功能的片段,而 DNA 又存在于人体细胞之中,细胞是组成人体的基本单位,故可以说基因是身体的一部分。参见张莉:《论人类个体基因的人格权属性》,载《政法论坛》2012 年第 4 期。

[2] 参见林维信:《基因资讯保护之研究——以个人资料保护法草案为中心》,载《科技法学评论》2007 年第 1 期。

[3] BGHZ 124,52. 案情和裁判要旨参见王泽鉴:《侵权行为法》(第 1 册),中国政法大学出版社 2001 年版,第 108~109 页。

基因信息,由此得出结论,基因不是物而是人身体之一部分。虽然这一分析路径能够为离体器官、细胞甚至基因组织提供较为严格的法律保护与救济,但是这种分析存在逻辑上的悖论。德国联邦法院却又基于“权利主体的意思”透过“人格的自主决定”而肯认离体精子作为人格的法律地位进行保护。当“权利主体的意思”成为衡量主客体状态的标准时,意味着法律体系的核心被颠覆了。同时,在医学科研领域还面临着获取、利用人体器官、组织及其基因信息的道德困境。

2. 以个人信息为基础的隐私权分析路径

有学者认为,个人对自己的基因信息享有两种法益,即“基因信息隐私(Privacy)”〔1〕和“基因信息自主(Autonomy)”。〔2〕前者属于隐私权的范畴,后者属于个人资料权的客体。具体而言,基因信息隐私涉及三方面的内容,即“第一,个人有选择是否知悉自己基因信息的权利;第二,个人对知悉自己基因状态的信息有拒绝与他人分享的权利;第三,个人有权利用自己的基因信息为自己作出选择”。〔3〕美国学者阿丽塔·L.艾伦(Anita L. Allen)认为,现代语境下隐私权的内涵与外延已有别于早期理解的“独处的权利”。隐私权作为一个权利束,至少包含身体、信息、具有财产价值的隐私、自主决定隐私等几方面内容的权利概念。〔4〕

较为典型的如2013年欧美发生的“海拉细胞”基因组序列公开事件,〔5〕研究小组未获得海瑞塔·拉克斯(Henrietta Lacks)(海拉细胞源自海

---

〔1〕 隐私权虽然包括以个人信息形式存在的隐私,但其权利宗旨主要在于排斥他人对自身隐私的窃取、传播。对“基因隐私”的含义,学界也存有分歧。

〔2〕 秦天宝、虞楚箫:《基因隐私的法律保护限度》,载《江西社会科学》2015年第9期。

〔3〕 Kardn L., “Genetic Privacy, No Deal for the Poor”. 33 *Dialog: A Journal of Theology* 39 (1994).

〔4〕 See Anita L. Allen, “Genetic Privacy: Emerging Concepts and Values”, in Mark A. Rothstein, ed., *Genetic Secrets: Protecting Privacy and Confidentiality in the Genetic Era*, Yale University Press, 1997, p. 31.

〔5〕 海拉细胞源自一位出生于美国弗吉尼亚州的黑人女性海瑞塔·拉克斯(Henrietta Lacks)。在她刚刚生育第5个子女后因子宫颈癌于1951年10月去世。医师对其子宫颈癌细胞系作了采样,并将这组细胞命名为“Hela Cells”。海拉细胞系被视为“不死的”人类细胞,能无限分裂和增殖,被广泛应用于肿瘤研究、生物实验或者细胞培养。但直到20多年之后,拉克斯女士的家属才知道此事。See Laura M. Beskow, “Lessons from HeLa Cells: The Ethics and Policy of Biospecimens”, 17 *Annu Rev Genomics Hum Genet* 395 (2016).

瑞塔·拉克斯的子宫颈癌细胞)后代的告知后同意,在2013年3月初公开发表海拉细胞基因组的研究成果。海瑞塔·拉克斯的后代以及其他科学家和生物伦理学家认为,海拉细胞系的提取并未获得拉克斯本人同意(海拉细胞系拉克斯本人1951年死亡后获取),并且研究团队将基因序列公开发布的行为,可能会泄露依然健在的拉克斯后代的基因特征。研究团队公开"海拉细胞"基因组序列的行为,给拉克斯家族带来了困扰。美国国家健康研究院(National Institutes of Health)与拉克斯后代协商达成在研究需求与隐私保护之间取得平衡的协议:使用海拉细胞做研究的研究者必须向美国国家健康研究院提出申请,同时须遵守相关条款,该条款的制定必须有两名拉克斯后人参与。研究者须将研究成果贡献到资料库。[1]

笔者认为,通过隐私权路径解释离体器官、组织中基因组织的法律属性,在某种程度上来看,这种思路对权利人在基因上的人格尊严、人格自由等纯粹人格利益提供了兜底性的侵权法保护,但却忽视了人类基因商业化利用时,财产利益的获取或分配所面临的困境。因此,这种只侧重于人格属性的分析解释路径还存在现实的缺陷。

3. 财产权路径

目前,学界对离体器官、组织中基因财产权的解释尚存争议。一方面,有学者认为,离体器官、人体组织、输出的血液及其所蕴含的基因,通常被视为财产(物),以不违背公序良俗为限。[2] 这些财产(物)一旦被移植于他人之身体,成为人身之一部分,则丧失了物的性质。[3] 我国学界主流对

---

〔1〕 See Laura M. Beskow, "Lessons from HeLa Cells:The Ethics and Policy of Biospecimens",17 *Annu Rev Genomics Hum Genet* 395 (2016).

〔2〕 See Jessica L. Roberts, "Progressive Genetic Ownership", 93 *Notre Dame Law Review* 1105 (2018).

〔3〕 我国台湾地区学者史尚宽先生亦持相同观点。史尚宽先生认为,身体的一部分,从与身体分离的时候起,已不属于人身,成为外界之物,当然是法律上的物,可以成为权利的标的。该部分最初所有权,属于分离之前所属的人,可以依照权利人的意思进行处分。参见史尚宽:《民法总论》,中国政法大学出版社2000年版,第250页;[德]迪特尔·梅迪库斯:《德国民法总论》,邵建东译,法律出版社2000年版,第876~877页。

该观点持赞同的态度,并在各民法典草案中有所体现。[1] 同时,离体的人体组织、器官以及输出的血液等属于财产(物)的范畴,作为所有权人的提供者,有权进行或捐赠或抛弃的处分,即每个人对于基因在研究和商业上的运用享有自己决定权,同时也享有获得利益的财产权。[2]

另一方面,也有学者持不同意见,人体基因,除了造成个别形状差异的基因功能单位以外,其余的都是与全人类共同享有人类基因图组部分。从这个角度考虑,基因就不是我们每一个人的,也不是其他任何人的,而是全人类的共同财富,个人对基因的研究和利用不享有财产权。依据共同遗产学说(Common Heritage Doctrine),有五项原则应该被世界各国遵守:第一,所有国家负有共同经营管理这些领域的责任;第二,任何国家不能占有或拥有这些领域;第三,所有国家共同分享采自该领域的利益或资源;第四,为了未来的世代,所有的国家都应该共同承担保育该领域之独特与不可取代资源之责任;第五,所有国家都只能以和平的目的使用这些领域。[3]

虽然理论界多数学者主张人类具有基因财产权,但是司法实践中并没接受这一观点,近年来出现的基因财产权案件,对财产权的诉求都未能得到支持。如美国的摩尔诉加州大学董事会案(Moore v. Regents of University of California)。[4] 本案的原告摩尔(Moore)患有毛细胞白血病(hairy-cell leukemia),1976 年 10 月至 1983 年 9 月在被告加州大学医学中心接受治疗。包括戈尔德(Golde)医生在内的几名医务人员从原告身体采集血液、骨髓与人体组织的样本。摩尔的主治医生在采取样本的时候知道这些细胞作为医学研究的材料有潜在的商业与科学价值,但没有向原告揭示这个资讯。医

[1] 梁慧星教授主持的《中国民法典草案建议稿》第 94 条第 3 款规定:自然人的器官、血液、骨髓、组织、精子、卵子等,以不违背公共秩序与善良风俗为限,可以成为民事权利的客体。王利明教授主持的《中国民法典草案建议稿》第 128 条第 2 款规定:自然人的器官、血液、骨髓、组织、精子、卵子等,以不违背公共秩序与善良风俗为限,可以作为物。参见梁慧星主编:《中国民法典草案建议稿》,法律出版社 2003 年版,第 19 页;王利明主编:《中国民法典草案建议稿及说明》,中国法制出版社 2004 年版,第 21 页。

[2] 参见张爱燕、李燕:《生命科技的法律问题研究》,山东大学出版社 2007 年版,第 43 页。

[3] 参见颜厥安:《鼠肝与虫臂的管制——法理学与生命伦理论文集》,台北,元照出版有限公司 2004 年版,第 193~194 页。

[4] Moore v. Regents of University of California, 51 Cal. 3d 120(1990), No. S006987, Supreme Court of California. Jul 9, 1990.

生以治疗原告的白血病为由,建议脾脏切除手术。另外,戈尔德医生计划将原告切除的脾脏用于医学研究并进行商业获益,然而,医生并未告知原告这项研究计划以及与白血病细胞潜在的商业价值。原告签署同意书后,在1976年10月20日进行手术,而医生则依照之前安排的计划获得原告被移除的脾脏组织。戈尔德医生从这些组织和体液中,发现了一种具有很大潜力的白血球细胞,这种细胞可以促使身体产生免疫抗体。戈尔德医生并没有将这一情况告诉原告摩尔,而是自行于1984年申请了专利。1985年原告摩尔发现自己的细胞已经变成由遗传数字组成的专利后,他以缺乏告知同意、违反信任责任和侵占(盗窃财产)的名义提出起诉戈尔德医生。1990年加州最高法院(California Supreme Court)审判结果认为,原告摩尔不具有经营其本有脾脏的权利,同时,戈尔德医生被判"没有执行其应告知病人有关实情的义务"罪。法院认为,一旦病患同意进行手术与接受取样检验,就是同抛弃对身体组织的所有权。但是,医生应该于建议病人与某项切除手术之前,应告知病人相关该切除组织的利益,即使对于该组织的运用计划,与该病人的健康并无关联。因此,本案中戈尔德医生因为没尽到告知摩尔将有商业开发的可能而被判处民事赔偿。[1] 该案例中对于已经被抛弃的切除组织中基因的利用,承认患者享有告知同意后的自主决定权,而不是基因财产权,主要的理由是如果赋予其基因财产权将加重医学研究人员过重的负担,阻碍医学研究的发展。[2] 该案的判决否认了个人对基因物质享有的财产权主张,但是也有学者认为,法院对案中的细胞系性质的判断是错误的,不能适用禁止买卖人体器官和组织的法律,基因物质(细胞系)不同于一般的人体器官,即便允许买卖细胞系,也不会损及无偿捐赠机制或造成穷人出卖器官的社会风险。[3] 事实上,在摩尔案之后,判例的态度也在逐渐发

---

〔1〕 See H. R. Bergman, "Case comment: Moore v. Regents of the University of California", 18 *American Journal of Law & Medicine* 45 (1992).

〔2〕 参见王泽鉴:《侵权行为法》(第1册),中国政法大学出版社2000年版,第110页。

〔3〕 See Henry L. Hipkens, "The Failed Search for the Perfect Analogy: More Reflections on the Unusual Case of John Moore", 80 *Kentucky Law Journal* 337 (1991).

生变化,有观点主张某些脱离人身体的部分,如精子、[1]尸体[2]可以被视为个人或近亲的财产,密苏里州的一个判例也承认身体、器官和组织上的财产利益。[3] 这种财产法的思路明确承认并保护人类基因上的财产利益,但问题在于人类基因终究不同于一般的财产(物),它来自人身,并承载着人的尊严等伦理价值。在对人类基因进行财产法上的通常处分(如交易)时,会面临着诸多的伦理和法理的困难。

4. 特殊知识产权路径

这种分析路径主要针对人类基因专利化和商业化利用情形提出来的。其实,针对人格的商业利用现象,早就有学者主张将姓名、肖像以及隐私等人格权发展为人格上的新型知识产权。[4] 有学者认为,基因上的财产权来自对这种物质的分离行为,与这种物质的被提取者无关。虽然人对自己的基因不具有所有权,但其可以为知识产权的客体。不过,这种权利仅提供保护的权能,不能加以利用和买卖。如果我卖掉我的基因信息,那么我也同时卖掉了我的家族的基因信息,这样就危及他们的基本权利,而我的行为就不具有道德的正当性。[5] 有学者也倾向于用“智财权理论”(IPR theory)模式来处理人类基因的法律地位问题,但主张人格和财产双重性格,即一方面是一种人格的非物质性存在,另一方面又带有可交易性。[6]

笔者认为,就人类基因的本源而言,其并非是智力活动的结果。虽然对原有基因基础上添加了人工因素,与原基因存在差异,似乎可以作为法律上的专利对象,但是基因本身已然保持与原始基因来源者的人格联系。

---

〔1〕 Hecht v. Superior Court of Los Angeles County, 16 Cal. App. 4th 836, 850(Cal. Ct. App. 1993).

〔2〕 Whaley v. County of Tuscola, 58 F. 3d 1111(6th Cir. 1991).

〔3〕 See Lori Andrews, “Who Owns Your Body? A Patient's Perspective on Washington University v. Catalona”, 34 *Journal of Medical Ethics* 398 (2006).

〔4〕 See Julius C. S. PinCkaers, “From Privacy Toward a New Intellectual Property Right in Persona: The Right of Publicity (United States) and Portrait Law (Netherlands) Balanced With Freedom of Speech and Free Trade Principles”, *Kluwer Law International*, 1996, p. 425.

〔5〕 David Townend, “Who Owns Genetic Information?” in J. Sandor ed., *Society and Genetic Information: Codes and Laws in the Genetic Era*, Budapest: Central European University Press, 2003, pp. 125-144.

〔6〕 参见颜厥安:《财产、人格,还是资讯? 论人类基因的法律地位》,载《台大法学论丛》2002年第1期。

5. 基因权的提出

有学者提出基因权的概念,认为基因权是一种“权利束”,包含涉及基因的平等权、自主权、隐私权以及公开权等方面的内容。[1] 主要特征在于:第一,主体具有复合性,表现为特定自然人及其群体。基因权不仅是个体权利,还是集体权利,甚至还属于代际权利,因此,对某一特定基因所属的基因族群(基因共同体)而言,基因权的行使可能需要复合主体的一致同意并进行利益分享。第二,基因权不是最小单元的权利,而是一个类概念、群概念,即作为一个综合性的权利群而存在。第三,基因权是一种新型法权,与多种人权交叉。主要表现为针对个体的人格权等权利,也表现为针对特定群体乃至民族的生存权、发展权等权利。第四,基因权兼具被动和主动性格的人格权。一方面,在宣示意义上,每个人都享有消极(在受到侵害时请求保护)的基因权,因为每个人在基因上都是独具特色的个体人格(同卵双生子除外)。另一方面,在公开意义上,基因权也包含了“自我决定”“公开”“利益分享”等的权能。第五,基因权不是纯粹精神性人格权,而是典型的兼具财产性的人格权。[2]

笔者认为,“基因权”概念的提出,虽然使用了“权利”的语言表达,但是从某种意义上来看,并不能称其为一个具体的权利。同时,“基因权”中囊括的平等权、自主权、隐私权以及公开权,在既有的民事法律体系中均有相应的具体权利予以对应。在内涵与外延没有相对清晰的界定之前,拟制一个“基因权”,于现行权利体系有诸多捍格,于司法实践徒增困扰;而于目前的解释框架内,通过侵权责任等路径,可以解决目前纠纷。故以“基因权”为路径进行解释,目前为时尚早,同时词亦不能达意;未来到底是以一个更加清晰的基因权概念来命名,还是另作他求,以其他表达方式指代,仍需时间探讨。

(二)基因组织的法律性质

1. 物质载体和人格属性

离体器官、人体组织是基因信息的物质载体,这类物质载体上承载着个人的生物信息,包括病理组织学层面的疾病信息、生物遗传学层面的基因信

[1] 参见王康:《基因权的私法规范》,中国法制出版社 2014 年版,第 136 页。

[2] 同上书,第 136~138 页。

息等。基因物质源于特定之人身,记载个人生理特征,具有独特性,当然成为人格利益之客体。这里的基因物质有别于基因数据,后者是一种无形的财产,亦包含一定程度的人格象征意义,也可以称之为“信息形态无形物”。[1]

有学者认为,有必要对基因物质(genetic material)与基因信息(genetic information)进行区分。[2] 在前述美国摩尔案中,表面上看是基于“血液、骨髓与其他组织”中的“细胞”,实际上是基于其中的基因物质。[3] 但是,很难分清被使用的到底是摩尔的基因物质还是基因信息。人类基因物质或客观性基因信息提取和保存的过程是:一旦细胞从人体内分离出来,就要迅速地提取基因物质,在体外用工具酶进行剪切和拼接,然后插入由病毒、质粒或染色体 DNA 片段构建成的载体,并将重组体 DNA 转入微生物或动、植物细胞,使其自我复制并由此获得复数基因样本。[4] 从这一过程来看,应该说,基因物质和基因信息都指向同一对象,物质是信息的载体,信息是物质的表达。我们把基因分为基因物质和基因信息,只是在不同情境下的便利称谓,实质仍是一个本体,即作为具体人格的自然基础的人类基因。

基因信息与人身有密切的联系,是生命密码的具体表达,标志着个体的遗传特征,关系到个体的尊严与隐私,当然承认具体人格权中隐私权的客体。另一方面,基因信息属于个人信息之范畴,可以用于医学研究与多种场

---

〔1〕 参见高富平:《物权法原论(中)》,中国法制出版社 2001 年版,第 423~428 页;高富平:《从实物本位到价值本位——对物权客体的历史考察和法理分析》,载《华东政法学院学报》2003 年第 5 期;高富平、杜军:《虚拟社区之用户创制物的财产法界定》,载《福建师范大学学报》(哲学社会科学版)2008 年第 5 期。

〔2〕 这种认识在立法或立法议案中也有所反映,美国伊利诺伊州《基因信息隐私法》就认为基因信息是从生物样本(基因物质)中获取的,由此应可推知该法采取了对二者加以区别的立场。Sec. 15(b), Genetic Information Privacy Act(410 ILCS 513). 同样,马萨诸塞州参议员詹德勒(H. L. Chandler)于 2011 年 1 月提出的《基因权利法》议案也对二者进行了明确区分。See Sec. 1, An Act to Create a Genetic Bill of Rights(Bill S. 1080). 佛蒙特州参议员皮尔逊(Pearson)和维佐瓦蒂(Wizowaty)于 2011 年 3 月提出的《基因信息隐私法》议案同样如此。Sec. 1(b), Vermont's proposed H. 368:“An Act Relating to Privacy of Genetic Information”, 2011.

〔3〕 事实上,基因信息主要指人类基因的成分、结构、功能、表征等生物遗传属性,它既是客观的又是主观的。客观性表现在基因信息本身就是一种组织形式,以编码的方式存在,并通过自身的复制、重组来进行表达,这种意义上的基因信息等同于基因物质运动过程;主观性体现在它可以通过人的技术再现手段以文字、图画和数据的形式表达出来,这种意义上的基因信息是意识的反映,也是通常人们针对隐私权客体所表达的概念。

〔4〕 参见王康:《位格伦理视角下人类基因的法律地位——基于主体客体化的背景》,载《北方论丛》2009 年第 6 期。

景下的商业利用,具有法律上无形财产的特征。因此,基因物质同时具有财产利益与人格利益,属于具有人格利益的财产范畴。由于这种特殊财产内嵌作为主体的人之尊严与自由之核心,财产属性应严格限制在不违背公序良俗与伦理的范围之内。在基因信息的科学研究与商业利用中,在监管层面还应上升至以不损害国家利益与社会公共利益为限。

2. 民事权益框架下对基因组织的二元解释

笔者用"财产权的二元性"去解释财产上所具备的人格利益与财产利益的双重属性,在维持财产权与人格权区分的前提下,从程度上进行"弱财产权与强财产权"的区分。将基因物质纳入具有人格利益的财产范畴,游走在物质载体(财产权)与个人信息(人格利益)两端之间。基因物质中包含的基因信息至少包含三个层面的内容,其中既有重叠,也有差异。"第一个层次为人类共同拥有的基因;第二个层次为族群集体共有的基因;第三个层次为个人独有的基因及三者携带的遗传信息。"[1]其既体现了人格利益的局部重叠,又对遗传信息的权益进行了区分。基因信息与遗传信的关联使其法律属性复杂化,不仅权利主体数量众多(包括但不限于样本提供者个人、血亲、族群等),同时存在多个权利主体因局部重叠而共有的人格权利与区分所有的财产性权利。因此,从基因物质的特质出发,可以看到其偏重人格利益一端,属于"类财产权"范畴。同时,基因信息不仅承载着个人特质的信息,还包含着族群甚至人类的遗传信息。所以,基因信息中人格利益的让渡或者出让,在某种程度上不能单纯取决于基因物质所有人的意思表示,其不仅仅属于民法调整的范畴,还应当受到国家行政法规的监管和调整。

---

[1] 三个层次的内容既体现了人格利益的局部重叠(或者说局部共有)现象又存在遗传信息的区分所有权。当基因信息与遗传信息相联系时,其法律属性是复杂的,存在多个权利主体因局部重叠而共有的人格权利以及区分所有的财产权利,而复杂性还表现在权利主体的数量众多,即人类基因上的遗传信息之权利主体则包括但不限于样本提供者个人(同卵双生,如果有)、血亲、族群、民族、国家乃至全人类。See Radhika Rao,"Informed Consent, Body Property, and Self-Sovereignty", 44 *Journal of Law Medicine & Ethics* 437 (2016).

第二节　自我人身以外的财产上之人格利益

一、具有纪念意义的图像

（一）图像的自我意识与对象化

具有纪念意义的图像主要包括两个方面，即照片与视频。照相可以真实、清晰、长久地将人们的形象留驻于影像之间。[1] 借助照片和视频，人们可以展示自我形象和群体形象，借助集体合影可以确立个人与集体的连带感。个人形象的确立，可以强化人们的自我意识；而集体形象的确立与连带感的加强，则通过树立集体意识凸显个人的特殊经历。[2] 就个人照片而言，照片具有固貌即存留面貌真实性的特点，个人的真实影像跃然纸上，如睹真人。照片成为情感表达与传递的载体，诸般情感皆可在照片中得以披露、寄托。而各类集体摄影的实质在于，通过影像凸显成员之间的团体性、联带性，从而确立起集体形象，集体照能够强化合影者之间的连带感，主要是通过其上蕴含的感情色彩加以实现的，如家庭成员拍摄“全家福”“合家欢”，好友所拍合照，班级同学、教师合影，社团成员集体照以及同事团体照等。合影所记录的集体形象，是一种在特定时间、特定地点、特定环境中群体关系的瞬间定格，具有永恒的重读与纪念价值。人们通过个人照片可以进行个人之间的感情交流，展现自我，体悟个人生涯的变化与得失。个人照片的这些功能，合影同样具备，但是它更侧重于合影者集体成员之间的情感变迁。

图像是人类图形信息记录与保存的重要方式之一。其之所以能刺激、促进人实现自我对象化，原因在于影像所具有之特性，即存貌、定时与定景以及凝情与寄情的功能。[3] 照相和视频有真实、直接、可以离开被照实体

---

〔1〕 参见倪梁康：《图像意识的现象学》，载许江主编：《人文视野》，中国美术学院出版社 2002 年版，第 17 页。

〔2〕 参见葛涛：《照相与确立自我对象化之间的社会关联——以近代中国个人照与集体照为中心》，载《学术月刊》2013 年第 6 期。

〔3〕 同上。

而独立存在的特点,对人类自我意识的刺激与强化。[1] 人之意识到自我的存在,以自我作为意识的对象,不需要其他中介亦能完成,这是人不同于动物的根本所在。

(二)图像上人对自身情感之人格利益的识别

司法实践中,相当一部分因侵害具有人格利益的财产引发的民事案件都与照片、视频有关。如前文所述,在不同情形、不同要件的情况下,照片和视频的价值与意义截然不同,对于普通人而言,或许只是寻常的图像,而对与此密切相关的当事人而言,则承载了思想情感的表达与寄托,由此演变成具有人格利益的财产。具有人生记忆功能的照片和视频根据不同的标准可以进行不同的分类。以下为几种常见类型的分类情形:

1. 具有人生纪念意义的图像

在现代社会中各种仪式、礼仪依然普遍流行,"维持礼这种规范的是传统"。[2] 因记录有权利人在特定时间、地点、事件的照片、录像,在诸多因素作用下,可能由普通的录音录像转化为具有特定人格利益的财产,最为典型的即为夫妻结婚照、大寿纪念照、获奖照片等。这类图像均具有以下特征:一是具有不可替代的客观性;二是具有特定纪念意义;三是具有人格象征意义。例如,在邱某某、赵某甲与赵某乙人格权纠纷案中,原告邱某某、赵某甲到被告赵某乙摄影工作室拍摄婚纱照以备纪念,该工作室给 2 位原告拍摄了婚纱照,后 2 位原告取婚纱照时,被告知所拍照片因该工作室误操作已被删除,致使 2 位原告不能取得所拍的婚纱照。法院认为,原告所拍的婚纱照,对个人具有一定的纪念意义和保存价值,属于具有人格象征意义的特定纪念品。被告未能向原告交付婚纱照片,给原告造成无可挽回的损失,给原告造成精神损害。[3] 同样,在吴某某与严某某、东莞市茶山中学侵权责任纠纷案中,法院认为,结婚照等照片寄托着当事人的美好回忆及情感,具有

[1] 参见葛涛:《照相与确立自我对象化之间的社会关联——以近代中国个人照与集体照为中心》,载《学术月刊》2013 年第 6 期。

[2] 费孝通:《乡土中国 · 生育制度 · 乡土重建》,商务印书馆 2011 年版,第 53 页。

[3] 参见邱某某、赵某甲与赵某乙人格权纠纷,叶县人民法院民事判决书(2014)叶民初字第 481 号。

人格象征意义,被污水浸泡后难以修复,给原告造成不可回复性的心理创伤。[1]

2. 集体合影的图像

这一类型的图像主要体现为家庭成员拍摄的“全家福”、同学合影以及团体成员的集体照,具有仪式性意义和纪念性意义是这类图像的特点,其中人格利益色彩较强的当属家庭合影。

首先,“互动仪式的核心是一个过程,在该过程中参与者发展出共同的关注焦点,并彼此相应感受到对方身体的微观节奏与情感”。[2] 从这个概念中可以看出,其实集体合影的摄影也可归为一种仪式。在这个仪式中,集体成员聚集在一起,共同聚焦于合影照片的拍摄,而集体之外的人被排除在外,界限分明,集体合影摄影的过程与仪式的组成要素相吻合,具有明显的仪式性特征。此外,家庭合影还较多地发生在一些人生成长中的仪式、岁时节令仪式之中,甚至成为这些仪式中不可或缺的组成部分。无论在拍摄中还是拍摄后欣赏的时间中,照片中的成员分享共同的情感,获得不可替代的认知体验,亦可认为是“道德感”。[3] 成员在欣赏照片时,回忆那一具有纪念意义的时刻和自己的经历,由此产生自我认同和群体归属感。

其次,纪念性意义可以说是每个集体合影最初的出发点,通过图像凝固时间,并在对图像画面的回顾中,传递情感,留以纪念。纪念性意义得以存在,很重要的一方面依赖于人们的心理因素,其中较为明显的是怀旧心理,“怀旧是一种思念过去时复杂的情绪状态,它既可以是正面的,也可以是负面的,还可以是苦乐参半的”,[4]人们总是不自觉地怀念过去,在重构与思念中寻找慰藉。正如人们可以从“全家福”回顾拍摄时的点点滴滴,体味家庭的温暖,或是怀念具有纪念意义的时刻,从照片中看到栩栩如生的过往,获得安全感与满足感,提高自身的归属感。以宋某国诉徐某承揽合同纠

---

〔1〕 参见吴某某与严某某、东莞市茶山中学侵权责任纠纷,东莞市中级人民法院民事判决书(2015)东中法民一终字第1731号。

〔2〕 [美]兰德尔·柯林斯:《互动仪式链》,林聚任、王鹏、宋丽君译,商务印书馆2012年版,第85页。

〔3〕 同上书,第87页。

〔4〕 薛婧、黄希庭:《怀旧心理研究述评》,载《心理科学进展》2011年第4期。

纷案[1]为例,本案原告将自己与父母合影的唯一一张全家福照片送到被告处翻洗,该照片没有备份。其间,被告不慎遗失了这张照片。原告宋某的父亲已定居韩国,且母亲已经去世,不可能再重新拍摄全家福。法院首先认定原告的全家福照片具有人格象征意义,具有不可替代性。因被告疏于管理导致照片遗失,应当对原告照片本身的损失以及由此造成的精神损害承担赔偿责任。当然,这里也需要指出,对于集体合影,其可能涉及人与他者交流的情感,不仅仅是源于人自身的情感,这之间的两种情感可能是交叉重叠的,这就需要裁判中予以具体考量。

集体合影的图像是否附着人格利益,宜从以下几个方面进行考虑:其一,该合影是否为特定纪念之事所拍摄;其二,是否为特定人专门拍摄的具有纪念意义的图像;其三,特定人参与拍摄的合影图像是否具有不可替代性。

二、具有人生纪念意义的仪式

具有人生纪念意义的仪式,是指人的生命历程中,在人生角色转换的重要时刻或时段进行的具有纪念意义的仪式。在现代社会中,较为典型的即婚嫁仪式。婚嫁传统礼俗从古至今传承,具有独特的民族性与地域性,婚礼仪式代表社会的认可与身份的公示。同时表明婚姻缔结组成新的家庭,人生角色的转换,家庭责任的承担。婚嫁仪式赋予了较多的个人情感追求和人生印记。行为人妨碍仪式正常进行之情形,从经济视角来看,或许并没有较大的损失,但这种负面行为产生的消极影响对内心感受造成的伤害却是巨大的。

在司法实践中,对破坏具有人生纪念意义的仪式,特别是破坏婚姻嫁娶仪式的行为侵害权利人的人格利益持肯定态度。在本类型案件的事实整理中,可以看到存在两种侵害权益的具体表现:第一种是对婚姻嫁娶仪式程序的破坏;第二种是基于违约行为对婚礼仪式的破坏。

就第一种情形而言,司法实践中多认定为一般人格权纠纷,行为人对被

---

[1] 参见宋某某诉徐某承揽合同纠纷,威海市环翠区人民法院民事判决书(2007)威环民二初字第775号。

侵害人的人格利益造成侵害。例如，在马某某诉崔某某一般人格权纠纷案中，法院在精神损害赔偿一节的说理部分分析道：“结婚仪式虽非法律规定的结婚必经程序，仍作为一种由来已久的习俗，在中国传统文化中有着特殊意义，而租用婚车车队迎娶新娘是结婚仪式的重要内容。在男方迎娶原告的过程中，被告阻拦婚车车队的行为使原告的婚礼未能按照预定方式举办，被告的行为确实对原告的婚礼造成一定影响，由于婚礼过程是不可重复和再现的，该影响在一定程度上无法进行补救，势必给原告精神造成一定伤害，被告对此负有不可推卸的过错责任。故原告请求被告赔偿其精神损失理由正当，本院予以支持。”〔1〕此案件侵权行为发生在婚礼仪式之前，导致人生重大纪念意义的仪式产生影响，造成被侵权人情感受到巨大损害，法官认定构成对人格利益的侵害亦是合理的，所以在此种情形下，并不存在“具有人格利益之财产”的侵害。

第二种情形多体现为债务人违反合同约定，在婚礼中未提供符合合同标准的服务，给婚礼造成消极影响，给权利人的情感和精神造成损害。例如，在祝某某诉青岛凯宾餐饮管理有限公司侵权责任纠纷案〔2〕中，审理思路为，第一步，首先确认原告在违约责任与侵权责任竞合中选择侵权，“法律规定，因当事人一方的违约行为，侵害对方人身、财产权益的，受损害方有权要求其承担违约责任或者依照其他法律要求其承担侵权责任。被告青岛凯宾餐饮管理公司在婚宴中停电构成违约责任与侵权责任的竞合，原告祝某某选择提起侵权之诉符合法律规定”。第二步，认定服务合同的效力，“原被告双方签订的餐饮服务合同合法有效，提供正常的供电属于餐饮服务公司的基本义务”。第三步，确认被告的行为违约且存在过错，“本案中造成停电的原因并非自然灾害等人力不可抗拒或不可预料的情况，而是供电局的临时停电，因此是在可预见范围内的，被告应当对此类临时停电设立有效的应对措施。本案中被告酒店的备用电源明显没有达到可以应对紧急情况的水

---

〔1〕 参见马某某诉崔某某一般人格权纠纷，济源市人民法院民事判决书（2011）济民一初字第238号。

〔2〕 参见祝某某诉青岛凯宾餐饮管理有限公司侵权责任纠纷，青岛市黄岛区人民法院民事判决书（2013）黄民初字第3232号。

平。另外,停电后,被告酒店并未采取妥善措施安抚原告及其亲属的焦急情绪,故被告青岛凯宾餐饮管理公司有一定的过错"。第四步,被告应承担因违约造成的侵权责任,"对于大多数人来说,婚礼一辈子只有一次,对于新人来说具有重要的意义,具有一定的精神价值,一旦出现差错会留下一生的遗憾。婚宴中途停电给原告及其家属带来了愤怒、失望等一系列负面情绪,同时也导致社会、他人对原告及其亲属的社会评价值降低,因此可以认定婚宴停电对原告精神上带来了一定的伤害"。同样,在裴某某、贾某某、裴某某诉洛阳远鸿饮食服务有限责任公司一般人格权纠纷案〔1〕中,被告将预订给原告举办结婚仪式的场地另预订给他人,原告未能顺利举行婚礼。原告提起诉讼,要求被告承担精神损害赔偿。法院审理后支持了原告的主张,"在中国传统文化中结婚仪式有着特殊意义,结婚宴席是结婚仪式的重要内容。被告远鸿公司作为结婚宴席的提供者不仅要提供菜肴,还包括提供举办结婚仪式的场地、装饰、用品。即使是普通顾客,餐馆也应提供合理就餐环境,结婚宴席的提供者,对结婚仪式正常进行负有更多的保障义务……被告在其二人举办结婚仪式时未能尽到合理的保障义务,最终使裴某某、贾某某的结婚仪式未能达到预期效果,因此造成的伤害是显而易见的"。

在上述第二种情形的两个案件中,从损失的角度进行观察,行为人的违约导致权利人情感遭受巨大伤害,损害了权利人的人格利益。但是这两个案件侵权损害均是合同违约所导致的,而适用的裁判依据为《精神损害赔偿司法解释》第4条。究竟是法律适用不当,还是法律变迁论所认可的推定适用法律规范的正常现象?笔者认为,在婚礼仪式因违约行为导致侵害的情况下,可以通过侵权责任的路径,按照侵害一般民事权益的路径进行救济。

---

〔1〕 参见裴某某、贾某某、裴某某诉洛阳远鸿饮食服务有限责任公司一般人格权纠纷,洛阳市西工区人民法院民事判决书(2010)西民初字第275号。

三、荣誉标志物

(一)荣誉标志物承载的权利客体

荣誉标志物是指象征权利人荣誉与特定经历的物品,包含荣誉表彰物或与记载特定经历的证书。当这些特殊的物品被损毁时,被侵害的权利客体是荣誉权还是人生记忆的情感之人格利益?探讨这一问题的前提首先是已然上升为名誉权之人格利益与人生特定经历的情感之人格利益是否为同一范畴?"荣誉"是什么?目前,学界对"荣誉"的定义主要有"评价说"和"奖励说"两种观点。"评价说"观点认为,"荣誉是根据一定程序或由国家行政机关给予特定人的评价",[1]由此可见,该观点强调评价的正式性。同时,荣誉与名誉存在区别,"与名誉不同的是,荣誉这种社会评价是社会组织给予的正面评价、积极评价、正式评价。其取得和剥夺都需要经过一定的程序。同时,荣誉也不同于信用是对民事主体的经济能力或偿债能力的评价"。[2]"奖励说"强调荣誉所体现出来的外在形式,即社会对民事主体的奖励或赞扬。"公民的荣誉是公民在学习、生产、工作或战斗中表现突出、成绩卓著、立有功勋而获得的光荣称号",或"国家、社会对公民、法人在生产经营、科学实验、文化教育等在社会活动中作出贡献、取得成果所给予的精神奖励"。[3]笔者认为,"评价说"与"奖励说"对荣誉的定义,分别有着不同的侧重,"评价说"揭示了荣誉这一人格利益的客观化标准和实质性要件。

由此引申出以下问题:在荣誉标志物这类特殊财产之上是否具有人格利益?具有何种人格利益?对荣誉标志物的非法占有或毁损,是否同时侵害了其财产利益与人格利益?司法实践中对此持有不同的观点。以张某诉润丰广告公司荣誉权纠纷案[4]为例,原告以个人名义参见广告设计比赛获得一等奖,由于出差无法参加颁奖晚会,遂原告委托被告(原告所在单位)代其参加颁奖晚会领取奖杯、奖金与获奖证书。被告将奖金交付给原告后,未

---

[1] 杨立新:《人身权法论》,人民法院出版社 2002 年版,第 876 页。

[2] 马特、袁雪石:《人格权法教程》,中国人民大学出版社 2007 年版,第 273 页。

[3] 薛军:《非典型人格利益的民法保护模式研究》,载《暨南学报》(哲学社会科学版) 2012 年第 3 期。

[4] 参见张某诉润丰广告公司荣誉权纠纷案,载龙翼飞主编:《民法案例分析》,中国人民大学出版社 2004 年版,第 131~132 页。

经原告同意，将获奖的奖杯和奖状放在公司为宣传所用。法院审理认为，奖杯与获奖证书是原告的荣誉标志物，被告的侵占行为侵害了原告的荣誉权，应归还奖杯、奖状并赔礼道歉。本案中，法院认同荣誉标志物为荣誉权客体的观念。但是在荣誉标志物是否等同于荣誉权，不同的法院显然给出了不同的答案。在张某某诉横峰县老干部管理局损害赔偿纠纷案中，为举办展览，被告横峰县老干部管理局收集了原告所获得的勋章及证书等荣誉标志物，展览后被告将上述物品遗失。[1] 因原审法院在审理中存在意见分歧，遂向最高人民法院请示，最高人民法院在《关于张某某诉横峰县老干部管理局损害赔偿纠纷案的请示》的复函中明确表示，被告横峰县老干部局在收集原告张某某所获得的奖章及证书等纪念物后，因遗失不能归还，本案不应定为荣誉权纠纷，也构不成对原告荣誉权的侵害。本书认为，荣誉物的毁损或灭失，不影响荣誉的归属或对权利人的社会评价问题，但是围绕荣誉相关的不当言论则多为名誉之侵害。因此，荣誉标志物被他人毁损、遗失的，不能基于荣誉权本身来要求损害精神损害赔偿。但是荣誉本身既包括社会的评价层面，亦包括自我评价与认可层面，故荣誉标志物本身亦承载了对自我肯定的一种记忆与延续，这种情感与标志物本身存在关联。更进一步说，直观地看着标志物所带来的情感满足与标志物不存在而只能回忆所带来的情感满足是完全不一样的，所以荣誉标志物的纠纷本质上不仅仅是物权纠纷，亦涉及特定物上感情所生成的人格利益的侵害。笔者将这种情感归之于人对自身的情感，因为就根源而言，其仍旧源于特定事件与行为所带来的记忆被荣誉标志物所特定下来，并因此产生了人格利益，当事人于此主张人格荣誉标志物上的人格利益的精神损害赔偿，应当获得支持。

（二）荣誉标志物或证书蕴含人格利益的识别

某些证书、证件记载了权利人的特定经历或荣誉，对道德行为的褒奖和被社会认同的自我意识起到了重要的作用。这类物品附着的人格利益大小与经济价值高低没有必然联系，但荣誉标志物上承载了重大的情感利益，是精神利益的载体。这类物品普遍具备以下特征：一是具有不可重复的客观

---

〔1〕 参见叶金强：《〈民法总则〉"民事权利章"的得与失》，载《中外法学》2017年第3期。

性和唯一性;二是具有特定纪念意义;三是具有人格象征意义;四是对权利人的社会评价和自身认同感起到积极的作用。在案件裁判中亦体现了这类物品的识别标准。例如,在许某与中通快递股份有限公司财产损害赔偿纠纷案中,法官在精神损害赔偿一节的说理部分论证道,"毕业证、学位证属于特定物品,系持有人就学经历的记载和证明,对原告有特定纪念意义,也是原告自身学历水平的直接证明,对原告就业等具有重要作用。虽然原告可以补办学历、学位证明,但学历、学位证明与毕业证、学位证原件在形式、内容上都存在差异,毕业证、学位证原件永久灭失,给原告造成精神痛苦"。[1]同样在郭某某、张某某与辽宁世纪国际旅行社有限公司旅游合同纠纷案中,二审法院对护照上附着人格利益的问题进行了说理,即"因护照本身并非特定纪念物品,但护照中记载的旅游路线及签证记录系2被上诉人情感经历的见证,对2被上诉人具有特殊意义"。[2]

对荣誉标志物有别于普通物的观点在实证法中亦可得到佐证,根据《最高人民法院关于人民法院民事执行中查封、扣押、冻结财产的规定》(法释〔2004〕15号)第5条第6项[3]的规定可以看到,从某种意义上来说,荣誉标志物上蕴含着人格利益的观点,在司法实践中也是获得了认同的。换句话说,财产利益与人格利益两种权利客体并存于同一标的物上,人格利益的不可转让性克减了荣誉标志物的市场流通性。当权利人以转让、抛弃、赠与等方式,转移荣誉标志物之所有权时,可以推定荣誉标志物上的人格利益经由权利人通过明示或默示的方式予以放弃,该荣誉标志物则丧失了特殊的人格属性而转换为普通之物。[4]

本章小结

对财产上的人格利益进行分类研究,并不能将附着于财产上的人格利

---

〔1〕 参见许某与中通快递股份有限公司财产损害赔偿纠纷,莱芜市莱城区人民法院民事判决书(2015)莱城民初字第2747号。

〔2〕 参见郭某某、张某某与辽宁世纪国际旅行社有限公司旅游合同纠纷,沈阳市中级人民法院民事判决书(2014)沈中民一终字第416号。

〔3〕 《最高人民法院关于人民法院民事执行中查封、扣押、冻结财产的规定》第5条第6项规定,人民法院不得查封、扣押、冻结被执行人所得的勋章及其他荣誉表彰的物品。

〔4〕 参见冷传莉:《论民法中的人格物》,法律出版社2011年版,第93页。

益之类型穷尽和绝对化,同时也并不是所列类型中所有的财产都必然具有人格利益。因此,需要根据每种类型人格利益生成原因的差异,分别提出识别标准。

在法律认可的范围内,人源于自我的情感有两个方面,一方面是人之为人对自己的尊重;另一方面则是对自己具有纪念意义的特殊经历之记忆。这两种不同的人格利益附着的物质载体亦迥然有别。以人格利益所附的物质载体是否来源于人身为标准,前者所附着的物质载体来源于人之身体,后者则来源于人身之外的事物。就前者而言,主要体现为人的体外胚胎、离体器官、人体组织中的基因物质等。各学者分别从不同角度对这类特殊财产进行解释。目前,学界对人的体外胚胎法律性质之认识,主要呈现三种观点,即"主体说"、"客体说"和"中间体说"。笔者认为,人的体外胚胎不仅为物质的外观呈现,还附有强烈的人格属性,这种人格属性在法律上直接表现为对其使用、转让、赠与等的限制,换句话说,具有越强人格属性的财产,其所有权权能产生的限制就越多。

同时,学界在对离体器官、人体组织中的基因物质的法律属性分析中,主要有以下几种分析路径:(1)人身权路径,即将脱离人身体的器官、组织甚至基因物质视为自然人身体的一部分;(2)个人信息路径,即适用人格权规范对离体器官与人体基因组织中承载的基因信息进行规制;(3)置入财产法体系,把人类基因界定为客体——物,适用财产权规范调整;(4)知识产权法路径,即将人类基因视为人格和财产的复合体,如同"作品"一样,既是人格权客体也是财产权客体;(5)提出"基因权"的概念,将基因物质与基因信息视为"权利束","基因权"不是最小单元的权利,而是在逐项权能的基础上包含了一系列自权利。笔者认为,以"财产权的二元性"来理解这类特殊财产,"介于人与物之间的过渡存在"的问题就可以得到解答。将来源于人身的财产置入客体的财产权范畴中,承认这类物质载体上的人格利益,根据不同的情况区分人格利益比例的大小,其可处分性也不相同。

就人身之外的财产而言,附着的人格利益大小与经济价值高低没有必然联系,但该类财产上承载了重大的情感利益。必须明确的是,财产上的人格利益并非恒定不变的，附着于物质载体上的情感可能根据权利主体个人意志的变化而削减。司法实践中，需结合个案具体情况对财产上的人格利益进行识别。对于可能存在多种权利客体侵害的案件而言，必须始终坚持多重因素的综合考量，这也与人格利益本身所具有的复杂属性有关。

第五章 类型二：基于“交互情感”所生财产上之人格利益

本书将财产上人格利益的第二种类型归纳为自我与他者交流的情感，与前面提到的基于人对自我尊严与认同的情感有诸多不同。在自身情感类型的过程中，对于人自身的尊重，无论是胚胎还是在图像化的客体上，“他者”的功能与作用都是较弱的，也就是说，他者在这个图景里并不是认定自我的某种情感具有价值并得到法律保护的关键。某些情形下也可能存在他者，如获得的某种比赛奖牌，在比赛中有“他者”参与，但是奖牌对于自我的价值并不是因为他者参与，而是因为“我”在这一过程中所获得的对自我的认可，并通过奖牌实现了这种情感的体现。

然而，在与外界交流的情感类型中，“他者”的作用就非常关键。一方面，这些物品可以直接体现为“他者”留下的物品，对于主体的我而言是一种记忆或者怀念；另一方面，这种物品可能有“我”的参与，但“我”并非价值的关键，“他者”才是关键，正是因为有“他者”的参与才使这一情感及其载体有价值，才生成了相应的人格利益。

本书将财产上人格利益的第三种类型归纳为基于社会传统所生之情感，为便于比较，也在此处予以说明。显然，在某种意义上，第三种类型与第二种类型有交叉的地方，因为在社会中考虑此问题，自然必须有“他者”的存在，否则就只有“主体的我”。但是不一样之处在于，第二种情感中的“他者”往往是“特定的”，而且这种“特定的”他者与我本人发生了关联，这是保护的前提;而第三种情感的"他者"往往是"非特定的",或者说就算该类型的具有人格利益财产与我本人发生关联,但对其保护的原因并非"个体情感"的关联,而是在一种"社会共通情感"下认为其应该获得保护——我与该类财产的个体情感关联并非保护的关键,因为完全有可能在该类型下我与"财产"之间的个体情感缺乏或者没有——源于特定的原因,但是在"社会共通情感"下其仍旧值得保护。当然,这种"共通的情感",也很可能就源于很多的"个人情感",在法律秩序的上升与法权模型的塑造过程中,获得了普遍的认可。在人与他者的情感类型中,本书以主客体的界分为标准,将与权利人交流产生情感的"他者"分为人与动物。如前文所述,动物亦是具有个体意识的生命体,人在与动物长期生活互动中产生陪伴感与亲情,这种现象在现代社会中普遍存在,只是识别这类人格利益需要相对严格的标准。

第一节 基于自我与他人的情感所生财产上之人格利益

一、自我与他者关系中具有纪念意义的物品

从康德到黑格尔的德国古典哲学在强调"自我(意识)"的同时已经注意到了他者,尤其是黑格尔,十分重视主体自我外化为现实世界的过程,蕴涵了深刻的"我—他"关系。[1] 胡塞尔也承认从他者的角度来理解自己,这种角度甚至可以使对主体自身的认识更加完善和丰富。[2] 回到具有纪念意义的这类物品上,其特殊之处在于,这类物质载体能够体现反映自我与他者联结以及相互交往的情感。这种主体间的情感通过回归自我得以体现,主体的这种情感通过投射到具体客观的物质载体之上。[3] 这种关系不

---

〔1〕 黑格尔的主奴辩证法开创了一条主张绝对相异性或者绝对他者的道路,他者被视为是自我意识得以呈现的前提和基础。

〔2〕 胡塞尔明确肯定了他者的地位,我不能直接体验自身交互主体性的"现实性形式",而只能间接地通过导向自身异化的共情作用去体验到它。参见韩梅:《自他如一的叙事主体——利科主体哲学研究》,载《理论界》2012年第8期。

〔3〕 胡塞尔主张先验交互主体性,认为应该在交互主体性的意义上来认识世界。按照胡塞尔的理解,人首先生活在一个以自我为核心建构的文化世界中,自己的文化世界是活生生的当下的"生活世界",是充满"体验之流"的世界和充满意义的原初世界。其他陌生的世界都是第二次构造的东西,都是"外在于活生生当下的内在时间性的东西",都是通过原初世界可达到的。参见北京大学哲学系外国哲学史教研室编译:《西方哲学原著选读》(上卷),商务印书馆1981年版,第478~479页,第486页;[德]埃德蒙德·胡塞尔:《胡塞尔文集——笛卡尔沉思与巴黎演讲》(第1卷),张宪译,人民出版社2008年版,第128页、第146页、第169页、第170页。

能简单地化约为“人与物的关系”，而是“人与人关系”折射的体现。当然，并非所有人与人情感的联结都有获得法律保护的可能。因此，有从主体间身份、情感性质、投射事物的影响等方面进行考量的必要。

(一)纪念物品的法律属性

在本章节中探讨的具有特定纪念意义的物品，主要是指自我与他者之间存在情感联结并投射于具体物质载体的物品，这类附着情感投射的特定物品具有唯一性和不可替代性。同时，需要考虑的是，亲人或好友赠送的具有纪念意义的礼物与亲友之遗物亦存在较大的差别。就前者而言，亲友尚在世，即便赠送之礼物灭失或毁损，权利人的情感损害尚有在世之亲友得以安抚和弥补，因此，一般就赠予之礼物而言，对于受到侵犯所提出的精神损害赔偿应有非常严格的限制；但是，就遗物而言，亲友已然离世后留下的具有纪念意义之物品，成为权利人对亲友情感投射的唯一寄托，不具有可替代性，没有弥补之可能。因此，遗物是本书在此探讨的具有纪念意义的主要物品。从某种意义上来说，“睹物思人”或“触景生情”是通过拟人与移情，将自己深刻的情感投射在与亲人相关联的事物之上，附加了人格象征意义，使物品拟人化并具有不可替代性。[1] 亲友的遗物成为生者对故人的哀思、回忆、凭吊的特殊物品，在这一类特殊物品中，或许某些物品市场价值较高，也或许某些物品本身价值并不高，但无论物质本身价值的高低，对其遭受毁损时，相当于侵权人一下击中了这一特殊财产上的两个权利客体，一个为物品本身的财产利益，另一个为物品上附着的人格利益。

同时，我们也应该看到，对亲友遗物的情感不仅限于自我与他者交流的情感一种，其中还有包含人对自身的情感、社会传统形成的情感等多种人格利益的可能。这些蕴含在物品之上的情感随着客观条件或特定事实的变化，其情感类型随之发生变动，上面的人格利益亦随之增减。例如，中贸圣佳国际拍卖有限公司与杨某某等著作权权属、侵权纠纷案[2]中，杨某某及

---

[1] 物上的人格形象逐渐凸显，物被情感化；而从被情感化了的物上反射回来的信息，亦使主体搏动而起的情感提高加厚，充实主体趋美即善的精神需求。参见贺更行、曾钊新：《论道德移情》，载《湖南师范大学社会科学学报》1997 年第 1 期。

[2] 参见中贸圣佳国际拍卖有限公司与杨某某等著作权权属、侵权纠纷，北京市高级人民法院民事判决书(2014)高民终字第 1152 号。

其配偶钱某某、其女钱某 3 人曾先后向朋友李某某寄送私人书信共计百余封。这些信件对李某某而言,既具有人生特殊经历的记忆,也具有人与人交流产生的情感;就杨某某而言,这些书信不仅承载着人生经历,更为重要的是,其享有这些书信的著作权和隐私权,以及依法享有的著作权中的财产权;就钱某的丈夫杨某某而言,则享有依法继承其配偶钱某著作权中的财产权。当李某某决定将涉案书信手稿转让给第三方时,意味着李某某放弃附着在上面的人格利益,通过市场流通交易让书信手稿产生财产利益,从而变为普通物。但另一方面,虽然涉案书信手稿这一物质载体不为杨某某所有,但是其并未放弃手稿上的著作权、隐私权等人格权益。换句话说,具有财产上人格利益的权利人并非局限于财产所有人或占有人,财产所有人或占有人也并非享有财产上的人格利益之全部。

（二）纪念物品上人格利益的识别

前文提及亲友生前使用过的物品寄托了权利人对亲友的记忆、心灵寄托等情感。对权利人来说,这类物品具有不可替代性。若侵权人之行为致其毁损,可能造成权利人的双重损害:一种为物品本身的价值损害;另一种则为权利人的人格利益损害。但是,并不是所有的人与人交流的情感之人格利益都有获得救济的可能。笔者认为,仅在权利人与他人存在特殊身份关系的情感受侵害时,才具有可救济性。有学者对这一观点也是赞同的,具有人格利益的财产认定,"基于权利人亲属关系而对物产生人格利益的,此类特殊之物亦当作为人格利益财产权利保护客体"。[1] "因为亲属关系的存在而产生一定的物之人格利益是一种非常普遍的人伦情感,对于这些物之精神损害赔偿的认定是符合人伦情怀的。"[2] 司法实践对这一类型情感保护的态度也是一致的,如权利人的结婚戒指以及已去世亲人留下来的遗物(如母亲佩戴几十年的戒指、祖母使用过的瓷杯和碟子等),这些远超出物品货币价值的情感共鸣,因为它们唤起并象征着关系和记忆。这些物品或基于特定的血缘关系,或基于婚姻关系而具备一定人格利益,可作为人与人

---

〔1〕 参见张力、公杰:《论具有人格利益财产的认定》,载刘云生主编:《中国不动产法研究》(第17卷),法律出版社 2018 年版。

〔2〕 金眉:《中国亲属法的近现代转型》,法律出版社 2010 年版,第 5 页。

交流的情感所生人格利益之财产的侵权保护对象。

权利人的情感所生的人格利益在司法实践中已获得了关注,尤值注意的是,人的主观情感——附着亲友遗物之上的情感具有不稳定性,根据客观因素不断发生变化。笔者认为,司法实践中可以根据以下因素予以考量:其一,权利人与财产关联人的身份关系或血缘关系;其二,在一起生活时间以及关系状态等因素;其三,该财产对权利人与亲友之间是否形成特定关联而具有纪念意义。例如,在刘某某与中国人民解放军河北省唐山市丰南区人民武装部侵权责任纠纷案中,原告是刘某之子,刘某参加抗日战争获得立功的奖状以及当时颁发奖状时战友的持枪合影照片,为刘某去世后的遗物,原告及家人视如珍宝。区武装部为建荣誉室借用了上述奖状和照片,一直未予归还,原告及家人多次讨要后得知上述遗物已经损毁。法院审理认为,原告珍藏的其父遗物——荣立大功奖励奖状、3 位战友持枪合影照片,属具有人格象征意义的特定纪念物品,原告将所藏其父遗物交由被告征集保管,虽属原告自愿行为,然而被告未尽妥善保管义务,致遗物遗失毁损,其行为致上述物品永久性灭失或者毁损,给原告造成了一定的精神损害,被告应向原告支付一定的精神损害抚慰金。[1] 该案中立功奖状与合影照片所记载的经历和事件对刘某而言具有重大纪念意义。这些与刘某生平经历密切相关的纪念物品,对刘某家人而言,不仅是物品的继承,更重要的是其承载了往生者生前的重要轨迹,亲人对往生者的物品有着强烈的情感依附。

二、记录他人形象的图像

这类财产上附着的情感可能不止人与人交流的情感一种,亦可能包含有权利人自己的人生记忆。通过既有判决可以看出,这类既包含对他人的记忆,在一定程度上也包含自我记忆的图像中,对他人情感交流产生的人格利益比重较大,因此置入本章节中进行探讨。这一类型的图像主要体现为

---

〔1〕 参见刘某某与中国人民解放军河北省唐山市丰南区人民武装部侵权责任纠纷,唐山市丰南区人民法院民事判决书(2015)丰民初字第 3658 号。

人物肖像，如子女的周岁照片、[1]父亲寿宴的录像[2]等。该类具有人格利益的图像之特征有三点。其一，图像中的其他人与权利人在身份上具有紧密的关联性；其二，该图像对权利人而言具有纪念意义；其三，该图像具有唯一性，不可替代，不可复制。

（一）作为与他人之间情感载体的照片

这类照片与第一种类型中提到的基于“自身情感”类型所生之照片具有交叉性，但正如前面所提到的，这一类型的照片中“他者”扮演了重要的角色。同时，之所以未将照片归入本小节所提到的“具有特定纪念意义”的物品，而归入记录他人形象的图像中，有如下三个原因：其一，照片相对于其他物品，一般而言其上的财产利益几乎可以忽略，往往与他人之间通过此照片所进行的情感维系与记忆联想；其二，换句话说，其他的物品与礼物、遗物是作为实实在在的物而具有人格利益的，而持有照片本身，其真正的价值并非持有该物，而是基于这张照片所拥有的、记录的某种“信息”；其三，正是因为第二点所提及的“信息记录”，照片亦可能以信息存入，而非仅仅以实在的物理载体予以体现，通过静态（照片）或动态（影像）的方式进行场景再现，故将以电子信息存在的照片归于下面的电子影像之中。

例如，在刘某、王某某与温岭市太平摄影总汇贯日漂亮宝贝儿童摄影店一般人格权纠纷[3]案中，被告遗失了两原告之子的满月照片，法院审理认为，“满月照片系具有人格象征意义的特定纪念物品，现因被告的侵权行为而丢失，应当认定为对原告造成了一定的精神损害，被告应对原告赔偿一定数额的精神损害抚慰金”。本案中，照片记录孩子成长的点点滴滴，满月照片更是具有纪念意义的图像呈现，是情感与现实的特殊关联。原告对其幼子情感的联结投射于图像之上，这种情感包含着父母对子女的关爱与期望，实践中一般可将这种父母与子女的情感归为可获救济之人格利益。同

---

[1] 参见栾某与鞍山市铁西区状元宝贝儿童摄影会所侵权责任纠纷，鞍山市铁西区人民法院民事判决书（2016）辽0303民初1353号。

[2] 参见李某某、沈某某与金某某一般人格权纠纷，杭州市西湖区人民法院民事判决书（2010）杭西民初字第1083号。

[3] 参见刘某、王某某与温岭市太平摄影总汇贯日漂亮宝贝儿童摄影店一般人格权纠纷，台州市中级人民法院民事判决书（2013）浙台民终字第615号。

样,在吴某某与严某某、东莞市茶山中学侵权责任纠纷[1]案中,原告因被告排水倒溢导致房屋浸泡,结婚照被毁损。法院认为,结婚照等照片寄托着当事人的美好回忆及情感,具有人格象征意义,被污水浸泡后难以修复,给当事人造成不可回复性的心理创伤。结婚照为夫妻感情的投射,具有特殊纪念意义。从身份关系和生活距离来看,夫妻之间的情感亦属于可获保护与救济的人格利益。

(二)作为与他人之间情感载体的电子影像

影像对于人与人之间的记忆具有更强的再现与呈现性、可复制性,所破坏的往往不是一个实质的载体,如移动硬盘或光盘等,而是上面的所存储的信息;如果硬盘等载体虽被破坏,但上面的信息可以恢复,则亦不存在精神损害赔偿之必要。杭州的一个案件中,李某摄像机中装入的录像带因仓盒无法弹出而不能取出,该录像带的内容为李某的父亲举办 90 岁大寿庆典的录像。李某将摄像机送至某电脑商行修理,取回时发现录像带内重要内容被损坏。法院审理认为,该录像系李某的父亲 90 岁大寿寿宴的记录,具有珍贵的纪念意义,现内容毁损,李某作为子女以及寿宴的操办人必然遭受一定的精神痛苦,故被告应承担赔偿2 原告精神损害的责任。[2] 本案中,录像带记载的影像为原告父亲 90 岁寿宴,具有特殊纪念意义,同时,从身份关系来看,原告与其父的父女关系属于直系血亲。寿宴庆典录像承载着子女对父母的关爱与感恩之情,亦属于可获得保护与救济的人格利益之一种。此外,还需指出的是,尽管前面提到的是照片,但如果照片是存储在硬盘等介质上的,其同样归于此处的影像,换句话说,该影像之信息还未形成实在的照片;如形成照片,照片被毁,而存储电子照片之介质仍在,则自不存在"人格利益"损害赔偿之必要。例如,栾某在女儿一周岁生日当天,带着女儿到某儿童摄影会所拍照。在约定取相时,儿童摄影会所称照片被丢失,实质上是还未形成纸质照片的电子照片信息丢失。栾某认为摄影会所未尽到保管

---

[1] 参见吴某某与严某某、东莞市茶山中学侵权责任纠纷,东莞市中级人民法院民事判决书(2015)东中法民一终字第 1731 号。

[2] 参见李某某、沈某某与金某某一般人格权纠纷,杭州市西湖区人民法院民事判决书(2010)杭西民初字第 1083 号。

义务，丢失了孩子具有人生纪念意义的照片，给栾某造成了伤害。法院认为，栾某的女儿在摄影会所处拍摄的周岁照具有特定的纪念意义，不同于一般物品，一旦遗失或毁损，就再也不可能复制还原。摄影会所因工作失误导致照片底片丢失，给栾某造成了一定的精神伤害，栾某要求摄影会所赔偿精神损害抚慰金的诉讼请求应当予以支持。[1] 而在麦某与李某合同纠纷案中，麦某携带手机内存卡到被告处进行数据修复，李某未能修复手机内存卡数据，而且数据全部丢失。手机内存卡里的照片、视频都是麦某的侄儿由出生到一岁半的成长点滴。麦某视侄儿如同己出，待他如父母般爱护。法院审理认为，李某在履行与麦某的修理合同过程中，由于技术原因造成原告内存卡中的具有纪念意义的照片和视频永久性灭失，依法应当向麦某赔偿精神损害费。[2] 显然，上述案例所涉及的标的，均符合具有人格利益的图像之特征，同时，当事人的“他者”的情感具有较近的身份关系。因此，被认定为具有人格利益的财产，并无疑义。

第二节　宠物之上所附人格利益

一、动物权利论之反思

长期以来，“动物是物”的命题在民事法律体系中并无争议。直至1988年奥地利《普通民法典》对原第285条关于物的定义进行修正，[3]对动物法律地位的态度开始有所变化。随后，1990年德国《民法典》关于动物保护的修正案新增民法典第90a条，“动物非物”的表述引发了德国学界的

[1] 参见栾某与状元宝贝儿童摄影会所侵权责任纠纷，鞍山市铁西区人民法院民事判决书(2016)辽0303民初1353号。

[2] 参见麦某某与李某某修理合同纠纷，佛山市高明区人民法院民事判决书(2015)佛明法民二初字第31号。

[3] 奥地利国民会议通过一部关于动物法律地位的联邦法律，专门对奥地利《普通民法典》作出修正。原《普通民法典》第285条“物的定义”规定：“一切与人相区别且供人使用者，在法律意义上称为物”。修正后新增第285a条规定：“动物不是物。它们受到特别法的保护。关于物的规定仅于无特别规定的情形适用于动物”。

论争。[1] 部分学者认为,应当以权利主体的态度对待动物。[2] 也有学者认为,在没有特殊规定的情况下,仍然应当将动物归为物的范畴,否则对动物不能享有所有权。[3] 梅迪库斯对这一观点亦是持赞同的态度,认为第90a条实际上只是一种概念美容术。[4] 本书认为,动物并不具有主体的法律地位,因为动物亦是生命体,应当在动物的特殊保护、动物生存环境保护等方面进行特别规定。但是,并不足以使动物脱离客体的范畴。例如,在将财产"遗赠"给动物的例子中,[5]看似动物可以成为主体获得"遗赠",但实际上不过是当事人将自己的情感寄托于动物之上,使其得到更好保护的一种形式。类似的案例在国外也有发生,动物所有人将自己的财产作为遗产"赠与"饲养的动物,希望生前忠诚陪伴自己的动物能够得到善待。这种情况下,赠与人委托托管人或托管机构将自己的财产用于改善和维持动物的生活。合同的法律效力仅作用于赠与人和托管人或托管机构。

孙宪忠教授认为,动物应当是物权的客体。[6] 这亦是我国学界的主流观点。同时,也有部分学者站在保护动物的立场,从不同角度论证应当赋予

[1] 德国《民法典》关于动物保护的修正案规定:"动物不是物。它们受特别法的保护。法律没有另行规定时,对于动物适用有关物所确定的有效规则。"有学者认为该条的真正意图是,动物作为活物,有别于无生命"物",它应该得到符合法律特殊规定的对待。私法必须考虑公法和其他性质的法律对动物福利、动物卫生等保护提出的要求。See Murray Raff, "Integration of Environmental Considerations in to Legal Decision Making at the Domestic Level", http://www. sliunimelb. edu. au / unconf 99? sessions /session 2/raff. pdf.

[2] 参见[德]迪特尔·梅迪库斯:《德国民法总论》,邵建东译,法律出版社 2001 年版,第 878 页。

[3] 同上书,第 877 页。

[4] 同上书,第 877 页。

[5] 参见《老人临终前以遗嘱的方式将财产遗赠给陪伴自己多年的宠物狗》,载搜狐新闻网 2002 年 5 月 12 日,http://news. sohu. com/11/74/news200807411. shtml。

[6] 孙宪忠教授指出,德国《民法典》否认动物是物,但并未否认动物是物权的客体。故一般说物权的客体是物时,还应该明确物权的客体还有动物。参见孙宪忠:《德国当代物权法》,法律出版社 1997 年版,第 6 页。

动物法律主体的资格,或动物可以享有法律权利的主张。[1] 笔者认为,尊重动物的生存与发展是毋庸置疑的,但是对“动物主体化”的观点仍应质疑。第一,“动物主体化”的论证基础混合了伦理学、自然学科,忽略了法学学科自身的逻辑基础与特点。第二,“动物主体化”必然带来动物管理人的确定问题以及野生动物的代理人或代表人的确定问题,而动物权利行使的合理性和范围问题等亦难以解决。[2] 第三,是不是所有类型的动物不加分类即赋予主体地位?如果答案是否定的,那么分类的标准是什么?[3] 第四,如果赋予动物主体地位,传统民事法律体系是否需要重新构建?私法如何与公法在动物权利保护与救济的问题上进行有效衔接?具体规则如何调整?因此,笔者认为,根据某些财产的特性需要给予特殊保护与规制,可以通过立法技术,将这些特殊财产或不可替代、不可交易的财产进行规制,将其与普通的、可替代的财产予以区别,没有必要打破原有的法律框架结构。例如,加拿大学者基姆利卡(Will Kymlicka)承认在“人格—财产”二元框架下,将动物从财产类别转移到人格类型的方案是不可行的,采取变通方案,即在不改变法律框架的前提下,给予驯养动物“劳动者”或“家庭成员”的资格,即使动物不具有主体资格,也应享有一定的保障权利。[4] 人类社会发展到今天,站在人类生存和发展的角度,立法保护动物的必要性是不言而喻的,动物保护法也在世界各地快速发展。[5] 例如,瑞士规定了应该以

[1] 我国较早对动物的法律客体地位进行质疑并对动物法律地位作出系统论述的是环境法学者高利红博士。她以对德国《民法典》第 90a 条的追问为切入点,通过剖析法律地位的本质、考察法律主体的历史变迁及其规律、评析法律主体的标准,最后得出动物应成为法律上的主体的结论。参见高利红:《动物的法律地位研究》,中国政法大学出版社 2005 年版,第 232~235 页。部分学者认为,动物应当享有部分特殊法律权利。参见徐昕:《论动物法律主体资格的确立——人类中心主义法理念的消解》,载《北京科技大学学报》(社会科学版)2002 年第 1 期;李萱、江山:《动物如何不是物》,载《河南社会科学》2003 年第 11 期;蔡守秋:《从对〈德国民法典〉第 90a 条的理解展开环境资源法学与民法学的对话》,载《南阳师范学院学报》2006 年第 4 期等。

[2] See Elisabeth de Fontenay, “Do Animals Have Rights?”, in *Animal Welfare*, Belgium, Council of Europe Publishing, 2006, p. 37.

[3] Ibid., pp. 36-38.

[4] See Will Kymlicka, “Social Membership: Animal Law beyond the Property/Personhood Impasse”, 40 *The Dalhousie Law Journal* 123 (2017).

[5] See Deborah Cao, Steven White, *Animal Law and Welfare-International Perspectives*, Springer International Publishing, 2016; Thomas G. Kelch, “Globalization and Animal Law. Comparative Law, International Law and International Trade”, *Kluwer Law International*, 2011.

"尊严"对待动物的原则,其《联邦动物福利法》认为,对于动物的内在价值,任何处理动物的人都必须尊重它。如果动物的负担无法通过压倒一切的利益来证明,动物的尊严将受到侵犯。如果对动物造成疼痛、痛苦、伤害、痛苦或羞辱,如果它的外表或能力受到严重干扰,或者如果它过度使用,动物就被认为是"负担重"的。[1] 但是,立法保护动物不等于需要赋予动物法律主体的资格。

本书讨论的主要是指由个人或家庭饲养的动物,即"宠物"。[2] 宠物存在的意义与普通的动物截然不同,前者给人们带来了快乐和慰藉。从感情上来讲,因为一些动物与人类关系比较密切,经过长期生活"拟人"化,逐渐培养出感情,甚至在一些家庭和个人生活中成为重要的角色和陪伴的功能。本书认为,宠物伤亡产生宠物所有人精神损害赔偿的本质,并不是将宠物提升到主体的高度,而是对宠物所有人在关爱照顾宠物时所投射情感的赔偿。当然,人对宠物关爱之情的保护与救济并非能够一概而论,需要根据具体情形进行分析。

二、对动物所附情感的保护路径

(一)司法实践对传统理念的突破

动物一直被作为法律关系的客体,属于权利主体支配的对象,民法上一直将动物视为所有人的财产进行立法规制。[3] 19世纪英国产生哲学、宗教与道德观的变革,推动动物保护法制化的产生。[4] 随后,一些国家开始重视动物保护问题,在公法中对动物所有权的行使作出限制,并将私法与公法

---

〔1〕 See Anne Peters, Saskia Stucki, eds, *Animal Law: Reform or Revolution*? Schulthess, 2015, pp. 99-100.

〔2〕 当然,笔者并非否认"非宠物"成为具有人格利益财产的可能性,只是实践中相对较少,这需要根据具体实践予以分析判断。

〔3〕 后来,科学实验证明动物和人一样也具有意识之后,在选民、政治家和法院的干预下,一些国家开始在公法中为动物内在价值及其福利的保护设定规范。See Mike Radord, *Animal Welfare Law in Britain*, Oxford University Press, 2001, pp. 28,31,101.

〔4〕 See Hilda Kean, *Animal Rights: Political and Social Change in Britain Since* 1800, Reaktion Books Lt, 1998, p. 50; Mike Radford. *Animal Welfare Law in Britain: Regulation and Responsibility*, Oxford University Press, 2001, p. 261; Brian Harrison, "Animals and the State in Nineteenth-Century England", 8 *The English Historical Review* 789(1973).

进行衔接，如德国《民法典》及其《动物福利法》的规定。[1] 本书不打算对动物的保护和福利问题进行深入探讨，而是站在动物权利人的立场保护其情感利益，分析当动物被侵害时是否会对动物的权利人造成人格利益的侵害。换言之，本部分意欲探讨的是动物权利人对动物的何种类型的情感，以及何种程度的情感，有获得法律救济的可能。

法国的赛马案中，在 1962 年 1 月 16 日的判决中，最高法院授予由于丧失马而造成的非金钱损害赔偿的权利。原告准备让自己的赛马参加马术协会举办的比赛，于是雇用了一名驯马教练饲养训练自己的赛马。不幸的是，这匹马因意外触电死亡，原告要求教练和马术协会赔偿损失。波尔多上诉法院认为，“无论其所造成的物质损失，动物的死亡可能是其所有者造成主观和情感偏见的原因，可能导致赔偿”，[2]从而支持了原告的非金钱损害赔偿。最高法院也同意对原告给予非金钱损害赔偿。[3] 该案的判决在当时的法国引起一片质疑，最主要的质疑为：第一，人与动物的区别，动物死亡是否可以被视为造成非金钱损害的原因，因此应予赔偿？对感情损害的补偿是假定“连接两个人”。最高法院被批评为废除人与动物之间无法比拟的等级制度，这样的决定会破坏道德痛苦的意义和价值，因为比较动物与孩子并将其带入家庭的封闭圈子是破坏道德和形而上学的。第二，在当时的法国学界看来，动物作为可支配的财产，侵害财产导致的损失必须是实实在在的，不适用关于因受到亲人死亡或甚至遭受的身体痛苦而遭受的痛苦补偿的规则，因此，动物死亡不得主张情感损害赔偿。第三，承认动物甚至一个公司受到损害会导致精神损害赔偿，可能因此出现对法律的挑衅。随着对个人主体的关注和重视，由家畜或宠物在我们的社会中取得的重要性日益增加，通过拟人的过程，宠物和主人之间相互产生的感情逐渐得到承认。宠

---

〔1〕 参见常纪文：《动物有权利还是仅有福利？——“主、客二分法”与“主、客一体化法”的争论与沟通》，载《环球法律评论》2008 年第 6 期。

〔2〕 L'arrêt de la cour de cassation du 16 janvier 1962 à propos du dommage moral, doc du jurist (Oct. 23, 2006), https://www.doc-du-juriste.com/droit-prive-et-contrat/droit-civil/commentaire-d-arret/arret-cour-cassation-16-janvier-1962-propos-dommage-moral-445323.html.

〔3〕 Commentaire d'arrêt de la Cour de cassation du 16 janvier 1962 concernant le préjudice moral suite à la perte d'un animal, doc du jurist (Mar. 27, 2008), https://www.doc-du-juriste.com/droit-prive-et-contrat/droit-civil/commentaire-d-arret/arret-prejudice-moral-perte-animal-469381.html.

物已逐步进入亲密关系的“人”的范围。它日益成为个人,如儿童的玩伴或者孤独的老年人的个人和家庭生活的一部分。动物的损失或伤害,日益被视为感情的损失,面临心理痛苦的损害赔偿“正常化”。冯·巴尔教授也认为:“如果行为人故意侵犯财产权,且该行为纯粹被策划用于给财产所有人造成精神痛苦,那么肯定侵犯财产权以非经济损失的形式造成了具有法律相关性的损害就是不言自明的了。一个例子是,行为人故意射杀他人的宠物,从而使宠物所有人感到痛苦。”[1]当然,《欧洲私法的原则、定义与示范规则》第Ⅵ-2:206条并不仅限于此种情形,加害人希望给财产所有人造成精神上的痛苦并非必要条件。相反,在发生故意侵犯财产权的行为时,通常应考虑对非经济损失的责任。加害人是否意图给他人造成精神痛苦并不影响责任的产生,只要加害人意图侵犯请求人的财产且(毁损行为)其后果构成损害,即意欲给所有权人造成财产上的损害。

目前,司法实践中对宠物所有人因宠物受到他人不法侵害产生精神损害赔偿的问题认识不一。宠物虽具有生命,但终究属于客体的范畴。宠物伤亡导致所有人情感的伤害,属于因财产损坏引发的精神损害赔偿。《精神损害赔偿司法解释》第4条赋予物权人对物之毁损引起的精神损害赔偿请求权。但是,根据第4条的内容来看,引发精神损害赔偿的物被限定为特定纪念物,且同时还要符合“具有人格象征意义”这一要件。将宠物与“特定纪念物品”这一要件进行勾连略显牵强,同时,宠物更难以与“具有人格象征意义”之要件进行勾联。因此,宠物主人往往难以依据该司法解释第4条主张精神损害赔偿。

(二)对动物之上所附人格利益的识别

在饲养宠物的过程中,个人或家庭与宠物形成了特定的情感联系,宠物被拟人化,成为人的心灵寄托。是否保护这类心灵寄托的情感所产生的人格利益,司法实践从最初的否定态度逐渐转向肯定的立场。以陈某与李某

---

[1] 关于非经济损失,可以从《欧洲私法的原则、定义与示范规则》第Ⅵ-2:101条第1款中包含的一般规则中得出,只要满足《欧洲私法的原则、定义与示范规则》第Ⅵ-1:101条中的其他责任要件,它们原则上也可以获得赔偿。参见[德]克里斯蒂安·冯·巴尔、[英]埃里克·克莱夫主编:《欧洲私法的原则、定义与示范规则》,欧洲民法典研究组、欧盟现行私法研究组编著,高圣平等译,法律出版社2014年版,第375页。

等机动车交通事故责任纠纷案[1]为例，原告陈某的泰迪狗被李某的轿车碰撞致死，法院认为，通过审理可以看出陈某与狗的感情较深，小狗的死亡给陈某造成较大的情感创伤，虽然用金钱未必能抚平陈某所受到的创伤，然而这种方式能在一定程度上对陈某所受到的心理及精神上的伤害给予慰藉。在汤某与周某财产损害赔偿纠纷案[2]中，法院裁判也呈现同样的观点，动物有别于一般之物，动物有生命、意识、感觉。家庭饲养的宠物更有别于一般的动物，前者与主人之间能够产生情感互动和感情联系。本案原告饲养西施犬已半年，产生了情感联系与精神寄托，该宠物受到伤害，对原告造成了精神上的痛苦与伤害。在李某与张某财产损害赔偿纠纷案[3]中，甚至法院直接将家庭饲养的宠物拟人化地视为家庭成员，法院首先认为，原告饲养的宠物较为名贵。更为重要的考量因素是，原告与该宠物相处已有 5 年，原告将其视为家庭成员之一。被告的侵权行为导致原告的宠物犬死亡，给原告及其家人造成较大的精神伤害，因此，法院支持了原告的精神损害赔偿。

但是，并非所有宠物受到损害后，宠物权利人的情感利益均能够得到支持。以钟某某与上海哆趣宠物有限公司财产损害赔偿纠纷案[4]为例，原告因饲养的宠物猫排尿困难，带该宠物猫到被告处治疗，诊疗过程中引发宠物医疗纠纷。法院认为，虽然原告与其宠物猫在相处中产生了一定的感情，但涉案的宠物猫只是一只普通本地猫，且为流浪猫捡拾而来，并不具有特定纪念物的意义。因此，没有支持原告关于精神损害赔偿的诉讼请求。另外，也有法院囿于“具有人格象征意义的特定纪念物品”的限制，认为原告抚养宠物犬的过程中肯定倾注了一定的情感，宠物犬的突然死亡必然会给原告的心理造成一定影响。根据《精神损害赔偿司法解释》第 4 条的规定，宠物不属于法律规定的“具有人格象征意义的特定纪念物品”，故法院未支持原告

---

〔1〕 参见陈某某与李某某、鼎和财产保险股份有限公司春城支公司机动车交通事故责任纠纷，昆明市中级人民法院民事判决书(2016)云 01 民终 3102 号。

〔2〕 参见汤某与周某财产损害赔偿纠纷，上海市闵行区人民法院民事判决书(2009)闵民一(民)初字第 1292 号。

〔3〕 参见李某与张某财产损害赔偿纠纷，上海市浦东新区人民法院民事判决书(2015)浦民一(民)初字第 32253 号。

〔4〕 参见钟某某诉上海哆趣宠物有限公司财产损害赔偿纠纷，上海市第一中级人民法院民事判决书(2015)沪一中民一(民)终字第 1626 号。

精神损害赔偿的主张。

通过对比司法裁判案件中的正反意见,综合抽取对动物心灵寄托的情感所生之人格利益可获得支持的要件,笔者认为具有以下特征:(1)动物权利人与动物生活在一起的时间较长;(2)为动物权利人生活的重要组成部分;(3)是否发生过具有纪念意义的事情;(4)动物被侵害是否对权利人造成精神痛苦。同时,应当注意,尽管在裁判中,法官通常将动物本身的价值高低作为考量权利人心灵寄托的情感所生之人格利益是否需要保护的重要因素,但笔者认为这并不合理,动物本身价值的高低只是一个次要的参考因素,其关联性应当仅仅体现为该动物价值的高低是否导致了该动物的可替代性减弱或增强,这种减弱或增强是否使权利人倾注了更多的情感及生成了相应的人格利益。并且这种动物价值的高低所带来的影响不能孤立地作为裁判依据,应当与笔者提到的上述条件综合考量。

本章小结

在司法实践中,自我与他者交流产生的情感所附之财产,主要体现为两种类型的财产形态。一方面,某些财产可以直接体现为“他者”留下的物品,对于主体自我而言是一种记忆或者怀念;另一方面,正是因为有他者的参与才使这一情感及其载体有价值,生成了相应的人格利益。当然,不得不承认,一件物品上有可能既有前述第一种类型,即人对自我的尊重与认同所生之财产上的人格利益,又具有本章所提及的自我与他者交流产生之财产上的人格利益。在人与他者的情感类型中,本章以主客体的界分为标准,将与权利人产生“交互情感”的对象分为人与宠物。

就具有特定纪念意义的物品而言,这类附着“交互情感”投射的特定物品具有唯一性和不可替代性,因侵权行为而永久性地灭失或者毁损,权利人可以主张精神损害赔偿。其特殊之处在于,这类物质载体能够体现反映自我与他者联结以及相互交往的情感。这种主体间的情感通过回归自我得以体现,主体的这种情感通过投射到具体客观的物质载体之上。这种关系不能简单地化约为“人与物的关系”,而是“人与人关系”折射的体现。当然,并非所有人与人情感的联结都有获得法律层面保护的可能。因此,有从主体间身份、情感性质、投射事物的影响等方面进行考量的必要。同时,需要考虑的是,亲友赠送的具有纪念意义的礼物与亲友之遗物亦存在较大差别。就前者而言,亲友尚在世,对于受到侵犯所提出的精神损害赔偿应有非常严格的限制;就遗物而言,亲友已然离世后留下的具有纪念意义之物品,成为权利人对亲友情感投射的唯一寄托,不具有可替代性,没有弥补之可能。

就宠物而言,在饲养宠物的过程中,个人或家庭与宠物形成了特定的情感联系,宠物被拟人化,成为人的心灵寄托。是否保护这类心灵寄托的情感所产生的人格利益,司法实践从最初完全否定的立场,逐渐转向有限的肯定立场。动物亦具有生命意识,人在与动物长期生活互动中产生陪伴与亲情,这种现象在现代社会中普遍存在,只是识别这类人格利益需要相对严格的标准。

第六章　类型三:基于“社会共通情感”所生财产上之人格利益

关于社会传统所形成的情感,其主要以不同类型亲属的身份关系为标准,大致可划分为两类:第一类为近亲属身份关系的人格利益;第二类为宗族身份关系的人格利益。在弗里德曼(Maurice Freedman)那里,宗族是同时使用礼与法来达到规范与秩序的一种制度,这一制度的效力及于血亲与亲属。从某种意义上来说,祠堂、祖先遗像、祖坟等成为联系宗族关系的纽带,宗族成员通过祖先崇拜来建构谱系、强化认同或形构其组织结构,增进团结和凝聚力。[1]

第一节　财产上之近亲属身份关系所生人格利益

一、遗体(尸体)、遗骨

(一)遗体(尸体)、遗骨的法律属性

遗体(尸体)、遗骨是人死后留下物质性人身遗存。它不仅蕴含着死者在生时的人格要素与个人生物遗传信息,同时寄托了生者对死者的尊重与情感。关键问题是人的遗体(尸体)、遗骨的法律属性究竟是什么?能不能将其定性为动产之物?对于此问题,学界争议较大,主要有以下几种观点。

---

〔1〕 参见[英]莫里斯·弗里德曼:《中国东南的宗族组织》,刘晓春译,上海人民出版社2000年版,第101页、第114页。

1. 非物说

在梅迪库斯看来,无论如何,有关物的一般规则不适用于遗体,除非是已经变成“非人格化”的木乃伊或骨骼。因此,死者家属对遗体不享有所有权,而只享有一项不同于所有权的死者照管权利(及义务),并以这一法律地位涉及死者安葬为限。[1] 按照他的观点,木乃伊或骨骼才算是物,遗体仍具有人格因素,不能成为物。德国在 1934 年 5 月 15 日制定了《火葬法》,也采取了这样立场,作了相应的规定。[2] 德国通说认为,人的遗体(尸体)、遗骨不属于物权法调整的范畴,应当从死者人格权残存的立场进行理解与规制。[3] 我国台湾地区也有学者认为,对遗体(尸体)丧主无所有权,惟有依习惯法为管理及葬仪之权利及义务。[4] 因此,遗体(尸体)非物,不得为继承人所继承,应当依据法律规定或习惯进行规制。[5]

在以“人—物”二分为核心的法律框架下,如果单纯进行文字解读,则会得出以下结论:遗体(尸体)不是物权法调整之“物”——排除遗体(尸体)为物的可能性——遗体(尸体)是“人”。这样的结论背离了民法基本理论,混淆了民事权利能力的基本概念与内涵。自然人死亡后即丧失主观意志这一人格赖以依存的基础,民事权利能力始于出生终于死亡,为法律上之拟定,无法超越死亡这一生死线而存在。本书认为,遗体(尸体)“非物说”的观点与“动物不是物”的“概念美容”有异曲同工之处,不承认遗体(尸体)为物权法上的物。否则,遗体(尸体)、遗骨受物权法之调整,有将人物化之风险。

2. 可继承物说

日本学界主流观点认为,“虽然尸体其处理上须受有特别的限制,但尸

---

〔1〕 参见[德]迪特尔·梅迪库斯:《德国民法总论》,邵建东译,法律出版社 2000 年版,第 876 页。

〔2〕 参见《帝国法律公报》第 1 卷,第 380 页。转引自[德]迪特尔·梅迪库斯:《德国民法总论》,邵建东译,法律出版社 2000 年版,第 876 页。

〔3〕 Hans Forkel, VerfügungenüberTeile des menschlichenKorpers, JZ 1974, S. 593. 转引自邱玟惠:《尸体之法律性质:物权与人类尊严之二元结构初探》,载《台大法学论丛》2009 年第 38 卷第 4 期。

〔4〕 参见史尚宽:《民法总论》,中国政法大学出版社 2000 年版,第 288 页。

〔5〕 参见王泽鉴:《民法总则》,中国政法大学出版社 2001 年版,第 217 页。

体还是物,因此当然能成立所有权。"[1]身体权本身就是公民对自己身体的所有权。公民死亡后,由其所有的身体变为遗体,其所有权理应由其继承人继承,进而由其继承人所有。他人损害以及非法利用该遗体,即侵害了继承人的尸体所有权。[2] 按照日本《民法》第 897 条的规定,为死者举行祭祀的继承人继承尸体之所有权。依日本判例,"遗骨为物,为所有权之目的,归继承人所有,然其所有权限于埋葬及祭祀之权能,不许放弃"。这种观点认为遗体、遗骨是物,且是继承的标的,继承人享有所有权,只不过这种所有权受到一定的限制,因为这种所有权的客体即遗体、遗骨毕竟是特殊之物,而不是一般的物。

3. 非所有权客体说

有的学者认为,遗体、遗骨虽然是物,但它是一种特殊物,[3]不能作为所有权客体。因为传统的所有权观念经过长期潜移默化已为社会大众普遍了解和接受,对于自己拥有所有权的物品可以依法进行流通(包括买卖、抵押、租赁等)已成为一种常识,如果将其处分权确定为所有权会导致遗体、遗骨商品化,与他们所拥有的其他物品一样可以自由流通,这必将引发许多违法犯罪行为,如盗窃尸体摘取器官用于谋利。因此,不能将尸体处分权当成所有权,若一定要给尸体处分权定性,那么尸体处分权只能是民法上的一种新型的、特殊的不完全物权,在尸体处分中最多包含对尸体的占有、使用、处分权。[4]

第三种观点与第二种观点较为相似,都认为遗体、遗骨是物,不同的是认为遗体、遗骨不能成为所有权的客体,否则有可能导致其商品化。将遗体、遗骨作为不具有所有权全部权能的物进行保护,在遭受不法侵害的情况下,将其置于物权范畴通过物之保护规则进行救济。然而,审视有关侵害遗体、遗骨的案件,我们可以看到,从物的立场出发,由于遗体、遗骨这类物质

---

〔1〕 转引自邱玟惠:《尸体之法律性质:物权与人类尊严之二元结构初探》,载《台大法学论丛》2009 年第 38 卷第 4 期。

〔2〕 参见龙显铭编著:《私法上人格权之保护》,中华书局 1948 年版,第 59 页。转引自杨立新、曹艳春:《论尸体的法律属性及其处置规则》,载《法学家》2005 年第 4 期。

〔3〕 参见杨立新:《杨立新民法讲义-壹-民法总则》,人民法院出版社 2009 年版,第 349 页。

〔4〕 同上书,第 347 页。

载体不具有市场价值，无法衡量财产损失，因此难以达到救济之目的。

4. 准财产权说

美国宾夕法尼亚州法院判例认为：遗体可以被认为在某种程度上具有准财产的性质。在拉森诉蔡斯案(Larson v. Chase)，[1]原告丈夫的尸体被损坏，原告要求被告赔偿由此造成精神痛苦的损失。法官在判决中阐述道，法院一般倾向于认为在没有死者任何遗嘱处分其遗体的情况下，幸存妻子是最有处分权的。这与普通习俗和人的情感有关。同时，尸体的处分权是法律上广义的财产权，并不属于商业意义上的财产。重要的是，尸体保管人拥有以保护和埋葬为目的的合法权利。美国各州法院几乎一致认为保管人对近亲属尸体享有的是准财产利益。[2] 其他法院更倾向于认为它是受信托影响的财产，而印第安纳州在一个早期的案件中宣布死者的遗体作为财产属于幸存的亲属。[3] 但是除了义务之外也有权利，这已获得明确和广泛的认知，死者的遗体处置权利应属于亲属(在没有遗嘱处分的情况下)，在如此的范围上是属于活着的丈夫或妻子所有的。

笔者认为，死者近亲属管理保护死者遗体的资格既是权利也是义务，且这种义务在人类伦理观念上达成共识。因此，当死者的遗体遗骨遭受侵害后，管理保护死者遗体的近亲属享有损害赔偿请求权。[4] 美国法律并未对死者遗体遗骨之法律属性进行明确定性，通过近亲属承担的保管义务与准财产权来解释与规制遗体的模式还有待完善。

5. 延伸保护的人格利益说

有学者对自然人遗体、遗骨的法律保护提出新的观点，认为遗体、遗骨作为丧失生命的人体物质形态，其本质在民法上表现为身体权客体在权利

---

[1] Larson v. Chase, 47 Minn. 307 (Minn. 1891).

[2] Win. G. Pierce and Wife v. Proprietors of Swan Point Cemetery and Almira Metcalf (1872), 10 R. I. 227; Wall v. St. Louis & S. F. R. R. Co. (1918), 184 Mo. App. 127, 168 S. W. 257; Litteral v. Litteral (1908), 131 Mo. App. 306, 111 S. W. 872; Gray v. State (1908), 55 Texas Cr. R. 90, 114 S. W. 635; Wilson v. St. Louis & S. F. R. Co. (1912), 160 Mo. App. 649, 142 S. W. 775; Floyd v. Atlantic Coast Line Ry. Co. (1914), 167 N. C. 55, 83 S. E. 12; Keyes v. Konkel (1899), 119 MIch. 550, 78 N. W. 649; England v. Pocahontas Coal Co. (1920), 86 W. Va. 575, 104 S. E. 46.

[3] Orr v. Dayton and Muncie Traction Company (1912), 178 Ind. 40, 96 N. E. 462.

[4] Smiley v. Barllett, 6 Ohio C. C. 234.

主体死亡后的延续法益,简称身体的延续利益。法律对其进行保护,是保护身体权的延续利益。[1] 民事主体之人格利益与身份利益通过人身权享有并维护,但是民事主体尚未出生或已然死亡,权利主体不复存在,但是基于人身权衍生的先期利益或延期利益现实客观存在。[2] 该观点借鉴了我国《民法典》第16条"人格赋予型"与第1155条"财产预留型"的立法态度。但是该观点或立法规范并未从根源上解释民事权利能力的延伸问题。同时,若只保护死者的人格利益,难道就不保护生者的血缘情感所生之人格利益?难道就不保护社会的良风美俗?在对死者人格利益的保护和对生者人格利益的保护之间产生交叉的时候,延伸保护说也并没有揭示此种利益应当归属于具体哪一主体。

上述几种观点均没有全面地解释遗体、遗骨在法律上的性质和在实体上存在的民事法律关系。关于遗体、遗骨的本质法律属性,本书认为,首先,应承认遗体、遗骨是物质之体现。人体的器官和组织一旦从人体中脱离就不认为他们是身体的本身,而属于分离于身体之客体。人死亡后的身体依然丧失主观意志,权利能力在其死亡那一刻就已灭失,尸体亦不再属于人的范畴。换言之,自然人在其生命存续的整个过程中都具有权利能力,自然人死亡后,其生前享有的民事权利能力归于消灭,这是民法上的一个定论。其次,遗体、遗骨是一种包含死者近亲属人格利益的特殊财产。虽然体现为物质形态,但是其上强烈的人格属性和人格利益,使其有别于一般之物。遗体、遗骨本质上是一种负载着死者近亲属重大情感等人格利益的特殊财产,既包含了对人格尊严的尊重,也包含生者对死者的情感投射。不仅如此,对遗体、遗骨的保护还包含对社会道德与习惯的尊崇。所以有学者认为,应当承认死后身体受尊重权以及亲属的遗体处置权。[3] 若脱离上述语境,仅仅认为"否认遗体、遗骨的物质性是荒谬的",这一观点本身也是荒谬的。可以说遗体、遗骨是物的属性与人格利益结合在一起,且人格利益在整个对象中占有绝对的比重,这就是遗体、遗骨的基本属性。

---

〔1〕 参见杨立新:《人身权法论》,中国检察出版社1996年版,第357~358页。
〔2〕 参见王利明主编:《中国民法案例与学理研究》,法律出版社1998年版,第100页。
〔3〕 参见徐国栋主编:《绿色民法典草案》,社会科学文献出版社2004年版,第84页。

（二）权利主体的确定

前文论及遗体、遗骨的法律属性，认为遗体、遗骨是客观存在的，这种物质性存在已不归属于死者。随之产生一个问题，即对应的权利主体是谁？权利主体的权利来源为何？就该问题而言，目前主要有三种观点。第一种观点认为，人的遗体、遗骨归属于国家或社会；第二种观点认为，人的遗体、遗骨是死者人格利益的延伸保护；第三种观点认为，遗体遗骨属于死者的近亲属。

1. 国家、社会所有权说

该学说以新功利主义为基础，站在促进社会资源合理分配、发挥最大效率的立场，认为"所有权行使之目的，不独应为个人的利益，同时也应为社会的利益，因此应以社会的所有权制度取代个人的所有权制度"。[1] 持该观点的学者认为，个人是社会的成员，应当承担社会的责任与义务，个人的遗体、遗骨亦属于社会资源。[2] 本书并不赞同这一观点，国家或社会所有权说过分强调个人对社会责任的承担，偏重于经济利益而忽略了社会的道德习俗。人的遗体、遗骨与普通物品有本质区别，前者蕴含着强烈的伦理属性与近亲属的情感寄托。从遗体遗骨价值效益最大化的立场出发，背离了目前的价值取向。[3]

2. 死者人格利益延伸保护说

该学说认为，对民事主体自然人的保护除了保护人生存的期间之外，还应该向前和向后延伸。向前延及胎儿的保护，向后延及对死者的保护。[4] 对死者的延伸保护是从胎儿的延伸保护衍生而来的。首先，不能以人死亡后无法感知损害为由而否认客观存在利益的事实。[5] 是否能够感知利益受到损害是一个方面，是否客观存在利益是另一方面。其次，由于胎儿本身

---

〔1〕 余能斌主编：《现代物权法专论》，法律出版社 2002 年版，第 210 页。

〔2〕 参见杨立新：《杨立新民法讲义-壹-民法总则》，人民法院出版社 2009 年版，第 353 页。

〔3〕 参见梁慧星：《民法总论》（第 4 版），法律出版社 2011 年版，第 39~44 页。

〔4〕 参见周清林：《权利能力研究——主体哲学的视角》，西南政法大学民商法学专业 2008 年博士学位论文，第 162 页。

〔5〕 参见税兵：《身后损害的法律拟制——穿越生死线的民法机理》，载《中国社会科学》2011 年第 6 期。

并未出生，没有权利能力，但是法律为保护胎儿利益，对其未来出生后的利益进行先期保护。同样，自然人死亡后也不具有权利能力，既然对胎儿利益进行保护，死者的利益也应该进行保护，这在本质上是对人格利益保护的一种延伸。这样的延伸形成了对人从孕育到出生乃至死亡的一个完整的保护体系。〔1〕该学说回避了一个问题，即在对死者人格利益的延伸保护中，可以主张权利的主体资格及范围的确定。若对死者人格延伸保护，那么是整体延伸还是部分延伸？同时，虽然胎儿与死者均没有现实存在于世界，不能通过意志作用于世界，但两者之间存在本质区别。从时间延伸的视角来看，胎儿有出生后享有权利能力的可能，而死者主体地位消失，已然丧失了享有权利能力的可能。虽然自然法上应然地要求对其人格利益进行保护，但随着时间的推移，死者在世的痕迹逐渐减弱，实证法上对利益保护的程度、利益保护的期限以及权利人的范围等问题却是不可回避的。

近代以来，权利能力始于出生终于死亡的法律拟制，形成了传统民法的“现世性”特征。〔2〕现世性特征的典型表现是以自然人为主体基础构建了诸多制度，如民事主体制度、民事权利能力制度、人格制度等。现世性的特点顾及了法律的主体性特征，规定了自然人从出生时起到死亡时止，具有民事权利能力。但人的生命是一个延续的过程，从出生时向前延伸到胎儿，甚至胚胎，从死亡时向后延伸至死者，是一个完整的利益链条。民事权利能力制度仅截取了利益链条中的自然人利益，立法的“现世性”让自然人的前后延伸利益无法体现出来。

有学者认为，“受到侵害的死者不可能从坟墓里提起诉讼，唯有通过法律拟制这一法技术机制能够跨越生死线，让生者‘站在逝者的脚印里’去维

---

〔1〕 参见杨立新主编：《中国人格权法立法报告》，知识产权出版社2005年版，第203页。

〔2〕 参见税兵：《身后损害的法律拟制——穿越生死线的民法机理》，载《中国社会科学》2011年第6期。

护其利益”。[1] 以荷花女案[2]为例,法院采用的法律推理方法之一正是“明知不同却等同视之”。对遗体、遗骨完整性的保护,亦可以类推于对死者名誉、隐私、肖像等人格利益给予法律救济。[3] 换句话说,死者人格利益延伸保护观点认为,由于死者不具有当事人能力,遗体、遗骨上的人格利益是一种延伸利益,被拟制为受到侵害的近亲属享有的是一个代死者主张利益的诉权。

3. 近亲属利益保护说

支持该观点的大部分学者认为死者近亲属对死者之遗体、遗骨享有物权。从社会风俗、习惯以及伦理来看,近亲属对死者之遗体、遗骨进行管理与保护,通过埋葬、祭祀与悼念体现对死者之尊重。这既反映了人之为人对同类的尊重,亦是社会伦理、善良风俗之体现。对遗体、遗骨之保护,目的在于保护近亲属的利益这一观点,笔者亦是赞同的,但对于保护的是近亲属的何种利益,仍有探讨的必要。对遗体、遗骨之保护在于维护人类尊严,遵守社会善良风俗,保护社会伦理情感。从血缘距离来看,一般来说,由于近亲属与死者具有较近的血缘关系,当遗体、遗骨受到毁损时,近亲属情感的伤害最为强烈。同时,就空间距离和时间因素而言,近亲属与死者生前相处时间较长,了解其习性与好恶,在举证方面亦是离证据最近。因此,在实证法那里,自然利益转换为法益,从而进入法律保护范围的界限为近亲属,保护的客体即近亲属基于血缘以及家庭与社会所生之情感的人格利益。

对遗体、遗骨保护与救济的问题,现有论争多集中于权利主体的范围、

---

〔1〕 税兵:《身后损害的法律拟制——穿越生死线的民法机理》,载《中国社会科学》2011年第6期。

〔2〕 法律拟制是一种决断性虚构,用“取譬喻理”的解释方法给予不同的法律事实以相同的法律评价,避免了与烙上“现世性”特征的民法既有体系发生正面冲突。引用式拟制是立法者将明知为不同者等同视之的法技术工具,其法律推理过程是:假设A→B,则A'→B。“荷花女案”中,法院的推理为:“公民死亡只是丧失了民事权利能力,其在生前已经取得的具体民事权利仍应受到法律保护。……被处决的死刑罪犯,刑法明确规定剥夺政治权利终身,也从另一个方面说明公民死亡后其生前的民事权利受法律保护。”这里的A是指具有民事权利能力的公民,A'是指不具有民事权利能力的死者,但由于A→B(名誉侵权),仍能够推导出A'→B(名誉侵权)。两个不同的法律事实,适用出相同的法律效果,死者延伸利益保护的民法机理即为引用式拟制。参见陈某琴诉魏某林、《今晚报》社侵害名誉权纠纷案,载《中华人民共和国最高人民法院公报》1990年第2期。

〔3〕 参见税兵:《身后损害的法律拟制——穿越生死线的民法机理》,载《中国社会科学》2011年第6期。

损害赔偿责任之成立与否等具体问题。《精神损害赔偿司法解释》第 3 条涉及对死者人格受到侵害之救济。[1] 有学者认为,《精神损害赔偿司法解释》是站在“近亲属利益保护说”的立场,对于侵害死者名誉、肖像、遗骨遗骸等行为予以规制。从第 3 条的表述来看,只有死者的近亲属才享有侵权损害赔偿请求权。申言之,对死者遗体、遗骨的侵害,实际上是对生者的精神侵害,特别是对死者近亲属造成的精神损害。司法实践中亦认为,侵害遗体、遗骨的行为既违反了社会公德,又给近亲属造成了精神损害。[2] 但从司法解释制定者提供的理由来看,保护死者近亲属的人格利益并不是司法解释的本意。“法律和司法解释保护的,不是死者近亲属的民事权利。现代民法理论认为,自然人生命终止以后,继续存在着某些与该自然人作为民事主体存续期间已经取得和享有的与其人身权相联系的利益……在法律不够完备的情况下、以司法解释的形式,确认对自然人的人身权益给予民法的延伸保护,体现了法律对民事主体权益保护的完整性。”[3] 由此可见,司法解释的文义表达与最高人民法院关于此条的理解与适用采取了完全不同的径路,进一步表明了遗体、遗骨保护与救济所指向的权利客体之纷争。

上述学说各有道理,却各自存在不足之处,未能客观全面地解释这一问题。本书认为,对毁损遗体、遗骨的行为同时侵害了多个权利客体,既包括对死者人格之尊重,又包括对死者近亲属情感的保护,亦有对社会公序良俗之遵从。只是从基因血缘、共同生活和亲情伦理等方面来看,死者近亲属与死者生前生活密切程度往往较大,与死者有难以割断的亲情,具有独立的精神利益。因此,多重利益混合保护的观点既能够回应道德、伦理和社会习俗的问题,亦能够解释请求权与诉权的困惑,规定近亲属享有诉权是最为恰当

---

〔1〕 在钱某秀与重庆市石桥铺殡仪馆一般人格权纠纷中,法院认为,依照中华民族的传统习俗,死者坟墓是亲人祭奠死者、寄托哀思的特定场所,死者的遗骸对于亲属而言,是具有巨大精神利益的特定物,是亲属进行精神寄托、感情安慰的载体。被上诉人在未征得上诉人同意的情形下,拆除上诉人父母坟墓,将上诉人父母遗骨集中深埋,导致上诉人无法找回父母遗骨,既违反了社会公德,又给上诉人造成了精神损害。参见钱某秀与重庆市石桥铺殡仪馆一般人格权纠纷,重庆市第五中级人民法院民事判决书(2014)渝五中法民终字第 04850 号。

〔2〕 参见葛云松:《死者生前人格利益的保护》,载《比较法研究》2002 年第 4 期。

〔3〕 最高人民法院民事审判第一庭编著:《最高人民法院〈关于确定民事侵权精神损害赔偿责任若干问题的解释〉的理解与适用》,人民法院出版社 2001 年版,第 42~43 页。

的。美国司法裁判普遍认为,死者近亲属对遗体、遗骨享有保管和处分的权利,在遗体遗骨优先处分权行使顺序的问题上,在克劳福德诉艾弗里布赖恩殡仪馆案(Crawford v. J. Avery Bryan Funeral Home),[1]田纳西州上诉法院处理了不同亲属关于尸体处置权的优先顺序。法院没有找到直接解决该问题的法规,但是,法院发现根据《田纳西州法典注释》(Tennessee Code Annotated)第68-30-109条[2]的规定,亲属可以提供尸体的器官捐赠,在情境上与对尸体处分权的行使类似。因此,法院认可以下尸体处分权行使的优先顺序:未亡配偶,死者的成年子女,死者的父母,死者的成年兄弟,死者的成年孙子女,以及该子女的祖父母。笔者认为,我国对遗体、遗骨处分权行使的顺序没有直接明确的法律规定,可结合《民法典》第1045条与《人体器官移植条例》第8条[3]第2款规定,将遗体、遗骨处分权行使的顺序确定为未亡配偶、成年子女、父母、成年兄弟姐妹、祖父母、外祖父母、成年孙子女、成年外孙子女。前一顺序处分权人行使或主张权利之后,后一顺序的人就不能逾越行使处分权,但是可以出现不同顺序请求权人请求救济的情形。因为遗体、遗骨的物质存在虽然是唯一,但近亲属对死者情感的人格利益却为各人享有。

(三)权利人的救济

从前文分析可以看出,我国立法与司法实践对遗体、遗骨保护的认识不一。但是通过近亲属行使对遗体、遗骨之保护与救济的态度是一致的,通过侵权请求权路径作为近亲属寻求救济的请求权基础亦是没有争议的。从既有的司法案例来看,主要体现为四种情形。

第一种是骨灰管理期间骨灰及骨灰盒遗失的情形。例如,在朱某某诉

---

〔1〕 Crawford v. J. Avery Bryan Funeral Home, 253 S. W. 3d 149(Tenn. Ct. App. 2007).

〔2〕 2010年《田纳西州法典》第68章“健康、安全和环境保护”(Health, Safety and Environmental Protection)及第30章“解剖学捐赠”(Anatomical Gifts)两部分内容涉及对死者身体全部或部分进行解剖学捐赠的规定。

〔3〕《人体器官移植条例》第8条规定,捐献人体器官的公民应当具有完全民事行为能力。公民捐献其人体器官应当有书面形式的捐献意愿,对已经表示捐献其人体器官的意愿,有权予以撤销。公民生前表示不同意捐献其人体器官的,任何组织或者个人不得捐献、摘取该公民的人体器官;公民生前未表示不同意捐献其人体器官的,该公民死亡后,其配偶、成年子女、父母可以以书面形式共同表示同意捐献该公民人体器官的意愿。

敦化市卧龙山骨灰公墓管理处侵权责任纠纷案[1]中,原告之母的骨灰及骨灰盒在骨灰公墓管理处管理期间遗失,法院认为,原告之母的骨灰对原告而言具有特别纪念意义,因骨灰公墓管理处管理不善导致灭失,造成了3人巨大的精神痛苦,根据我国的公序良俗,骨灰公墓管理处应承担一定的过错责任,对3人给予一定的精神损害赔偿。本案的权利人为死者的3个子女(近亲属),以侵权请求权为基础,主张精神损害赔偿。值得注意的是,本案并未适用《精神损害赔偿司法解释》第3条第1款第3项的规定,而是以《精神损害赔偿司法解释》第4条为依据,认定原告之母的骨灰是具有人格象征意义的特定纪念物品,死者的3个子女以物之所有权人的身份主张救济。本案的权利主体——死者的3个子女,可以近亲属的身份援引第3条第1款第3项得以救济,也可以物之所有人的身份援引第4条进行救济。[2] 在某种意义上,虽然两个法律条文均得以适用,但是启动救济机制的逻辑路径却大相径庭,救济的范围也不尽一致。司法实践中,第3条第1款第3项与第4条混用的情形常有发生。

第二种是尸体未妥善保管造成毁损的情形。例如,在何某某与任某某、广州市番禺区何贤纪念医院(广州番禺区妇幼保健院)、广州市喜洋洋物业管理有限公司人格权纠纷案[3]中,被告在原告之女死亡后没有妥善保管原告之女的遗体,延误了遗体的移送处理,最终导致原告之女的遗体严重腐烂。法院认为,被告医院因为疏忽造成遗体严重腐烂,原告已遭受丧女之痛,其女的遗体现又严重腐烂,以至未能瞻仰其女的完整遗容,对其精神伤害更甚。被告的行为存在过错,应承担过错责任。本案中,虽然法院刻意回避了遗体是否是物的问题,但可以肯定的是,遗体之上寄托了死者亲属的特殊感情和精神利益这一点是毋庸置疑的。

---

[1] 参见朱某某诉敦化市卧龙山骨灰公墓管理处侵权责任纠纷,敦化市人民法院民事判决书(2016)吉2403民初3184号。

[2] 《精神损害赔偿司法解释》第3条第1款第3项规定了侵权人非法利用遗体、遗骨时,对近亲属遭受精神痛苦时的救济。第4条规定了侵权人侵害具有人格象征意义的特定纪念物品时,对物之所有人的救济。司法实践中,经常发生两个法律条文混用的情形。

[3] 参见何某某与任某某、广州市番禺区何贤纪念医院(广州番禺区妇幼保健院)、广州市喜洋洋物业管理有限公司人格权纠纷,广州市番禺区人民法院民事判决书(2015)穗番法少民初字第109号。

第三种是非法侵占遗体遗骨的情形。例如,在吴某甲、吴某乙等与余某某一般人格权纠纷案[1]中,被告将原告保管多年的骨灰挖出另行供放,原告要求被告返还。法院认为,根据《精神损害赔偿司法解释》第 3 条的规定,被告并未损害死者骨灰(骨灰等同于遗骨),只是将骨灰另行保存,被告的行为未使原告精神达到极其痛苦之程度,故原告主张被告赔偿精神损害抚慰金的诉讼请求,不予支持。同时,骨灰作为一种特定物,并无使用、收益方面的价值,其价值更多在于祭奠,这类特殊物质上寄托着生者对死者的哀思和情感,是具有人格象征意义的特定纪念物品。被告擅自将死者的骨灰搬离原告祖先墓地另行保管,该行为有违公序良俗、有悖社会公德,同时也侵害了原告对死者的祭奠,所以原告主张返还骨灰,于法有据,合乎情理。

第四种是毁损遗骸遗骨的情形。例如,在王某某与陶某某、陈某某、梁某某、安化县粮食总公司一般人格权纠纷案[2]中,被告用挖机对山体进行挖掘时,挖出了原告祖坟的棺木及遗骨,被告将挖出的棺木及遗骨连同山土一并倾倒抛弃。法院审理认为,被告损害死者遗体、遗骨的行为,损害了死者的尊严和安宁,为死者近亲属心理上与精神上造成痛苦。本案中,被告组织人员在挖掘山体时,挖出棺木、遗骨,不仅未及时停工妥善处理,而且将棺木、遗骨随意抛弃至河边,违反社会公德,侵害原告祖奶奶李氏的遗骨,给原告造成了一定的精神痛苦,被告应向原告赔偿相应的精神损害抚慰金。虽然社会传统习俗理念以及价值观来看,本案的原告获得支持并无疑义,但是依据《精神损害赔偿司法解释》第 3 条第 3 项的规定进行裁判,权利主体为近亲属。同时,从《民法典》第 1045 条规定的近亲属范围来看,本案原告已然超出“近亲属”的范围。因此,本案裁判的结果虽然符合社会基本价值观念,但是裁判论证的逻辑路径却有待商榷。

---

〔1〕 参见吴某甲、吴某乙等与余某某一般人格权纠纷,霞浦县人民法院民事判决书(2015)霞民初字第 1422 号。

〔2〕 参见王某某与陶某某、陈某某、梁某某、安化县粮食总公司一般人格权纠纷,益阳市中级人民法院民事判决书(2016)湘 09 民终 682 号。

二、墓地

(一)墓地权利客体的多重性

墓地涉及社会传统与风俗习惯,这一类特殊财产上承载着多种类型的情感。[1] 从外在形态来看,墓地(构筑物、墓碑)是有形的外在于民事主体的物体,作为民法上的物,当然受物权法所调整。但是,由于墓地具有特殊性,而有别于一般的物。第一,墓地(构筑物、墓碑)是有形的实体但又带有“无形”的精神利益,寄托了生者对先人的哀思情感,是后人表示孝道的物质载体,相对于有形物本身,这种利益是无形的。第二,通常来说,墓地附着的人格利益对近亲属具有重要意义,目的不在于产生市场价值,更多体现为坟主后人的情感寄托,在这种情形下,其中蕴含人格利益的价值位阶高于作为物的使用价值和交换价值。第三,墓地(构筑物、墓碑)蕴含财产利益和人格利益,两者既有联系又各自独立存在,一旦遭受毁损,造成的不仅是物质方面的财产损害,还包含人格利益的损害,即一个侵权行为同时击中两个或多个权利客体。[2] 对于墓地的侵害往往会导致坟主近亲属精神上的重大损害。[3]

在民事法律规范中,《精神损害赔偿司法解释》第 3 条第 3 项和第 4 条对此有所涉及。但是,根据第 3 条第 3 项[4]之规定并结合司法实践来看,该司法解释至少存在以下几个问题:第一,将救济主体限定在死者近亲属的范

---

〔1〕 拉丹教授在黑格尔“关于追求财产是对自我充分发展”的理论基础上,进一步认为,大多数人拥有某些物体,他们觉得几乎是自己的一部分。这些对象与人格密切相关,因为它们是我们构成自己作为世界上持续的个人实体的一部分,如结婚戒指、肖像、传家宝或房屋等。艾伦(C. Allen Shaffer)教授认为,虽然玛格丽特·简·拉丹没有将她的分析扩展到死亡和坟墓,但是拉丹教授的人格财产理论同样适用于坟墓这类特殊财产。See Mary L. Clark, “Treading on Hallowed Ground: Implications for Property Law and Critical Theory of Land Associated with Human Death and Burial”, 94 *Kentucky Law Journal* 487 (2005); Margaret Jane Radin, “Property and Personhood”, 34 *Stanford Law Review* 959 (1982).

〔2〕 参见庞琳:《墓地的权利属性——以请求权为分析路径》,载刘云生主编:《中国不动产法研究》(第 17 卷),法律出版社 2018 年版。

〔3〕 正如前文所提及,具有人格利益的财产同时拥有物质性财产利益与精神性人格利益双重属性。而“财产上的人格利益”主要表现为财产上附着权利主体的人格利益,对权利主体而言,该财产具有一定人格化的倾向,超越传统物权保护范畴,提出人格利益保护的诉求。

〔4〕 《精神损害赔偿司法解释》第 3 条第 3 项规定,自然人死亡后,其近亲属因下列侵权行为遭受精神痛苦,向人民法院起诉请求赔偿精神损害的,人民法院应当依法予以受理:……(三)非法利用、损害遗体、遗骨,或者以违反社会公共利益、社会公德的其他方式侵害遗体、遗骨。

围内，未关注那些没有近亲属的死者之利益被侵害的问题。涉及历史年代久远的遗骸、遗骨或坟墓被侵害的情形，死者后人难以援引该法律规范予以救济。第二，该条规定保护的客体是“遗体、遗骨”，其性质与墓地存在较大区别，遗体、遗骨是存放于墓地之中的人身遗存物，而墓地包括坟头甚至墓碑等附属设施。侵害墓地的行为（如铲平坟头、破坏墓碑、在坟头或附近修建施工等行为）并不等同于“非法利用、损害”遗体、遗骨的行为。对于玷污坟墓或者挖掘坟墓但未挖到棺材的行为，因为没有侵害到遗体、遗骨，不受本条规范的调整。第三，当侵害死者利益的行为系由死者近亲属实施时，即使是死者生前指定的对其身后利益进行保护的人（非死者近亲属），也无法通过诉讼制止加害行为。[1] 第四，一些主观恶性较小的过失侵权行为，即使侵权责任成立，最终承担的过错责任也较轻，但导致的结果却是给死者近亲属造成难以恢复的精神痛苦，难以得到充分的补偿。另外，《精神损害赔偿司法解释》第 4 条是对特定纪念品“永久性”灭失或毁损的救济，侵害墓地（祭祀利益）的行为（如铲平他人坟头、将死者遗骸挖出等）并不在该条规制的范围内。因为可以通过填起坟头或重新安放而得以恢复原状，这类侵权行为产生的后果不符合“永久性”损害的客观要求，坟主近亲属难以通过第 4 条予以救济。

虽然民事法律规定在墓地的保护与救济问题上有所涉及，但是这些规定却存在如下问题：首先，现有规范不能涵盖对墓地侵害的全部可能情形，那些由于过失的行为造成的墓地损害即为例证。其次，现有规范属于救济兜底型规范，即明确了在某些情形下应该给予救济，正是这种兜底的路径导致了墓地保护的疏漏，因为对墓地的侵害行为层出不穷，难以通过列举或归纳的侵害方式予以全部涵摄，导致对许多侵犯墓地（祭祀利益）行为的裁判于法无据。最后，行政法规的侧重点在于维护良好的社会秩序，民事法律重在强调个人的利益。民事权利的内涵与外延不明确，直接影响公法上的

---

〔1〕 参见肖泽晟：《墓地上的宪法权利》，载《法学》2011 年第 7 期。

保护效果。[1]

(二)权利主体的确定

作为具有人格利益的财产,有学者认为,保护坟墓是为保护死者后代之"人格尊严"的重要内容,是对死者后代之"宗教信仰自由"、"文化活动自由"和"准财产权"的保护。[2] 本书认为,上述观点存在值得商榷之处。第一,这种说法强调后代与死者坟墓之间的关联,忽略了坟墓对于死者的独立价值,也忽略了死者相对于其后代的独立性。其实,侵犯死者坟墓之完整性,首先是侵犯了死者的人格尊严,不过是逝者已矣,被侵犯的人格尊严不能现实主张。其次才是其后代的人格利益和财产利益受到侵害。第二,保护死者的坟墓不受侵犯,就是保护死者后代的宗教信仰自由、文化活动自由,这种说法亦不够严谨。后代的祭祀利益不必一定要借助于坟墓来实现。因此,从保护公民的宗教信仰自由、文化活动自由出发,并不能必然得出"死者的坟墓不受侵犯"这一结论。第三,墓地的管理人对墓地和死者坟墓享有"准财产权",实际上是一种"义务性"权利。[3] 本书认为这一表述有欠妥当,首先,"准财产权"是一个舶来品,[4]在我国现有法律体系中并无相对应的概念。其次,"'义务性'权利"亦不是标准的法学术语,这一表述本身即存在矛盾。通过"'财产权的基本权能不可能应用于死者尸体和坟墓',[5] 但是,死者后代负有为保护死者利益而处置和管理死者遗体和坟墓的义务",推出后代对祖坟享有的是"'义务性'权利"这一结论,在逻辑上不能自洽。实际上,后代对祖坟的照管义务并不受实证法调整,而是基于道德、伦

[1] 有学者认为,目前我国有关墓地的法律规范主要存在于公法领域,多为殡葬管理或古墓葬保护方面的法律规范。其中,《治安管理处罚法》第65条是使用"坟墓"词语的唯一法律条文。虽然该条规范属于法律,具有较高的效力,但是也有两个问题值得关注。首先,该法属于行政法即公法范畴,法律关系双方仅仅是行政机关和行政相对人,而真正的受害人即墓主的亲属却被排除在法律关系之外,其利益的损害无从据此得以补偿。其次,该条款仅仅处罚"故意"的行为,因过失造成他人墓地损害的情形无从处罚。参见宋刚:《我国墓地不动产权利的确立》,载《法学》2013年第11期。

[2] 参见肖泽晟:《墓地上的宪法权利》,载《法学》2011年第7期。

[3] 同上。

[4] See C. Allen Shaffer, "The Standing of the Dead: Solving the Problem of Abandoned Graveyards", 32 *Capital University Law Review* 479 (2003).

[5] Daniel Sperling, *Posthumous Interests: Legal and Ethical Perspectives*, Cambridge University Press, 2008, pp. 126-131.

理以及习惯的至深影响，尽管道德的义务与法律的义务两者有交叉但毕竟不重合。[1]

那么，附着于财产上的人格利益，究竟属于坟主还是坟主的近亲属？这种附着人格利益的财产，包括遗体或遗骨、棺木、泥土、石沙等，共同构成死者亲友认同的、得以慰藉的、保护死者人身遗存的结合物。遗体、遗骨本身为人身的外化，作为“具有人格利益的财产”应该受到保护，在承认遗体、遗骨受到保护的前提下，将墓地与遗体、遗骨视为结合物，任何对于坟墓的侵犯，即便不是直接针对尸体或遗体、遗骨的侵害行为，也是对该财产整体性的侵害。有学者主张，在法律适用方法上，似可对《精神损害赔偿解释》第3条中的“遗体、遗骨”作扩张解释，即遗体、遗骨包括其得以安置的处所即墓地。[2] 本书认为，对“遗体、遗骨”作扩张解释的方法有欠妥当。其一，有学者认为，扩张解释指的是法律规范的文义过于狭窄，不足以表示立法的意图，遂扩展其含义包括内涵和外延，使其适用于法律规范的文义所不能包括而又符合立法意图的事项。[3] “过于狭窄或过于宽泛都是根据‘立法真意’来判断的。而立法者意图的发现是意图解释方法的任务，我们不能在没有重大并且充分的理由（这些理由往往要通过效应分析方法才能得到）的情况下，就扩张或者限缩法律概念外延的范围。”[4] 如果此时强要进行扩张，将墓地与遗体、遗骨的结合物解释为“遗体、遗骨”，就会超出法律文义的最大可能范围，而进入法官“造法”的境地。[5] 其二，《精神损害赔偿解释》第3

---

[1] 参见庞琳：《墓地的权利属性——以请求权为分析路径》，载刘云生主编：《中国不动产法研究》（第17卷），法律出版社2018年版。

[2] 参见宋刚：《我国墓地不动产权利的确立》，载《法学》2013年第11期。

[3] 参见孔祥俊：《法律方法论》（第2卷），人民法院出版社2006年版，第889页。

[4] 疏义红：《法律解释学实验教程——裁判解释原理与实验操作》，北京大学出版社2007年版，第82页。

[5] 萨维尼态度鲜明地评价道，“实质解释是相当鄙陋的”。因为，“在解释的过程中，法官从外部把某些东西添加到法律规则之中”，“这样的操作绝非真正意义上的解释”，它是“另一种形式上的操作，人们借此从形式上对法律本身进行补充与修正”，“此种操作与真正意义上的解释截然不同，或者说，它不同于通过解释所能发现的东西”。萨维尼将其称为“立法理由（ratio legis，法律目的）解释”和“实质解释”以区别于真正意义上的解释。对制定法的任意操作与添加，是萨维尼这位客观主义解释论者所不能容忍的。按照经典法律解释学的观念，在比较完善的法律体系之下，是不允许进行扩张解释与限缩解释的。参见[德]弗里德里希·卡尔冯·萨维尼、[德]雅各布·格林：《萨维尼法学方法论讲义与格林笔记》，杨代雄译，法律出版社2008年版，第113~114页。

条保护的权利主体为死者的近亲属,第 4 条保护的权利主体为“物之所有人”,若坟主后代溢出近亲属的范围,则难以启动第 3 条获得救济,此时通过物权所有权人的路径主张救济较适宜。

笔者认为,可将坟墓所涉的财产利益与人格利益视为各自独立的存在样态,以确定各自所指向的权利主体。首先,从“人身外化”的角度来看,此人格利益属于坟主,虽然其民事主体地位已经不复存在,但“民事主体在其诞生前和消灭后,存在着与人身权相区别的先期法益和延续法益”。“民事主体人身利益的完整性和人身法益与人身权利的系统性,决定了法律对民事主体人身保护必须以人身利益的保护为基础,向前延伸和向后延伸。”[1]“人身权延伸保护的基本理论”为墓地承载坟主的人格利益提供了依据。其次,墓地作为坟主人身遗存的存放场所,对于坟主近亲属具有寄托哀思的意义,墓地遭到损坏必将影响坟主近亲属的人格利益。因此可以认为,墓地同时承载着坟主及其近亲属的人格利益,不过是墓地受到侵害时,只能通过生存的近亲属主张救济。最后,所谓的具有人格利益的财产,其本质依然是财产,只不过此类财产与其他普通的财产相比具有了一定的人格利益。虽然在某些情况下,人格利益的价值可能高于财产本身的价值,但是,人格利益仍然需要通过有形的财产予以体现。换言之,人格利益的损害应该适用精神损害赔偿,而财产利益的损害可适用普通的财产之损害赔偿。通过具有人格利益的财产理论保护墓地,既对保护坟主的人格尊严、近亲属的人格利益以及社会公序良俗提供了理论依据,又对墓地这一有形物作为“财产”所受侵害进行赔偿作出了合理解释。

（三）救济路径的考量

坟墓作为人身遗存的存放场所,其上附着的多重利益需要予以澄清。首先,墓地具有典型的不动产特性,这种建造于土地之上的构筑物一旦建成,就不能移动。而遗体、遗骨具有典型的动产特性,在特殊情况下可以与坟墓分离,通过迁移的方式重新安葬于他处。因此,在探讨墓地权利状态的时候,不能将两者视为一个客体进行考察,认为拥有遗体、遗骨所有权就当

[1] 杨立新:《人身权法论》(第 3 版),人民法院出版社 2006 年版,第 76 页。

然拥有墓地所有权的观点是站不住脚的。[1] 坟墓与遗体、遗骨权利状态的重大差异,[2]导致两者的救济路径有所不同,但上面蕴含的人格利益是一致的,即有利益关系的生者对死者的哀吊、追思并葆有特定权益的利益。[3]

近年,关于坟墓与遗体、遗骨所涉祭祀利益纠纷的案件逐渐增多,社会朴素的认知对其有不同的表述,“祭奠”“吊唁”抑或“祭拜”,有学者提出将“祭祀权”列为一种单独的权利类型。[4] 从目前的司法实践来看,各地各级法院在这类案件中大都直接使用“祭祀权”一词,并对其予以保护。但是因为祭祀权不属于“法定权利”,各地司法机关在对其进行保护时,引用的法律规范各不相同,或者当事人为了自己的“祭祀权”诉求能够得到司法机关的支持,而将祭祀连带的一些财产利益、身份利益作为请求权基础,不会径直选择请求保护祭祀之人格利益。例如,在蒋某某与刘某某、刘某某财产损害赔偿纠纷案中,[5]被告在未征得原告同意的情况下,砍伐原告父母亲坟地

---

〔1〕 参见宋刚:《我国墓地不动产权利的确立》,载《法学》2013 年第 11 期。

〔2〕 《民法典》第 209 条(原《物权法》第 9 条)规定,不动产物权的设立、变更、转让和消灭,经依法登记,发生效力;未经登记,不发生效力,但是法律另有规定的除外。依法属于国家所有的自然资源,所有权可以不登记。由此可知,不动产权利的得丧变更必须以登记方式予以确认,除非法律对此有专门的例外规定。因此,主张对不动产享有权利,必须有登记机关的登记或法律的直接规定。就墓地而言,在现行法中,任何组织或个人都不能主张其对墓地享有不动产权利。换言之,即使墓地在功能上具有独立功能,客观上也能够确定其四至而将之与周围土地区分开来,满足“物权的客体必须是特定的,通常表现为特定物”之要求。参见崔建远:《物权:规范与学说》,清华大学出版社 2011 年版,第 23 页。

〔3〕 参见刘云生、卢桂:《祭祀权:法权认知与制度再造》,载《求是学刊》2016 年第 3 期。

〔4〕 谢晖认为,新型权利生成的直接社会根据是习惯以及从习惯中提取出来的习惯权利。在新型权利生成过程中习惯所具有的不同作用,既可以从传统习惯角度观察,也可以从新习惯角度观察。新型权利生成的救济方式是基于习惯的权利推定。无论是社会的权利推定还是国家的权利推定,都建立在有关权利的习惯基础上。姜福东博士认为,从法权的视角来看,现行法律没有明文规定祭奠权为一种具体的法定权利。司法过程中,法官可基于法律原则,对祭奠权作为一种身份权的推定权利进行正当性论证。参见谢晖:《论新型权利生成的习惯基础》,载《法商研究》2015 年第 1 期;姜福东:《祭奠的习俗与祭奠权纠纷》,载《河北法学》2008 年第 5 期等。

〔5〕 原告认为被告在未经原告同意的情况下,擅自砍伐属于原告所有的柏树,不仅侵害了坟墓和附属物保持完整性的特殊财产权,还侵害了死者近亲属的祭祀权和人格权。一审法院认为,祖坟是后代追忆、祭祀已逝先祖的特定场所,对后人存在重大的精神寄托。维护祖坟及其附属物、周边种植物的完好是一种公序良俗,祖坟的附属物被毁坏,侵害了死者近亲属的祭祀权利,给生者造成了一定的精神损害;同时,坟墓的构筑及附属物树木的种植、管理需要投入一定的人力、物力,具有一定的财产性质。二审法院亦认为“被告的行为不仅侵害了坟墓及其附属物保持完整性的特殊财产权,还侵害了死者近亲属的祭祀权,给被上诉人造成了一定程度上的精神痛苦,应当承担相应的民事赔偿责任”。参见蒋某某与刘某甲、刘某乙财产损害赔偿纠纷,重庆市第三中级人民法院民事判决书(2016)渝 03 民终 3171 号。

后的柏树,原告以“财产损害赔偿纠纷”为由要求被告承担责任。又如,在杨某甲与杨某乙侵权责任纠纷案中,[1]被告未通知原告即擅自移走原被告2人父亲之骨灰导致原告无处祭奠,原告以“侵权责任纠纷”为由要求被告承担相应责任。再如,胡某与谢某婚姻家庭纠纷案,[2]被告未在已去世父亲的墓碑上为原告署名,原告认为被告的行为侵害了其祭奠亲人的权利,遂以“婚姻家庭纠纷”为由要求被告准许原告在墓碑上署名。司法实践中存在多种不同诉由的根本原因在于对祭祀性质的把握存在差异,对祭祀的内涵和外延存在不同认识。

上文所列举的案例,法院都最终支持了原告的诉讼请求,这在实体意义上是合理的,也使当事人的诉求得到了实际的保障与救济。但是,法院据以裁定的依据却是不同的,在蒋某某与刘某甲、刘某乙财产损害赔偿纠纷一案,法院以原《民法通则》中的“公序良俗”原则、原《侵权责任法》中归责原则和责任形式的一般条款以及《精神损害赔偿司法解释》中的一般人格权救济规则为依据支持了原告的祭祀权请求。而杨某甲与杨某乙侵权责任纠纷案中,法院亦是以原《侵权责任法》中过错责任为依据支持了原告的部分诉讼请求。胡某与谢某婚姻家庭纠纷一案中,法院援引了公序良俗原则。尽管在最终意义上都支持了原告的诉讼请求,但是其中存在的问题亦是值得探究的。第一,在我国目前既有的法律体系中,“祭祀权”仅为一种利益,尚未上升为权利。法院在本案裁判中使用“祭祀权”一词,且未对这一概念的

---

〔1〕 法院审理认为,公民的合法权益受法律保护。骨灰是具有人格象征意义的特定纪念物品,祭奠权是近亲属之间对于已故亲属的祭祀权,包含权利人对逝者的哀思、怀念等精神利益,各权利人在行使祭奠权的时候,应当本着互谅互让、相互尊重的精神,合法、合情、合理行使祭奠权,以安慰生者、告慰亡者。原告与被告作为杨某某之子女,同样享有对亡父祭奠、追忆的权利。被告擅自移走骨灰的行为确实在一定程度上侵犯了原告的祭奠权利并对其情感造成一定的不便,在此一节上存在过错,原告要求精神损害抚慰金于法有据。参见杨某甲与杨某乙侵权责任纠纷,北京市第三中级人民法院民事判决书(2015)三中民终字第02074号。

〔2〕 法院审理认为,双方当事人争议的属于公民死亡后其亲属对死者之祭奠权利的范畴,法律对此并无具体、明确的条文规定,但根据公民的民事活动应当尊重社会公德的法律规定,不难看出,法律实际已经考虑到公民的祭奠权利实际是为寄托对死者的哀思,是生者对死者表达缅怀情意的方式之一,而行为的具体实施则应遵循社会普遍认可的公序良俗,也应以当地的风俗习惯为考量。原告胡某作为死者有血缘关系的直系血亲,无论从何种角度考虑,按理都可以在谢某某的墓碑上署名并作为立碑人。参见胡某与谢某婚姻家庭纠纷,上海市黄浦区人民法院民事判决书(2013)黄浦民一(民)初字第2743号。

内涵与外延进行清晰的论证，削弱了裁判的说服力与信服力。第二，在没有明确法律规范的情形下，可以援引法律原则进行裁判，但是依据法律原则作出裁判的案件必须强化说理论证。本案援引“公序良俗”原则进行裁判而未进行充分的说理，难免产生司法的恣意。

前文所列的第一个案件，即蒋某某与刘某甲、刘某乙财产损害赔偿纠纷案中，法院以“祖坟的附属物被毁坏，侵害了死者近亲属的祭祀权利”为由认定被告的行为侵犯了原告的“人格利益”，给原告造成精神上的损害。虽然本案最终支持了原告的诉求，但是在论证中却回避了原告的其他诉请求与祭祀权的关联性。由于无法对“祭祀权”的法律性质、内涵与外延予以准确的界定，从而使法院只得从传统伦理观念和长期形成的民间风俗习惯中寻求支持。

那么，“祭祀”所生之利益能够成为权利吗？我们可以从其存在、主体、内容、范围等角度进行思考。〔1〕

第一，从存在的类型样态来看。在广义的利益中，有些利益已经发展稳定成熟，存在多无争议，其主体、内容或范围可以具体特定，其因时代变迁或社会发展需要，逐步独立成为一种“类型”，〔2〕乃经由既存法律体系予以承认，赋予特定名称后，摇身一变成为“权利”。至于其他利益，由于尚未发展至稳定成熟地步，其是否存在仍有疑义，其主体、内容或范围仍难以具体特定，其在时代变迁或社会发展过程中，尚为独立成为一种“类型”，因而既存法律体系未予以承认，亦未赋予特定名称，仍维持“单存利益”的地位，是为“未权利化的利益”或“狭义的利益”。〔3〕 同一类型在此可以理解为在法律

---

〔1〕 “权利”的特性在于其存在、主体、内容、范围等，可以具体特定。“利益”的特性在于其存在、主体、内容、范围等，难以具体特定。权利与利益的不同，在于此特性上的不同。参见陈忠五：《契约责任与侵权责任的保护客体》，北京大学出版社 2013 年版，第 117～119 页。

〔2〕 类型化比较方法采取的是“归入—比较”的步骤，从而让规范性的案例类型具有了某种“开放性”和进一步发展的可能性。参见［德］齐佩利乌斯：《法学方法论》，金振豹译，法律出版社 2009 年版，第 109 页。

〔3〕 “狭义的利益”是指尚未权利化的利益。“最广义的利益”，只是一种尚未经既存法律体系予以过滤筛选或人士评价的“事实状态”。此一事实状态一旦经既存法律体系予以过滤筛选或认识评价后，有些利益应予以负面否定，法律不予以保护，有些利益应予以正面肯定，法律予以保护。后者既是广义的利益，同时包括已经权利化的利益（权利）。参见陈忠五：《契约责任与侵权责任的保护客体》，北京大学出版社 2013 年版，第 91～92 页。

评价上具有同等意义、应作同等对待。[1] 本书所涉及的“祭祀”，其背后隐藏的是人格尊严、个人名誉、身份利益及财产利益等多种利益因素，类型多样，既存法律体系是否承认此等人格利益或身份利益，充满偶然性与不确定性。因此，“祭祀”是一种非类型化的利益，而权利则是相对类型化的利益。[2] 同时，我们也必须要承认，虽然法律并未明确将之定义为一种权利，但是其本身是具有非常大的保护之必要。[3]

第二，从主体的确定性来看。一般而言，权利所指向的主体范围具体特定，因而在侵权情形下，行为是否可能造成损害、被害人为谁、损害规模或范围多大等，加害人可以实现知悉或合理预见。而利益则通常不易察觉，利益的主体为何，有时难以确定，利益的内容或范围如何，既可能非常微小，也可能相当巨大，因而在侵害利益的情形下，行为是否可能造成损害、被害人为谁、损害规模或范围多大等，加害人通常难以事先知悉或合理预见。基于利益此一难以具体特定的特性，可能会发生加害人在不易察觉利益存在的情形下，只因一时疏忽不慎，却造成被害人人数众多，损害规模非常庞大，完全超出一般人可以合理预估范围的结果。“祭祀”所指向的权利主体并不明确，实证法中涉及“祭祀”的请求权规范有《民法典》第 990 条[4]，《精神损害赔偿解释》第 1 条、第 3 条、第 4 条，而《民法典》第 990 条和《精神损害赔偿解释》第 1 条所指向的权益过于模糊，具有不确定性，首先需判断利益能否进入法律保护范围的问题。而《精神损害赔偿解释》第 3 条保护的权利主体为死者的近亲属、第 4 条权利主体为“物之所有人”，从前文所列的司法裁判

---

〔1〕 类型化的对象是具有共同的“意义核心”、大致相同的外部特征的经验事实和社会现象。具体落实到法律上，“法律类型由在法律上有‘同等意义’的现象建构而成”。参见吴从周：《论法学上之“类型”思维》，载杨日然教授纪念论文集编辑委员会编辑：《法理学论丛——纪念杨日然教授学术论文集》，台北，月旦出版社股份有限公司 1997 年版，第 323 页。

〔2〕 任何权利的最初形态都是直接表现为利益，当这种利益在社会生活的长期发展中不再有本质的变化，为社会秩序所接纳，能够被归纳总结并可以用一个共同的规则加以调整时，那么该种利益就可以由非类型化转化为类型化的利益，即晋升到权利的行列。

〔3〕 参见庞琳：《墓地的权利属性——以请求权为分析路径》，载刘云生主编：《中国不动产法研究》（第 17 卷），法律出版社 2018 年版。

〔4〕 《民法典》第 990 条规定，人格权是民事主体享有的生命权、身体权、健康权、姓名权、名称权、肖像权、名誉权、荣誉权、隐私权等权利。除前款规定的人格权外，自然人享有基于人身自由、人格尊严产生的其他人格权益。

即可看出,在死者后代既不属于近亲属亦不是所有权人的情形下,为实现个案正义,法院或采用推定受害人为所有权人,援引第4条进行裁判,或采用扩张解释的方法,援引第3条进行裁判。例如,陈某某与季某某侵权责任纠纷案中,[1]被告挖掉了原告的祖坟,法院首先推定原告为物的占有人,继而在该标的物上寄托了情感,被告的侵权行为造成原告的精神损害。由此可见,“祭祀”的权利主体范围通常不易具体特定,当事人难以事先知悉或合理预见。[2]

第三,从“祭祀”所包含之内容予以考量。“祭祀”所指向的内涵模糊、性质与外延不确定,若将祭祀视为一种权利,则“祭祀权”这一封闭、抽象概念的各种特征具有绝对的不可或缺性,在适用上是“非此即彼”的。[3] 由于抽象概念之间存在人为的切割或绝然的断裂现象,抽象概念之间的关系是断裂的、跳跃式的,因此,在权利构成要件的设置上,难免有意或无意地忽略过渡样态。本书认为,“祭祀”具有丰富的内涵和多元的价值,[4]“家庭与社会伦理所产生的情感”只是其中包含的人格利益之一种,同时还包含有人格尊严、个人名誉、宗教信仰及财产等利益因素。[5] 人之为人的人格尊严、个人名誉、宗教信仰及财产利益,各利益要素之间没有决然的鸿沟,在某些情

---

〔1〕 法院审理认为,原告虽未能证明涉案标的物为其祖坟,但原告认可该涉案标的物为其祖坟,加以整修,并从事一些祭扫活动,原告系涉案标的物的占有人,该标的物在一定程度上寄托了原告的情感,对于原告具有特定的意义,而被告在无权的情况下将其毁坏,一定程度上造成原告的精神损害,构成侵权。参见陈某某与季某某侵权责任纠纷,三门县人民法院民事判决书(2015)台三民初字第336号。

〔2〕 参见庞琳:《墓地的权利属性——以请求权为分析路径》,载刘云生主编:《中国不动产法研究》(第17卷),法律出版社2018年版。

〔3〕 在某种意义上,类型与同属于不确定概念的原则在内在结构上比较相似。原则的内在要素也是以“或多或少”和“强弱”的形式出现的。更让人称奇的是,它们的哲学基础都是二元论。正因为如此,在类属上,人们将它们都划为“不确定概念”。参见李可:《类型思维及其法学方法论意义——以传统抽象思维作为参照》,载《金陵法律评论》2003年第2期。

〔4〕 有学者认为,一方面,祭祀行为及其仪式是人类独有的一种话语体系和言说方式。祭祀所产生的比拟、预言、寓言、象征,无往而非都是对死者的祭祀图景进行想象、拟制,借此沟通神界与俗界,最终规范现实生活。另一方面,祭祀作为一种言说方式,比喻、象征、寓言以及由此产生之神话与信仰,不仅寄托了生者对死者之深厚情感和对生命的敬畏,更体现为一种现实性价值。同时,祭祀之类的行为本质上亦属于宗教信仰。祭祀利益既属于身份利益亦属于人格利益。参见刘云生、卢桂:《祭祀权:法权认知与制度再造》,载《求是学刊》2016年第3期。

〔5〕 参见刘鹗:《依违于礼教与宗教之间——〈钦定大清刑律〉“发掘坟墓罪”研究》,载《清华法学》2014年第6期。

形下,一个对象上可能同时附着有数种利益,亦可能因为某一要素的改变而出现强弱程序交替转移的情形。[1] 如果将"祭祀权"单独抽象为封闭的权利,这个权利的权能是否是确定的?利益具有不确定性,而权利则是相对确定的。对权利而言,法律可以从已知的外延和标准加以保护,法律所认可的权利无论是从表现形式还是从保护手段抑或从法律依据来看,都是相对确定的。而法律对利益往往持有反面救济的态度,往往不对其内涵、外延作正面规范。[2] 所以,法律对利益的救济多通过对公序良俗、道德、习惯层面予以考量。因此,在援引法律依据时亦会存在诸多的差异。以祭祀权为例,法官可能会依据公序良俗、人格尊严、身份利益、特定物权受损等进行归责,而对于权利,属于何种法律调整就会依据何种法律规范裁判,不会出现同一诉求依据不同种类法律规范加以裁判的现象。

第四,就保护范围而言,利益是指根据法律的基本原则,由法律所保护的,客观上可能受到侵害或者威胁的人的生活利益。[3] 利益是依据法律原则和法律精神推定应当予以保护的利益诉求,它与权利在利益范围上是不同的。换句话说,"祭祀"在法律层面上的范围是不明确的,不具有可预见性,在没有法律明文规定的情况下,不能笼统地将利益一律作为权利加以保护。[4]

我国传统的治理模式将礼、法合为一体而形成了一种长期的历史实践,这种历史实践在个体的内心烙印为一种礼治文化产物的性情倾向系统和行为倾向系统。这种外部社会结构转化到个体内心图式的主要表现为:

---

〔1〕 在类型体系中,可以根据各类型与"意义核心"关系之远近分为标准类型和中间类型。在标准类型与中间类型/非典型类型之间并无一条绝然的鸿沟,而是有若干流动着的特征,并且其随着人们观察视角的变化而呈现强弱程度的交替转移。此为其一。从这一意义上来讲,类型思维其实就是一种观察者的参照系思维:同一对象在不同的视角的探照下极有可能显现出不同的色彩和面目,自然,其归属也就会发生变化。其二是类型之间的层级交错与转换,要视要素的多少和强弱而定,人们目力所及的类型在外观上是由许多依层次、深浅、强弱不同而排列的类型序列。类型之间是一种"比较级"的关系。参见李可:《类型思维及其法学方法论意义——以传统抽象思维作为参照》,载《金陵法律评论》2003 年第 2 期。

〔2〕 参见曹险峰:《在权力与法益之间——对侵权行为客体的解读》,载《当代法学》2005 年第 4 期。

〔3〕 参见张明楷:《法益初论》,北京大学出版社 2002 年版,第 167 页。

〔4〕 参见庞琳:《墓地的权利属性——以请求权为分析路径》,载刘云生主编:《中国不动产法研究》(第 17 卷),法律出版社 2018 年版。

传统礼法文化观念在日常生活中根深蒂固，乡村民众仍然把带有伦理和宗法色彩的习惯法（包括不成文的乡间习惯、成文的乡规民约和宗祠条规等）融入日常生活行为模式中，强调一种和谐有序的价值追求与对纠纷的和解与调解。[1] 由此可见，“祭祀”指向的利益与权利的特性虽然相去甚远，但是从传统习惯法[2]与公序良俗的传统礼法文化观念，进一步演进生成了法治观念，[3]亦是回应型法。[4]

第二节　财产上之宗族身份关系所生人格利益

一、祖先遗像

祖先的遗像作为生者祭奠瞻仰的物质载体，其上附着多种人格利益，这些精神力中最凸显的当属家庭伦理之情感。当人们面对遗像祭祀祖先时，会产生对自我的认知和追思，树立家族血缘意识。中国的传统文化让祖先遗像在承载哀思的同时又负担了社会评价孝道的功能。从法律视角来看，首先，祖先遗像既体现于有形的实体，又附着了“无形”的精神利益，寄托了权利人的哀思情感。相对于有形物质的客观体现而言，权利人的情感投射是无形的，是无法被客观真实感受的。其次，这类物品上的人格利益只对具有血缘关系的亲属具有重要意义，对亲属之外的人来说，精神利益无从体现。再次，这类物品使用价值单一，目的不在于使用和交换，更多的是其中隐含的人格利益。最后，一旦这类物品遭受毁损，其损害后果不仅仅为物质损害，还包括精神损害。祖先遗像系不可复制、不可替代之物，尊敬祭拜已

---

[1] 参见刘柳：《基于“惯习”运作的治理法治化》，载《法商研究》2017年第3期。

[2] 法国社会学家布尔迪厄受德国哲学家维特根斯坦后期语言哲学的影响，重构了习惯概念并提出基于“惯习”的建构主义结构理论。布尔迪厄考证了“习惯”这个词语的谱系，创造了“惯习”这个作为其建构主义结构理论的核心概念之一的词汇。这个词语最早的词源来自亚里士多德的著作《尼各马可伦理学》。亚里士多德认为，德性分两种，理智德性与道德德性。理智德性主要通过教导而发生和发展，所以需要经验和时间。道德德性则通过习惯养成，因此，它的名字“道德的”，也是从“习惯”这个词演变而来的。参见［古希腊］亚里士多德：《尼各马可伦理学》，廖申白译，商务印书馆2009年版，第36页；［法］皮埃尔·布尔迪厄、［法］罗杰·夏蒂埃：《社会学家与历史学家——布尔迪厄与夏蒂埃对话录》，马胜利译，北京大学出版社2012年版，第74页。

[3] 参见刘柳：《基于“惯习”运作的治理法治化》，载《法商研究》2017年第3期。

[4] 参见［美］诺内特、［美］塞尔兹尼克：《转变中的法律与社会——迈向回应型法》，张志铭译，中国政法大学出版社2004年版，第85~86页。

故先辈属于我国部分地区的风俗习惯,宗族祖先遗像的毁损或灭失对权利人精神上造成不可愈合的伤害。换言之,相较于物质损害而言,精神损害更为重要。实践中因祖先遗像毁损、返还发生纠纷的案件也不少,以王某甲、王某乙等7人与被告王某丙、文某返还祖宗遗像纠纷案[1]为例,原告、被告系五代内直系血亲关系。20世纪30年代,原告、被告共同祖先王某丁夫妇去长沙请人各画了一张肖像画,该两幅画像一直悬挂在原告王某乙的堂屋墙壁上。2002年被告王某丙回老家省亲,取下两幅遗像带回长沙自家收藏。2007年原告要求被告返还祖先遗像,引发诉讼。法院经认为,原告、被告均系王某丁的后代,王某丁夫妇画像长期悬挂于原告王某乙家,供后人祭拜,尊敬崇拜已故先辈符合现实生活中人们的观念和当地风俗习惯,属于一种善良无害的人文习俗。被告王某丙未经原告同意擅自取走并独自占有先辈画像,有违公序良俗,原告要求2被告归还遗像的理由正当,应予以支持。故判决2被告将画像返还给原告。本案裁判要旨体现了祖先遗像上具有人格利益的识别标准:一是遗像为权利人之亲属,权利人与其具有家族血缘关系;二是祖先遗像具有不可复制的唯一性,一旦灭失或毁损就无法恢复;三是祖先遗像具有人格象征的纪念意义;四是祖先遗像的用途为祭奠悼念寄托哀思,符合当地风俗习惯。

值得注意的是,祖先遗像与前面所提及的他人的照片有所区别,后者的范畴要广于祖先遗像,但祖先遗像涉及共通之文化与秩序,保护之目的不仅在于个体之情感,更在于社会共同之情感。在实践中祖先遗像的纠纷案例主要有两种类型:一种是破坏毁损遗像,侵害权利人的财产利益和人格利益两个权利客体;另一种是祖先遗像的所有权权属纠纷。前一种类型实践中较为常见,且不存在较大争议。就后一种案件类型而言,则主要体现为对遗像的权属确定问题。如东阳祖宗画像案,[2]这是明朝兵部尚书许弘纲请宫廷里的画师为他的父母画的画像,距今已有400多年的历史。两幅画像一

---

〔1〕 参见于杨宁、罗菊香:《两幅祖宗遗像引发家族官司》,载湖南省高级人民法院网2007年12月3日,http://hunanfy.chinacourt.gov.cn/article/detail/2007/12/id/1375597.shtml。

〔2〕 参见央视国际:《祖先画像的归处》,载CCTV网,http://www.cctv.com/program/jjyf/20050113/102402.shtml。

直由许家后代轮流保管悬挂，在逢年过节时供后代子孙祭礼瞻仰。画像的最后一位保管人为被告许某乙的父亲许某甲。被告认为，画像是父亲的遗产，姐弟 2 人因继承享有所有权。紫薇山村的许氏后人认为，这两幅画像对于全体许氏后人的纪念意义远远大于经济价值，而且按照许弘纲定下的家规，画像应该属于全体许氏后代所有，许某乙姐弟并不是唯一所有人。368 名许氏后代就画像的归属问题起诉许某乙、许某丙姐弟。本案件引起了学界和实务界热议。首先，涉及对该画像的定性问题。本案中的画像是先人为供后代子孙祭礼瞻仰祖先而画，具有特定的目的。作为具有人格特征的财产，共同共有人不得擅自处分，否则其余共有人可以要求侵权人就其侵权行为承担精神损害赔偿责任。因为侵权人出售画像的款项为财产利益，并不属于精神损害赔偿的范围。其次，是关于所有权的归属问题。在判断一个财产归谁所有的时候，遵循的一个基本的前提就是占有推定，谁在占有就推定他是所有人，除非有相反的证据进行反证。本案中，从许家的历史来看，这两幅画像一直是由许氏子孙轮流保管的，因此，任何一个保管者都不可能拥有画像的全部所有权。1949 年之后，画像虽然一直存放在被告家里，但这是由历史原因造成的，并不意味着其已然取得画像的所有权。最后，关于时效取得的问题。我国没有规定时效取得，即便参照其他国家或地区的时效取得制度，在本案中，被告之父也不构成时效取得，因为他采用的不是一种公然占有的方法，而是一种隐蔽的占有。法院认为，画像中的人物是全体许氏后人共同的祖先，而不仅仅是两个被告人的祖先，因此，法院判决画像应该属于包括被告在内的全体许氏子孙共同所有。

二、宗祠

（一）宗祠的社会功能及现实意义

中国传统社会是一个宗族、宗法血缘制社会。何为宗族？在明确这一结构内涵的基础上，才有明晰权利主体范围的可能。有学者认为，宗族是祖先崇拜或宗法观念规制下，以父系血缘关系为主的群体。[1] 宗族群体形成

---

〔1〕 参见冯尔康等：《中国宗族史》，上海人民出版社 2009 年版，第 17 页。

的先决条件是血缘关系,但是又不仅限于血缘关系的单一结合,宗族形成的决定性因素是人有意识的组织活动。[1] 由此可见,宗族的形成需要同时具备血缘关系与宗法观念。宗族之族人即成为民间习惯层面的宗族组成之个体。

以祠堂的形态呈现的祠堂文化,在某种意义上发挥着"小传统"[2]的功能。宗祠亦是宗族议事、处理宗族事务的重要场所。[3] 祠堂作为族众认同宗族血缘关系、维护宗族共同利益的物质载体,担负着合爱同敬、尊祖睦宗的社会职能,成为宗族象征的核心载体。[4] 以建筑形式为物质体现的宗祠,在教化意义、规范意义(成员行为的约束)、维系亲情(加强血缘关系与族属感情)等传统文化、民间习惯方面发挥着重要的作用。

(二)宗祠的权利属性

宗祠以建筑为客观形态的体现,不仅具有财产价值,同时还具有人格利益。只是这里的人格利益并非单个人的人格体现,而是凝聚着宗族的文化与传承,由社会文化和传统习惯形成的团体人格的彰显。司法实践中,有关宗祠纠纷的案件主要体现为以下几种类型,即宗祠产权争议的案件、[5]强制拆迁宗祠的案件以及因侵犯宗祠要求精神损害赔偿的案件。本书认为,宗祠产权问题,可通过财产的二元性解释其法律属性(如人体组织、遗体遗骨等),即认可这些财产的客体地位,根据客观情况识别财产属性与人格属性的比重。具体对宗祠而言,其所有权权能有别于普通之物,不宜通过传

---

[1] 参见冯尔康:《中国宗族制度与谱牒编纂》,天津古籍出版社 2011 年版,第 2 页。

[2] 美国人类学家罗伯特·雷德菲尔德(Robert Redfield)提出大传统与小传统的二元分析框架,用以解释说明复杂社会中存在的两个不同层次的文化。在他看来,大传统指代表着国家与权力、由城镇的知识阶级所掌控的书写的文化传统。小传统则指代表乡村的,由乡民通过口传等方式传承的大众文化传统。See Redfield Robert, *Peasant Society and Culture: An Anthropological Approach to Civilization* , Chicago University Press, 1956, p. 71.

[3] 参见刘华:《百姓的祠堂》,商务印书馆 2014 年版,第 65 页。

[4] 参见林永匡、王熹:《清代社会生活史》,中国社会科学出版社 2016 年版,第 617 页。

[5] 参见宾阳县宾州镇新模村民委员会第一村民小组等诉宾阳县人民政府登记纠纷,最高人民法院行政裁定书(2017)最高法行申 8419 号;德庆县金定李氏族人等诉德庆县德城街道城郊村民委员会物权确认纠纷,肇庆市中级人民法院民事裁定书(2017)粤 12 民再 2 号;劳某某等与黄某某所有权确认纠纷,贺州市中级人民法院民事判决书(2016)桂 11 民终 1147 号等。

统所有权路径进行解释和分析。这一观点在我国司法实践中亦有体现,[1]也就是说,司法实践中考虑到宗祠属于具有人格利益的财产,其上附着的人格利益为宗族全体成员,宗祠之所有权不宜归属于某一人,该财产又不是无主财产,亦不宜收归国有,由某一适合的人代宗族成员管理为宜。同时,在涉及祠堂拆迁补偿的问题上,应当认为,祠堂所代表的宗族成员都有权利获得相应份额的补偿金。然而,是否实际分配给各宗族成员,或者说各宗族成员是否有权单独为主张,则应基于宗族主要成员之建议与表决予以具体探讨,因为其权利之获得非因继受之转让或者原始之修建取得,而因血缘、身份关系而享有,故不宜径直以共同所有权之规范裁判。

三、宗谱

宗谱是记载和反映宗族世系源流的簿籍,有族谱、家谱、家乘等多种名称。宗谱反映本族成员历代情况、分支状况以及宗族风尚等内容,其以文字形式记载本族繁衍之脉络,是本族全面详细的历史档案,宗族精神文化传承的物质载体。[2]

在弗里德曼那里,宗谱是宗族的“宪章”(charters)。这是弗里德曼在《中国血统与社会:福建和广东》第一章“福建、广东地区的村落及世系群”(Village and Lineage in Fukien and Kwangtung)中提出的一个重要观点。[3]宗谱之所以具有“宪章”的性质,是因为其与宗族之间具有密切的联系。弗里德曼在其著作中从三个方面分析了宗谱具有“宪章”的性质。第一,宗谱明确了该族成员的范围。[4] 第二,族谱记录的内容,在很大程度上反映了

[1] 1957年《最高人民法院关于处理祠堂产权问题的批复》(法研字第7995号)明确规定,祠堂房产的产权不宜确定为一人所有,也不宜收归国有,而应指定适当人代管。

[2] 参见林永匡、王熹:《清代社会生活史》,中国社会科学出版社2016年版,第620页。

[3] 原文是:族谱对世系群的发展和结构具有影响,并成为世系群的宪章。(Genealogies on the development and structure of the lineages for which they constituted the charters.) See Maurice Freedman, *Chinese lineage and society*: *Fukien and Kwangtung*, Athlone Press, 1966. p. 37.

[4] 当然,这里会存在一些问题,比如,有的宗族规定,在把出生情况加入新修订的族谱时,需要征收一定数量的费用,这就使世系群成员资料的完整性,受到外在经济条件的制约而大受影响。

宗族的现实要求。[1] 第三,宗谱从某种意义上呈现一种程式化的社会组织的形态。[2] 可见,对于生活于中国传统语境下的人而言,族谱仪式性的意义兼有自我身份的认同和基于社会习惯生成的情感。

司法实践中也有基于宗谱产生的纠纷和争议,以歙县族谱纠纷案[3]为例,歙县武阳乡王氏一族的族谱保存于村民王某某家中。2009 年王氏村民要求王某某将王氏族谱交出,以便王氏族人检查,未果。2009 年 2 月,143 名王氏族人将王某某诉至法院,要求其交出族谱,更换族谱管理人。法院审理查明,王氏族谱订于光绪十六年(1890 年),共计 14 册,其上记载了淳安环水王姓一支的发展历程。法院认为王氏族谱具有知识产权与物权的双重属性。首先,王氏族谱体现为物质之实体,具有物权属性,受物权法之调整。其次,王氏族谱所记载的内容体现了王氏家族成员的精神财富,为王氏族人共同享有。在没有充分证据证明族谱为王氏族人共同共有的前提下,应当依法保护物之持有人的合法权益。一审法院驳回了原告的诉讼请求。在二审中,原被告达成宗谱保管协议,宗谱由王某某继续保管,不得损坏、出售、赠与。王某某应当每年正月将宗谱交由王氏族人查阅并修谱。若发生不能由被告继续保管的情形,则由王氏族人集体商议,另行确定保管人。本案诉争之物为王氏族谱,与前面宗祠具有相似性,法院注意到该标的物的特殊性,不单独体现为物质载体,同时具有极强的团体人格利益,不宜确定为一人所有,而应指定适当人代管,于法有据,于理亦合,可兹参考。

---

〔1〕 弗里德曼以中国学者胡先晋研究江西谭姓宗族的成果说明,由于宗族内各分支的不均衡发展,导致出现人数和财力方面实力不等的分支;一旦发生这种结果,宗族管理者就会综合平衡各方利益,在世系群内部进行重新编组。比如,由于谭姓宗族在成员数量和财富方面出现了不均衡的发展,于是,就先将一个超过所有分支规模的最大分支(房)分解成五份,随后再将其余各房合并为两个部分。通过引进防止一房独大、一房垄断的新制度,使全族各分支的力量获得了新的均衡。谭姓宗族的族谱忠实地记录了这一过程,使之成为一个体现了宗族规范的范例,供谭姓后人参照。弗里德曼认为,大规模的族谱是作为潜在的世系集团的一部宪章,因此,它向我们揭示了这一集团结构上的重要关系。See Maurice Freedman, *Lineage Organization in Southeastern China*, University of London, Athlone Press, 1958, p. 151.

〔2〕 弗里德曼认为,"族谱是一系列有关起源和关系的宣称,一张凭照,一幅展示散布形态的地图,一个为各类社会组织而设的框架,一张指示行动的蓝图。它是一套政治宣言"。See Maurice Freedman, *Chinese Lineage and Society :Fukien and Kwangtung*, Athlone Press, 1966, p. 31.

〔3〕 参见叶国强:《安徽首例族谱纠纷案平和落幕》,载人民法院报网,http://rmfyb.chinacourt.org/paper/html/2010-06/09/content_10479.htm? div=-1。

本章小结

这类情感往往与特定的身份关系相关,在不同的社会传统中往往具有类似的体现,因此称为“共通情感”。笔者已经言及基于社会传统所生情感与个人情感之交叉与差异,更加表明了个人所生之情感抑或与他者之情感可能在法律秩序的上升与法权模型的塑造过程中获得普遍认可,成为共通的社会情感而受到保护,故在特定财产上所获得之人格利益保护,完全可能并非基于民法上“所有权”之支配而获得,而这种权利可能基于一种约定俗成,或者说“社会共同感”而获得——也就意味着,如果单纯地去保护“所有权人”,或者去追溯“所有权人是谁”,抑或从既有民事物权体系中去探讨某些财产的“所有权人有谁”,往往逻辑不通、削足适履、不合时宜。当然,这种社会产生的情感也有可能在不同的社会有不同的表达与规制,内涵与外延各不相同,更有可能随着社会的变迁,一些社会所产生的情感有所变化或差异。

同时,“社会共通情感”与第五章论述的“交互情感”亦有交叉,因为在社会中来考虑此问题,自然必须有“他者”的存在,否则就只有“主体的我”,但是不同之处在于,“交互情感”中的“他者”往往是“特定的”,而且这种“特定的”他者与“我”本人发生了关联,这是保护的前提;而“社会共通情感”的“他者”往往是“非特定的”。这种社会产生的情感也有可能在不同的社会有不同的表达与规制,内涵与外延各不相同,更有可能随着社会的变迁,一些社会所产生的情感有所变化或差异。

本章将基于社会传统所生情感分为两类。第一类为基于近亲属身份关系产生的情感,这类情感所生之人格利益一般附着于遗体(尸体)、遗骨、墓地等财产之上;第二类为基于宗族身份关系产生的情感,这类情感所生之人格利益一般附着于宗祠、宗谱、祖先画像等财产之上。当然,这两类具有一定的交叉性,但由于二者情感所附着之主体确有不同,前者主张多为近亲属,故区分仍具有意义。

第七章　财产上人格利益损害救济的裁判反思与建构

第一节　财产上人格利益相关案件裁判路径及反思

一、裁判的四个路径及问题分析

在本书试图涵盖的范畴下，财产上的人格利益包括前述的三类，既有因科技带来的基因、胚胎，[1]也有因具有纪念意义的物品，还有基于习惯、风俗等的遗像、遗体、遗骨抑或墓地等。实践中对其认知具有同一性，但裁判路径却有差异。司法实践中一般通过四种路径进行裁判。第一种路径是通过原则裁判的模式，适用《民法典》第8条（原《民法通则》第7条）公序良俗原则进行裁判的“原则证成型”。第二种路径是援引《精神损害赔偿司法解释》第4条作出裁判的“规则证成型”。第三种路径是类推适用《精神损害赔偿司法解释》第4条得出裁判结果的“类推规则证成型”。第四种路径则是同时适用法律原则与具体规则（如《精神损害赔偿司法解释》第1条或第4条）进行加强论证得出裁判结果的“原则规则混合证成型”，这种路径的裁判方式主要体现为两种模式，第一种是援引“公序良俗原则+《精神损害赔偿司法解释》第1条”的论证模式，第二种是援引“公序良俗原则+《精神损害赔偿司法解释》第4条”的论证模式。

（一）原则证成型

就第一种裁判路径而言，法律原则主要适用于因法律的不确定性即规

---

〔1〕 基因的权利具有多重属性，笔者以为其上的人格利益是重要的属性之一。

则模糊、冲突、漏洞或不良而形成的疑难案件中。抽象概括的法律原则并不能直接适用,必须通过个案予以具体化并设定限制条件(设立必须经由中介才能适用的准则,"禁止向一般条款逃逸",或者要求通过陪审团审理、合议制、判决书公开等程序性机制来控制)来获得正当性,并以此限制法官的自由裁量权。然而,公序良俗原则条款不仅在案件中作为"唯一依据"或"主要依据",也常常作为补充规则论证的次要依据。法官进行原则裁判时,不仅会援引《民法典》第 8 条(原《民法通则》第 7 条),还可以援引《民法典》第 4 条、第 5 条、第 6 条(原《民法通则》第 3 条、第 4 条、第 5 条)。[1] 在曹甲与袁甲、袁乙所有权确认纠纷案[2]中,原被告双方为同母异父兄弟,在操办生母后事和骨灰盒的保管处置问题上,原被告产生纠纷。二审法院认为,人的遗体、遗骨是死者的身体权益延伸的物质载体,这一物质载体之上蕴含着死者近亲属的情感,即近亲属特定的精神。通过遗嘱的方式确定死者遗体、遗骨的保存与管理人,可参照遗嘱继承的相关规则。只要不违背公序良俗和法律的禁止性规定,应当首先尊重遗嘱人的意愿。本案中,死者生前于 2006 年以公证的方式表达了其死亡后骨灰由曹甲全权处理的意愿。虽然该公证的内容不属于继承法上处理财产继承的典型遗嘱,但是从民间习俗以及死者延伸身体权益保护的角度来看,应当遵从死者的遗愿。本案中,二审法院援引原《民法通则》第 7 条得出裁判结论。同样我们可以看到,曾家林(化名)夫妇与广西某酒店诉讼纠纷案[3]在法律上找不到直接的裁判依据。法官根据案件事实、结合传统习俗作出裁判。这种采用法律原则径直进行裁判案件的情形,至少体现了两个方面的问题:一方面体现了案件处理中的实用主义态度;另一方面则体现了理论研究与司法实践之间的不可弥合的缝隙。

(二)规则证成型

第二种裁判证成路径,主要是通过援引《精神损害赔偿司法解释》第 3

---

[1] 参见庞琳:《墓地的权利属性——以请求权为分析路径》,载刘云生主编:《中国不动产法研究》(第 17 卷),法律出版社 2018 年版。

[2] 参见曹甲与袁甲、袁乙所有权确认纠纷,泰州市中级人民法院民事判决书(2014)泰中民四终字第 384 号。

[3] 黄河清:《酒楼摆婚宴却遇"丧宴",广西一夫妇获赔 1600 元》,载搜狐网,http://news.sohu.com/20080614/n257489306.shtml。

条或第4条得出裁判结论,这一类型的案件裁判相对最多,因为第3条与第4条也是司法实践中最为明确的可引用的裁判依据,自不待言。但是正如前面指出的,此类裁判路径的案件里,存在同时援引了《精神损害赔偿责任若干问题的解释》第3条第3项与第4条之情形,即存在"遗体、遗骨"与"具有人格象征意义的特定纪念物品"混淆权利客体所指向对象的问题,并未明确区分《精神损害赔偿司法解释》第3条第3项与第4条分别所指向的对象。例如,在高某某与王某甲、王某乙、王某丙侵权责任纠纷案、[1]黄某某与陆某某财产损害赔偿纠纷案、[2]余某与胡某某侵权纠纷案[3]等判决中,裁判依据皆同时进行了援引,这显然不符合立法之本意,也意味着司法实践中对财产上人格利益所涉及的法律规范指向的权利主体、权利客体以及对象没有形成准确的认识。

(三)类推规则证成型

该类型裁判类推适用的规则证成路径是因法律规范对相关问题的规制的范围不足而采用的一种裁判方法。法官在司法中面对一个在法律上找不出直接根据的案件,不得已才参照最相类似的法律规定进行裁判,给当事人在严格规定之外分配权利和义务。这是对严格法治原则的修正,是对立法、司法等权力之严明界限的修改。这种修正或修改的原因,就在于法律规范本身存在着不足。以祝某某诉被告青岛凯宾餐饮管理有限公司侵权责任纠纷案[4]为例,原告在被告所属的酒店举办婚礼晚宴时突然停电,导致婚礼被迫中断。原告认为被告的行为给其造成了精神伤害,遂以侵权行为损害赔偿请求权向法院进行主张。法院通过类推适用《精神损害赔偿司法解释》第1条和第4条,得出裁判结论。但是,值得注意的是,本案中,造成停电的原因是供电局的临时停电,事前并未告知被告。被告的备用电源没有达到

---

[1] 参见高某某与王某甲、王某乙、王某丙侵权责任纠纷,长春市中级人民法院民事判决书(2015)长民二终字第1149号。

[2] 参见黄某某与陆某某财产损害赔偿纠纷,百色市中级人民法院民事判决书(2014)百中民一终字第1019号。

[3] 参见余某与胡某某侵权纠纷,驻马店市中级人民法院民事判决书(2014)驻民二终字第178号。

[4] 参见祝某某诉被告青岛凯宾餐饮管理有限公司侵权责任纠纷,青岛市黄岛区人民法院民事判决书(2013)黄民初字第3232号。

可以应对紧急情况的水平，未采取妥善措施安抚原告及其亲属的焦急情绪。被告仅仅是未尽到注意义务，但其行为并不具有违法性，亦未违反社会公共利益、社会公德。本案案件事实不属于《精神损害赔偿司法解释》第1条构成要件的范畴，同时，《精神损害赔偿司法解释》第4条作为本案裁判结论的大前提也不具有合理性。本案原告、被告双方签订的餐饮服务合同，因被告的违约行为，造成原告人身、财产权益受到侵害，属于违约责任与侵权责任的竞合，并不存在具有人格象征意义的特定纪念物品。这说明法官通过主观价值判断，认为纯粹按照逻辑演绎得出的裁判结论有失公允，于是法律论证中尽可能地通过类推解释的方法，给判决披上法律的外衣，以符合逻辑合理性的最低要求。[1]

（四）原则规则混合证成型

原则规则混合证成型主要包括两种裁判方式。第一种裁判方式是在类推规则证成型的基础上，对说理和论证予以强化，填补规则漏洞。这一类型出现的频率较高，即法官常常选择在类推"既有规则可解决"的案件中同时适用法律原则，以提高裁判的权威性、合理性和说服力。例如，婚庆服务合同纠纷等类似案件中，涉及具有人生纪念意义的仪式，为了达到个案的公平与正义，法官明知法律有漏洞也要在法律内部寻求司法裁判的根据和参照。

原则规则混合证成型的第二种裁判方式体现为，案件中同时援引法律原则与一般性条款进行裁判。例如，适用《民法典》第8条（原《民法通则》第7条）与《精神损害赔偿司法解释》第1条进行裁判的方式来填补规则漏洞，以薛某等诉陆某甲其他特殊侵权案[2]为例，法院认为，死者骨灰一经共同处分，除非出于社会公共利益的需要等原因，或近亲属之间的协商一致，原则上应保持原状，任何人无权私自转移，这是社会普遍认知的标准。如果陆某乙或陆某甲认为陆某丙的骨灰应与江某某合葬，应当通过正当途

---

〔1〕 基于"司法三段论"的推理可以促进法律规则的稳定性，对于法官而言既可以确保他们的职业安全又可以提高裁判效率，之于当事人来说可以满足他们对于裁判确定性的预期。有人说把这看作一种保守的"法匠技艺"，笔者反而认为这恰恰是"三段论"的美德之一，就此而言，它与形式法治是内在一致的。在司法裁判中，价值判断总是不可避免的，但价值判断仍要受到形式规则的制约，否则将会导致判决之确定性的丧失，前几年的"宜兴冷冻胚胎案"的裁判就给了我们一个深思。

〔2〕 参见薛某等诉陆某甲其他特殊侵权案，载国家法官学校、中国人民大学法学院编：《中国审判案例要览-2010年民事审判案例卷》，中国人民大学出版社2010年版。

径向陆某丙的其他近亲属提出，在得到陆某丙其他近亲属的共同理解和同意后，方能实施该行为，否则即对陆某丙的其他近亲属构成侵权。用转移死者骨灰相要挟以达到自己的目的，为社会公德和善良风俗所不容，也违背正常的伦理亲情。显然，法院在本案中采用了“一般人格权”规范进行裁判。尽管对案件作出了符合社会朴素情感认知的裁判，但是却存在司法实践的困惑。《精神损害赔偿司法解释》第1条对“一般人格权”进行了概括规定，[1]用以补充具体人格权在保护人格利益实现时的不足，但实践中却存在两个方面的问题。一是在案件归入时，相当数量的审理法院模糊了确立一般人格权规则时所坚持的具体人格权与一般人格权适用时的先后标准，径直以一般人格权指称所有侵犯人格利益的案件，并不区分被侵犯的人格利益是否存在明确的内涵外延，进而决定应否适用具体人格权进行案件归类。二是对那些没有明确内涵外延的人格利益的法律归入，囿于一般人格权构造界限的模糊性这个看似强大的制度实则缺乏实质内容，无法单独通过这样的一般规则来调整，因此，还必须再借助法律原则增强论证的力度。但是，关于一般人格权的适用关系，通说认为特别法关于特别人格权设有规定的，应优先适用之。其无规定的，则应适用一般人格权。依据我国法律的实践态度，一般人格权规则仅是作为具体人格权规则不足的补充：存在具体人格权规则时，不得径直适用一般人格权规则，这也限制了一般人格权的适用范围。同时，若一般人格权无法完成对现实中随时可能出现的人格利益的充分调整，这时还需要借助于法律原则，一般人格权则丧失了一般规则的存在价值。[2]

---

〔1〕《精神损害赔偿司法解释》第1条第2款规定：“违反社会公共利益、社会公德侵害他人隐私或者其他人格利益，受害人以侵权为由向人民法院起诉请求赔偿精神损害的，人民法院应当依法予以受理。”该司法解释的起草人认为，“人格尊严”在理论上被称为“一般人格权”，是人格权一般价值的集中体现，因此，它具有补充法律有关具体人格权规定不足的重要作用。在处理具体案件时，可以将人格尊严作为一般人格权以补充具体人格权。参见陈现杰：《〈最高人民法院关于确定民事侵权精神损害赔偿责任若干问题的解释〉的理解与适用》，载《人民司法》2001年第4期。

〔2〕参见庞琳：《墓地的权利属性——以请求权为分析路径》，载刘云生主编：《中国不动产法研究》(第17卷)，法律出版社2018年版。

二、现有裁判路径之反思

从前文分析可以看到,为了最大限度地保护人格利益,法官采用了若干方法予以回应。法官裁判案件时,或者寻找最大的交叉面,再与既有权利(利益)群中可能有交叉的几种权益进行比对,选择与案件事实交叉面积最大的既有权益予以嫁接。再或者嫁接若干既有法律权益,如果案件事实与若干既有法律权益都有交叉,但交叉部分并不重合或重合度不高,则选择其中几项既有法律权益组成“权利集群”进行保护。〔1〕抑或在司法自由裁量权既有幅度内采取顶格式保护,通过对物质损害赔偿数额的上浮来填补精神损害赔偿的缺位。就原因而言,司法裁判中所出现的四种裁判类型本身源于我们立法上的供给不足,〔2〕这种立法上的不足又基于我们预设了绝对的人与物二分的概念体系与制度建构,或者说过于僵化地在该本系下进行具体概念的扩张解释,导致的结果要么是产生任意解释的混乱甚至僭越立法本意,要么是产生解释不足而无法有效回应司法中的问题。要解决这一问题,必须跳出既有框架的解释论思维,以裁判为重心,重置财产上的人格利益应然的保护方式。

总体来说,这些个案裁判的特殊化救济方式在某种意义上都是为了达到个案正义,权利人因财产权益被侵害而遭受的精神损害属于侵权可赔损害的范畴,这一态度在价值认知上是一致的。无论在合同领域还是在物权领域的人格利益保护问题上,当前相应的法律实践都出现了突破传统桎梏而努力给予人之尊严的充分实现提供更周延保护的趋势。但在这种人格利益的情感保护需求与立法的限制发生抵牾,导致司法的两难选择,判断权利主体因财产侵害而导致的精神损害赔偿规则时,不能充分顾及既存法律体系内在逻辑的一致性。在具体规则的形成过程中以及最后获得确立的相应的具体规则上,仍存在不小的分歧。例如,人们基于亲属墓地产生的人格利

---

〔1〕参见王庆廷:《新兴权利渐进入法的路径探析》,载《法商研究》2018 年第 1 期。

〔2〕这种“一案多解”的现象,如果不能给予恰当的解释,以及进行有效的处置,恐怕极有可能使外界误解为法律及法官判决的随意,其后果极为严重。现象显示,作为疑难案件,一方面,各种处理意见都有一定道理,不能对裁判路径作出谁对谁错的简单选择;另一方面,在于我们有足够的理由去寻找到“唯一正确的答案”。参见[美]史蒂文·J. 伯顿:《法律和法律推理导论》,张志铭、解兴权译,中国政法大学出版社 2000 年版,第 2~3 页。

益和情感利益[1]经常和基于亲属遗体产生的人格利益和情感利益相关联,二者却不同一,在法律适用和裁判路径上,未能将基于墓地产生的利益和基于遗体等产生的利益相区分。虽然根据《民法典》第8条"公序良俗"原则解决,是一个可行的办法,这也符合我国一直以来的习惯法"小传统"。但是从解释学的角度来看,适用基本原则填补漏洞应当在使用其他方法之后,以免使具体条款失效。适用法律原则裁判案件,增大了司法恣意的空间,不利于维护法的安定性和普遍性。[2] 虽然个案裁判特殊救济具有回应门槛低、回应速度及时、回应形式灵活、是错成本低的优势。[3] 但是,由于每个案件事实不同,证据证明力度存在差异,法官价值衡量标准不一,自由裁量的尺度不一致等因素,不同法官的裁判意见会出现相同、相近、相左乃至相反等情形。财产上人格利益的保护与救济问题在某种程度上依赖于法官的经验与直觉。本书通过论证财产上人格利益的生成,进一步将附着于财产上的人格利益分为三种类型,这些可以获得救济的人格利益(情感)不仅在社会中形成统一观念,同时,更重要的是影响着法官的法律直觉。换句话说,将附着于财产上的人格利益归类并抽象出大致标准,使这类案件在司法裁判中的"发现—证立—证成"更加透明和理性。

第二节 财产上人格利益损害救济的请求权规范重塑

一、现行请求权基础规范路径的障碍

在财产上的人格利益司法救济中存在价值判断不一,裁判路径各异的原因在于对这类案件诉讼标的没有清晰的界定,导致诉讼标的对应的请求权规范也不能进行清晰的界定。

---

[1] 由于近亲属之间特定的身份关系,自然人死亡以后,其人格要素对其仍然生存者的配偶、父母、子女和其他近亲属会发生影响,并构成生者精神利益的重要内容。因此,对死者人格的侵害实际上是对其活着的配偶、父母、子女和其他近亲属精神利益和人格尊严的直接侵害。参见陈现杰:《人格权司法保护的重大进步和发展》,载《人民司法》2001年第4期。

[2] 因为法律原则内涵高度抽象,外延宽泛,不具有规范要件。"三段论"司法裁判要求,凡必然性推理,只要前提内容真实,形式正确,结论必定蕴涵在前提之中;相反,前提中根本没有的东西,就不会出现在结论中。基于此,判决结果本身就存在于法律规范之中,而不是立法者未曾预料或者法官擅断的结论。因此,"三段论"模式在形式上的特点即意味着平等无偏见地实施公开的规则,从而尽力保证了法律规范与司法判决的一致性。

[3] 参见王庆廷:《新兴权利渐进入法的路径探析》,载《法商研究》2018年第1期。

(一)请求权规范竞合理论之产生

请求权规范竞合理论之产生,从本质上来说是源于诉讼中传统诉讼标的理论适用所带来的困惑与问题。传统诉讼标的理论建基于实体法上的请求权,所以在实体法上享有的请求权就意味着在诉讼法上的诉讼标的。而传统的请求权竞合理论认为,就算是基于同一事实关系或同一目的,只要是根据不同的规范主张,即成立不同的、相互独立的请求权,从而也就存在不同的诉讼标的。然而,由此产生了严重的问题,以加害给付为例,如果某甲以侵权起诉失败,便不能再以违约进行起诉;但在实体法上来说,其赋予了当事人两个实体法上的请求权,具有两个诉讼标的,为何当事人主张一个,另一个实体法上的请求权即诉讼标的就消灭了?为何当事人不能在不同的程序中同时主张?为何其不可以转让其实体法的请求权之一,而基于保留的请求权起诉?从实体法的逻辑来看,这些问题的答案都是肯定的,但这显然又是不符合程序法的,传统诉讼标的理论无法解决此问题。[1]

由此产生了新诉讼标的理论与新实体法学说。前者脱离实体法上的请求权,而构建独立的诉讼法上的诉讼标的理论,其又可分为"二分肢说"与"一分肢说"。[2] 基于"二分肢说",在笔者所举的例子中,尽管有两个请求权,但皆归于同一个事实,在诉讼中欲达到的赔偿损失的"诉的声明"只有一个,故仅有一个诉讼标的。"二分肢说"在一定程度上缓解了请求权竞合问题所带来的程序法上的困境,但法律事实不止一个,而"诉的声明"却只有一个的情况下,难道就要承认两个诉讼标的?例如,在基础的合同关系上又加上一个票据关系,显然,基于票据关系所为的给付本身源于合同的给付义务,但其的确存在合同与票据的两个事实,如果基于"二分肢说",同样会产

---

〔1〕 拉伦茨指出:"如果要做到前后一致,他(当事人)一定可以在不同的程序中就各种请求权分别起诉;如果他的起诉被驳回,那么他可以再就另一个请求权起诉。这样的结果既是不好办的,而且也是和今天的程序法相违背的……这样做(还)会导致这样的可能,即一个请求权被让与,另一个请求权没有被让与出去,从而使只负一种给付的债务人要面对几个不同的债权人。"参见[德]卡尔·拉伦茨:《德国民法通论》(上册),王晓晔等译,法律出版社2003年版,第46页。

〔2〕 "二分肢说"认为应以事实理由与诉的声明来构成诉讼标的,如果基于同一事实理由在实体法尽管产生了数个请求权,但在诉讼法上所主张的法律效果是一样的(例如,主张标的物返还的,无论是基于所有权返还还是基于占有返还,皆视一个诉的声明);而"一分肢说"则将事实理由排除在诉讼标的构成中,而主张只应以诉的声明来构成诉的标的。

生两个诉讼标的,所以又产生了"一分肢说",即只考虑"诉的声明",而所有的事实与理由仅仅是抗辩手段,与诉讼标的无关。因此,"一分肢说"的确解决了请求权竞合问题,达到了一次性解决纠纷的目的,避免了以前理论在请求权竞合时,对可能产生的重复起诉、重复给付等问题无法给予自恰解释的缺陷。

且不说"一分肢说"强大的既判力所导致的裁判中诸多的不公与不合理——特别是一些即使未提出的事实也完全可能因为诉的驳回而被遮蔽,单是其带来的程序法与实体法的矛盾都是无法调和的,即如果诉讼标的只是诉讼法上的概念,与民事实体法上的权利并无关联,那为何诉讼标的的放弃或承诺皆意味着实体权利的处分呢?[1]

正是因为这一矛盾,诸多学者认为,单纯诉讼法领域解决请求权竞合问题是徒劳的,故回到传统实体法领域构建新实体法学说。新实体法学说由德国学者尼克逊所创立,其不再将法律构成要件(也称具体的生活事件,Konkrete Vorgang)在实体法上的不同规范主张作为请求权成立的标准,而是反过来"以事实关系为判断实体请求权的标准"。[2] 因此,基于同一基础事实所致的请求权竞合只是假象,其实质只有一个事实关系,只存在一个请求权,并不是数个请求权同时存在,而是"请求权基础竞合"或者说"请求权规范的竞合","是一个单一的、建立在多种基础上的请求权",[3]当然,在程序法上也只存在一个诉讼标的。[4]

在上述分析的基础上,从侵权法视角观察具有财产上的人格利益的司法救济案件,一个侵权事实同时侵害了两种利益,这两种利益属于物上(或违约)请求权与人格权侵权请求权共同指向的内容。从对被侵权人完全赔

---

〔1〕 参见张卫平:《诉讼构架与程式——民事诉讼的法理分析》,清华大学出版社 2000 年版,第 236 页。

〔2〕 张卫平:《诉讼构架与程式——民事诉讼的法理分析》,清华大学出版社 2000 年版,第 230 页。

〔3〕 [德]卡尔·拉伦茨:《德国民法通论》(上册),王晓晔等译,法律出版社 2003 年版,第 46 页。

〔4〕 当然,对于诉讼标的的新实体法学说,其亦存在诸多争议。例如,其关于请求权竞合与请求权基础竞合的区分标准是什么,在形成之诉中新实体法学说能否给出合理的解释。参见李龙:《民事诉讼标的理论研究》,法律出版社 2003 年版,第 71 页等。

偿的立场进行考量，两种请求权同时主张才能使权利人的利益获得周延的保护。有学者对此持相同的观点，其认为，人格物侵权是一个行为同时侵害了一个物上所承载的两种不同性质的利益，因此，该侵权人应承担两个法律责任，属于责任聚合。[1] 该学者认为，财产上人格利益侵权救济的请求权基础属于物权请求权与人格权请求权之聚合，前提是该学者将具有人格利益的财产限定在物的范畴，有"物"的存在，绕开了那些未形成物的具有人格利益的财产受到侵害的情形，如合同。以增进精神利益为目的的婚庆合同，在诉讼中不能同时主张合同价款的返还利益和精神损害赔偿。

（二）现行裁判中的请求权规范的缺失与混乱

在上面的论述中，特别是在对整个司法裁判案例的分析中，我们可以看到案件法律适用的困惑，其根本原因在于找不到一个在诉讼上可以径直主张的、明确的请求权规范基础。关于合同上的人格利益，合同法虽然在理论上探讨了主张精神损害赔偿的正当性，但是在实际的裁判中依据什么主张总是语焉不详，或者故意回避；而很多裁判中关于物上的人格利益，依据相应司法解释来进行裁判，却怎么也无法归入该司法解释的保护范畴。然而，依据现行司法实践来看，在很多情形下，无论当事人如何选择请求权，其都难以获得周全的救济。[2] 选择违约之诉的，难以获得精神损害赔偿；选择侵权之诉的，又无法获得某些合同利益的赔偿。[3] 因为在竞合情形下，主张侵权责任也无法请求返还合同对价，因为从侵权损害赔偿观察，这

---

〔1〕 参见冷传莉：《论民法中的人格物》，法律出版社2011年版，第203页。

〔2〕 参见谢鸿飞：《违约责任与侵权责任竞合理论的再构成》，载《环球法律评论》2014年第6期。

〔3〕 各国通常不以立法方式明确规定如何处理责任竞合，而是交由学说与判例解决。（参见王利明：《再论违约责任与侵权责任的竞合》，载《中国对外贸易》2001年第4期。）明文规定竞合处理规则的立法仅见于波兰《民法典》第443条、立陶宛《民法典》第6:245条、爱沙尼亚《债法》第1044条、学者起草的《欧洲民法典草案》（Draft Common Frame of Reference，DCFR）第Ⅵ.1:101条。但我国最高人民法院早在20世纪80年代就规定了诉因竞合（《全国沿海地区涉外、涉港澳台经济审判工作座谈会纪要》）。我国《民法典》第186条（原《合同法》第122条）进一步明示："因当事人一方的违约行为，损害对方人身权益、财产权益的，受损害方有权选择请求其承担违约责任或者侵权责任。"按照通说，原《合同法》第122条的立法宗旨是充分尊重受害人的意愿，强化请求权的效力。参见全国人大法制工作委员会民法室编著：《〈中华人民共和国合同法〉立法资料选》，法律出版社1999年版，第168页。

种损失系纯粹经济损失,仅在合同法无法保护时才可能由侵权法保护。[1]

事实上,基于"物权与债权"的划分,债权在一般情况下难以成为侵权之客体,遑论精神损害赔偿的适用。如果说现在合同之债可以适用精神损害之赔偿,精神损害赔偿的适用范围由"单纯的侵权场合拓展到违约场合",[2]那么整个合同法体系中的基础理论、归责原则、违约责任等是否都要重新探讨,这将是一个重要的问题。不仅仅是债权,就算"物"上的精神利益在实践中亦是诸多限制,《精神损害赔偿司法解释》第4条通过"纪念"意义来进行的限制,赋予了被侵权人一个不那么准确的、模糊的请求权规范;与此同时,如果基于"物上请求权"与"债上请求权"的区分,基于"物"的侵权所产生的精神损害赔偿显然属于后者,那么当对于该物的保护是通过"物上请求权"进行时,是否同样可以主张"精神损害赔偿"?或者更进一步说,能否在排除妨害、消除危险、修理、重做、更换或者恢复原状之外,再规定精神损害赔偿的救济,还是仅由侵权法及相关司法解释进行规制?如果不能,则不无疑问的是,如果按照有些学者的说法,在债权法中可以规定精神损害赔偿,那么为什么不可以规定在物权法中,而一定要归置于侵权法中?物上请求权为何不能与精神损害赔偿请求权共存?当然,对于那些与特殊身份相关联的"财产",很难置于现行的支配与被支配的体系下,那么其请求权的设置显然就无所谓置于物权与债权之中,而只能置于侵权体系之中。

对于上述问题所出现的请求权主张的障碍,学界尝试在诸多方面进行弥合。有学者提出,这类特殊财产侵权救济的请求权基础是物权请求权与

[1] 我国学界对违约损害赔偿是否包括精神损害赔偿见解不一。持否定说观点的,如王利明:《侵权责任法与合同法的界分——以侵权责任法的扩张为视野》,载《中国法学》2011年第3期。持肯定说观点的,如崔建远:《精神损害赔偿绝非侵权法所独有》,载《法学杂志》2012年第8期。司法实践基本持否定论,原因可能是受精神损害赔偿法定主义(我国法并未明确规定)影响,加之原《合同法》并没有涉及精神损害赔偿。《最高人民法院关于审理旅游纠纷案件适用法律若干问题的规定》(法释〔2010〕13号)第21条明确否认旅游者在违约之诉中主张精神损害赔偿。其结果是,在违约侵害人身权益时,为获得精神损害赔偿,绝大多数案件通过侵权诉讼处理。实际上,在竞合情形下,违约精神损害赔偿中存在两个截然不同的问题,即违约诉讼能否赔偿精神损害和因违约造成的精神损害能否得到赔偿。

[2] 程啸:《侵权行为法总论》,中国人民大学出版社2008年版,第501~502页。

人格权请求权的聚合体,但是这样的聚合打乱了“物—债”二分体系。[1] 也有学者试图通过突破《民法典》第186条(原《合同法》第122条)及相关司法解释规定的请求权竞合,最大程度保护受害人利益。[2] 第186条已规定了保护义务,人身损害与精神损害就都可以在违约之诉中获得赔偿,否则就否认了合同法的保护功能。为保障债权人获得合理赔偿,竞合时的侵权赔偿也应纳入返还利益,《民法典》“侵权责任法编”纳入产品致害损失不仅具有合理性,而且可予推广。[3]

对此,我们不得不反思,这种分割式的请求权规范是否恰当。笔者认为,具有人格利益的财产保护与救济的核心在于其上附着的人格利益,而人格利益的维护并不能以侵权、违约的既定界限区分而有不同。在此立场上,对这类特殊财产保护与救济的请求权规范基础应当在侵权法中进行统一设置。[4] 但是,如果在合同中已作约定,则应当尊重当事人的意思自治,首先遵循“合同优先”原则,适用合同法的相关规定,以尊重当事人对未来风险与利益安排的意思自治。

(三)责任统一论是否可以在一定程度上实现财产上的人格利益保护

有学者提出,民事责任统一化的构想,在人的精神利益保护这一问题上,是不存在严格区分侵权责任与契约不履行责任制必要的;若加以严格区

[1] 该学者认为就具有人格利益的财产保护而言,凡权利人之外的第三人的行为侵害了这类特殊物,权利人可以对应主张物权确认请求权、物之返还请求权、排除妨害消除危险请求权、恢复原状请求权和损害赔偿请求权。参见冷传莉:《论民法中的人格物》,法律出版社2011年版,第193~194页、第202页。

[2] 谢鸿飞教授主张司法实践中违约之诉不包括精神损害赔偿的错误亟须纠正。在解释论上,可将该条中的“有权选择”理解为当事人可以不选择何种请求权,而只需提出损害事实即可。在立法论上,这些竞合规范应予废除。参见谢鸿飞:《违约责任与侵权责任竞合理论的再构成》,载《环球法律评论》2014年第6期。

[3] 参见谢鸿飞:《违约责任与侵权责任竞合理论的再构成》,载《环球法律评论》2014年第6期。

[4] 但是,这里一定要明确区分违约的损害赔偿与基于违约要求返还已交付的标的(包括价金)之间的区别。严格意义上来说,后者不属于损害赔偿的范畴,但是,如果单纯主张违约的损害赔偿,就不能主张精神损害赔偿,有学者主张将精神损害赔偿置入“预期利益”中进行解释,这一观点已在文中提出质疑及理由。所以此处的“统一设置”在于“此类”损害赔偿中的“违约行为”具有严格性与特殊性,与“侵权行为”的界分已经不明确了,基于同一个“违约行为”产生的财产性损害与人格利益损害不能因为我们立法体系中的问题而分置两端,在同一个诉讼中同时启动,而应当直接将此类行为归入侵权中,给予当事人财产性赔偿与人格利益的精神损害赔偿。

分,反倒不利于人的精神利益的充分保护。在此意义上,责任机制的统一化更有利于人的精神利益的保障与实现。[1]

责任统一论的提出与财产上的人格利益保护本身没有必然关系。但是由于此处的财产不仅包括了物,也包括了作为财产的合同,故与责任统一论就有了关联。换句话说,责任统一论使合同中像侵权一样主张精神损害赔偿变得可能与必要,故具有人格利益的合同显然也就囊括其中。这里的问题是,统一责任论中论及合同中主张精神损害赔偿,这里的合同显然并非局限于具有人格利益的合同,或者说,其探讨的是违反合同的某种行为——实际上主要是指合同不履行的场合,而不是探讨某一种类型的合同。所以笔者在这里探讨的并非一个逻辑层次的问题。

事实上,当我们探讨责任统一时,往往会通过手段义务与结果义务两个视角去探讨。

手段义务,是指债务人对合同一方仅负有采取适当手段的勤勉义务,并无义务实现某种特定的效果,如医疗行为中的救治义务。结果义务,是指债务人对合同一方负有实现某种确定结果的义务,如买卖合同中提供约定品质的商品。当合同义务为结果义务时,违约责任为严格责任,当合同义务为手段义务时,违约责任则为过错责任;合同义务进一步作为强化的手段义务时,违约责任为过错推定责任。[2] 从而以此来表明,在合同法领域所谓的严格责任并非绝对的,由于其类型不同往往会存在不同的归责原则,与侵权的区分并不明显,并进一步在责任的承担上主张其并无实质性的区别。但是我们看到,笔者这里所探讨的具有人格利益的合同,在实践中就其划分而言,往往并非手段义务,而是结果义务;更进一步说,主张统一责任论并且在

---

〔1〕 在传统民事责任体系中,人的精神利益保护被局限在侵权责任法的范畴,人的精神利益在物法领域里一般得不到承认。随着人本价值日益凸显,人的精神利益保护较为普遍地突破传统民事责任体系的既定格局,向物法世界尤其是违约责任场合延伸。参见方乐坤:《精神利益保护与民事责任体系完善研究》,厦门大学出版社 2015 年版,第 292 页、第 296 页。

〔2〕 法国债法上区分手段义务和结果义务的最大实益在于违约责任的证明责任分配。一旦债权人主张债务人合同义务不履行,那么债务人就会被推定对该义务未履行存有过错,并应担责,此时仅存在极其有限的抗辩可推翻该过错推定(责任推定),如不可抗力、时效届满、第三人行为或受害人自己的行为等外在原因致害。即使是外在原因的抗辩,也极少被法院采纳。参见叶名怡:《违约与侵权竞合实益之反思》,载《法学家》2015 年第 3 期;叶名怡:《法国法上的"安全义务"——兼与德、中两国法比较》,载《东方法学》2015 年第 5 期。

合同中主张精神损害赔偿的统一责任论解决的并非具有人格利益合同受侵害的情形。

从现代民事责任的发展来看,侵权的扩张导致合同范围的缩小,所以有学者提出以被保护的利益(财产与资源)所做的类目划分替代有关侵权法、合同法、返还法和衡平法等责任法的分类,[1]建立一个以利益为轴心的责任法体系,不再束缚于违约责任体系与侵权责任体系的区别。这也就意味着,在统一责任体系中,精神损害赔偿不仅仅局限于侵权领域,在合同领域也当然可以主张。[2] 此论主张根据一套依概念相关性、应制裁性的行为、应保护的利益和制裁组织起来的伦理规则和原则思考侵权法问题。[3] 这样的方式,表面上好像解决了合同违约产生的精神损害赔偿问题,但是却忽略了以下几个问题。

第一个问题是,作出统一责任划分的时候,事实上是对违约与侵权责任体系的颠覆,不论是对归责原则,还是责任承担方式的体系构建都全部被打破了。[4] 仅仅为了主张精神损害赔偿或者司法实践中某些类似问题,就去颠覆整个体系的方式是否恰当,这是需要我们思考的。

第二个问题是,统一责任论实际上是对侵权责任的扩张,合同责任的限缩。这样,无论如何都会侵犯当事人的意思自治,这样是否合理?在许多情况下,侵权责任法的适度扩张有利于对受害人的救济,扩大了侵权法的保护救济范围。但是,合同法亦在不断努力试图更全面地保护当事人利益。[5] 合同法尊重司法自治,在不违反法律强制性规定的前提下,当事人可以自由创设各种合同种类与样式。更重要的是,侵权法与合同法保护的范围亦有

---

〔1〕 See Peter Cane, *The Anatomy of Tort Law*, Oxford:Hart Publishing, 1997, p. 204.

〔2〕 此体系所涵盖的利益包括人身利益、财产利益、合同利益、非合同期待利益、交易价值、经济损失、损害赔偿条件、继承利益、对抗利益(公共利益与私人利益)等;其中,合同利益包括合同权利和合同期待,合同权利包括第三人侵害债权、合同当事人侵权责任。See Peter Cane, *The Anatomy of Tort Law*, Oxford:Hart Publishing, 1997, pp. 66-88.

〔3〕 See Peter Cane, *The Anatomy of Tort Law*, Oxford:Hart Publishing, 1997, p. 22.

〔4〕 例如,法国债法上区分手段义务和结果义务的最大实益在于违约责任的证明责任分配。一旦债权人主张债务人合同义务不履行,那么债务人就会被推定对该义务未履行存有过错,并应担责,此时仅存在极其有限的抗辩可推翻该过错推定(责任推定),如不可抗力、时效届满、第三人行为或受害人自己的行为等外在原因致害。即使是外在原因的抗辩,也极少被法院采纳。

〔5〕 参见汪渊智:《侵权法的现代发展与我国侵权法的制定》,载《社会科学》2008 年第 12 期。

明显差异。侵权法保护的权益范围空间非常具有局限性,《民法典》第463条(原《合同法》第1条)的表述却具有明显的开放性。

第三个问题是,即便把合同责任纳入统一责任中,由此可以主张精神损害赔偿。但是我们在进行类型划分时发现,在合同领域主张精神损害赔偿之情形下,绝大部分为债务不履行。而目前司法实践中,主张精神损害赔偿的情形,很多并非债务不履行的情形。本书探讨的并非完全属于债务不履行的情形。统一责任论本身的发展和构建不在本书探讨的范畴,就统一责任的调整方式而言,并未解决具有人格利益的合同保护与救济的问题,因为前者提出的合同违约可以主张精神责任赔偿,是依据债务的行为类型来划分的,而本书探讨的是具有某种人格利益属性的合同,所以两者不在一个逻辑层次上。

笔者认为,侵权在一定程度上的扩张,把一些对合同义务的违反归入侵权中。这种扩张包括统一责任提出的那些通过"手段义务"所指代的合同,也包括本书所探讨的具有人格利益的合同。侵犯这些合同不论是通过自己不履行的方式还是第三人的方式,都应该纳入侵权责任范畴中。虽然侵权责任确实有扩张,但是这种扩张并不足以颠覆违约与侵权本身的区分。所以,责任统一论无法解决财产上的人格利益保护的问题。

二、财产上人格利益救济请求权规范的设置

(一)现行请求权体系的困境

1. 物上请求权与债上请求权二元划分

潘德克顿法学以罗马法的《学说汇纂》为基础,主要表现之一就是物权和债权的严格区分,此种财产法框架源自对物诉讼和对人诉讼的诉讼格式划分。[1] 从罗马法复兴运动到近代自然法学思潮,逐渐明确形成了对物权

---

〔1〕 亦有人认为,我们一般所理解的区分观念,即以物权和债权为不同逻辑构成,并从这样的权利概念区分中推导出不同法律保护形式的思考方法,与罗马法是没有任何关系的。因为罗马法尚未以权利概念为体系基础,不存在这样的一般性构成。在罗马法这种诉权体系下,区分物的诉权和人的诉权,与其说意味着基础性权利的区分,毋宁说表现的是法律保护和诉讼形态(方式)的区别。参见王茵:《不动产物权变动和交易安全——日德法三国物权变动模式的比较研究》,法律出版社2004年版,第38页。

与对人权的二元划分。[1] 例如,近代自然法奠基人格劳秀斯,把权利的类型主要划分为"beheering"和"inschuld",即"对物权"与"对人权"。[2] 由18世纪后期至19世纪中期,在对物权与对人权划分的认识基础上,法国的波蒂埃、德国的萨维尼进一步提出了物权与债权的分类。[3] 萨维尼主要是通过客体的区别,论证了物权与债权分立的正当性。[4] 从其背后更根本性的社会经济理由来看,个人支配和契约的分化促进了物权和债权分类的形成。而从19世纪后半叶至20世纪前半叶,二者的区分从对象标准转向了效力标准,即对世生效抑或仅拘束于相对人。[5] 温德沙伊德从罗马法上的"actio"出发提出"请求权"的概念,进一步将物权与债权分别理解为对一切人的请求权和对特定人的请求权。[6] 德国《民法典》对于债法与物法的体系划分,即建立在绝对权和相对权相互区分的基础之上。[7] 但是,通过对德国私法学说史的梳理可知,物债区分的基础问题,在学理上始终莫衷一是。[8] 而这一原则在日本也受到了挑战。日本法在继受潘德克顿法学的过程中,表面上是采纳了潘德克顿法学的物权债权区分理论,实际上却是吸收了

---

〔1〕 参见冉昊:《论"中间型权利"与财产法二元架构——兼论分类的方法论意义》,载《中国法学》2005年第6期。

〔2〕 参见金可可:《对人权与对物权的区分理论的历史渊源》,载吴汉东主编:《私法研究》(第4卷),中国政法大学出版社2004年版,第463~466页、第478~496页。

〔3〕 参见[日]濑川信久:《物权债权二分论之意义及其适用范围》,载渠涛主编:《中日民商法研究》(第2卷),法律出版社2004年版,第173页。

〔4〕 参见金可可:《债权物权区分说的构成要素》,载《法学研究》2005年第1期。萨维尼还认为,尽管不得不承认债权与物权在相对人方面的区别,但此种区分会混淆家庭权与债之间的本质区别,因此是不可取的;也就是说,他从论证其新法律体系这一中心任务出发,认为不能以绝对权和相对权的区分来作为债权与物权的本质区别。参见金可可:《私法体系中的物权债权区分说——萨维尼的理论贡献》,载《中国社会科学》2006年第2期。

〔5〕 参见冉昊:《论"中间型权利"与财产法二元架构——兼论分类的方法论意义》,载《中国法学》2005年第6期。

〔6〕 参见朱岩:《论请求权》,载《判解研究》2003年第6期;金可可:《论温德沙伊德的请求权概念》,载《比较法研究》2005年第3期;金可可:《温德沙伊德论债权与物权的区分》,载王洪亮等主编:《中德私法研究》(2006年第1卷),北京大学出版社2006年版,第165~174页。

〔7〕 德国《民法典》依效力、内容和客体三重标准建立了财产法体系中的物债二元区分结构,但效力是最主要的区分标准。参见[德]迪特尔·梅迪库斯:《德国民法总论》,邵建东译,法律出版社2000年版,第21页。

〔8〕 许多德国学者就提出了与温特沙伊德不同的观点。依金可可教授的归纳,对于物权的本质特征或判定物权的标准,在德国学说史上,计有绝对性说、支配性说、长期性说、强制执行效力说、破产效力说等,即便在绝对性说与支配性说内部,也各有不同见解。参见金可可:《基于债务关系之支配权》,载《法学研究》2009年第2期。

法国法的物权为直接支配物的权利的理论，将物权与债权的本质区别定位为物权为支配权、债权为请求权这一基点。[1] 物权债权相互区分的确立，从纵向的维度来看，大致是沿着早期主要依客体区分，过渡到主要依效力区分，到近期出现了主要依内容区分；[2]而从横向的维度而言，即存在依客体、效力和内容之间的交集来确定区分，也存在主要依效力或内容而判定的立法实然，在学说上也多有歧见，但是，至少证明了物债区分的基础并非当然地就是绝对权与相对权的区分。[3]

进一步而言，当我们谈及物上请求权与债上请求权的时候，其区分不管是在理论上还是立法上都是较为明显的。传统民法理论认为，物上请求权是以物权的存在为前提的，是在物权受到侵害时所产生的请求侵害人除去侵害的请求权。其内容包括请求停止侵害、排除妨害、恢复原状、返还原物。[4] 关于物上请求权的性质，学界主要有三种观点。第一种观点认为，物上请求权是物权作用的体现，因此，可以将物上请求权视为物权的消极权能；第二种观点认为，物上请求权并非物权的作用，而是物权受到侵害后产生的债权，因此应当适用债的规定；第三种观点认为，物上请求权是类似于债权的第三种权利，从性质上来说仍然是对特定人为一定行为的权利，但这种请求权的发生、移转和消灭又与基本物权有密切的联系。因

---

[1] 参见王茵：《不动产物权变动和交易安全——日德法三国物权变动模式的比较研究》，法律出版社2004年版，第50~51页。日本学界的主流学者几乎一致认同物权债权的区分标准主要是支配权与请求权的划分。参见[日]我妻荣：《新订物权法》，罗丽译，中国法制出版社2008年版，第9~11页；[日]田山辉明：《物权法》(增订本)，陆庆胜译，法律出版社2001年版，第8~9页；[日]近江幸治：《民法讲义-Ⅱ-物权法》，王茵译，北京大学出版社2006年版，第4~5页。

[2] 参见冉昊：《论"中间型权利"与财产法二元架构——兼论分类的方法论意义》，载《中国法学》2005年第6期。

[3] 参见温世扬、武亦文：《物权债权区分理论的再证成》，载《法学家》2010年第6期。

[4] 参见有学者认为还包括我国原《民法通则》第134条规定的消除危险，学界有的称消除危险为停止妨碍。参见王明锁：《物上请求权与物权的民法保护机制》，载《中国法学》2003年第1期。

此,它不是纯粹的债权,而只是一种准债权。[1] 还有一种观点认为,物上请求权不是债权、准债权,也不是物权,而是一种独立的权利。理由是物上请求权的产生、变更和消灭是与物权密切联系在一起的,它与债权的不同之处在于它与物权关系十分密切,同时,它也不能像一般债权那样适用消灭时效。物上请求权又不同于物权本身,理由是此种权利是在物权受到侵害时所产生的请求权,权利的内容只是请求。[2] 就立法而言,物上请求权在原《物权法》颁布以前,被置于侵权请求权中,并未成为一项独立的请求权。对财产权侵害的责任承担被规定在原《民法通则》第六章"民事责任"的部分,条文中并未对妨害物权请求权与侵害物权请求权进行区分,原《民法通则》第134条对民事责任的承担方式亦进行了统一规定。原《物权法》颁布实施以后,物上请求权作为一种独立的请求权,与侵权请求权区别开。[3]

也就意味着,物上请求权与债上请求权构成了我们整个民事请求权体系,而当我们谈及具有人格利益的财产的请求权设置的时候,由于其上既涉及纯财产的保护,也涉及物权的侵害或者债权的侵害,又涉及侵犯人格利益的精神损害赔偿的问题,那么这是否意味着我们要在物上请求权与债上请求权外设置一个第三类型的请求权,其涵盖了两重请求权属性。对于此问题回答的前提在于,我们要对该类请求权的属性作出一个相对清晰的界

---

[1] 通说认为,物上请求权是一项附属性权利而非独立的权利,因其为保障物权的完满状态而存在,不具独立的存在目的,物上请求权不得与物权相分离,且不可独立转让给第三人。我国学者对于这一问题则多有争议,根据学者归纳,主要有物权作用说、纯债权说、准债权之特殊请求权说、非纯粹债权说、物权效力所生请求权说、物权派生之请求权说和所有权动的现象说,但一般还是将其作为依存于物权的独立的请求权来看待。其中的债权说及准债权说的前提无非是把请求权视同债权,然而正如有的学者所指出的,债权与请求权不是同一概念,请求权非为债权内容的全部,债权主要内容原在受领债务而为的给付。物权作用说,否认物上请求权的独立性的做法未免走得太远。虽然物上请求权依附物权而发生、移转、消灭,但是,还具有区别于物权的禀性,如物权为支配权,非为请求他人为或不为一定行为,而仍具有请求权的某些属性,以请求他人给付为内容,即二者是相区别的权利。参见谢在全:《民法物权论(上)》,中国政法大学出版社1999年版,第38页;马俊驹、余延满:《民法原论》,法律出版社2010年版,第291页;尹田:《物权法理论评析与思考》,中国人民大学出版社2004年版,第160页。

[2] 参见王利明:《民商法研究》(第2辑),法律出版社1999年版,第241页。

[3] 原《物权法》第34条、第35条、第36条分别规定了返还原物请求权、排除妨害请求权和消除危险请求权、恢复原状请求权。值得一提的是,原《民法总则》用"抽取公因式"的方法,对民事责任的一般规则作出规定,统领民法分则包括原《合同法》、原《物权法》在内的各个部分的民事责任规则,既包含原《物权法》第34条、第35条、第36条和第245条规定的物上请求权的内容,又为债上请求权之救济提供了基础。

定,特别是通过具体案例的分析发现其请求权特征。

2. 具有人格利益的财产请求权规范之属性

(1)目前的认识论误区

正如上文所分析的,物上请求权的适用前提是存在一个有效的所有权。[1] 在这个问题上,物上请求权和债法上的履行请求权处于同一个逻辑层面。同时,对两者进行比较,因为主张债法上的履行请求权的前提是有一个有效的债务关系——合同。物上请求权和债法上的履行请求权均为基础法律关系的保护手段,物上请求权保护的是所有权,债法上的履行请求权保护的是合同之债,因此,两者都是作为第二位权利,以实现作为基础的第一位权利为目的。不同的是,由于物上请求权体现为对物权的保护与服务功能,系为了物权的实现而存在,不能脱离物权被单独转让。包含债法上履行请求权和损害赔偿请求权的债权请求权具备独立存在的意义,是可以转让的。

有学者认为,具有人格利益的财产侵权救济的请求权基础同时涵括了物权请求权与人格权请求权,是两个请求权的聚合。[2] 之所以认为是两个请求权之聚合,是由于其将具有人格利益的财产概念等同于人格物,也就是意味着其所探讨的内容为物权法与侵权法范畴之内,逻辑上认为具有人格利益的财产之侵权请求权是物权请求权与人格权请求权的聚合。本书认为,这一观点存在两个误区。

一是误解了物权请求权概念,其认为物权请求权包括了物权确认请求权、物之返还请求权、排除妨害消除危险请求权、恢复原状请求权和损害赔偿请求权等5种请示权类型。[3] 但损害赔偿请求权与前面四种请求权不属于一个逻辑层次。这一问题前文已有分析,在此不再赘述。

二是没有具体地区分不同的请求权或者请求权规范的逻辑层次。物权请求权与人格权请求权都属于绝对权请求权,其以恢复物权、人格权等绝对权的圆满状态为目的。侵害物权、人格权等绝对权而给权利人造成财产损

---

[1] Mager, AcP 193 (1993), S. 72 f.

[2] 参见冷传莉:《论民法中的人格物》,法律出版社2011年版,第201页。

[3] 同上书,第193页。

失时，则会产生权利人的损害赔偿请求权。[1] 也就意味着，物上请求权、人格权请求权等绝对权请求权和侵权损害赔偿请求权在来源、性质、功能、构成要件、举证责任等方面的区别是其本质差别，两者并不处于一个逻辑层次。首先，物权请求权等绝对权请求权的目的和功能主要是在于使受到妨害的物权等绝对权恢复到未受妨害时的圆满状态，而损害赔偿请求权的目的和功能主要是在于使物权等绝对权人所受到的财产损失得到弥补。“鉴于损害赔偿以发生财产损失为前提，而一旦造成财产损失，财产利益即已不复存在，故损害赔偿实为利益之填补，而承担赔偿义务的加害人自己一般并未直接获利，因此，损害赔偿请求权就加害人而言，是一种惩罚。”[2] 但是，返还原物、排除妨碍这类物权请求权以回复物权完满状态为目的，前提是须有原物存在，排除不法占有或防止可能发生之危害，并非一种惩罚且不存在损失分配的问题。其次，损害赔偿请求权对加害人而言是一种惩罚，一般损害赔偿请求权的成立须以加害人主观过错为损害赔偿请求权的构成条件，除非法律基于利益衡量或政策考虑而另有规定。但以恢复物权等绝对权圆满状态为目的的绝对权请求权对加害人而言并非一种惩罚，故不必以行为人道德上之可非难性（过错）为其构成条件。最后，物权请求权等绝对权请求权成立的基础包括已然发生的现实妨害和尚未发生但将来必然要发生妨害的危险状态；而损害赔偿请求权成立的基础是财产损失的现实发生。这里需要探讨的问题是：当一个物具有回复可能性，或者能够通过排除妨碍等物上请求权来保持物的完整性时，是否可以同时主张人格利益侵权请求权？

在笔者看来，当通过物上请求权具有回复原物可能性的时候，此时不宜再行主张人格利益受侵害的精神损害赔偿。具有人格利益财产的保护诉求之所以提出就在于损害了财产利益，同时也损害了该财产所附着的人格利

〔1〕 参见魏振瀛：《〈民法通则〉规定的民事责任——从物权法到民法典的规定》，载《现代法学》2006年第3期；王明锁：《物上请求权与物权的民法保护机制》，载《中国法学》2003年第1期；李大平、张大伟：《也谈物上请求权——质疑物上请求权独立于侵权行为法的必要性》，载《前沿》2002年第5期。

〔2〕 尹田：《论物权请求权的制度价值——兼评〈中国物权法草案建议稿〉的有关规定》，载《法律科学》（西北政法学院学报）2001年第4期。

益,现在既然物有回复或者恢复原状之可能性,就意味着财产的损害并没有完成,或者说这种损害已经通过当事人物上请求权的行使使财产损害相当于没有发生,因为人格利益既然附着于该物,不宜认定为发生。但是这种回复可能并不具备完全的完整性,也就意味着尽管财产作为所有权的客体仍旧是同一的,但是不可否认其存在损害,这种损害是财产上的,因此,自然对人格利益存在损害。

综上所述,笔者认为,在谈及财产上人格利益的保护与救济时,不应认定为物上请求权与人格权侵权请求权的聚合,而是物上请求权的行使不能完全达到保护财产恢复原状的目的时,才可能存在物的侵权的损害赔偿与该物的人格利益侵权的损害赔偿。比如,他人非法占有所有人的一个祖传的、有特殊纪念价值的杯子,则所有人当然可主张所有权返还等物上请求权寻求救济,此时不宜认可人格利益侵害损害赔偿的请求权;但如该非法占有人使该杯子具有了瑕疵(裂痕、缺角等)或者摔碎或者被第三人占有而无法回复,使财产属性的损害发生了,那么自然可认定人格利益侵害的存在。

因此,有学者主张具有人格利益财产的请求权是物权请求权与人格利益侵权的请求权的聚合,是一个认识论上的错误,其所举的案件事实上根本不是物权请求权,而是对于物的侵权所产生的侵权之债的请求权,同时再加上人格利益侵权的请求权。

(2)应然的属性及其体系位置

具有人格利益财产的保护的请求权的可能的组合时,违约之债加上人格利益的侵权之债,或者财产属性的侵权之债加上人格利益的侵权之债,或者说特殊财产的侵权之债加上该特殊财产上的人格利益的侵权之债。因此,具有人格利益的财产保护的请求权应然的属性为债上请求权。

那么此处的问题在于,由于其不同的类型,是否可以分别归置于合同法和物权法之中,分别在物权侵害之诉或违约之诉中主张精神损害赔偿。正如前文所分析的,在物权法中规定精神损害赔偿,显然是不恰当的,因为具有人格利益的财产精神损害赔偿案件中,物上请求权并不能与人格权侵权请求权并存。同时,是否能够在合同法中规定精神损害赔偿,违约之诉中是否可以主张精神损害赔偿的问题,[1]亦存在体系混乱的风险。因此,将具有人格利益的财产救济这一债上请求权置于侵权法中,通过设置一个独立的侵权请求权规范的方式较为妥当。

加害给付中包含有一个违约行为,也构成一个侵权行为。通常情况下,应通过侵权法进行调整,但是当事人也可以选择违约的路径,在涉及损害赔偿问题时,仍旧需要适用侵权法的规则。这是通过侵权的加害给付吸附了合同的违约。同样的道理,侵害具有精神利益的合同造成的违约,在侵权法中予以规定,亦是吸附了合同上的违约。原因在于,这类特殊财产保护的核心在于人格利益,财产本身的价值属性与人格利益并不具有关联性。财产本身的价值属性可能无限小,却不代表着其上附着的人格利益随之变小。之所以将合同的违约行为纳入侵权法保护的范畴,是因为具有精神利益的合同的核心在于保护人格利益,由于客体的特殊性,使违约行为造成的损害较重,具有了侵权的属性。在这种情况下,可以将具有人格利益的财产整体纳入侵权法范畴予以保护,通过人格权侵权的规范吸附其财产属性,在侵权法中设立一个独立的请求权规范对具有人格利益的财产予以保护。

(二)财产上人格利益保护的请求权设置

如前所述,在具有人格利益的财产遭受侵害的情形中,目前仅有司法解释对"具有特定纪念意义的物品"这一类型进行规范,对其他受损的类型考虑不足。特别是为那些对人之为人应受法律保护的具有伦理性价值因素的财产提供法律上最后避难所的,仅能够通过侵权法上的一般性条款来寻求救济,这在逻辑构成上并不符合作为法律一般性条款对现实生活进行调整的要求。有必要将具有人格利益的财产相关损害纳入侵权法救济的范畴,设置一个独立的损害赔偿请求权。

---

[1] 我国部分学者主张支持一定条件下特定合同中的违约精神损害赔偿。例如,崔健远教授认为,合同法上的加害给付其实就是侵权行为的一种,新出台的侵权责任法与合同法的目的都是保护受损害一方的当事人,都是为其提供救济措施的,当一种违约行为带有侵权的性质时,受损害一方当事人就可以以违约为由提起精神损害赔偿。李永军教授认为,"无论如何,在遵守限制规则的前提下,在一定条件下应给予因违约造成的包括精神损害在内的非财产性救济,是生活逻辑的必然要求"。参见崔建远:《合同责任研究》,吉林大学出版社 1992 年版,第 197 页;李永军:《合同法》,法律出版社 2010 年版,第 610 页。

为实现对现实生活中人格利益的充分保护,在整合《精神损害赔偿司法解释》第3条、第4条和"其他人格利益"规则的基础上,[1]《民法侵权责任编(草案)》(以下简称室内稿)第14条规定,侵害自然人人身权益或者具有人格象征意义的特定物品造成严重精神损害的,被侵权人可以请求精神损害赔偿。该稿第14条容纳的内涵十分丰富。首先,人身权益包括人格权益和身份权益,权益包括权利和利益两种。民事主体人格利益所包含的范围极其广泛,我国原《侵权责任法》第2条[2]规定的生命权、健康权、姓名权、名誉权、荣誉权、肖像权、隐私权、婚姻自主权这几项具体人格权以外,关于人之存在价值及尊严之权益皆为人格利益之内容。[3] 其次,室内稿第14条"具有人格象征意义的特定物品"的表达,较之《精神损害赔偿司法解释》第4条"具有人格象征意义的特定纪念物品",删除了"纪念"这一限定标准,扩大了客体的范围,可将动物、生命伦理物纳入其中,又给这类特殊物品的识别提供了较大的空间。综观室内稿的规定,以下几点仍需明确。

第一,侵害具有人身利益的合同的,是否可以主张精神损害赔偿。英美

[1] "其他人格利益"规则是针对被纳入民事权利体系之外的应受保护的人格利益而言的,在应受法律保护之其他人格利益被非法侵害的情形下,这里主要是指行为人在违反社会公共利益和社会公德的情形下,受害人有权向法院主张损害救济。参见《最高人民法院〈关于确定民事侵权精神损害赔偿责任若干问题的解释〉的起草说明》,载唐德华主编:《最高人民法院〈关于确定民事侵权精神损害赔偿责任若干问题的解释〉的理解与适用》,最高人民法院民事审判第一庭编著:人民法院出版社2001年版,第8~10页。例如,加害人未经权利人许可而擅自将受害人已故亲属的墓地铲平并改变墓穴以及墓穴周围地貌,所侵犯的是受害人祭奠已故亲属的利益。依据原《民法总则》规定,民事活动应尊重社会公共道德,对已故亲属进行祭奠是中华民族的传统习俗,行为人需对此予以尊重。由于受害人对于祭奠已故亲属所享有的利益不属于其他任何典型权利类型涵摄的范围,因此,应通过"其他人格利益"规则处理。参见韩某某诉中铁六局集团北京铁路建设有限公司一般人格权纠纷,北京市门头沟区人民法院民事判决书(2008)门民初字第771号。

[2] 《民法侵权责任编(草案)(民法室室内稿)》第1条亦是采用"列举+兜底"的方式进行表达,在原《侵权责任法》第2条基础上增加了部分具体权利。《民法侵权责任编(草案)(民法室室内稿)》第1条规定,侵害生命权、身体权、健康权、姓名权、肖像权、名誉权、荣誉权、隐私权、婚姻自主权、监护权、所有权、用益物权、担保物权、著作权、专利权、商标专用权、继承权、股权、个人信息等人身、财产权益的,应当依照本法承担侵权责任。

[3] 关于人格利益,笔者认为,可以从两个角度来看。第一个角度是人格利益的客体,是指关于人之存在价值及尊严之权利,其标的包括生命、身体、健康、名誉、自由、姓名、贞操、肖像、隐私等全部人格利益。第二个角度是人格利益的内容,是指公民和法人享有的,包括人格独立、人格自由、人格尊严全部内容的一般人格利益,并由此产生和规定具体人格权的基本权利。参见梁慧星:《民法总论》,法律出版社2004年版,第114页;杨立新:《新版精神损害赔偿》,国际文化出版公司2002年版,第109页。

法系与大陆法系对此皆是认可的,只是对在大陆法系将该规定置于何处存在疑义。显然,合同本身不能归于此处的“物品”;如果把合同的精神损害赔偿归于“侵害自然人人身权益”,那也就意味着违约所导致的纯财产性损失需要通过合同法来调整,精神损害赔偿则置于侵权法之中。换句话说,也就意味着一个侵权行为针对一个被侵害对象的救济,需同时启动两个不同法律部门的规范,受两种不同责任体系、归责原则以及证明责任的调整,这会造成两个法律部门体系的混乱。

第二,如果将合同之精神损害赔偿完全置于合同法之中,笔者在前面已就其产生的弊端进行了分析,即首先会存在颠覆违约责任和侵权责任二元划分体系的问题,违约和侵权二者不同的归责原则和责任承担方式的体系构建将会被打破;通过“预期利益”解释违约责任中的精神损害赔偿,破坏了预期利益的基本概念,也与精神损害赔偿的目的源于人格利益这一本质相背离。依据我国《民法典》第583条(原《合同法》第113条)的规定,[1]以及《最高人民法院关于当前形势下审理民商事合同纠纷案件若干问题的指导意见》第3条内容的规定[2]可以看出,至少目前我国立法上对预期利益概念的内涵和外延还没有形成很完整清晰的界定,学界对可得利益赔偿范围的问题亦存在不同认识。[3] 虽然学界观点不尽一致,但对可得利益是合同履行以后可以获得的利润,是财产性利益的认识是统一的。

第三,各国基本上都将第三人侵害债权的情形纳入侵权责任法中,只是设置了诸多限制,例如,以诚实信用原则或者违背公俗良俗之方式侵害债权

---

〔1〕《民法典》第583条(原《合同法》第113条)规定,当事人一方不履行合同义务或者履行合同义务不符合约定的,在履行义务或者采取补救措施后,对方还有其他损失的,应当赔偿损失。

〔2〕《最高人民法院关于当前形势下审理民商事合同纠纷案件若干问题的指导意见》第3条规定,在当前市场主体违约情形比较突出的情况下,违约行为通常导致可得利益损失。根据交易的性质、合同的目的等因素,可得利益损失主要分为生产利润损失、经营利润损失和转售利润损失等类型。生产设备和原材料等买卖合同违约中,因出卖人违约而造成买受人的可得利益损失通常属于生产利润损失。承包经营、租赁经营合同以及提供服务或劳务的合同中,因一方违约造成的可得利益损失通常属于经营利润损失。先后系列买卖合同中,因原合同出卖方违约而造成其后的转售合同出售方的可得利益损失通常属于转售利润损失。

〔3〕参见李永军:《合同法》,法律出版社2010年版,第556页;王利明:《合同法研究》(第2卷修订版),中国人民大学出版社2011年版,第631页。但在该书第632页,王利明教授指出,“一般来说,可得利益主要是指利润”。

的,方才适用侵权责任。以1904年法国的巴拉切特诉比戈案(Barachet v. Bigot)[1]为例,该案件突破了法国《民法典》第1165条的规定,明确了第三人也要对契约债权人承担责任。该案适用法国《民法典》第1382条的规定。[2] 与此类似的,还有1908年德国的劳德尼茨诉杜伊莱案(Raudnitz v. Doeuillet),[3]德国通过对其《民法典》第823条第2款、第826条的灵活运用,[4]形成了比较全面的第三人侵害债权损害赔偿制度。

那么这里的问题是,如果将违约导致的精神损害赔偿又约定到合同法之中,这里的违约与侵权的区分在哪里?如果第三人侵害债权可向该第三人主张侵权,显然如果该财产(如合同)具有人身利益,第三人承担精神损害赔偿自然无异议。但这里也就涉及对于无过错的违约合同当事人是否可主张精神损害赔偿的问题。笔者认为,违约中精神损害赔偿之规定仍旧以"故意"或"重大过失"为前提,否则在无过错责任下仍主张精神损害赔偿,必然导致精神损害赔偿的滥用。再进一步,如果以"故意"或"重大过失"作为适用之前提,那也就需要思考,其纳入合同法中规定是否适当?违约与债权之区分是否仍旧那样泾渭分明?

在对各版本《民法典分编》意见稿吸收、修正的基础上形成的《民法典各分编(草案)》(一审稿),于2018年8月27日初次提请十三届全国人大常委会第五次会议审议。一审稿中"侵权责任编"在原《侵权责任法》的基础上整合各相关司法解释、司法实践经验、学术研究成果,前瞻性地设置了法律条文。一审稿第960条第2款[5]吸收了《精神损害赔偿司法解释》第4条的

---

〔1〕 原告巴拉切特(Barachet)雇佣鲁费(Rouffet)作为某地区销售经理并在合同中约定附随的竞业禁止义务。鲁费在合同期满后被被告比戈(Bigot)雇佣从事同样的工作,原告认为被告明知鲁费和其存在竞业禁止约定还雇佣他损害了自己的利益,提起诉讼。第一次诉讼法院以合同相对性为依据判原告败诉。第二次诉讼和上诉法院判原告胜诉。

〔2〕 参见《法国民法典》,罗结珍译,法律出版社1999年版,第330页。

〔3〕 案情:巴黎时装设计师杜伊莱(Doeuillet)与劳德尼茨(Raudnitz)所雇饰边师理查德(Richard)签约,许以优厚薪水,并补偿理查德与劳德尼茨之间合同违反的违约金,理查德在践行合约之前,与劳德尼茨达成协议,劳德尼茨为理查德加薪并支付其违反与杜伊莱之间合同的违约金。之后劳德尼茨起诉,要求杜伊莱赔偿其为留住理查德所额外支付的费用。法院判决原告胜诉。

〔4〕 参见姚辉主编:《中国侵权行为法理论与实务》,人民法院出版社2009年版,第67页。

〔5〕 一审稿第960条第2款规定:"故意侵害自然人具有人身意义的特定物品造成严重精神损害的,被侵权人有权请求精神损害赔偿。"

规则,在侵权编中增设侵害财产上人格利益的精神损害赔偿请求权规范。对照《精神损害赔偿司法解释》第 4 条的规定,一审稿第 960 条第 2 款有以下变化:第一,增加了“故意”2 字,强调请求精神损害赔偿的前提是侵权人具有故意的主观心态。第二,将司法解释中表述的“具有人格象征意义的特定纪念物品”修改为“具有人身意义的特定物品”,扩大了被侵害对象的救济范围。第三,一审稿删减了司法解释中“永久性灭失或者毁损”的表述,扩大了损害赔偿请求的范围。第四,一审稿删减了司法解释中“物品所有人”的表述,扩大了请求权主体的范围。

总体来说,该条规范回应了社会的现实需求,但在某种程度上还有进一步完善的必要。其一,虽然一审稿第 960 条第 2 款扩大了请求权人和损害赔偿客体的范围,但是将那些载有强烈人格属性的物质(如人体胚胎、基因组织、遗骨遗骸等)归于其中,还显得有些牵强。特别是涉及侵害遗体遗骨的情形,援引一审稿第 960 条第 1 款也不合适。同时,仍旧没有将合同产生的精神损害纳入其中,可谓遗憾。其二,一审稿中删除了“象征意义”,意味着缺少对这类特殊财产公示性要求。正如前文所述,“人格象征意义”是人格利益的外化,具有公示的意义,属于侵权法上可预见原则的制度设计。同时,被侵害的人格利益是否可以被纳入法律救济的范畴,取决于其是否具有“共感”。也就是说,可以获得救济的情感是社会公众一致认同的社会情感,而非仅凭单个个体好恶产生的个人情感。另外,“象征意义”涉及可预见性,也直接关涉侵权人的主观状态的评价,符合侵权法的一般规则。有学者认为,“第 960 条第 2 款就具有人格利益的财产侵害限定为侵权人故意,可能过分限制了受害人的权益。尤其是在危险责任(或称严格责任)和替代责任(或称对他人行为责任)中,往往并不要求过错要件,如此限制就使得受害人在危险责任和替代责任中原则上无法就其财产上人格利益受到侵害主张精神损害赔偿”。因此,该学者提出,一审稿第 960 条第 2 款不宜就侵权人的主观心理状态进行限制。[1] 本书认为,该观点旨在尽量扩大人格利益的救济范围,强调对人的关怀与保护。不可忽略的是,立法和实践中虽然对财

---

〔1〕 周友军:《〈民法典侵权责任编草案〉一审稿评析》,载中国民商法律网 2018 年 9 月 6 日,https://www.civillaw.com.cn/zt/t/?id=34632。

产上附着人格利益的现象从保守逐渐转向开放的态度,但这种特殊情况仅适用于某类特殊财产且对被侵权人造成较大损害后果的情形。司法实践中尚需在证明责任、人格利益识别等方面谨慎适用,若一旦打开控制的阀门,则有徒增司法混乱的风险。

2018 年 12 月十三届全国人大常委会第七次会议分组审议民法典侵权责任编草案二审稿。二审稿第 960 条第 2 款规定,因故意或者重大过失侵害自然人具有人身意义的特定物造成严重精神损害的,被侵权人有权请求精神损害赔偿。

二审稿第 960 条第 2 款全文被纳入我国《民法典》第 1183 条,〔1〕值得注意的是,在我国现行法律体系下,“遗体、遗骨”是否符合“物”的立法定义,目前尚未达成共识。《民法典》第 1183 条第 2 款在一审稿的基础上增加了“重大过失”的主观要件,扩大了被侵权人的救济范围。〔2〕重大过失的构成包含两个方面:第一个方面是主观上对行为性质及损害后果有认识和预见;第二个方面是客观上造成了损害。就主观认识而言,从根本上来说是一个人内心世界的意识,只能通过事实与证据来认定。为了解决主观状态判定上的难题,法律理论设计了多重办法,首先,对“知道”进行分级;其次,赋予法官司法认定裁量权;最后,立法直接进行推定。〔3〕显然,本书对民事习惯文化所生之人格利益提出公示性要求,意欲达到的亦是对“有理由知道”或“应知”的司法上实施推论的效果。〔4〕

笔者认为,基于“习惯”生成的财产上人格利益的法律救济规范可以设置为“因故意或重大过失侵害自然人具有人格象征意义的特定财产造成严重精神损害的,被侵权人有权请求精神损害赔偿”。理由如下:第一,这类特定财产不仅局限于可受支配的物,还包含物权法调整之外的遗骨遗骸等;第二,把严重或重大过失的违约行为,特别是针对“具有人格利益的合同”视为

---

〔1〕《民法典》第 1183 条第 2 款规定,因故意或者重大过失侵害自然人具有人身意义的特定物造成严重精神损害的,被侵权人有权请求精神损害赔偿。

〔2〕我国学者认为,重大过失的关键点有二:其一,被违反的注意义务非常基本;其二,违反注意义务的方式惊人。参见程啸:《侵权行为法总论》,中国人民大学出版社 2008 年版,第 343 页。

〔3〕参见叶名怡:《重大过失理论的构建》,载《法学研究》2009 年第 6 期。

〔4〕参见[德]卡尔·恩吉施:《法律思维导论》,郑永流译,法律出版社 2004 年版,第 55 页。

侵权行为，通过侵权责任吸收了违约责任，也与实践中认知相符合，[1]与整个责任体系的发展相符合；[2]第三，此处使用财产概念，也与《民法典》第1184条使用“财产”而非“物”的表述形成统一；第四，关于“物”的概念是否包括遗体、遗骨、胚胎等，也存在争议，归之于一个广义的财产概念，更具有解释的张力。

第三节　财产上人格利益损害救济的裁判路径

一、应然的裁判步骤序列

由于立法无明确的规定，实践中亦缺少指导，对于具有人格利益财产的界定不清晰，保护与否、如何保护皆无定论，导致关于人格利益财产的案件裁判存在诸多混乱。在上一节中，笔者就具有人格利益的财产保护的立法或者立法建议稿进行了评析，并提出了相应的建议，在此基础上，如何以立法为基础，贯彻于司法实践中，是本节所欲探讨的问题。

(一)请求权赋予利益保护的基础

1. 请求权规范设置的可能性

请求权的赋予是司法保护成为可能最基本的一步。正如前面所指出的，本书探讨的请求权设置，是指在请求权规范理论上所进行的设置，笔者并非要构建一个物上请求权与债上请求权以外的请求权类型，而是要将具有人格利益财产的保护纳入侵权之债中。当然，如果该财产本身具有回复

---

〔1〕 例如，在吴某诉被告某某文化传播有限公司服务合同纠纷案中，法院认为，由于被告的过错致使原告的结婚典礼的全过程永久性不可再现，该摄像内容永久性灭失，造成了不可挽回的损失，确实给原告带来了精神上的伤害，被告同时也应赔偿原告适当的精神抚慰金。参见柳州市城中区人民法院民事判决书，(2012)城中民一初字第718号。再如，在宋某华、李某娟与被上诉人彭某萍一般人格权纠纷案中，法院认为，因被告提供的婚礼服务中存有过失，致使原告没有获得结婚场景的录像再现，给其二人的新婚生活带来某种缺憾，侵害了原告的人格权，被告应根据在提供的婚礼服务中关于录像丢失的过失程度、造成损害的手段、场合行为方式、获利情况、造成后果等综合因素，相应赔偿由此给原告造成的精神损失。参见濮阳市中级人民法院民事判决书，(2010)濮中法民一终字第487号。

〔2〕 美国学者兰特·吉尔莫在《契约的死亡》一文中提出契约责任被侵权责任这一主流逐渐融合的观点，并认为“契约法准则走向消亡”。参见[美]格兰特·吉尔莫《契约的死亡》，曹士兵、姚建宗、关巍译，中国法制出版社2005年版，第117页。也有学者认为，侵权责任法的适用范围不断扩张，逐渐渗入传统合同法的调整领域，合同法的调整范围受到侵权责任法的不断侵蚀。See E. Allan Farnsworth, “Developments in Contract Law During the 1980's: The Top Ten”, *Case Western Reserve Law Review*, 1990, p. 222. 王利明教授亦持相同观点。参见王利明：《侵权责任法与合同法的界分——以侵权责任法的扩张为视野》，载《中国法学》2011年第3期。

之可能，自然可适用物上请求权的规定，但并不能据此主张精神损害赔偿请求权并行，因为人格利益本身依附于财产，既然财产可以完整回复，则附着其上的人格利益之侵害视为没有发生。所以，请求权的设置或者说请求权规范的设置是可能的，不存在多个请求权分散于各个物权、合同与债权之中，而是在侵权法中设置一个统一的法律规范，正如《精神损害赔偿司法解释》第4条亦赋予了这样一个基础规范一样——只不过这个规范具有诸多弊端。

2. 请求权规范设置的必要性

请求权规范的设置不仅是可能的，而且是必要的。正如笔者前面所论述的，由于立法与司法解释的不足，导致了司法实践中的混乱。请求权规范的设立，在笔者看来，在司法实践中至少有如下几方面的功能：第一，当一个案件发生时，表明在法律上有一个依据，可以主张权利，而不用产生适用法律的困惑与模糊，甚至出现在同一个判决里相互矛盾的条文引用；第二，作为法官，一个相对开放的具有人格利益财产的概念，即"具有人格象征意义的特定财产"，使法官在适用时可以通过法教义学的方法进行推理论证，由此规避诸多裁判的风险；第三，任何立法本身在司法实践中都是需要解释的，而侵权责任法中具有人格利益财产的保护立法给予了法官解释的空间，特别是具有人格利益的财产本身需要考量多方面的因素——这一点在后面会进一步谈到，从而发挥了司法的功能。

(二)类型化赋予保护的框架指导

当然，一个毫无边界的具有人格利益财产的概念亦可能导致司法裁判权的滥用，这也是本书对司法裁判类型化的原因。类型化的具有人格利益的财产代表了目前实务中典型的类型，这些类型给法官提供了指引和框架。

1. 三个类型

侵权法类型化的构建，需要从法官的实践中来。笔者在前面通过对实践裁判案例的梳理，以人与人的联系为标准，对财产上的人格利益进行分类，即基于自身情感所生人格利益之财产、基于与他者情感所生人格利益之财产、基于社会传统情感所生人格利益之财产。进行类型化研究的目的，一方面是探讨人格利益生成的基础，即"情感"，并以此来表明对具有人格利益的财产进行精神损害赔偿救济的正当性；另一方面，通过既有裁判案件的研究，也对目前可能涉及的情形进行概括，总结归纳出识别财产上人格利益的考量因素，形成一个类型化的裁判标准，为司法实践提供指导。换句话说，这些不同类型人格利益（情感）的保护在社会中达成共识，同时也影响着法官司法过程中的直觉和价值判断。附着于财产上的人格利益类型不同，考量的标准和角度也不同，通过分类，使司法裁判中的法律认知和法律论证具有统一性。

2. 可预见性规则

上述类型化的提出，回到具体的侵权中，我们仍旧需要考量其构成要件，即一般侵权行为须具备四个构成要件：损害事实、致害行为、因果关系和过错。〔1〕本书所探讨的问题不涉及特殊侵权之情形，〔2〕所以，就具有人格利益的财产侵权的探讨建立在一般侵权行为的基础上，其构成要件具有诸多相似性，故具体要件的分析此处不再赘述。其特殊性在于，财产的损害导致损害赔偿一般来说是可预见的，但导致精神赔偿是否是可预见的。其对可预见性的探讨决定了在人格利益侵害上的过错认定以及损害发生，即决定了侵权行为本身是否构成。

---

〔1〕在我国的民法理论中，对侵权责任的构成要件，主要有七要件说、六要件说、五要件说和四要件说等。其中，七要件说主张侵权责任的构成须具备意思能力、主观过错、自己行为、权利侵害、损害发生、因果关系、行为违法等七个要件。其主要以我国台湾地区学者胡长清先生为代表。六要件说主张侵权责任的构成须具备加害行为、行为不法、侵害权利、损害发生、责任能力、主观过错等六个要件。其主要代表是我国台湾地区学者郑玉波先生。五要件说主张侵权责任的构成须具备责任能力、损害事实、违法行为、因果关系、主观过错等五个要件。其主要以张俊浩先生为代表。由于五要件说中的责任能力可以包含于主观过错之中；六要件说中除了责任能力与主观过错可以合并外，加害行为与行为不法也可以合并；七要件说中，除了意思能力与主观过错、权利侵害与损害发生可以合并外，自己行为并非必然的责任构成要件，所以从本质上来讲，在我国的侵权法理论中，四要件说实际上处于通说的地位。这从我国目前的权威教科书中即可看出。

〔2〕特殊侵权责任基本上按照过错责任、过错推定和无过错责任这三项归责原则展开。或许可以说是在过错责任适用一般的侵权责任之外，适用特殊的归责原则。《民法典》"侵权责任编"部分实际上就是根据特殊的归责原则来建构的，所规定的特殊侵权行为责任都是采用特殊的归责原则。具体来说，产品责任适用无过错责任、机动车交通事故责任适用过错推定责任、医疗损害责任适用过错责任和过错推定责任、环境污染责任适用无过错责任、高度危险责任适用无过错责任、饲养动物损害责任适用无过错责任、物件致人损害责任适用过错推定责任，在关于责任主体的特殊规定中，有关监护人责任、用工责任适用无过错责任。

(1)类型化与可预见性规则的关系

在某种意义上可以说,当纳入类型化的“财产”出现时,实际上降低了或者说限制了对可预见性规则的运用。在举证责任方面,被侵权人对被毁损之财产上是否具有人格利益的证明责任较轻,侵权人进行抗辩或否认的举证责任则偏重。因为当出现这些“财产”时,也就意味着就实践而言,其上所具有的情感及所生人格利益是大众可认知的,是我们生活中通常认可的情形,包括像坟墓、宠物、不可复制的老照片、荣誉勋章等,当然也包括了那些应当形成“物”,但最终没有形成“合同债权”的具有人格利益的财产。被侵权人在这些情形上,可以免予在可预见性规则下一些方面的举证,即一般而言侵权人不能以“不可预见”来否认“人格利益损害”的存在,或者抗辩精神损害赔偿的主张。

(2)财产损害的可预见性

现代侵权责任是以侵权损害赔偿责任为中心而展开的,遵循“完全赔偿原则”〔1〕,体现了从“行为规制”到“责任规制”的演进。但我们知道,实现绝对的“完全赔偿原则”只是理论上的完美预设,在侵权案件中,法官会基于双方过错因素、当地经济状况、侵权行为人的经济状况等因素进行综合考量。换句话说,对侵权责任要件的设置,从某种意义上而言,就是对“完全赔偿”的限制。〔2〕 侵权法上的可预见性用以判断加害人的过失行为与受害人之损害后果之间是否具有联系,即法律上的原因。通过可预见性确定行为与损害结果之间存在事实上的因果关系,进而判断法律因果关系(近因)〔3〕的问题。近因之判断,“本质上是一个政策考量的问题,即法律政策是否要求将行为的责任范围扩展到所引发的事实上的后果”。〔4〕 因此,可预见性

〔1〕 完全赔偿原则,也称“要么全赔,要么不赔原则”,是指在任何产生损害赔偿请求权的场合,不管损害的类型如何、加害人的过错程度如何,均应先确定受害人所遭受的损害,然后由赔偿义务人通过相应的赔偿方法为赔偿权利人提供一定的利益,以求全部填补损害,使受害人回复到尚未遭受侵害时应处之状态。参见程啸:《侵权责任法》(第2版),法律出版社2015年版,第24页。

〔2〕 参见于雪峰:《侵权法中可预见性标准的基本功能及其比较》,载《东方法学》2016年第4期。

〔3〕 近因,是指基于公共政策、公平正义或者效率等因素,法律做出自由裁量,拒绝追溯超过某一时间点的事件,这里不是逻辑判断,而是政策层面的考量。See John G. Fleming, *The Law of Torts*, 8th. ed., The Law Book Company Limited, 1992, p. 203.

〔4〕 William L. Prosser, *Handbook of the Law of Torts*, West Publishing 1941, p. 244.

标准上的间接限制[1]与直接限制[2]用以判断近因的存在与否,[3]为责任的归因作出限制,[4]对预见性标准的适用具有一定的指导意义与现实意义。

财产上人格利益的损害是因行为人之行为损害他人合法财产,进而侵害了权利人附着于财产上的人格利益。损害的事实是侵权责任构成的前提和条件。我国民法对损害事实的规定,主要体现在确定损害赔偿方面,财产上人格利益的损害事实包括财产损害和精神损害。[5] 就财产本身而言,若物质性载体或合同受到毁损或侵害,可以通过市场实际价格或者折价计算的方式予以赔偿;若物质性载体被他人非法占有,则可通过行使返还原物之物上请求权进行救济。这一问题的关键在于:如果财产损害的可预见性可通过财产的外观等方式来作出一个粗略判断,那么其上的"非显性"的人格利益又如何设置可预见性?

(3)财产上人格利益侵害的可预见性

显然,就附着于财产上的人格利益而言,同样需要对人格利益侵害的成

---

[1] 在英美法中,通常认为可预见性规则是通过对因果关系的限制来限制责任范围的。历经反复后,美国《第三次侵权法重述:物理与精神性损害》第六章的标题最终定为"责任范围(近因)",表明其对传统"间接限制"方式的坚持。欧洲侵权法小组起草的《欧洲侵权法原则》将"责任范围"放在"因果关系"这一章,作为第二节,将损害的可预见性作为第一考量因素,所采取的也是"间接限制"方式。参见[英]H. L. A. 哈特、[美]托尼·奥诺尔:《法律中的因果关系》,张绍谦、孙战国译,中国政法大学出版社 2005 年版,第 229 页;欧洲侵权法小组编著:《欧洲侵权法原则:文本与评注》,于敏、谢鸿飞译,法律出版社 2009 年版,第 97 页。

[2] See H. L. A. Hart, A. M. Honore, *Causation in the Law* (2nd ed.), Oxford University Press, 1985, p. 232; Dominick Vetri, Lawrence C. Levine, eds., *Tort Law and Practice* (2nd ed.), LexisNexis, 2003, p. 527; Jenny Steele, *Tort Law: Text, Cases, and Materials* (1st ed.), Oxford University Press, 2007, p. 169.

[3] See W. JonathanCardi, "Purging Foreseeability", 58 *Vanderbilt Law Review* 739 (2005).

[4] See Shyamkrishna Balganesh, "Foreseeability and Copyright Incentives", 122 *Harvard Law Review* 1594(2009).

[5] 赔偿的决定性要素是损害、损害的范围以及因果关系。损害本身是一个不确定的法律概念,或为财产损害,或为可能导致痛苦抚慰金的非财产损害。对损害的理解,需根据特别的责任规范来确定。它的范围从纯粹物的损害到财产支出,直至痛苦抚慰金。不过,损害必须可以归因于侵害和行为。参见[德]埃尔温·多伊奇、[德]汉斯-于尔根·阿伦斯:《德国侵权法——侵权行为、损害赔偿及痛苦抚慰金》(第 5 版),叶名怡、温大军译,中国人民大学出版社 2016 年版,第 10 页。

立与否进行是否可预见的判断。[1] 在责任成立与否的认定上,因果关系与过错的功能存在耦合,经常将两者结合在一起进行整体判断与考量。[2] 因果关系将违反义务与损害结果两个因素联结起来,因此,确定因果关系的因素也是人格责任成立与否的标准。同时损害发生的现实可能性、可预见性、损害的种类、潜在程度等问题皆是法律政策考量之因素。[3] 一般情况下,人格利益遭受侵害的场合,难以有明确的标准来认定精神损害事实,但就财产上的人格利益识别而言,笔者认为,可通过以下几种方式来进行综合判断。

第一,前文对具有人格利益的财产进行了类型化研究,给这些人格利益提供了客观化的标识。在司法裁判中涉及这些类型的物品或者合同的侵害,一般来说,首先推定为财产上具有人格利益,再通过情感因素对人格利益是否能够得到救济进行考量。本书所讨论的"可以预见"仅限于当事人于行为之际,依应有的经验、知识和勤勉能够知道引发某种财产上人格利益损害在当时或合理的将来有相当的发生可能性。例如,在施工取土时,在明知取土范围内存在坟墓的情况下,未对挖土行为进行合理的注意义务,造成地面坟墓的毁损。[4] 对于"行为可能构成过失之预见性标准,行为人只需满足预见到该行为可能对某种权利或利益产生损害的可能性即可。换言

---

〔1〕 在大陆法系中,学说把预见可能性作为过错与因果关系的认定标准。例如,根据法国法"心理的因果关系说""损害的预见不能必然与关于该损害他人的有责的欠缺相一致,只有基于道德的有责始有法的因果关系。换言之,预见可能性意味着过错,而且意味着因果关系"。参见韩世远:《违约损害赔偿研究》,法律出版社 1999 年版,第 203 页。再如在德国法中,过失的判断考虑预见性当无疑问,而"相当因果关系说"也与可预见说存在很多共性,诚如奥诺尔(Tony Honore)所言,"一般而言,对于相当因果关系说的论述,可适用于合理可预见说"。参见陈聪富:《因果关系与损害赔偿》,北京大学出版社 2006 年版,第 131 页。

〔2〕 正如克里斯蒂安·冯·巴尔教授所指出的,"一个人是否对损害有赔偿义务涉及的是一个封闭性的、规范性的评价过程。从思维上将违反义务、损害和违反义务对损害结果的可归责性(实际上就是因果关系)各自独立开来虽然便于案件的处理,且法律本身甚至也规定了这样的思维方式,但如果因此就丧失了对这三个范畴的整体性观点……就是不合理的了。案件的判决结果不能依赖于某一法律问题被武断地定位于三个范畴中的其中任何一个而得出,因为在任何一个范畴内得出的结论都对其他范畴有反作用力"。参见[德]克里斯蒂安·冯·巴尔:《欧洲比较侵权行为法》(下),张新宝、焦美华译,法律出版社 2001 年版,第 555 页。

〔3〕 参见[德]克里斯蒂安·冯·巴尔:《欧洲比较侵权行为法》(下),张新宝、焦美华译,法律出版社 2001 年版,第 553 页。

〔4〕 参见何某贵诉任某勇侵权纠纷,齐齐哈尔市梅里斯达斡尔族区人民法院民事判决书(2016)黑 0208 民字第 1331 号。

之,行为人只需预见到该行为可能损害某种权利或利益,即可认为对他人之权益存在过失”。[1] 在识别财产上的人格利益问题上,通过对客体化标识的类型化,为司法实践,也为行为人提供可预见性的客观化标准。

第二,涉及一些尚未纳入目前已有的类型化之中的客体,在司法裁判中就需要谨慎严格地判断。例如,一扇门或一支笔上是否附着人格利益,这对当事人来说是无法预见的,除非在当事人明确知道具体情形的前提下,才能纳入具有人格利益的财产的体系中去。这需要法官在个案中根据具体情况判断损害是否合理可预见,原告与被告的关系,以及生活联系的密切程度等因素。同时,在具体案件中,考量侵权行为人是否违反合理的注意义务,对损害结果预见的可能性是判断注意水平的标准之一。[2] 例如,被告损坏了原告的玉手镯,原告主张玉手镯是祖传遗物,系具有人格利益的财产,则须综合考量原告对手镯上附着有人格利益的证明力,被告能够知晓或能够预见的可能性。若被告与原告在生活中具有较为紧密的关联,则可得出肯定的答案;若被告与原告的关系较为疏远或为陌生人,且没有其他得以知晓的途径,则可得出否定的答案。

第三,故意违背公序良俗的行为可排除可预见性规则的适用。侵权责任法不仅要保护民事主体的合法权益,同时也要维护人们的行为自由。权利的内涵和外延相对确定,行为人可以合理预见到其行为是否会损害他人的权利;而利益的内涵和外延一般难以确定,行为人难以通过现行法律规定明确判断其行为是否侵害某种利益。我国学者对权利和利益的区分方法进行了有益的探讨。[3] 从我国《民法典》第 8 条的规定[4]可以看出,该条规

---

〔1〕 于雪峰:《侵权法中可预见性标准的基本功能及其比较》,载《东方法学》2016 年第 4 期。

〔2〕 作为过失判断标准的“三步检验法”,是英国法官在卡帕罗诉迪克曼(Caparo v. Dickman)一案中提出的。英国法在确定注意义务的存否问题上,学说判例经由“邻人原则”“两步检验法”最终发展为“三步检验法”,又称“Caparo 原则”。即注意义务存否的认定。在此,可预见性成为判断是否存在注意义务的基本标准。参见陈聪富:《侵权归责原则与损害赔偿》,北京大学出版社 2005 年版,第 9~13 页。

〔3〕 参见于飞:《侵权法中权利与利益的区分方法》,载《法学研究》2011 年第 4 期;熊谓龙:《权利,抑或法益?——一般人格权本质的再探讨》,载《比较法研究》2005 年第 2 期;关永红、陈磊甲:《论民法法益本体及其制度化应用》,载《山西师大学报》(社会科学版) 2009 年第 4 期;曹险峰:《在权利与利益之间——对侵权行为客体的解读》,载《当代法学》2005 年第 4 期;李岩:《民事法益的界定》,载《当代法学》2008 年第 3 期。

〔4〕 我国《民法典》第 8 条规定,民事主体从事民事活动,不得违反法律,不得违背公序良俗。

范确立了禁止违反法律和公序良俗原则。换句话说,如果一个行为违背了公序良俗,就会得到法律的否定性评价,意味着在侵权责任中排除了可预见性规则的适用。例如,在入室偷盗时不小心毁损了被侵权人的纪念照片,偷盗者并非故意对纪念照片实施侵害行为,同时,对该纪念照片本身是否具有人格利益亦不具有可预见性,但是偷盗这个行为违背了公序良俗,法官在司法裁判中可以不用考虑是否具有过错、是否具有可预见性的问题,而径直裁判。

3. 一些争议的财产是否可以纳入保护体系中?

当然,纳入类型化本身的"财产"并不必然导致人格利益的产生以及精神损害赔偿的适用,可以说,这只是在裁判过程中的一种"推定"或者"假设",对于侵权人而言,其可以举证,尽管该财产纳入类型化之中,但由于被侵权人本身事实上在该财产上并没有附着人格利益,而不应保护。除此之外,对于那些未纳入一般类型化的财产,作为被侵权人一样可以主张,其上具有相应的人格利益,而可以在该具体案件中归于相应的类型,而这些财产在笔者看来,可称为争议财产。

具体到上面的争议财产,其主要以以下两种方式进行呈现:第一,一些就通常意义而言,很难想象其上附着有人格利益,但实际具有特定的情感;第二,一些新的财产类型,如基因组织、体外胚胎、虚拟财产(如游戏装备、电子宠物)等基于科技发展所带来的新"财产"类型,是否可以归入类型化财产体系中。

对于第一种方式,正如前面所谈到的,如一支钢笔、一扇门,如果当事人能够举证其上具有人格利益,可由司法裁判进行裁量,特别是在通过可预见性规则的适用来进行裁判,即便具有人格利益,但就普遍认知而言无法为人所知晓或应当知晓,不应给予保护。

对于第二种方式,法官亦需具体裁量。以基因组织为例,其性质学界未有定论。有主张基因权者,认为是一种复合性权利;但亦有人主张其实为一种"信息权",那这又涉及隐私权的问题,隐私权的侵犯当然可实现精神损害赔偿,但这样的定性是否妥当未置可否。而从更深层次而言,基因组织上是否具有人格利益,是由情感本身是否具有来确定的,而情感以基因组织作为载体而言,相对陌生或者目前较难获得认同。所以整体而言,能否以基因组织受到侵害主张精神损害赔偿,法院目前应持相对保守之态度。

再以虚拟财产为例,从《民法典》第127条的规定[1]可以看到,实际上是确认了虚拟财产的财产属性,表明应当保护。但是,该财产上是否具有人格利益,所谓的“有规定的”意指什么规定,法律显然没有明确。就后者而言,显然为虚拟财产专门立法埋下了伏笔,但在此之前,或者在未来的专门立法过程中,是否应当考虑人格利益,则着实需要考量。在笔者看来,就目前而言,人格利益侵权的成立,仍应以“可预见性规则”为指引。如游戏装备,对于职业玩家而言,虚拟财产的取得往往是在耗费大量精力、时间基础上完成的,应当按照游戏装备所具备的财产性权利予以赔偿,而对人格利益之保护救济,法官应当持谨慎保守态度。

这里仍需解决的问题在于:在三个类型中的具有人格利益的财产是否一定要保护?同时,保护的程度如何?这就是涉及司法裁判进一步考量的因素。而笔者在前面谈及情感是作为人格利益生成的根本,故对情感的考量是其受到侵害与否及其程度的重要原因。

（三）情感考量赋予保护及其程度的正当性依据

在前面所有的关于类型化与类型化外具有人格利益的保护问题上,我们都必须回到一个问题——财产上的人格利益之所以值得保护,是因为其上有所有人认可的情感,这种情感在法律上被定性为“人格利益”。即无论是类型化与类型化外的具有人格利益财产,其本身并非保护的前提,也非保护的必然。

1. 情感的考量:效率与公平之间的价值反思

进行类型化的研究,在笔者看来,其可以使法官对于具有人格利益的财产有一个相对具象的认知与统摄,方便在实践中予以把握,节省了识别的时间,提升了在裁判中的效率。但需要明确的是,笔者在前面论及“拟人”与“移情”时,阐述了情感在这一过程中如何生成,并进一步体现为法律上的人格利益,这种人格利益在立法中以及本书的研究中被概念化以及类型化。

---

[1]《民法典》第127条规定,法律对数据、网络虚拟财产的保护有规定的,依照其规定。

所以被法律塑造的概念并非体现了实际的情感,正如民法中的作为实证法上的"权利能力"本身无法在胚胎与尸体的保护上予以周全的囊括,"具有人格利益的财产"概念抑或"具有纪念意义的物品"本身只能表明一个法律上的推定事实,是否具有人格利益或者说纪念意义需要具体的证据进行支撑和识别,只不过,这种支撑与识别通过类型化研究在一定程度上被简化甚至省略了。然而,一个法律推定上具有人格利益的财产在什么样的情况下可能被认可为并不具有人格利益呢?例如,我们推定宠物具有人格利益,但当我们知道其主人对该宠物并无情感甚至存在虐待该宠物情形时,那么该宠物上存在其主人的情感,并因此给予其因相应的精神损害赔偿,则显然不恰当;再如坟墓,当作为后代已经多年未进行祭祀,并非客观不能,而是主观不愿时,我们科以同样的考量标准,显然也不合理。因此,在笔者看来,精神损害赔偿责任的成立,需要考量情感的事实存在与否。问题只是在于,该情感考量的主体应当为谁?如何来进行考量的问题?

2. 情感考量中的举证问题

尽管情感需要考量,但是当法律上或者通常认知中出现类型化的具有人格利益的财产时,上面已指出,这是一种基于效率的推定,正如"权利外观"的占有或登记中的权利推定一样,推定其为所有权人,但如果事实上并非所有权人,可以行使相应的救济。这样真正的法律事实的提出,在具体的裁判中就涉及具体的举证问题。

就类型化财产的侵权而言,被侵权人提出了类型化中的财产受到侵害,实际上也就举证了既有财产上的损害,也有其上的人格利益损害的存在,如果符合了侵权的构成要件,则完成了相应的举证责任。对于侵权人,其一般而言,不能使用不可预见规则来进行免责,但其可以举证被侵权人在该物上面事实并非人格利益(情感),从而来免除自己的精神损害赔偿责任。而作为法官,基于请求权的规范,亦应当推定为该财产为具有人格利益财产的损害的基础上,考察侵权人所提出的证据,如果该证据不能完全论证人格利益的不存在,则应当给予相应的财产与精神的损害赔偿——损害赔偿的多少(并非"有无")需要法官给予实际情况予以自由裁量。

就非类型化财产的侵权而言,被侵权人提出财产受到侵害,其上具有财产利益与人格利益，还必须进一步提出证据，表明侵权人知道或应当知道该财产上具有人格利益；而对于侵权人，其可以基于可预见性规则主张不应承担精神损害赔偿。就法官而言，其一般不应当推定人格利益损害的存在，而应当考察被侵权人提出人格利益是否真的存在，侵权人的"知道或者应当知道"是否成立，如果不存在或者不成立，则不应当给予被侵权人精神损害赔偿。

二、新的裁判路径所克服的问题

事实上，在整个关于具有人格利益财产的问题上，具有裁判文书的确体现的是这一思维，即从一种朴素的情感出发，确定一个初步的应该保护的结论，并进一步从相应的法律法规、司法解释中找到依据，抑或因其他原因否认之。然而，我们毕竟是大陆法系国家，从法律规范出发，通过法律事实的提取，作出判决，这是一个理想化的路径，这也是笔者的研究在立法中与司法裁判中所欲达到的目的。

一是否应当保护的问题。某种意义上来说，这是一个立法的问题，因为立法的问题却是体现在司法中，笔者在前面所谈及的司法的困境、法律适用的混乱或者冲突，正是表明了这一点。笔者的研究一直主张将人格利益回溯到情感，这是这个研究重要的一点，概念化的清晰表达的前提首先是理解这个概念表征的是什么，追溯到情感，也就表明私法保护的基础并非单单在于法律的规定，而在于这类情感所附载的人格利益应该在法律上得到认可，而一个相对较广（并非无限）的保护范畴，不仅表现了我们对人及其情感尊重，也解决了在案件之初对于某些一个财产是否应当适用具有人格利益财产保护的疑惑，更解决了法官在法律适用时可能面临的错判的风险，而不用采取"策略"[1]的方式来进行似是而非的规避。

---

[1] 爱泼斯坦等学者曾论及"策略性互动"（strategic interaction），即表明法官之间在裁判中针对复杂的人事关系所表现出的"策略"。参见[美]李·爱泼斯坦、[美]理查德·A. 波斯纳、[美]威廉·M. 兰德斯等：《法官如何行为：理性选择的理论和经验研究》，黄韬译，法律出版社2017年版，第26页。这一表达适合于在具有人格利益财产案件中的判决，我们发现，这些判决中法官往往列举了多条法律依据，从原《民法通则》到原《侵权责任法》再到相关的司法解释，抱着总有一条可以作为裁判依据的"策略"进行裁判。

笔者在前面论述了芒泽的财产理论,特别是"权利束"的概念,表明了同一财产上所具备的财产属性与人格属性存在的合理性与正当性。因此,在具有人格利益财产的裁判中,实际上本书所赞同的方式是首先假设一个财产上是具有一定人格属性的,只是由于可预见性、情感、证据等多方面因素的考量,可能消解了其在法律上值得给予"精神损害赔偿"的"权利束"中的"人格利益",亦可能消解其财产属性,当然,也有可能通过裁判过程夯实了二者兼而有之的属性,并获得法律上的保护。

二是解决了保护的请求权问题。通过侵权法中的规定,实际上排除了在具有人格利益财产上所谓的物上请求权与精神损害赔偿请求权聚合的观点——正如前面所说,物上请求权有回复物的可能,则不宜行使精神损害赔偿请求权,只有当物造成实际损害时,方适用侵权法中财产损害与精神损害的双重赔偿;同时也排除了在具有身份或其他人格利益合同中,适用合同法中的违约请求权与违约的精神损害赔偿请求权,表明通过预期违约来涵括精神损害赔偿具有诸多弊端,而且此种情况下产生精神损害赔偿的违约行为实质上与侵权无异,同样应当纳入侵权之中。于此,所有具有人格利益财产的请求权保护问题,在笔者看来实际上就是基于侵权所产生的债上请求权的问题,这样在实践案例中也就解决了我们现在所看到的在请求权方面适用的混乱问题。

三是解决了法官在裁判过程对当事人举证责任分担问题。"相对较广"的情感保护范畴并非意味着无限的,这种限制源于本书的类型化研究。通过类型化的研究,实际上对当事人的举证责任进行了一个配置,这种配置属于合法合理的自由裁量范畴内。正是由于具有人格利益财产中的"人格利益"需要满足文中的"可预见性规则",即这种情感在一种广泛的认知、认同的范畴值得法律赋予其精神损害赔偿保护。这种可预见性规则在探讨上与类型化的人格财产结合起来,实际上就通过类型化来免除了可预见性的证明。除此之外,非类型化的财产则将可预见性的证明置于被侵权人,这样更为合理。

正如波斯纳等学者所指出的,"意识形态和对法条主义的坚守(尽管是有限的)并非构成法官效用函数的全部内容”。[1] 这对于具有人格利益的财产案件中的法官同样是贴切的。法官对于法条的遵循显然无非得出一个合理的判决,一种“现实主义”的观念在每一个案件中都存在,我们需要的是如何通过从诸多司法裁判中提炼出的类型化,限制不合理的恣意妄为,并以此来合理地回到大陆法系裁判的思维方式中去。

四是在完成了举证责任的分配后,实际上就是法官在确认侵权确已发生情况下的具体赔偿问题。如果“人格利益”保护通过金钱来衡量值不值得保护,值得怎样的保护,总是一个不伦不类的问题,毕竟人格利益作为一个整体,怎能去严格区分哪一种人格利益的损害更应该给予更多的保护,特别是财产上的人格利益并不像人身受到伤害一样,在法律上有一个相对的标准与裁量范畴。但是,当我们谈及通过“情感”来衡量受到伤害的多少时,这个问题就显得理所应当与自然了——对于一个财产的关爱程度、重要程度自然可以通过外在表现出来,实际上这也给予了法官合理的自由裁量权,需要在裁判中考个体的情感,更要考虑由此而生的社会、群体利益,“群体由个体产生,却重塑或者至少部分重塑了个体”,[2]所以笔者在前面也谈及了情感与习惯的关系,个体所表征的“撕心裂肺”的情感不一定会促成财产上人格利益的产生。

本章小结

在前述几章本书从财产上的人格利益保护的本质“情感”进行了追述,并指出如何通过拟人与移情将情感生成于财产之上,结合立法现状与裁判案例,以“情感类型”为基础,提出了三种具有人格利益财产的类型,在该类型化之下,我们再回到司法裁判中,对已有的裁判路径进行反思,并提出应然的裁判路径。

我们看到,在具有人格利益财产的相涉案件中,整体上可把裁判路径分

---

〔1〕[美]李·爱泼斯坦、[美]理查德·A. 波斯纳、[美]威廉·M. 兰德斯等:《法官如何行为:理性选择的理论和经验研究》,黄韬译,法律出版社2017年版,第407页。

〔2〕[美]本杰明·N. 卡多佐:《法律的成长,法律科学的悖论》,董炯、彭冰译,中国法制出版社2002年版,第151页。

四种。一为原则证成型，即通过法律原则作为裁判依据，“原则规则化”，其主要涉及公序良俗原则；二为规则证成型，即通过已有规则直接进行适用，主要体现为《精神损害赔偿司法解释》第3条、第4条；三为类推规则证成型，即本不属于上述司法解释适用之范畴，但类推适用；四为混合型，即通过原则与规则共同援引来进行裁判。但上述几种裁判方式皆源于立法的供给不足，无法为司法裁判提供足够的裁判立法依据以及该立法合理的解释范围。

在此基础上，笔者认为，应首先对财产上人格利益的保护合理、科学地设立请求权的规范基础，在此基础上结合财产上人格利益的三种类型，加以情感因素的具体考量来进行裁判。同时，因为三种类型的存在，财产上的“人格利益/情感”具有相对的公示性与可预见性，使得归于这三种类型的财产与这三种类型之外的财产在举证责任上又有所区别，即前者中，侵权人应对无法预见该类财产上具有人格利益承担举证责任，因类型化的人格利益附着的财产具有公示性；后者中，被侵权人应当就其被侵害财产存在侵权人可预见的人格利益承担举证责任，因非归属于类型化之财产公示性较弱，一般无法预见其上的人格利益。

当然，需要指出的是，在裁判中法官必然要平衡相应的社会利益，“通过对社会利益的衡量、社会价值的评判以及社会观念的理解，制度的罅隙将被填满，将在不断增长的、对这一过程涵义的自觉意识下被填满”，[1]这一过程中，司法显得尤为重要。无论是那些平凡的观念所认可的具有人格利益的财产（旧照片、墓地等），还是那些争议不断的案件中（胚胎、基因组织等），我们都需要把握一个相对较小的空间的认知，也要考虑这个空间与更大空间的衔接，更要考虑时间的历程中认知的变化，这中间涉及关于习惯与国家法的冲突与解释，也涉及对于习惯本身的理解。当然，对于这一点，已经远远超出了本书的主题，只是在具有人格利益的财产中这一点显得较为突出。卡多佐说，“让我们期盼，成文法将有助于达致这更完善的正义”，但无论是怎样的成文法，都将面临裁判中的理解与解释。当然，我们有理由期待，就具有人格利益的财产而言，一个更加科学的、合理的成文法规范。

---

〔1〕［美］本杰明·N.卡多佐：《法律的成长，法律科学的悖论》，董炯、彭冰译，中国法制出版社2002年版，第142页。

结　　语

相较大多数民法问题而言，财产上人格利益的保护是一个“小”的话题，然而当笔者基于此循迹到几百个虽然相关，却理解不一、裁判理由不同、法律适用相异的案例时，才发觉这个话题下大有可为，这也成了本书写作的关键源起。而此之后，在财产上人格利益的问题意识导向下，笔者对传统“人—物”二元划分的反思、对历史进程中财产与人格的关系梳理、对“何为人格利益”及其如何附着于财产之上的思考，这些问题使本书的写作具备了深入下去的可能。在此基础上，笔者对财产上人格利益的类型化研究，对人格利益救济的相关立法规范及请求权之设置，以及对人格利益救济的具体裁判路径之探讨，使本书研究的主题具备了体系性、合理性、实践性、可操作性。

在本书中，笔者对财产概念在罗马法中、在中世纪以及德意志古典哲学中的演变进行了论述，德国民法关于人格与财产二元划分的割裂，直至财产概念在现代具体语境下才得以丰满。在对财产与人格关系的演变进行梳理与反思的基础上，探究财产上人格利益的理论基础，并指出民事权利客体的内在结构本身就兼具财产利益和精神利益之双重属性，在维持财产权与人格权区分的前提下，对两种利益的程度上进行区分。民事权利兼具人格利益和财产利益，两种利益在不同客观条件下的比重不同且存在动态变化，应当对不同权利中两种利益的救济区别对待。

在对财产上人格利益的问题进行理论弥合与解释的基础上，进一步分析财产上何以生成人格利益这一核心的问题。我们努力去寻求这些概念何以就成了法律上决定我们是否被保护的关键因素,于是看到了“情感”——在笔者看来,这是法律之所以关心人最根本的原因。人的某些被法律认可的情感通过“拟人”与“移情”的方式投射于某些特殊或不可替代的财产上,以“共感”与“象征”达到法律上的宣示性和可预见性的效果,进而有获得法律保护与救济之可能。

在证明财产上人格利益生成的合理性基础上,有必要分别从各国家和地区的法律表达、司法裁判中对于财产上人格利益保护采取的不同规制模式进行研究。不难发现,现行立法无论是进行概括性规定也好,明确性规定也罢,抑或法律规范中不予保护,都无法回避司法裁判中进行回应的诉求,司法裁判或者对已有规范进行解释,或者进行能动的造法。这种“就个案解释个案”的方式,导致司法标准不一,甚至背离立法之初衷,徒增司法恣意。造成司法裁判解释困境的根本原因,在于财产上人格利益识别的体系化缺失。

基于此,在“情感”为“人格”之基础的探讨下,根据与主体产生情感距离的差别,将附着于财产上的情感分为三类,即人对自我的情感、人与他者的情感以及社会传统形成的情感,并系统地予以阐述与分析。特别需要注意的问题是,情感本身在具体文化语境中值得保护,具体文化语境往往又体现为一定的习惯,由此在法律上形成了人格利益。只有当一种情感通过习惯甚至法律体现为一种相对的意义性与可预见性时,此时才可以生成相应的受到法律保护的人格利益。

在类型化研究与分析基础上,再回到司法裁判中,对已有的裁判路径进行反思,并提出应然的裁判路径。对财产上的人格利益保护进行合理、科学的立法,设立请求权的规范基础,在此基础上结合财产上人格利益的三种类型,加以情感因素的具体考量来进行裁判。同时,因为三种类型的存在,财产上的“人格利益/情感”具有相对的公示性与可预见性,使得归于这三种类型的财产与这三种类型之外的财产在举证责任上又有所区别。前者中,侵权人应对无法预见该类财产上具有人格利益承担举证责任,因类型化的财产上的人格利益具有公示性;后者中,被侵权人应当就其被侵害财产存在侵权人可预见的人格利益承担举证责任,因非归属于类型化之财产公示性较弱,一般无法预见其上的人格利益。同时,法律在裁判中必然需要结合个案实际情况,平衡相应的社会利益。

综上所述,研究财产上人格利益的保护,核心在于对附着于财产上的人格利益进行识别的问题。由于该领域涉及复杂的价值判断,因此,单一要素的识别标准不可能解决所有问题,必须将更多的因素,如地方风俗、伦理道德、情感生成与削减等纳入个案的考量范畴,并且需要注意与其他构成要件和因素的联动,如因果关系贡献度、过错程度、损害结果等,形成一种判断法律效果程度的动态体系架构。

我们已有的私法体系经历了几百年的发展,并已在不停地完善。它不完美,也永远不会完美,但它却是我们理解这个世界的一种基本方式或者说一个基础,如果我们贸然去撕裂它、否定它,实际上就是否定了我们认识这个世界的基础,否认了我们的思维方式,至少在财产上人格利益保护的问题上毫无必要。所以,在对"具有人格利益的财产"规制与保护的探讨中,笔者将其置于"侵权法的体系中",将其保护定格为一个债上的"请求权规范",在笔者看来这是合理的,也是合乎逻辑的。随着科技进步伴随的基因组织、基因信息、冷冻胚胎处置等问题,都存在更多可以被重新审视的可能。本书尝试对财产上人格利益的保护与救济进行系统研究,由于时间、资料以及理论水平的限制,也许还有失深入和全面,依旧存在继续完善扩充的空间。

参考文献

一、中文参考文献

（一）著作类

1. ［德］黑格尔：《历史哲学》，王造时译，上海书店出版社 2006 年版。

2. ［德］魏德士：《法理学》，丁晓春、吴越译，法律出版社 2013 年版。

3. ［德］埃德蒙德·胡塞尔：《胡塞尔文集（第一卷）——笛卡尔沉思与巴黎演讲》，张宪译，人民出版社 2008 年版。

4. ［德］黑格尔：《法哲学原理》，范扬、张企泰译，商务印书馆 1982 年版。

5. ［德］黑格尔：《美学》（第 2 卷），朱光潜译，商务印书馆 2016 年版。

6. ［德］康德：《法的形而上学原理》，沈叔平译，商务印书馆 2001 年版。

7. ［德］康德：《判断力批判》（上卷），韦卓民译，商务印书馆 1964 年版。

8. ［德］弗朗茨·维亚克尔：《近代私法史——以德意志的发展为观察重点》，陈爱娥、黄建辉译，上海三联书店 2005 年版。

9. ［德］卡尔·拉伦茨：《德国民法通论》（上），王晓晔等译，法律出版社 2013 年版。

10. ［德］卡尔·拉伦茨：《法学方法论》，陈爱娥译，商务印书馆 2003 年版。

11. ［德］马克斯·韦伯：《新教伦理与资本主义精神》，于晓、陈维纲等译，陕西师范大学出版社 2006 年版。

12. ［德］马克斯·韦伯：《论经济与社会中的法律》，林荣远译，商务印书馆 1997 年版。

13. [德]U. 马格努斯主编:《侵权法的统一——损害与损害赔偿》,谢鸿飞译,法律出版社 2009 年版。

14. [德]罗尔夫·克尼佩尔:《法律与历史——论〈德国民法典〉的形成与变迁》,朱岩译,法律出版社 2003 年版。

15. [德]迪特尔·梅迪库斯:《德国民法总论》,邵建东译,法律出版社 2001 年版。

16. [德]克雷斯蒂安·冯·巴尔:《欧洲比较侵权行为法》(下),张新宝、焦美华译,法律出版社 2001 年版。

17. [德]克里斯蒂安·冯·巴尔、[英]埃里克·克莱夫主编:《欧洲私法的原则、定义与示范规则:欧洲示范民法典草案》,欧洲民法典研究组、欧盟现行私法研究组编著,高圣平等译,法律出版社 2014 年版。

18. [德]M. 沃尔夫:《物权法》,吴越、李大雪译,法律出版社 2004 年版。

19. [德]弗里德里希·卡尔·冯萨维尼、[德]雅各布·格林:《萨维尼法学方法论讲义与格林笔记》,杨代雄译,法律出版社 2008 年版。

20. [德]齐佩利乌斯:《法学方法论》,金振豹译,法律出版社 2009 年版。

21. [德]马克斯·韦伯:《韦伯作品集-Ⅸ-法律社会学》,康乐、简惠美译,广西师范大学出版社 2005 年版。

22. [德]卢曼:《社会的法律》,郑伊倩译,人民出版社 2009 年版。

23. [德]亚图·考夫曼:《类推与“事物本质”——兼论类型理论》,吴从周译,学林文化事业有限公司 1999 年版。

24. [德]卡尔·白舍客:《基督教伦理学》(第 2 卷),静也、常宏等译,上海三联书店 2002 年版。

25. [德]库尔德·拜尔茨:《基因伦理学》,马怀琪译,华夏出版社 2000 年版。

26. [德]艾尔温·多伊奇、[德]汉斯·于尔根·阿伦斯:《德国侵权法——侵权行为、损害赔偿及痛苦抚慰金》(第 5 版),叶名怡、温大军译,中国人民大学出版社 2016 年版。

27. [意]维柯:《新科学》(下册),朱光潜译,商务印书馆 1989 年版。

28. [意]朱塞佩·格罗索:《罗马法史》,黄风译,中国政法大学出版社1994年版。

29. [意]毛罗·布萨尼、[美]弗农·瓦伦丁·帕尔默主编:《欧洲法中的纯粹经济损失》,张小义、钟洪明译,法律出版社2005年版。

30. [爱尔兰]J. M. 凯利:《西方法律思想简史》,王笑红译,法律出版社2002年版。

31. [美]伯尔曼:《法律与革命》,贺卫方、高鸿钧等译,中国大百科全书出版社1993年版。

32. [美]肯尼斯·S. 亚伯拉罕、[美]阿尔伯特·C. 泰特选编:《侵权法重述——纲要》,许传玺、石宏等译,法律出版社2006年版。

33. [美]罗斯科·庞德:《通过法律的社会控制》,沈宗灵译,商务印书馆1984年版。

34. [美]沃格林:《政治观念史稿(卷二):中世纪(至阿奎那)》,叶颖译,华东师范大学出版社2009年版。

35. [美]李·爱泼斯坦、[美]理查德·A. 波斯纳、[美]威廉·M. 兰德斯等:《法官如何行为:理性选择的理论和经验研究》,黄韬译,法律出版社2017年版。

36. [美]本杰明·N. 卡多佐:《法律的成长,法律科学的悖论》,董炯、彭冰译,中国法制出版社2002年版。

37. [美]M. 罗斯托夫采夫:《罗马帝国社会经济史》(上),厉以宁、马雍译,商务印书馆2005年版。

38. [美]斯蒂芬·芒泽:《财产理论》,彭诚信译,北京大学出版社2006年版。

39. [美]文森特·R. 约翰逊:《美国侵权法》,赵秀文等译,中国人民大学出版社2004年版。

40. [美]E. 博登海默:《法理学——法律哲学与法律方法》,邓正来译,中国政法大学出版社2004年版。

41. [美]诺内特、[美]塞尔兹尼克:《转变中的法律与社会——迈向回应型法》,张志铭译,中国政法大学出版社2004年版。

42. [美]兰德尔・柯林斯:《互动仪式链》,林聚任、王鹏、宋丽君译,商务印书馆 2012 年版。

43. [美]亚狄瑟:《法律的逻辑》,唐欣伟译,台北,商周出版社 2005 年版。

44. [美]史蒂文・J. 伯顿:《法律和法律推理导论》,张志铭、解兴权译,中国政法大学出版社 2000 年版。

45. [法]埃米尔・涂尔干:《社会分工论》,渠东译,生活・读书・新知三联书店 2000 年版。

46. [法]基佐:《法国文明史》,沅芷、伊信译,商务印书馆 1993 年版。

47. [法]雅克・盖斯旦、[法]吉勒・古博:《法国民法总论》,陈鹏等译,法律出版社 2004 年版。

48. [法]菲斯泰尔・德・古郎士:《古代城市:希腊罗马宗教、法律及制度研究》,吴晓群译,上海世纪出版社 2006 年版。

49. [法]莱昂・罗斑:《希腊思想和科学精神的起源》,陈修斋译,段德智修订,广西师范大学出版社 2003 年版。

50. [法]安德烈・比尔基埃等:《家庭史(上)》,袁树仁等译,生活・读书・新知三联书店 1998 年版。

51. [法]弗朗索瓦・泰雷、非利普・森勒尔:《法国财产法》(上),罗结珍译,中国法制出版社 2008 年版。

52. [法]卢梭:《社会契约论》,何兆武译,商务印书馆 1996 年版。

53. [法]莱昂・狄骥:《〈拿破仑法典〉以来私法的普通变迁》,何勤华编,徐砥平译,中国政法大学出版社 2003 年版。

54. [法]马塞尔・毛斯:《社会学与人类学》,佘碧平译,上海译文出版社 2003 年版。

55. [法]马克・布洛赫:《封建社会(上卷)》,张绪山译,商务印书馆 2007 年版。

56. [法]勒内・达维德:《当代主要法律体系》,漆竹生译,上海译文出版社 1984 年版。

57. [法]皮埃尔・布尔迪厄、[法]罗杰・夏蒂埃:《社会学家与历史学家——布尔迪厄与夏蒂埃对话录》,马胜利译,北京大学出版社 2012 年版。

58. [英]彼得·甘西:《反思财产:从古代到革命时代》,陈高华译,北京大学出版社 2011 年版。

59. [英]梅因:《古代法》,郭亮译,法律出版社 2019 年版。

60. [英]哈耶克:《自由秩序原理》,邓正来译,生活·读书·新知三联书店 1997 年版。

61. [英]休谟:《道德原则研究》,曾晓平译,商务印书馆 2001 年版。

62. [英]W. V. 霍顿·罗杰斯主编:《比较法视野下的非金钱损失赔偿》,许翠霞译,法律出版社 2012 年版。

63. [英]F. H. 劳森、[英]B. 拉登:《财产法》,施天涛等译,中国大百科全书出版社 1998 年版。

64. [英]约翰·库克:《侵权行为法》(第 5 版),法律出版社 2003 年版。

65. [英]阿尔弗雷德·怀特海:《自然的概念》,张桂权译,中国城市出版社 2002 年版。

66. [英]H. L. A. 哈特、[美]托尼·奥诺尔:《法律中的因果关系》,张绍谦、孙战国译,中国政法大学出版社 2005 年版。

67. [古罗马]查士丁尼:《学说汇撰:物与物权》,[意]桑德罗·斯奇巴尼选编,范怀俊译,中国政法大学出版社 1993 年版。

68. [古罗马]阿奎那:《阿奎那政治著作选》,马清槐译,商务印书馆 1963 年版。

69. [古罗马]优士丁尼:《法学阶梯》,徐国栋译,中国政法大学出版社 1999 年版。

70. [古希腊]亚里士多德:《尼各马可伦理学》,廖申白译,商务印书馆 2003 年版。

71. [日]我妻栄:『民法総則物権法(法律学体系・コンメンタール篇)』(日本評論社,1950 年)。

72. [日]潮见佳男:『不法行為法』(信山社,1999 年)。

73. [日]奥田昌道=潮見佳男:『事務管理・不当利得・不法行為』(有斐阁,2005 年)。

74. [日]滋贺秀三:《中国家族法原理》,张建国、李力译,商务印书馆2012年版。

75. [日]大村敦志:《民法总论》,江溯、张立艳译,北京大学出版社2004年版。

76. [日]我妻荣:《新订物权法》,有泉亨补订,罗丽译,中国法制出版社2008年版。

77. [日]田山辉明:《物权法》(增订本),陆庆胜译,法律出版社2001年版。

78. [日]近江幸治:《民法讲义-Ⅱ-物权法》,王茵译,北京大学出版社2006年版。

79. [比利时]亨利·皮雷纳:《中世纪的城市》,陈国樑译,商务印书馆2006年版。

80. [澳]彼得·凯恩:《侵权法解剖》,汪志刚译,北京大学出版社2010年版。

81. [德]马克斯·舍勒:《伦理学中的形式主义与质料的价值伦理学》,倪梁康译,生活·读书·新知三联书店2004年版。

82. 谢在全:《民法物权论》(上),中国政法大学出版社1999年版。

83. 戴东雄:《中世纪意大利法学与德国的继受罗马法》,中国政法大学出版社2003年版。

84. 谭启平:《"民法人"的探索》,法律出版社2009年版。

85. 谢怀栻:《外国民商法精要》,法律出版社2006年版。

86. 谢怀栻:《大陆法国家民法典研究》,中国法制出版社2004年版。

87. 曾世雄:《损害赔偿法原理》,中国政法大学出版社2001年版。

88. 最高人民法院中国应用法学研究所编:《人民法院案例选》(总第40辑),人民法院出版社2002年版。

89. 最高人民法院中国应用法学研究所编:《人民法院案例选》(总第32辑),人民法院出版社2000年版。

90. 王泽鉴:《民法总则》,中国政法大学出版社2001年版。

91. 王泽鉴:《侵权行为法》,中国政法大学出版社2001年版。

92. 王泽鉴:《人格权法:法释义学、比较法、案例研究》,北京大学出版社2013年版。

93. 郑玉波:《民法总则》,中国政法大学出版社2003年版。

94. 彭小瑜:《教会法研究》,商务印书馆2003年版。

95. 彭万林主编:《民法学》,中国政法大学出版社1999年版。

96. 梁慧星:《民法总论》(第4版),法律出版社2015年版。

97. 梁慧星主编:《中国物权法研究》(上、下),法律出版社1998年版。

98. 梁慧星:《民法解释学》(第4版),法律出版社2015年版。

99. 梁慧星主编:《中国民法典草案建议稿附理由——总则编》,法律出版社2004年版。

100. 梁慧星主编:《从近代民法到现代民法——梁慧星先生主编之中国大陆法学思潮集》,中国法制出版社2000年版。

101. 孙宪忠:《德国当代物权法》,法律出版社1997年版。

102. 梅夏英:《财产权构造的基础分析》,人民法院出版社2002年版。

103. 郭建:《中国财产法史稿》,中国政法大学出版社2005年版。

104. 徐国栋:《民法哲学》,中国法制出版社2015年版。

105. 徐国栋:《民法基本原则解释》,中国政法大学出版社2004年版。

106. 程啸:《侵权责任法》(第2版),法律出版社2015年版。

107. 程啸:《侵权行为法总论》,中国人民大学出版社2008年版。

108. 倪梁康:《自识与反思:近现代西方哲学的基本问题》,商务印书馆2002年版。

109. 邓晓芒:《文学与文化三论》,湖北人民出版社2005年版。

110. 赵万一:《民法的伦理分析》,法律出版社2003年版。

111. 胡戎恩:《走向财富——私有财产权的价值与立法》,法律出版社2006年版。

112. 周枏:《罗马法原论》,商务印书馆1994年版。

113. 林子仪、蔡明诚主编:《基因技术挑战与法律回应——基因科技与法律研讨会论文集》,台北,学林文化事业有限公司2003年版。

114. 陈惠馨:《德国法制史——从日耳曼到近代》,中国政法大学出版社

2011 年版。

115. 陈华彬:《物权法原理》,国家行政学院出版社 1998 年版。

116. 陈卫佐:《德国民法总论》,法律出版社 2007 年版。

117. 陈卫佐译注:《德国民法典》(第 2 版),法律出版社 2006 年版。

118. 张新宝:《名誉权的法律保护》,中国政法大学出版社 1997 年版。

119. 张新宝:《侵权责任法原理》,中国人民大学出版社 2005 年版。

120. 张新宝:《侵权责任构成要件研究》,法律出版社 2007 年版。

121. 陈忠五:《契约责任与侵权责任的保护客体》,北京大学出版社 2013 年版。

122. 陈聪富:《因果关系与损害赔偿》,北京大学出版社 2006 年版。

123. 张明楷:《法益初论》,北京大学出版社 2002 年版。

124. 张中秋:《中西法律文化比较研究》,南京大学出版社 1999 年版。

125. 沈宗灵:《比较法研究》,北京大学出版社 1998 年版。

126. 冷传莉:《论民法中的人格物》,法律出版社 2011 年版。

127. 杨立新等:《民法物格制度研究》,法律出版社 2008 年版。

128. 杨立新:《杨立新民法讲义-壹-民法总则》,人民法院出版社 2009 年版。

129. 杨立新:《杨立新民法讲义-肆-物权法》,人民法院出版社 2009 年版。

130. 杨立新:《人身权法论》,中国检察出版社 1996 年版。

131. 李瑞全、蔡笃坚主编:《基因治疗与伦理、法律、社会意涵论文选集》,唐山出版社 2003 年版。

132. 李中原:《欧陆民法传统的历史解读》,法律出版社 2009 年版。

133. 李开国:《民法总则研究》,法律出版社 2003 年版。

134. 谢晖、陈金钊:《法理学》,高等教育出版社 2005 年版。

135. 巫宝三主编:《欧洲中世纪经济思想资料选辑》,傅举晋等编译,商务印书馆 1998 年版。

136. 芮沐:《民法法律行为理论之全部(民总债合编)》,中国政法大学出版社 2003 年版。

137. 孙鹏:《物权公示论——以物权变动为中心》,法律出版社 2004 年版。

138. 刘惠荣:《虚拟财产法律保护体系的构建》,法律出版社 2008 年版。

139. 刘宏恩:《基因科技伦理与法律——生物医学研究的自律、他律与国家规范》,台北,五南图书出版股份有限公司 2009 年版。

140. 刘召成:《准人格权研究》,法律出版社 2012 年版。

141. 刘云生:《民法与人性》,中国检察出版社 2005 年版。

142. 叶俊荣等:《天平上的基因——民为贵、Gene 为轻》,台北,元照出版有限公司 2009 年版。

143. 龙卫球:《民法总论》,中国法制出版社 2001 年版。

144. 石佑启:《私有财产权公法保护研究——宪法与行政法的视角》,北京大学出版社 2007 年版。

145. 尹田:《法国物权法》,法律出版社 2009 年版。

146. 尹田:《法国现代合同法》,法律出版社 2009 年版。

147. 尹田:《民事主体理论与立法研究》,法律出版社 2003 年版。

148. 尹田:《物权法理论评析与思考》,中国人民大学出版社 2004 年版。

149. 高富平:《物权法原论》(中),中国法制出版社 2001 年版。

150. 方乐坤:《精神利益保护与民事责任体系完善研究》,厦门大学出版社 2015 年版。

151. 李岩:《民事法益基本范畴研究》,法律出版社 2016 年版。

152. 王康:《基因权的私法规范》,中国法制出版社 2014 年版。

153. 王利明:《物权法论》,中国政法大学出版社 1998 年版。

154. 王利明:《民法总则研究》,中国人民大学出版社 2003 年版。

155. 王利明、杨立新、姚辉编著:《人格权法》,法律出版社 1997 年版。

156. 王利明:《侵权行为法归责原则研究》,中国政法大学出版社 2003 年版。

157. 王利明、周友军、高圣平:《中国侵权责任法教程》,人民法院出版社 2010 年版。

158. 王利明:《侵权责任法研究》(上卷),中国人民大学出版社 2011

年版。

159. 王利明主编:《中国民法案例与学理研究》,法律出版社 1998 年版。

160. 崔建远:《合同责任研究》,吉林大学出版社 1992 年版。

161. 李永军:《合同法》,法律出版社 2010 年版。

162. 马俊驹、余延满:《民法原论》,法律出版社 2005 年版。

163. 于敏:《日本侵权行为法》,法律出版社 1998 年版。

164.《法国民法典》,罗结珍译,北京大学出版社 2010 年版。

165. 朱虎:《法律关系与私法关系——以萨维尼为中心的研究》,中国法制出版社 2010 年版。

166.《德国民法典》,杜景林、卢谌译,中国政法大学出版社 2014 年版。

167. 邱聪智:《民法研究(一)》,中国人民大学出版社 2002 年版。

168. 周清林:《主体性的缺失与重构——权利能力研究》,法律出版社 2009 年版。

169. 杜景林:《德国债法总则新论》,法律出版社 2011 年版。

170. 史尚宽:《民法总论》,中国政法大学出版社 2000 年版。

171. 史尚宽:《债法总论》,中国政法大学出版社 2000 年版。

172. 张俊浩主编:《民法学原理》(第 7 册),中国政法大学出版社 2000 年版。

173. 徐国栋主编:《绿色民法典草案》,社会科学文献出版社 2004 年版。

174. 王利明主编:《中国民法典学者建议稿及立法理由——总则编》,法律出版社 2005 年版。

175. 刘召成:《准人格权研究》,法律出版社 2012 年版。

176. 方新军:《权利客体论——历史和逻辑的双重视角》,中国政法大学出版社 2012 年版。

177. 郭卫华等:《中国精神损害赔偿制度研究》,武汉大学出版社 2003 年版。

178. 郭卫编:《大理院判决例全书》,吴宏耀、郭恒、李娜点校,中国政法大学出版社 2013 年版。

179. 梁漱溟:《中国文化要义》,学林出版社 2000 年版。

180. 余能斌主编:《现代物权法专论》,法律出版社 2002 年版。

181. 强世功:《法制与治理——国家转型中的法律》,中国政法大学出版社 2003 年版。

182. 朱晓峰:《侵权可赔损害类型论》,法律出版社 2017 年版。

183. 何勤华:《西方法律思想史》,复旦大学出版社 2005 年版。

184. 杨仁寿:《法学方法论》,中国政法大学出版社 1999 年版。

185. 邓正来:《中国法学向何处去——建构"中国法律理想图景"时代的论纲》,商务印书馆 2008 年版。

186. 顾祝轩:《民法系统论思维——从法律体系转向法律系统》,法律出版社 2012 年版。

187. 疏义红:《法律解释学实验教程——裁判解释原理与实验操作》,北京大学出版社 2008 年版。

188. 马特、袁雪石:《人格权法教程》,中国人民大学出版社 2007 年版。

189. 徐银波:《侵权损害赔偿论》,法律出版社 2014 年版。

190. 张民安:《现代法国侵权责任制度研究》,法律出版社 2003 年版。

191. 渠涛编译:《最新日本民法》,法律出版社 2006 年版。

192. 于飞:《公序良俗原则研究——以基本原则的具体化为中心》,北京大学出版社 2006 年版。

193. 于飞:《权利与利益区分保护的侵权法体系之研究》,法律出版社 2012 年版。

194. 周友军:《侵权责任认定》,法律出版社 2010 年版。

195. 杨振山主编:《民商法实务研究(侵权行为卷)》,山西经济出版社 1993 年版。

196. 关今华:《精神损害的认定与赔偿》,人民法院出版社 1996 年版。

197. 徐爱国:《名案中的法律智慧》,北京大学出版社 2005 年版。

198. 徐爱国:《英美侵权行为法学》,北京大学出版社 2004 年版。

199. 常纪文:《动物福利法——中国与欧盟之比较》,中国环境科学出版社 2006 年版。

200. 高利红:《动物的法律地位研究》,中国政法大学出版社 2005 年版。

201. 李震山:《人性尊严与人权保障》,台北,元照出版有限公司 2000 年版。

202. 张卫平:《诉讼构架与程式——民事诉讼的法理分析》,清华大学出版社 2000 年版。

203. 张爱艳、李燕:《生命科技的法律问题研究》,山东大学出版社 2007 年版。

204. 颜厥安:《鼠肝与虫臂的管制——法理学与生命伦理论文集》,台北,元照出版有限公司 2004 年版。

205. 王茵:《不动产物权变动和交易安全——日德法三国物权变动模式的比较研究》,法律出版社 2004 年版。

206. 欧洲侵权法小组编著:《欧洲侵权法原则:文本与评注》,于敏、谢鸿飞译,法律出版社 2009 年版。

207. 金邦贵主编:《法国司法制度》,法律出版社 2008 年版。

208. 北京大学哲学系、外国哲学史教研室编译:《西方哲学原著选读(上卷)》,商务印书馆 1981 年版。

209. 李秋零主编:《康德著作全集》(第 5 卷),中国人民大学出版社 2007 年版。

(二)论文类

1. [爱尔兰]奥布赖恩:《欧洲中世纪关于财产权利和商品交换的思想》,载巫宝三主编:《欧洲中世纪经济思想资料选辑》,傅举晋等编译,商务印书馆 1998 年版。

2. 梁慧星:《是制订“物权法”还是制订“财产法”?》,载《私法》2003 年第 1 期。

3. 梁慧星:《当前关于民法典编纂的三条思路》,载《中外法学》2001 年第 1 期。

4. 王利明:《侵权法一般条款的保护范围》,载《法学家》2009 年第 3 期。

5. 王利明:《侵权责任法与合同法的界分——以侵权责任法的扩张为视野》,载《中国法学》2011 年第 3 期。

6. 崔建远:《论违约的精神损害赔偿》,载《河南省政法管理干部学院学报》2008年第1期。

7. 崔建远:《精神损害赔偿绝非侵权法所独有》,载《法学杂志》2012年第8期。

8. 薛军:《"无财产即无人格"质疑》,载《法学》2005年第2期。

9. 薛军:《非典型人格利益的民法保护模式研究》,载《暨南学报》(哲学社会科学版)2012年第3期。

10. 谢鸿飞:《违约责任与侵权责任竞合理论的再构成》,载《环球法律评论》2014年第6期。

11. 叶名怡:《违约与侵权竞合实益之反思》,载《法学家》2015年第3期。

12. 叶名怡:《法国法上的"安全义务"——兼与德、中两国法比较》,载《东方法学》2015年第5期。

13. 强世功:《"公的法律"与"私的法律"》,载邓正来主编:《中国书评》(第5期),中国社会科学研究所1995年版。

14. 于雪峰:《侵权法中可预见性标准的基本功能及其比较》,载《东方法学》2016年第4期。

15. 韩缨:《利益的分配与平衡:人类基因权利问题浅议》,载《青海社会科学》2009年第3期。

16. 税兵:《身后损害的法律拟制》,载《中国社会科学》2011年第6期。

17. 常鹏翱:《论物的损坏与精神损害赔偿的关联——一种功能主义的诠释》,载《法律科学》(西北政法学院学报)2005年第1期。

18. 徐国栋:《现代的新财产分类及其启示》,载《广西大学学报》(哲学社会科学版)2005年第6期。

19. 徐国栋:《寻找丢失的人格——从罗马、德国、拉丁法族国家、前苏联、俄罗斯到中国》,载《法律科学》2004年第6期。

20. 徐国栋:《人工受孕体在当代意大利立法和判例中的地位》,载《华东政法大学学报》2015年第5期。

21. 姚明斌:《褪去民事权利的外衣——"荣誉权"三思》",载《中国政法大学学报》2009年第6期。

22. 孙国华、黄金华:《论法律上的利益选择》,载《法律科学》1995 年第 4 期。

23. 谢晖:《论新型权利生成的习惯基础》,载《法商研究》2015 年第 1 期。

24. 谢晖:《族群——地方性知识、区域自治与国家统一——从法律的“普适性知识”和“地方性知识”说起》,载《思想战线》2016 年第 6 期。

25. 于飞:《侵权法中权利与利益的区分方法》,载《法学研究》2011 年第 4 期。

26. 熊谓龙:《权利,抑或法益? ——一般人格权本质的再探讨》,载《比较法研究》2005 年第 2 期。

27. 朱岩:《民法典一般条款研究》,载《月旦民商法杂志》2005 年第 7 期。

28. 朱岩:《论请求权》,载《判解研究》2003 年第 6 期。

29. 姜福晓:《对人格权财产化和财产权人格化统一解释的初步思考》,载《理论月刊》2013 年第 9 期。

30. 姜福晓:《人格权财产化和财产权人格化理论困境的剖析与破解》,载《法学家》2016 年第 2 期。

31. 汪渊智:《侵权法的现代发展与我国侵权法的制定》,载《社会科学》2008 年第 12 期。

32. 关永红、陈磊甲:《论民法法益本体及其制度化应用》,载《山西师大学报》(社会科学版) 2009 年第 4 期。

33. 郑丽娜:《人类基因提供者权利内容的确定》,载《河北理工大学学报》(社会科学版)2009 年第 4 期。

34. 易继明、周琼:《论具有人格利益的财产》,载《法学研究》2008 年第 1 期。

35. 林旭霞:《虚拟财产权的侵权法保护》,载梁慧星主编:《民商法论丛》,法律出版社 2005 年版。

36. 陈现杰:《〈最高人民法院关于确定民事侵权精神损害赔偿责任若干问题的解释〉的理解与适用》,载《人民司法》2001 年第 4 期。

37. 陈传法:《人格财产及其法律意义》,载《法商研究》2015 年第 2 期。

38. 陆青:《违约精神损害赔偿问题研究》,载《清华法学》2011 年第 5 期。

39. 张新宝:《民法分则侵权责任编立法研究》,载《中国法学》2017 年第 3 期。

40. 张新宝:《侵权行为的一般条款》,载《法学研究》2001 年第 4 期。

41. 张新宝:《侵权责任法立法的利益衡量》,载《中国法学》2009 年第 4 期。

42. 张龙:《民法典编纂背景下祭奠权受损的救济路径选择》,载《西安电子科技大学学报》(社会科学版)2016 年第 5 期。

43. 张小罗:《基因权利初论》,载《法学评论》2010 年第 3 期。

44. 张小罗、张鹏:《论基因权利——公民的基本权利》,载《政治与法律》2010 年第 5 期。

45. 余光辉:《人体基因上的权利类型探究》,载《学术论坛》2011 年第 1 期。

46. 邱格屏:《论人类基因的权利主体》,载《中州学刊》2008 年第 3 期。

47. 邱格屏:《人类基因权利的冲突与协调》,载《社会科学家》2008 年第 11 期。

48. 张万洪、徐亮:《隐私权本质的解析与界定——隐私权的法哲学反思》,载《青海师范大学学报》(哲学社会科学版)2007 年第 1 期。

49. 杨彪:《不可让与性与人格权的政治经济学:一个新的解释框架》,载《法律科学》(西北政法大学学报)2005 年第 1 期。

50. 杨立新:《论侵害财产权中的精神损害赔偿》,载《人民检察》2002 年第 6 期。

51. 杨立新:《论侵权责任法草案二次审议稿的侵权行为一般条款》,载《法学论坛》2009 年第 3 期。

52. 杨立新:《一份标志人伦与情理胜诉的民事判决——人的体外胚胎权属争议案二审判决释评》,载《法律适用》2014 年第 11 期。

53. 杨立新:《单方废弃夫妻共有的人体胚胎之侵权责任认定》,载《法律适用》2018 年第 9 期。

54. 杨立新、曹艳春:《脱离人体的器官和组织的法律属性及其支配原则》,载《中国法学》2006 年第 1 期。

55. 杨立新、陶盈:《人体变异物的性质及其目前规制》,载《学海》2013 年第 1 期。

56. 李锡鹤:《民事客体再认识》,载《华东政法学院学报》2006 年第 2 期。

57. 胡平仁、梁晨:《人的伦理价值与人的人格利益——人格权内涵的法哲学解读》,载《法律科学》2012 年第 4 期。

58. 李燕:《论人对其基因的民事权利》,载《东岳论丛》2008 年第 4 期。

59. 刘云生、卢桂:《祭祀权:法权认知与制度再造》,载《求是学刊》2016 年第 3 期。

60. 冉昊:《制定法对财产权的影响》,载《现代法学》2004 年第 10 期。

61. 冉昊:《论"中间型权利"与财产法二元架构——兼论分类的方法论意义》,载《中国法学》2005 年第 6 期。

62. 金可可:《对人权与对物权的区分理论的历史渊源》,载吴汉东主编:《私法研究》(第 4 卷),中国政法大学出版社 2004 年版。

63. 金可可:《债权物权区分说的构成要素》,载《法学研究》2005 年第 1 期。

64. 金可可:《基于债务关系之支配权》,载《法学研究》2009 年第 2 期。

65. 金可可:《私法体系中的物权债权区分说——萨维尼的理论贡献》,载《中国社会科学》2006 年第 2 期。

66. 金可可:《论温德沙伊德的请求权概念》,载《比较法研究》2005 年第 3 期。

67. 金可可:《温德沙伊德论债权与物权的区分》,载王洪亮、张双根、田士永主编:《中德私法研究》(2006 年第 1 卷),北京大学出版社 2006 年版。

68. 尹志强:《论违约精神损害赔偿的正当性及适用范围》,载《中国政法大学学报》2014 年第 11 期。

69. 尹田:《再论"无财产即无人格"》,载《法学》2005 年第 2 期。

70. 尹田:《无财产即无人格——法国民法上广义财产理论的现代启示》,载《法学家》2004 年第 2 期。

71. 尹田:《论自然人的法律人格与权利能力》,载《法制与社会发展》2002 年第 1 期。

72. 王涌:《财产权谱系、财产权法定主义与民法典〈财产法总则〉》,载《政法论坛》2016 年第 1 期。

73. 王利明:《民法的人文关怀》,载《中国社会科学》2011 年第 4 期。

74. 温世扬、武亦文:《物权债权区分理论的再证成》,载《法学家》2010 年第 6 期。

75. 马俊驹:《人格与财产的关系——兼论法国民法的"总体财产"理论》,载《法制与社会发展》2006 年第 1 期。

76. 马俊驹、梅夏英:《财产权制度的历史评析和现实思考》,载《中国社会科学》1999 年第 1 期。

77. 魏振瀛:《〈民法通则〉规定的民事责任——从物权法到民法典的规定》,载《现代法学》2006 年第 3 期。

78. 王明锁:《物上请求权与物权的民法保护机制》,载《中国法学》2003 年第 1 期。

79. 李大平、张大伟:《也谈物上请求权——质疑物上请求权独立于侵权行为法的必要性》,载《前沿》2002 年第 5 期。

80. 姜福东:《祭奠的习俗与祭奠权纠纷》,载《河北法学》2008 年第 5 期。

81. 吴从周:《论法学上之"类型"思维》,载杨日然教授纪念论文集编辑委员会编辑:《法理学论丛——纪念杨日然教授学术论文集》,台北,台湾月旦出版股份有限公司 1997 年版。

82. 李可:《类型思维及其法学方法论意义——以传统抽象思维作为参照》,载《金陵法律评论》2003 年第 2 期。

83. 曹险峰:《在权力与法益之间——对侵权行为客体的解读》,载《当代法学》2005 年第 4 期。

84. 李岩:《民事法益的界定》,载《当代法学》2008 年第 3 期。

85. 雷磊:《为涵摄模式辩护》,载《中外法学》2016 年第 5 期。

86. 高富平:《从实物本位到价值本位——对物权客体的历史考察和法理分析》,载《华东政法学院学报》2003 年第 5 期。

87. 高富平、杜军:《虚拟社区之用户创制物的财产法界定》,载《福建师范人学学报》(哲学社会科学版)2008 年第 5 期。

88. 刘鹗:《依违于礼教与宗教之间——〈钦定大清刑律〉"发掘坟墓罪"研究》,载《清华法学》2014 年第 6 期。

89. 王康:《位格伦理视角下人类基因的法律地位——基于主体客体化的背景》,载《北方论丛》2009 年第 6 期。

90. 季卫东:《法律解释的真谛:探索实用法学的第三条道路》,载《中外法学》1998 年第 6 期。

91. 刘柳:《基于"惯习"运作的治理法治化》,载《法商研究》2017 年第 3 期。

92. 冯建妹:《生殖技术的法律问题研究》,载梁慧星主编:《民商法论丛》(第 8 卷),法律出版社 1997 年版。

93. 蔡维音:《"拟似权利主体"之法律意涵——重新建构人类基因之法律地位》,载《成大法学》2001 年第 2 期。

94. 张莉:《论人类个体基因的人格权属性》,载《政法论坛》2012 年第 4 期。

95. 林维信:《基因资讯保护之研究——以个人资料保护法草案为中心》,载《科技法学评论》2007 年第 1 期。

96. 颜厥安:《财产、人格,还是资讯? 论人类基因的法律地位》,载《台大法学论丛》2002 年第 1 期。

97. [日]北川善太郎:《不久未来的法律模型——由不久未来而思考现代》,华夏、吴晓燕译,载《比较法研究》2006 年第 1 期。

98. [日]星野英一:《私法中的人——以民法财产法为中心》,王闯译,载梁慧星主编:《民商法论丛》(第 8 卷),法律出版社 1997 年版。

99. [日]吉村良一:《非财产的损害赔偿》,载林良平主编:《注解判例民法 3 债权法 2》,青林书院 1989 年版。

100. [日]濑川信久:《物权债权二分论之意义及其适用范围》,载渠涛主编:《中日民商法研究》(第2卷),法律出版社2004年版。

101. 张保红:《权利能力的双重角色困境与主体资格制度重构》,载《法学家》2014年第2期。

102. 韩赤风:《论精神损害赔偿的适用及其排除——以中德法律及司法实践为视角》,载《法学》2006年第10期。

103. 倪同木、夏万宏:《违约非财产损害赔偿问题研究——以〈德国民法典〉第253条之修改为中心》,载《法学评论》2010年第2期。

104. 梁慧星:《20世纪民法学思潮回顾》,载《中国社会科学院研究生院学报》1995年第1期。

105. 吕世伦、孙文恺:《赫克的利益法学》,载吕世伦编著:《法理的积淀与变迁》,法律出版社2001年版。

106. 王云清:《制定法解释中的想象性重构》,载《法律科学》2017年第3期。

107. 朱虎:《侵权法中的法益区分保护思想与技术》,载《比较法研究》2015年第5期。

108. 宾凯:《法律如何可能:通过"二阶观察"的系统建构——进入卢曼法律社会学的核心》,载《北大法律评论》2006年第7卷第2辑。

109. 江平、张楚:《民法的本质特征是私法》,载《中国法学》1998年第6期。

110. 韩光明:《论民事法律关系的内容构建:一个基本概念的范式分析》,载《比较法研究》2009年第5期。

111. 葛云松:《侵权责任法保护的民事权益》,载《中国法学》2010年第3期。

112. 葛云松:《死者生前人格利益的保护》,载《比较法研究》2002年第4期。

113. 李承亮:《侵权责任的违法性要件及其类型化》,载《清华法学》2010年第5期。

114. 李承亮:《侵权行为违法性的判断标准》,载《法学评论》2011年第

2 期。

115. 王成:《侵权之“权”的认定与民事主体利益的规范途径》,载《清华法学》2011 年第 2 期。

116. 梅夏英:《民法权利客体制度的体系价值及当代反思》,载《法学家》2016 年第 6 期。

117. 郗立军:《论脱离人体的器官的法律属性——与“二元区分说”商榷及对“人身之外”的理解》,载《法学论坛》2011 年第 5 期。

118. 肖泽晟:《墓地上的宪法权利》,载《法学》2011 年第 7 期。

119. 宋刚:《我国墓地不动产权利的确立》,载《法学》2013 年第 11 期。

120. 王长勇:《侵害财产权的精神损害赔偿制度理论基础之修正》,载《大连海事大学学报》(社会科学版)2007 年第 6 期。

121. 孙维飞:《弹性的法学移植——以侵权行为法学中“法益”学说之发展为个案的考察》,载《中外法学》2009 年第 6 期。

122. 张平:《论美国侵权法上的精神损害赔偿》,载王军主编:《侵权行为法比较研究》,法律出版社 2006 年版。

123. 倪梁康:《胡塞尔与舍勒:精神人格的结构分析与发生分析及其奠基关系问题》,载《现代哲学》2017 年第 1 期。

124. 郁欣:《施泰因的人格现象学》,载《学术研究》2015 年第 4 期。

125. 郁欣:《利普斯舍勒和施泰因论同感和同一感》,载《中山大学学报》(社会科学版)2014 年第 3 期。

126. 高其才:《作为当代中国正式法律渊源的习惯法》,载《华东政法大学学报》2013 年第 2 期。

127. 徐昕:《论动物法律主体资格的确立——人类中心主义法理念的消解》,载《北京科技大学学报》(社会科学版)2002 年第 1 期。

128. 李萱、江山:《动物如何不是物》,载《河南社会科学》2003 年第 11 期。

129. 蔡守秋:《从对〈德国民法典〉第 90a 条的理解展开环境资源法学与民法学的对话》,载《南阳师范学院学报》2006 年第 4 期。

130. 杨立新、朱呈义:《动物法律人格之否定——兼论动物法律“物格”》，载《法学研究》2004年第5期。

131. 杨立新：《人的冷冻胚胎的法律属性及其继承问题》，载《人民司法》2014年第13期。

132. 陈本寒、周平：《动物法律地位之探讨——兼析我国民法立法对动物之应有定位》，载《中国法学》2002年第6期。

133. 崔拴林：《动物法律地位刍议——私法视野下的分析》，载《河北法学》2008年第3期。

134. 常纪文：《动物有权利还是仅有福利？——“主、客二分法”与“主、客一体化法”的争论与沟通》，载《环球法律评论》2008年第6期。

135. 李亮、戴彦燕：《法人类学视角下的乡土葬礼及其行为逻辑——基于皖北李厅村的观察》，载《中央民族大学学报》（哲学社会科学版）2014年第6期。

136. 张骐：《论法的价值共识——对当代中国法治进程中一个悖论的解决尝试》，载《法制与社会发展》2001年第5期。

137. 邱玟惠：《尸体之法律性质：物权与人类尊严之二元结构初探》，载《台大法学论丛》2009年总第38卷第4期。

138. [英]哈特：《法律推理问题》，刘星译，载《环球法律评论》1991年第5期。

139. [美]W. N. 赫菲尔德：《司法推理中应用的基本法律概念（上）》，陈端洪译，载《环球法律评论》2007年第3期。

140. [美]克利福德·吉尔兹：《地方性知识：事实与法律之间的比较透视》，邓正来译，载梁治平编：《法律的文化解释》，生活·读书·新知三联书店1994年版。

141. [美]斯蒂文·M. 怀斯：《动物的法律物格》，郭晓彤译，载陈小君主编：《私法研究》（第3卷），中国政法大学出版社2003年版。

142. [德]里普斯：《移情作用，内摹仿和器官感觉》，朱光潜译，载古典文艺理论译丛编辑委员会编：《古典文艺理论译丛》（第8辑），人民文学出版社1964年版。

143. 汪洋：《罗马法“所有权”概念的演进及其对两大法系所有权制度的

影响》,载《环球法律评论》2012 年第 4 期。

144. 许中缘、崔雪炜:《论合同中的人格利益损害赔偿》,载《法律科学》(西北政法大学学报)2018 年第 3 期。

145. [日]吉村良一:《日本侵权行为法学的最新动向——保护法益的多样化与侵权行为法的基本要件》,张挺译,载明辉、李昊主编:《北航法律评论》(2011 年第 1 辑),法律出版社 2011 年版。

146. [日]山本敬三:《侵权行为法学的再检讨与新的展望》,载《法学论丛》第 154 卷 4. 5. 6 号。

147. 王亚平:《中世纪晚期德意志帝国改革与民族国家构建》,载《历史研究》2015 年第 2 期。

148. 侯树栋:《国家、王权与帝国:中古德意志政治史研究的回顾与反思》,载《中国社会科学》2013 年第 2 期。

149. 王利明:《我国〈侵权责任法〉采纳了违法性要件吗?》,载《中外法学》2012 年第 1 期。

150. 李安:《司法过程的直觉及其偏差控制》,载《中国社会科学》2013 年第 5 期。

151. 王庆廷:《新兴权利渐进入法的路径探析》,载《法商研究》2018 年第 1 期。

152. 张力:《权利、法益区分保护及其在民法总则中的体现——评〈民法总则(草案)〉第五章》,载《河南社会科学》2016 年第 11 期。

153. 张力、公杰:《论具有人格利益财产的认定》,载刘云生主编:《中国不动产法研究》(2008 年第 1 辑总第 17 卷),法律出版社 2018 年版。

154. 于宪会:《日本法上关于权利侵害、违法性与过错之关系的讨论》,载牟宪魁主编:《日本法研究》(2015 年第 1 卷),中国政法大学出版社 2015 年版。

155. 韩世远:《〈国际商事合同通则〉与中国合同法的发展》,载《环球法律评论》2015 年第 6 期。

156. 李金辉:《自我与他者关系:一种主体间性现象学的反思》,载《江海学刊》2015 年第 3 期。

157. 叶金强:《论过错程度对侵权构成及效果之影响》,载《法商研究》2009年第3期。

158. 叶名怡:《重大过失理论的构建》,载《法学研究》2009年第6期。

159. 冯德淦:《〈侵权责任法〉第12条适用范围之厘定》,载《法治研究》2018年第5期。

(三)其他类

1. [英]霍布豪斯:《财产权的历史演化:观念的和事实的》,翟小波译,载中国私法网2004年12月12日,http://www.privatelaw.com.cn/Web_P/N_Show/? PID=3233。

2.《法律体系形成后的民法典制定——中国人民大学副校长王利明教授讲座实录》,载国际经济法网,http://ielaw.uibe.edu.cn/zykyjs/7634.htm。

3. 王胜明:《〈侵权责任法〉的立法思考》,载中国法学网,http://www.cnfazhi.net/-fzjt/2010/0812/29805.html。

4. 周友军:《〈民法典侵权责任编草案〉一审稿评析》,载中国民商法律网,http://www.civillaw.com.cn/。

二、外文类参考文献

(一)著作类

1. Thomas W. Merrill, Henry E. Smith, *The Oxford Introductions to U. S. Law: Property*, Oxford University Press, 2010.

2. J. Waldron, *The Right to Private Property*, Oxford: Clarendon Press, 1988.

3. Christopher B. Gray, *The Philosophy of Law: an Encyclopedia*, Vol. 2, Garland Publishing Inc., 1999.

4. Hugo Grotius, *The Rights of War And Peace*, Liberty Fun, 2005.

5. Jean Domat, *The Civil Law in Its Natural Order*, tran. by By William Strahan, Fred B. Rothman & Co. Colorado, 1980.

6. Freedrich Carl Von Savigny, *System of the Modern Roman Law*. Volume Ⅰ. J. Higginbotham, Madras, 1867.

7. Richard Schlatter, *Private Property——The History of an Idea*, New York/Russell, 1951.

8. Henry M. Hart & Albert M. Sacks, *The Legal Process: Basic Problems in the Making and Application of Law*, New York: The Foundation Press, 1994.

9. Amartya Sen, *On Ethics and Economics*, Oxford: Oxford University Press, 1987.

10. Joel Feinberg, Rights, *Justice and the Bounds of Liberty*, Princeton: Princeton University Press, 1980.

11. HelmutKoziol and Barbara C. Steininger, eds., *European Tort Law 2006*, Springer, 2006.

12. John G. Fleming, *The Law of Torts*, 8 thedn., Sydney, 1992.

13. PratoPrevide, E., Fallani, G., & Valsecchi, P., *Gender Differences in Owners Interacting with Pet Dogs: An Observational Study*. Ethology, 2006.

14. Elisabeth de Fontenay, *Do Animals Have Rights? Animal Welfare, Belgium*, Council of Europe Publishing, 2006.

15. MikeRadord, *Animal Welfare Lawin Britain*, Oxford University Press, 2001.

16. Hilda Kean, *Animal Rights: Political and Social Change in Britain Since* 1800, Reaktion Books Ltd., 1998.

17. Brewer W F. *What is Autobiographical Memory, In D C Rubin*1986 (*Ed*) *Autobiographical Memory*, Cambridge University Press, 1986.

18. David Fate Norton & Mary J. Norton, *David Hume: A Treatise of Human Nature* (*two volumes*). Oxford: Clarendon Press, 2007.

19. Daniel Sperling, *Posthumous Interests: Legal and Ethical Perspectives*, Cambridge University Press, 2008.

20. Margaret Davies and Ngaire Naffine, *Are Persons Property? ——Legal Debates about Property and Personality*, Burlington: Ashgate Publishing Company, 2001.

21. Rohan Hardeastle, *Law and the Human Body: Property Rights, Owner-*

ship and Control, Oxford:Hart publishing, 2009.

22. Peter Cane, *The Anatomy of Tort Law*, Oxford:Hart Publishing, 1997.

23. J. F. Fleming, *The law of Torts*, 8th ed. , The Law Book Company Limited, 1992.

24. Prosser, *Handbook of the Law of Torts*, West Publishing, 1941.

25. H. L. A. Hart & A. M. Honore, *Causation in the Law*, 2nd ed. , Oxford University Press, 1985.

26. Jenny Steele, *Tort Law:Text, Cases, and Materials*, 1st ed. , Oxford University Press, 2007.

27. Charles Foster, Jonathan Herring, *Identity, Personhood and the Law*, Springer Briefs in Law, 2017.

28. Peter Garnsey, *Thinking about Property:From Antiquity to the Age of Revolution*, University of Cambridge, 2007.

29. NiklasLuhmann, *The Differentiation of Society*, Columbia University Press, 1982.

(二)论文类

1. Stephen J. Schnably, "Property and Pragmatism:A Critique of Radin's Theory of Property and Personhood", 45 *Stanford Law Review* 347 (1993).

2. Margaret Jane Radin, "Property and Personhood", 34 *Stanford Law Review* 959 (1982).

3. Jeffrey Douglas Jones, "Property and Personhood Revisited", 1 *Wake Forest Journal of Law & Policy* 93 (2011).

4. Fairfield J. , "Virtual Property", 85 *Boston University Law Review* 1047 (2005).

5. Nelmark D. , " Virtual Property: The Challenges of Regulating Intangible, Exclusionary Property Interests Such as Domain Names", 3 *Northwestern University School of Law Northwestern Journal of Technology and Intellectual Property* 7 (2004).

6. Winnicott D W, "Transitional Objects and Transitional Phenomena; A

Study of the First not-me Possession", 34 *The International journal of psycho-analysis* 89(1953).

7. Stele & Jacobsen, "From Present to Past: the Development of The Freudian Theory", 5 *International Review of Psycho-Analysis* 393(1977).

8. Susan Rose Ackerman, "Inalienability and the Theory of Property Rights", 85 *Columbia Law Review* 931(1985).

9. Adkins L., "The New Economy, Property and Personhood", 22 *Theory Culture & Society* 111(2005).

10. Cherensky, Steven., "A Penny for Their Thoughts: Employee-Inventors, Preinvention Assignment Agreements, Property, and Personhood", 81 *California Law Review* 595(1993).

11. Svensson J., "Investment, Property Rights and Political Instability: Theory and Evidence", 42 *European Economic Review* 1317(1998).

12. Heltberg R., "Property Rights and Natural Resource Management in Developing Countries", 12 *Journal of Economic Surveys* 189(2010).

13. Daniel R. Ortiz, "Privacy, Autonomy, and Consent", 12 *Harvard. Journal Law. & Public · Policy* 91 (1989).

14. Radhika Rao, "Property, Privacy and the Human Body", 80 *Boston University Law Review* 359 (2000).

15. Rao R., "Genes and Spleens: Property, Contract, or Privacy Rights in the Human Body?", 35 *Journal of Law Medicine & Ethics* 371 (2010).

16. Gevers J K M., "Law and the Human Body: Property Rights, Ownership and Control", 15 *Medical Law Review* 99(2008).

17. Harvey Teff, "Liability for Negligently Inflicted Nervous Shock", 99 *Law Quarterly Review* 100(1983).

18. Kristen A. Carpenter, Sonia K. Katyal, eds, "In Defense of Property", 118 *The Yale Law Journal* 1022 (2009).

19. Everett M., "The Social Life of Genes: Privacy, Property and the New Genetics", 56 *Social ence & Medicine* 53(2003).

20. Porter, Review By: Robert B., "Readings in American Indian Law: Recalling the Rhythm of Survivalby Jo Carillo", 19 *Journal of American Ethnic History* 134(2000).

21. Gosling S D., "From Mice to Men: What Can We Learn about Personality from Animal Research?", 127 *Psychological Bulletin* 45(2001).

22. Kobak, R., "Bonds: Comment Defining and Measuring of on Kurdek",23 *Journal Attachment of Family Psychology* 447 (2009).

23. Sigal Zilcha-Mano, Mario Mikulincer, eds., "An Attachment Perspective on Human-pet Relationships: Conceptualization and Assessment of Pet Attachment Orientations", 45 *Journal of Research in Personality* 345(2011).

24. Brian, Harrison, "Animals and the State in Nineteenth-Century England", 8 *The English Historical Review* 786 (1973).

25. Tulving, Endel., "Memory and Consciousness", 26 *Canadian Psychology* 1 (1985).

26. Conway M A, Pleydell-Pearce C W., "The Construction of Autobiographical Memory in the Self-memory System", 107 *Psychological Review* 261 (2000).

27. Martin A., "Conway Memory and the Self", 53 *Journal of Memory and Language* 594 (2005).

28. Mary L. Clark, "Treading on Hallowed Ground: Implications for Property Law and Critical Theory of Land Associated with Human Death and Burial", 94 *Kentucky Law Journal* 487(2005).

29. C. Allen Shaffer, "The Standing of the Dead: Solving the Problem of Abandoned Graveyards", 31 *Capital University Law Review* 496 (2003).

30. Gostin L O., "Genetic Privacy", 23 *Journal of Law Medicine &Ethics* 320 (1995).

31. Lunshof J E, Chadwick R, eds., "From Genetic Privacy to Open Consent", 9 *Nature Reviews Genetics* 406(2008).

32. Roche P. A., Annas G. J., "DNA Testing, Banking, and Genetic Pri-

vacy", 355 *New England Journal of Medicine* 545(2006).

33. AnitaL. Allen, "Genetic Privacy: Emerging Concepts and Values", in Mark A. Rothstein, ed., *Genetic Secrets: Protecting Privacy and Confidentiality in the Genetic Era*, Yale University Press, 1997.

34. Kaufmann M. B., "Genetic Discrimination in the Workplace: An Overview of Existing Protections", 30 *Loyola University of Chicago Law Journal* 393(1999).

35. G J Annas, "Genetic Privacy: There Ought to be a Law", 4 *Texas Review of Law & Politics* 9 (1999).

36. Henry L. Hipkens, "The Failed Search for the Perfect Analog: Reflections on the Unusual of John Moore", 80 *Kentucky Law Journal* 337(1991).

37. Laura M. Ivey, "Case Comment: Moore vs. Regents of the University of California: Insufficient Protection of Patients' Rights in the Biotechnological Market", 25 *Georgia Law Review* 489(1991).

38. Lori Andrews, "Who Owns Your Body? A Patient's Perspective on Washington University v. Catalona", 34 *Journal of Medical Ethics* 398(2006).

39. Hallinan D, Friedewald M., "Open Consent, Biobanking and Data Protection Law: Can Open Consent be 'Informed' under the Forthcoming Data Protection Regulation?", 11 *Life ences Society & Policy* 1(2015).

40. David Townend, "Who Owns Genetic Information?" in J. Sandor (ed.), *Society and Genetic Information: Codes and Laws in the Genetic Era*, Budapest: Central European University Press, 2003.

41. Rao R., "Informed Consent, Body Property, and Self-sovereignty", 44 *Journal of Law Medicine & Ethics* 437(2016).

42. Balganesh S., "Foreseeability and Copyrigth Incentives", 122 *Harvard Law Review* 1569(2009).

43. Rajshree Agarwal, Rachel Croson, eds., "The Role of Incentives and Communication in Strategic Alliances: An Experimental Investigation", 31 *Strategic Management Journal* 413(2010).

44. Munzer, Stephen R. , "The Special Case of Property Rights in Umbilical Cord Blood for Transplantation", 51 *Rutgers Law Review* 493(1999).

45. Munzer, Stephen R. , "Kant and Property Rights in Body Parts", 6 *Canadian Journal of Law & Jurisprudence* 319 (1993).

46. Chadwick R. F. , "The Market for Bodily Parts:Kant and duties to oneself", 6 *Journal of Applied Philosophy* 129 (1989).

47. Rubinstein R. A. , "Robert Redfield and the Development of American Anthropology", 107 *American Anthropologist* 550(2010).

48. P. R. Handford, "Wilkinson v. Downton and Acts Calculated to Cause Physical Harm", 16 *University of Western Australia Law Review* 31 (1985).

49. Levine R. J. , "Informed Consent: Some Challenges to the Universal Validity of the Western Model", 19 *Law, Medicine & Health Care: A Publication of the American Society of Law & Medicine* 207(1991).

50. Kymlicka W. , "Social Membership: Animal Law Beyond the Property/Personhood Impasse", 40 *Dalhousie Law Journal* 123(2017).

51. Akkermans B. , "The Role of the (D)CFR in the Making of European Property Law", 41 *Social ence Electronic Publishing* 263(2012).

52. Calabresi G, Melamed A D. , "Property Rules, Liability Rules, and Inalienability: One View of the Cathedral", 85 *Harvard Law Review* 1089 (1972).

53. Gluck A. R. , Posner R. A. , "Statutory Interpretation on the Bench: A Survey of Forty-Two Judges on the Federal Courts of Appeals", 131 *Harvard Law Review* 1298(2018).

后　记

三年前,一个在加州大学伯克利分校的深夜,提笔写下博士学位论文"后记"时已凌晨两点。四周出奇的安静,孩子刚睡下,他本来说要陪我熬夜的。伯克利的夜晚给了我很多灵感,事实上因为这时我才能闲下来,专注地写些东西。到提笔时,我想起《阿甘正传》里的台词:"生活就像一盒巧克力,你永远不知道下一块会是什么味道。"所以,我想首先应该感谢的是生活。因为生活让不同的人走进我的生命,让我看到不同的世界,有了不同的想法。

我小时候的梦想是有一身绝世武功,闯荡江湖,行侠仗义;后来发觉现实里的江湖跟电影里的总不一样,悬崖下也找不到什么武功秘籍,所以灰了心,改学了法律,不过拿的是医学学位,这般"弃医从法"也并非抱着当年鲁迅先生的壮志。在大学里我人生最低谷时,我与家人经历了世间冷暖。在那个炎炎夏日,我准备司法考试,母亲为鼓励我报了造价工程师考试,坐在我身后陪我一起复习。后来,这个母女情深励志故事的结局是,我通过了司法考试,母亲也获得了造价工程师资格。

在我觉得自己不会再继续读书时,我以为自己会成为《壹号皇庭》中的律师。但是生活总会带给你很多想法,像伊壁鸠鲁的"原子偏斜运动"一样,改变你的轨迹。所以,后来我从律师事务所转至西南医科大学工作,再后来去重庆大学读了研究生,报考了西南政法大学的博士研究生,在读博期间到加州大学伯克利分校学习,因此才有机会写下这篇"后记"。我以前一直以为父亲对我的影响很小,我与他的交流并不多。他在我面前很多时候太过严肃,可在那些我不停尝试改变自己的过程中,在生活里那么多的折腾与抉择中,在那些不服输的倔强与坚强中,我时常会想起父亲的话,才知道自己骨子里面受到他太多的影响。

回想读博的几年经历,五味杂陈,感慨不已,从博士学习初期的充满激情,到中期的困顿与迷茫,期间无数次质疑自己,直至后期的坚持与信心的逐渐回归,离不开导师侯国跃教授、刘云生教授的鼓励与指导。从论文写作伊始,二位导师就对我的选题表示宽容和鼓励,并多次督促指导;初稿完成后,老师提出了许多宝贵意见,不但在结构上为我指点迷津,而且在言辞表达上也逐字圈点。正如侯老师所言:"四年不久,只争朝夕。"一语中的,眨眼四年的学习就结束了,没有他们的指导,就没有我的博士学位论文。

特别感谢谭启平教授、王洪教授、孙鹏教授、徐洁教授、张力教授、张建文教授、黄忠教授等众多老师在博士学位论文开题和预答辩期间对论文提出的宝贵意见,使我能静下心来,进一步反省论文的缺陷乃至谬误。还要感谢博士求学期间的各位同学,感谢他们的陪伴让我这四年不那么孤独,不时的促膝长谈让我受益匪浅。感谢在美国加州大学伯克利分校访学期间一起奋战的同窗好友,王燃博士、田时雨博士、吴昊博士、高斌博士等,我们一直彼此鼓励,互相帮助。与此同时,感谢欧家路师兄给予了我诸多的启示与帮助,他在我不断否定自己,几乎打算放弃攻读博士学位时,不断鼓励我前行。此时,还要感谢法律出版社编辑陈妮老师与王鸿老师在本书出版过程中给予的支持和帮助。

时隔三年,博士学位论文成书在即,本人始终致力于人格与财产的经验研究,并逐渐从部门法的司法观察延展至领域法的现象规制与方法反思。在我看来,人格与财产本身并不是绝对隔离的,而是在不同状态与不同场景下对权利或利益予以定性。每一个具体场景都具有太多的不可确定性,每个具体的场景又可能因为主体不同而彰显出不同的权利属性,场景与主体之间相互交织,不同的维度具有不同的权利属性。财产上人格利益的法律保护研究是民法领域的法学方法应用,但理论层面的思维方法也是观察分析社会现象与经济改革的基点。

最后,我想对儿子石头说一句“抱歉”——自小朋友出生3个月起,我一直在外求学,我们在一起生活的日子总是很短暂。我错过了他成长中好多精彩的片段。记得我在书房写论文,小朋友怯怯地站在门口邀请我陪他玩一会儿;每次回家,他兴冲冲地抱着书本、书具坐到我旁边一起完成作业。当我独自带他到美国读书时,对我来说是一个挑战,我知道对他也是一个挑战。所幸的是,我在他眼里看见了熟悉的倔强。有次临睡前,他自言自语地说:“为什么时间过得那么快?”

是的,时间过得那么快——到西南政法大学任教已近两年。人生给了我另一个开始,另一种挑战。自己终究会回到真实的“生活”,但我明白,真正的理想应当是在生活中,真实的自我也应当是在生活中。所有的遮蔽、改变、放弃与拾起,都是为了在生活的远行中,再次碰到那些熟悉的事与人时,有着不一样的从容,发现不一样的美好。还记得惠特曼的那首诗:

你要到远处寻觅吗?你最后一定会回来的,
在你所熟悉的东西中找到最好的,或者像最好者一样好,
在你最亲近的人中找到最中意的、最强健的和最爱你的......
幸福、知识,不在别处而在这里。

2022年3月9日